Den LAUTEN RUF Verkündend

Entwicklung des Lichts von 1888 an

Camron Schofield

DEN LAUTEN RUF VERKÜNDEND

Entwicklung des Lichts von 1888 an

von

Camron Schofield

Titel der Originalausgabe:

Camron Schofield: *Heralding The Loud Cry*

Urheberrecht © 2017 von Eternal Realities

Alle Rechte vorbehalten

Diese Übersetzung

Aus dem Englischen von Tatjana Jakovlev und Christoph Merseburger

© 2022 von Eternal Realities

Erste Auflage: August 2022

ISBN: 978-0-9945585-5-8

Alle Rechte vorbehalten

Für weitere Ressourcen besuchen Sie bitte die Website des Autors unter:

www.eternalrealities.com

Dieses Buch ist den drei Würdenträgern des Himmels gewidmet – dem Vater, dem Sohn und dem Heiligen Geist – für die Förderung und Verbreitung der „äußerst kostbaren Botschaft" der *Gerechtigkeit durch Glauben*.

INHALT

Vorwort 9

Die Lieblichsten Worte der Welt 15

Gottes überreiche Gnade
Teil 1: Zur Wirklichkeit aufwachen 34
Teil 2: Das Geschenk von Jesus Christus 49
Teil 3: Raus aus mir und hinein in Christus 68
Teil 4: Bereit, wenn du es bist 83
Teil 5: Gerechtigkeit aus Glauben vereinfacht 100
Teil 6: Geheiligt durch Glauben 116

Warum der Heiligtumsdienst den Israeliten gegeben worden
Teil 1 132
Teil 2 150

Die das Evangelium umgebende verwirrung Beseitigen 168

Sich In Gott Hineinversetzen 187

Sind meine Sünden vergeben? 205

Rückblick auf das Jahr 1888
Zunahme an Licht 219
Das Gesetz 239
Gerechtigkeit aus Glauben 267
Licht für unsere Generation 288

Christus Mein Richtiges Handeln 311

Ein Aufruf zum sofortigen Handeln 336

Verweise 371

VORWORT

Den lauten Ruf verkündend ist ein kostbares Buch, das fortschrittliches Licht und Wahrheit für unsere Zeit in Bezug auf den lauten Ruf des vierten Engels enthält. Jedes Kapitel des Buches offenbart neuere und tiefere Spektren dieses facettenreichen Diamanten der Wahrheit – als würde man den Diamanten zur Sonne hochhalten, dringt Licht von seinen angestrahlten Seiten in jede Richtung, strahlt nach außen, nach oben, nach unten und nach innen. In schöner Einfachheit teilt Camron Schofield die achtzehn Edelsteine der Weisheit, die er über Rechtschaffenheit durch Glauben gesammelt hat, von seinem persönlichen Aufenthalt aus dem geistlichen Ägypten bis zum Ufer des Roten Meeres. Betrachte jede dieser Predigten über Rechtschaffenheit durch Glauben als einen einzigartigen und kostbaren Stein, den du in der Erfahrung deines eigenen Lebens noch weiter polieren und verschönern kannst.

Vielleicht hörst du beim Durcharbeiten der Studien die Stimme Jesu, die in einem sanften Flüsterton zu dir spricht: „Nimm mein Joch (Lehre) auf dich. Denn mein Joch (Lehre) ist leicht, und meine Last ist gering." (Matthäus 11,29-30). Diese Botschaft von einem persönlichen, lebendigen Erlöser, der mit uns in unserer Erfahrung eins geworden ist, um uns den vollständigen Sieg über die Sünde und die Kraft zu geben, dem Evangelium zu gehorchen, könnte dem christlichen Pilger, der nach der Gerechtigkeit Christi hungert und dürstet, in einer Zeit, in der die reine Wahrheit nicht weit verbreitet ist, nicht lieber sein.

Es ist wahr, die Botschaft der Gerechtigkeit durch Glauben ist eine alte Botschaft! Von den Anfängen der Reformation bis in die frühen 1900er Jahre ist sie aus den Lippen und der Feder von Martin Luther, John Bunyan, Charles Spurgeon, Ellen G. White, Ellet J. Waggoner und Alonzo T. Jones und vielen anderen hervorgegangen. Die Realität ist jedoch, dass diese Botschaft von der Christenheit im Allgemeinen nie richtig verstanden wurde. Deshalb hat Gott in Seiner Vorsehung eine noch klarere Botschaft auf den Seiten dieses Buches bereitgestellt, um dieses Verständnis dem Verstand Seines

Volkes zu eröffnen, damit sie es dieses Mal in den letzten Szenen der Erdgeschichte nicht verpassen!

Das prophetische Thema dieses Buches ist der Laute Ruf aus Offenbarung 18,2, der die Warnbotschaft an die Welt ist, die von einer Gruppe von Menschen hier auf der Erde (in der Prophezeiung durch einen Engel dargestellt) gegeben wird, um „aus Babylon herauszukommen". Das Problem ist, dass viele Christen nicht erkennen, dass der Laute Ruf selbst eine Botschaft ist, die dazu bestimmt ist, ein Volk in Gerechtigkeit (Christi vollkommener Gehorsam) vor Gott ohne einen Fürsprecher aufzurichten, damit sie der Welt die letzte Botschaft geben können, aus Babylon herauszukommen.

Die tüchtigste Schriftstellerin der Welt, Ellen Gould White, aus deren Feder der Geist der Weissagung stammt, erkannte deutlich, dass der laute Ruf in Wirklichkeit die Botschaft von Christus, unserer Gerechtigkeit oder Gerechtigkeit durch Glauben war, die sie vierundvierzig Jahre lang vor der Generalkonferenz in Minneapolis 1888 präsentiert hatte.

Die Botschaft ist sicherlich ein roter Faden in all ihren prophetischen Schriften, aber wie bei den vergangenen Generationen war das Volk geistlich blind und konnte sie nicht erkennen. Von da an erweckte Gott aus der Not heraus zwei neue Boten in der nachfolgenden Generation, um die Botschaft in noch klareren Tönen auszusprechen und zu verfassen.

Das Buch *„The Everlasting Covenant"* (Der ewige Bund) war ein brillantes literarisches Werk von Ellet J. Waggoner. Auf der Versammlung in Minneapolis 1888 vermittelte er die Botschaft der Gerechtigkeit durch Glauben in der einfachsten Sprache aus den Entwurfsnotizen, die später die Kapitel seines Buches bilden sollten. In den darauf folgenden Jahren hatten Ellet J. Waggoner und Alonzo T. Jones die volle Unterstützung von Ellen G. White, die weit und breit durch das Land reiste, um an der Seite der Boten zu sein, wenn sie zu christlichen Gemeinden sprachen.

Trotz der Bemühungen Gottes, die Botschaft des Lauten Rufs einfacher durch seine Diener zu vermitteln, um ein Volk vorzubereiten, das die Drei-Engels-Botschaft an die Welt geben kann, wurde die Botschaft wieder missverstanden, nicht beachtet und von der Mehrheit der Menschen zurückgewiesen.

Ellen G. White sagt an mehreren Stellen im Geist der Weissagung, dass, wenn das Volk die Botschaft von Christus, unserer Gerechtigkeit, verstanden und sie treu verkündet hätte, wäre der Herr in nur wenigen Jahren von diesem Zeitpunkt an (1888) gekommen. Aber als Folge der Ablehnung der Botschaft durch die Amtsträger und das Volk wurde die Versiegelungszeit verzögert und die Gemeinde wurde geistlich gesehen in die Wüste zurückgeschickt.

In den *1895 General Conference Bulletins* (den Nachrichtenblättern der Generalkonferenz von 1895) gab Alonzo T. Jones die Ansprache an die Minister, dass wir ein Volk nicht aus Babylon (aus der Welt und den gefallenen Kirchen) herausrufen können, wenn wir nicht selbst aus Babylon (der Sünde) herausgekommen sind. Er betonte erneut den Punkt: wie könne man Menschen aus der Sünde herausrufen, wenn man selbst noch sündigt – es ist nicht möglich.

Das war das Dilemma einer Schwester im Jahr 1888, die das Gefühl hatte, nicht schnell genug Fortschritte zu machen, um für die baldige Wiederkunft Christi bereit zu sein. Ein Glaubensbruder drückt ihre Empfindungen in dem folgenden Zitat aus:

> „Eine Schwester erzählte mir vor nicht allzu langer Zeit, dass sie vor dieser Zeit, vor vier Jahren, nur noch über ihren Zustand geklagt und sich gefragt hatte, wie in aller Welt jemals die Zeit für die Wiederkunft des Herrn kommen würde, wenn er darauf warten müsste, dass sein Volk sich bereit macht, ihm zu begegnen. Denn sie sagte, so wie sie es gemacht hatte – und sie war der Meinung, dass sie so hart wie niemand anderes auf dieser Welt gearbeitet hatte –, sah sie, dass sie nicht schnell genug vorankam, um den Herrn überhaupt in irgendeiner angemessenen Zeit zu bringen, und sie konnte nicht erkennen, wie der Herr kommen würde."

> „Sie war darüber beunruhigt, aber sie sagte, als die Leute aus Minneapolis nach Hause kamen und sie sagten: ‚Warum ist die Gerechtigkeit des Herrn ein Geschenk; wir können die Gerechtigkeit Christi als Geschenk haben, und wir können sie jetzt haben.' ‚Oh', sagte sie, ‚das machte mich glücklich; das brachte Licht, denn dann konnte ich sehen, wie der Herr ziemlich bald kommen konnte. Wenn er Selbst uns das Gewand, die Kleidung, den Charakter gibt, der uns für das Gericht und für die

> Zeit der Trübsal passt, dann konnte ich sehen, wie er kommen konnte, gerade so bald, wie er es wollte.' ‚Und', sagte sie, ‚das hat mich glücklich gemacht, und seitdem bin ich erfreut.' Brüder, ich bin auch die ganze Zeit glücklich darüber."
>
> „Die Sache ergibt heute einen Sinn. Ihr wisst, dass wir alle an demselben Punkt gewesen sind. Ihr wisst, dass es Zeiten gab, in denen wir uns tatsächlich niedergesetzt und geweint haben, weil wir nicht gut genug sein konnten, um unsere eigene Einschätzung des richtigen Handelns zu befriedigen; und da wir erwarteten, dass der Herr bald kommen würde, fürchteten wir uns vor der Nachricht, dass es so nahe war; denn wie in aller Welt sollten wir bereit sein? Dem Herrn sei Dank, er kann uns bereit machen. Er sorgt für das Hochzeitsgewand. Der Herr des Hochzeitsmahls hat immer für das Hochzeitskleid gesorgt. Er ist jetzt der Herr des Hochzeitsmahls, und Er wird ziemlich bald kommen, und Er sagt: ‚Hier ist das Kleid, das euch dazu passen wird, an diesem Ort zu stehen.' Nun wird es einige Leute geben, die nicht an diesem Fest teilnehmen können, weil sie das Hochzeitskleid nicht anhaben, aber der Herr bietet es als freies Geschenk für alle an, und was den Menschen angeht, der es nicht annimmt, wer ist daran schuld?" Alonzo T. Jones, *1893 General Conference Bulletins*.

Haben wir uns nicht alle in der Position dieser Schwester gefühlt, dass wir uns nicht bereit für die Wiederkunft Christi fühlen? Nun, die Botschaft der Gerechtigkeit durch den Glauben ist, wenn sie von Gottes Volk beherzigt wird, eine Botschaft, die ein schnelles Werk der Gerechtigkeit vollbringen wird, zu einer Zeit, in der die Welt Gottes heiliges Gesetz außer Kraft gesetzt hat (Römer 9,28; Psalm 119,126).

Gott in seiner kostbaren Liebe zur Menschheit haucht dieser altbekannten Botschaft von der Gerechtigkeit durch den Glauben wieder Leben ein, die verspricht, genau das zu bewirken, was Gottes Wort sagt, dass sie im Leben bewirken wird. Sie wird ein Volk hervorbringen, das den Glauben Jesu hat, denn nur diejenigen, die den Glauben Jesu haben, werden in seiner Gerechtigkeit ausgerüstet sein, um alle Gebote Gottes zu befolgen und durch die Zeit der Bedrängnis in den letzten Tagen ohne einen Fürsprecher zu gehen.

In Lukas 18,8 stellt Jesus die Frage: „Werde ich Glauben auf der Erde finden, wenn ich wiederkomme?" Er will, dass Sein Glaube in Seinem Volk reproduziert wird, und dieses Buch ist der Schlüssel, um das Geheimnis dieses Glaubens Jesu als lebendige Realität in unserem Leben zu entschlüsseln. Wollen wir das, Freunde? Ich bete dafür. Amen!

Die Mit-Herausgeberin

ANMERKUNG DES HERAUSGEBERS

Die folgenden Seiten sind Abschriften des gesprochenen Wortes und wir haben minimale Änderungen an der Grammatik und dem Fluss der Worte vorgenommen, um das ursprüngliche Pathos zu erhalten. Wir bitten dich daher, dies nicht wie ein normales Buch zu lesen, sondern zu bedenken, dass es als mündlicher Vortrag gehalten wurde.

Am Ende eines jeden Zitats haben wir außerdem eine Fußnoten-Nummer angegeben. Die vollständige Referenz findest du auf den hinteren Seiten des Buches mit der Angabe des eigentlichen Absatzes, aus dem die Aussage entnommen wurde. Wir hoffen, dass dies denjenigen helfen kann, welche die Zitate in ihrem umfassenderen Kontext und in ihrer ursprünglichen Fassung lesen möchten.

Kapitel 1

DIE LIEBLICHSTEN WORTE DER WELT

29. Mai 2010

Er spricht und der Klang seiner Stimme ist so süß,
dass die Vögel ihren Gesang verstummen lassen.
(*Lied von C. Austin Miles, inspiriert von Johannes Kap. 20*)

DIE Stimme Jesu ist so lieblich, dass sogar die Schöpfung innehält, um zu lauschen. Sind wir Seine Schöpfung? Halten wir inne, um auf Seine Stimme zu hören? Es wird eine Zeit kommen, in der Er wieder sprechen wird, und diejenigen, die *jetzt* nicht innegehalten haben, um auf Seine Stimme zu hören, werden dann gezwungen sein, sie zu hören. Es werden die Worte gesprochen werden: „Meine Gnade ist ausreichend für dich." Diese Stimme wird die Erlösten verherrlichen und die schlafenden Gerechten aus ihren Gräbern erwecken.

Für die Bösen wird es aber eine andere Erfahrung sein. In *The Great Controversy*, p.642, schreibt Ellen White:

> Diese Stimme, die in das Ohr der Toten dringt, kennen sie. Wie oft haben ihre klagenden, zarten Töne sie zur Umkehr gerufen. Wie oft hat man sie in den rührenden Bitten eines Freundes, eines Bruders, eines Erlösers gehört. Für die Verweigerer Seiner Gnade konnte keine andere so voller Verurteilung sein, so belastet mit Anschuldigungen, wie diese Stimme, die so lange gefleht hat: „Kehrt um, kehrt um von euren bösen Wegen; denn warum wollt ihr sterben?" Hesekiel 33,11. Ach, wäre es doch für sie die Stimme eines Fremden! Jesus sagt: „Darum, weil ich rufe und ihr mich abweist, weil ich meine Hand ausstrecke und niemand darauf achtet, weil ihr vielmehr allen meinen Rat verwerft und meine Zurechtweisung nicht begehrt." Sprüche 1,24.25. Diese Stimme weckt Erinnerungen, die sie am liebsten auslöschen

würden – verachtete Warnungen, abgelehnte Einladungen, gering geschätzte Privilegien.[1]

Die liebliche Stimme, die den Heiligen Trost zuspricht, wird für den Sünder nicht lieblich sein. In ihr werden sie nur Verurteilung hören. Sie kannten die Stimme – sie war viele Male in Bitten und in Aufrufen zur Umkehr zu ihnen gekommen; und jetzt, „Oh, dass es für sie die Stimme eines Fremden wäre!"; denn jetzt sind sie ohne Entschuldigung. Die Worte von Jesus Christus sind *nicht* lieblich für den Sünder.

Ich möchte, dass wir heute Morgen versuchen, eine Antwort auf die Frage zu finden: Was sind die schönsten Worte auf Erden?

Wir beginnen unsere Studie aus einem interessanten Blickwinkel, indem wir Philipper 3,4-6 lesen:

> Obwohl auch ich mein Vertrauen auf Fleisch setzen könnte. Wenn ein anderer meint, er könne auf Fleisch vertrauen, ich viel mehr: beschnitten am achten Tag, aus dem Geschlecht Israel, vom Stamm Benjamin, ein Hebräer von Hebräern, im Hinblick auf das Gesetz ein Pharisäer, im Hinblick auf den Eifer ein Verfolger der Gemeinde, im Hinblick auf die Gerechtigkeit im Gesetz untadelig gewesen.

Der Apostel Paulus hatte das Wort Gottes gelesen und es hatte ihn mit Eifer erfüllt. Er dachte, es sei lieblich, er dachte, es sei erfüllend. Und als dieses Gesetz Gottes, die Zehn Gebote, vor ihm standen, schaute er sie an und sagte: „*Dem*gemäß – bin ich untadelig. Ich habe dies richtig gemacht; ich habe das richtig gemacht, ich habe *alles* richtig gemacht." Der Pharisäer schaut auf die Worte Gottes in seinem Gesetz und sagt: „Sie sind lieblich. Sie geben *mir* ein sehr angenehmes Gefühl." In Lukas 18,11-12 spricht Christus von dieser selbstgerechten Haltung eines Pharisäers:

> Der Pharisäer stellte sich hin und betete bei sich selbst so: O Gott, ich danke dir, dass ich nicht bin wie die übrigen Menschen, Räuber, Ungerechte, Ehebrecher, oder auch wie dieser Zöllner da. Ich faste zweimal in der Woche und gebe den Zehnten von allem, was ich einnehme!

Der Pharisäer schaut auf den *Buchstaben* des Gesetzes und vergleicht sich selbst damit und sagte: „Hey, das ist ziemlich schön. Schau, was ich richtig gemacht habe – ich faste zweimal in der Woche, ich gebe zehn Prozent von allem, sogar vom Kümmel und der Minze, und siehe! Ich habe keinen Ehebruch begangen, ich bin fair und gerecht in meinem Umgang, ich habe die Leute nicht erpresst und ich bin nicht wie dieser Zöllner!" Er schaut sich dieses Wort Gottes an und sagt: „Das ist gut. Das gefällt mir. Es gibt mir ein gutes Gefühl." Aber als Jesus Christus in Bezug auf das Gesetz gefragt wurde, sagte Er: „Wie liest du?"

Der Apostel Paulus behauptete, nach dem Gesetz untadelig zu sein; aber er traf Jesus Christus. Er sah das Gesetz Gottes, wie es dem Sünder wirklich gegenüberstand. Wenn wir zu Römer 7,7-13 gehen, lesen wir von seiner Erfahrung; und es war eine sehr tiefgreifende Erfahrung. Und während ich darüber nachdachte, was ich heute Morgen mit euch teile, ist mir klar geworden, wie wenige Christen diese Erfahrung tatsächlich gemacht haben, wie sie *eigentlich wirklich* gemacht werden sollte. Der Apostel Paulus liebte das Gesetz, er dachte, er hätte es gehalten, aber als er es sah, wie es wirklich war, sagte er:

> Was wollen wir nun sagen? Ist das Gesetz Sünde? Das sei ferne! Aber ich hätte die Sünde nicht erkannt, außer durch das Gesetz; denn von der Begierde hätte ich nichts gewusst, wenn das Gesetz nicht gesagt hätte: Du sollst nicht begehren!

Er hatte das Gesetz gelesen, aber er hatte nicht gesehen, wie weitreichend das Gesetz tatsächlich war. Er hatte das Gesetz gelesen, das besagt: „Du sollst nicht begehren", aber er hatte darin nicht erkannt: „Du sollst nicht *lüstern* sein", bis er es sah, wie es wirklich war.

> Da nahm aber die Sünde einen Anlass durch das Gebot und bewirkte in mir jede Begierde; denn ohne das Gesetz ist die Sünde tot. 9 Ich aber lebte, als ich noch ohne Gesetz war; [UND ICH DACHTE, ICH SEI UNTADELIG. ICH DACHTE, DASS ICH NACH ALL SEINEN VORSCHRIFTEN ZIEMLICH GUT WAR, VIELEN DANK] als aber das Gebot kam, lebte die Sünde auf, und ich starb; 10 und eben dieses Gebot, das zum Leben gegeben war, erwies sich für mich als todbringend. 11 Denn die Sünde nahm einen Anlass durch das Gebot und verführte mich und tötete mich durch dasselbe. 12 So

> ist nun das Gesetz heilig, und das Gebot ist heilig, gerecht und gut. 13 Hat nun das Gute mir den Tod gebracht? Das sei ferne! Sondern die Sünde hat, damit sie als Sünde offenbar werde, durch das Gute meinen Tod bewirkt, damit die Sünde überaus sündig würde durch das Gebot.

Paulus las das Gesetz, wie es zu lesen war; und es *tötete* ihn. Er kam zu der Erkenntnis, dass was er *dachte*, dass er es gehalten hatte, nicht das war, was er gehalten hatte. Nach dem *Buchstaben* des Gesetzes – war er vielleicht ziemlich gut – aber als es um die *Geistigkeit* des Gesetzes ging, tötete es ihn. „Als das Gebot kam, lebte die Sünde auf und ich starb."

Wenn ihr weiter in Römer 7 lest, werdet ihr feststellen, dass Paulus eine wertvolle Erfahrung macht. Er sagt schließlich in Vers 25:

> Ich danke Gott durch Jesus Christus, unseren Herrn! So diene ich selbst nun mit der Gesinnung dem Gesetz Gottes, mit dem Fleisch aber dem Gesetz der Sünde.

Wie wir aus Galater 3,24 wissen, ist das Gesetz ein Lehrmeister. Wenn ich diese spezielle Schriftstelle lese, denke ich nicht an mich, wie ich da am Schreibtisch sitze und einem Lehrer zuhöre; ich stelle mir in Wahrheit vor, dass ich mit einer Rute gezüchtigt werde. Das ist der Lehrmeister, als den ich das Gesetz immer angesehen habe. Es züchtigt. Es kommt zu uns und sagt: „Du denkst, du hast das richtig gemacht? Du hast es *nicht* richtig gemacht!"

Hast du das Gesetz gehalten? Kannst du sagen: „Ich habe das Gesetz gehalten"? Das Gesetz zu halten hieße, das zu tun, was richtig ist. Habt ihr das getan, was richtig ist? Kinder, wart ihr ein guter Junge oder ein gutes Mädchen? Erwachsene, wart ihr diese Woche brav? *Glaubt* ihr, dass ihr diese Woche gut gewesen seid? Ist jemand zu euch gekommen und hat gefragt: „Wie geht es dir heute?" und ihr habt geantwortet: „Ich bin gut"? Ihr seid nicht gut gewesen. Nur Gott ist gut, wie Jesus Christus sagte (Matthäus 19,17). Das Gesetz kommt zu uns und sagt: „*Ich will Gerechtigkeit.* Ich will rechtes Handeln. Hier sind meine zehn Gebote und ich will, dass du sie befolgst." Es wird nichts weniger als das akzeptieren; nichts weniger als dein *ganzes Leben lang.* Du kannst achtzig oder neunzig Jahre leben, und wenn du in deiner Lebenszeit *einmal* sündigst, hast du das Gesetz Gottes gebrochen und musst den Lohn dafür bezahlen.

Ein *ganzes Leben* an Gehorsam ist es, was das Gesetz verlangt. Hast du das erreicht? Paulus sagt, „Als das Gebot kam – bin ich gestorben." Mir wurde klar, wie weit ich wirklich davon entfernt bin, diesen Standard zu erfüllen. Selbst wenn ich heute alles richtig gemacht habe, habe ich *es* gestern nicht richtig gemacht; ich habe es vor zehn Jahren oder vor zwanzig Jahren nicht richtig gemacht. Das wird dem Gesetz *nicht* gerecht.

Was verlangt das Gesetz *wirklich* von uns? Was ist das Gesetz? Es ist die Niederschrift des Charakter Gottes. Es ist eine Beschreibung *Seiner* Gerechtigkeit, *Seines* rechten Handelns. Das ist die Wahrheit des Gesetzes, die uns tötet. Das Gesetz will vollkommene Gerechtigkeit, aber wessen vollkommene Gerechtigkeit möchte es? *Gottes* vollkommene Gerechtigkeit. Es ist *Sein* Charakter, es ist *Seine* Gerechtigkeit, es ist *Sein* Gesetz, also will es *Sein* rechtes Handeln. Es will die Gerechtigkeit, die Gott Selbst tut, die Gerechtigkeit, die in *Seinem* Leben manifestiert ist. Es will das richtige Handeln, das in *Seinem* Leben getan wird. Und es wird nichts anderes als das akzeptieren.

Wenn du das Gesetz aus dieser Perspektive betrachtest, wie liest du es dann? Wenn du erkennst, dass die Zehn Gebote tatsächlich die Gerechtigkeit Gottes selbst in deinem Leben fordern, erschlägt dich dann das Gesetz? Hast du *das* dem Gesetz anzubieten? Wie kann ich das erreichen? Aber weißt du, es gibt eigentlich keine Entschuldigung für die Sünde. DIE GERECHTIGKEIT GOTTES IST HIER. So viel wie diese Gerechtigkeit auch beinhaltet, wenn sie dir fehlt, hast du keine Ausrede. *Überhaupt keine.*

Hast du jemals zu jemandem gesagt: „Du hättest dies tun sollen" oder „Du hättest das tun sollen"? In der Gemeinde stellen wir Erwartungen an andere und dann sind wir enttäuscht, wenn sie unsere Erwartungen nicht erfüllen. Wir erwarten, dass diese Person dies tut und jene Person jenes tut; und dann ärgern wir uns, wenn sie es nicht tun. Sie können es nicht tun! *Sie können es nicht!* „Es ist keiner gerecht, auch nicht einer", heißt es. Wir sind alle untüchtig geworden. „*Da ist keiner, der Gutes tut, da ist auch nicht einer!*" (Römer 3,10-12). Das schließt dich ein und das schließt mich ein. Wir stellen Erwartungen an andere, die sie nicht erfüllen können, und dann werden wir enttäuscht. Wenn du in unserem Umgang miteinander nicht enttäuscht werden willst, dann *erwarte nichts*.

Wir denken vielleicht, dass es *uns* gut geht, dass wir alles richtig machen und dass Gott mit unseren Bemühungen zufrieden sein wird; aber wenn das Gesetz kommt, wie es wirklich ist, *schluckt* man, die Sünde lebt wieder auf, und was habe ich Gott zu bieten? Was habe ich Gott anzubieten? Wir haben Gott nichts zu bieten. Er will *Sein* rechtes Handeln. Haben wir das zu bieten? Nein. Haben wir nicht. Römer 7,13:

> Hat nun das Gute mir den Tod gebracht? Das sei ferne! Sondern die Sünde hat, damit sie als Sünde offenbar werde, durch das Gute meinen Tod bewirkt, damit die Sünde überaus sündig würde durch das Gebot.

Jetzt haben wir also ein Problem. Ich war nicht nur sündig, indem ich einige Dinge hier richtig gemacht habe, bei einigen Dingen dort ein bisschen nachlässig gewesen bin. Aber jetzt sind wir als überaus sündhaft entlarvt. Oder wie Römer 5,20 es ausdrückt: ein *Übermaß* an Sünde:

> Das Gesetz aber kam daneben ein, auf dass die Übertretung überströmend würde. Wo aber die Sünde überströmend geworden, ist die Gnade noch überschwenglicher geworden.

Das Wort *überströmend* bedeutet „in großer Menge haben oder besitzen" oder „angefüllt sein mit". In der Tat – *Sünden-voll*. Hast und besitzt du Sünde in großer Menge? Bist du voll von ihr? Es bedeutet auch, „überlaufen". Hast du Sünden, die dir aus den Ohren kommen? (Bildlich gesprochen, natürlich.) Aber mehr als das, wir können das Wort „dominierend" hinzufügen. Was ist ein dominierender Wind? Es ist ein Wind, der sich durchsetzt. Er hat Kraft und trägt alles mit sich. Unsere Sündhaftigkeit *herrscht* in uns vor und wir werden von ihr fortgetragen, wie es dort in Jesaja 64,5 heißt:

> Wir sind ja allesamt geworden wie Unreine und alle unsere Gerechtigkeit wie ein beflecktes Kleid. Wir sind alle verwelkt wie die Blätter, und unsere Sünden trugen uns fort wie der Wind.

Das ist es, was das gesprochene Wort Gottes, die Zehn Gebote, dem Sünder offenbaren. Aber, es ist ein Lehrmeister und es führt uns zu Jesus Christus. Habe ich das, was ich Gott geben kann, dem Gesetz? Nein, das habe ich nicht. *Jetzt* weiß ich es. Und wenn ich ehrlich bin und das wirklich einsinken lasse, wie es bei dem Apostel Paulus der Fall war, werde ich ein *großes* Gefühl der Hilfsbedürftigkeit haben.

Woher soll ich diesen Gehorsam nehmen? Ich will es, ich will nicht sterben. Ich will Gott gefallen, wie der Apostel Paulus in Vers 22 sagt: „Denn ich habe Lust an dem Gesetz Gottes nach dem inneren Menschen; ich sehe aber ein anderes Gesetz in meinen Gliedern, das gegen das Gesetz meiner Gesinnung streitet und mich gefangen nimmt unter das Gesetz der Sünde, das in meinen Gliedern ist. Ich elender Mensch!

Wo aber die Sünde überströmend wurde, da wurde auch die Gnade *überströmend? Viel mehr* überströmend! Wo die Sünde im Überfluss ist, ist die Gnade noch *viel mehr* im Überfluss. Hier haben wir es also mit einem Überfluss an Sünde zu tun, einer großen Menge an Übertretungen, an Ungerechtigkeit. Aber was finden wir dort auch? *Noch mehr Gnade*! Aber wenn wir nicht zugeben, dass die Sünde im Überfluss vorhanden ist, können wir dann einen Überfluss an Gnade finden? Das können wir nicht. Wir haben eine Gerechtigkeit, die wie ein unreiner Lappen ist – ein dreckiger, schmutziger Lappen. Warst du schon einmal in einer Werkstatt von Mechanikern und hast in die Lumpensammlung geschaut? Das bist du, das bin ich. Wenn du das nächste Mal in einen Lumpensack schaust, denk an unsere Gemeinde.

All unsere Gerechtigkeit ist wie ein schmutziger Lumpen. Wir haben nicht die Gerechtigkeit, die Gott möchte; wir haben nicht das, was das Gesetz verlangt. Wo aber die Sünde im Überfluss ist, da ist die Gnade noch viel mehr im Überfluss.

Was ist ein Überfluss an Gnade? Wenn ich einen Überfluss an Sünde habe, ist an ihrer Stelle ein Überfluss an Gnade. Ja, viel mehr noch. Hier im letzten Teil von Jesaja 54,17:

> Das ist das Erbteil der Knechte des HERRN und ihre Gerechtigkeit, die ihnen von mir zuteilwird, spricht der HERR.

Wessen Gerechtigkeit? *Deine* Gerechtigkeit. Aber kommt sie von dir? Nein. Du kannst sie nicht produzieren. Aber Gott sagt: „Ich will ihnen Meine Gerechtigkeit geben; ich will ihnen das geben, was Meinem Gesetz genügt."

Diese Fülle der Gnade – das Geschenk der Gerechtigkeit Gottes, wie erlangen wir sie? Auf welche Weise kommt sie zu uns? Römer 3,23-27:

> Denn alle haben gesündigt und verfehlen die Herrlichkeit, die sie vor Gott haben sollten, so dass sie gerechtfertigt werden ohne Verdienst, durch seine Gnade, mittels der Erlösung, die in Christus Jesus ist.

Durch diese überschwängliche Gnade sind wir nun frei gerechtfertigt durch die Erlösung, die in Christus Jesus ist.

> ... Ihn hat Gott zum Sühnopfer verordnet, durch sein Blut, für alle, die glauben, zum Erweis seiner Gerechtigkeit, wegen der Nachsicht mit den Sünden, die zuvor geschehen waren unter göttlicher Geduld, zur Erweisung seiner Gerechtigkeit in der jetzigen Zeit, damit er selbst gerecht sei und zugleich den rechtfertige, der aus dem Glauben an Jesus ist. Wo bleibt nun das Rühmen? Es ist ausgeschlossen? Durch welches Gesetz? Das der Werke? Nein, sondern durch das Gesetz des Glaubens!

Diese Fülle der Gnade anstelle der Fülle der Sünde rechtfertigt uns und stellt Jesus Christus als unsere Versöhnung dar. Mit anderen Worten: Jesus Christus nimmt meinen Platz in Bezug auf die Forderungen des Gesetzes Gottes ein. Wo ich versagt habe, nimmt er dieses Versagen auf sich und besänftigt die Gerechtigkeit und den Zorn des Gesetzes. Er steht an meiner Stelle. Und wo findet unsere Erlösung statt? Sie findet in Jesus Christus statt.

Schauen wir uns das ein wenig genauer an. Johannes 15,5. Wenn wir in Christus sind, was ist dann der Segen?

> Ich bin der Weinstock, ihr seid die Reben; wer in mir bleibt und ich in ihm, der bringt viel Frucht; denn getrennt von mir könnt ihr nichts tun.

Die Gesetze müssen wirken, um mich zu Jesus Christus zu bringen, denn ohne Ihn kann ich nichts richtig machen. Wenn dieser Schulmeister mich zur Verzweiflung gebracht hat und mich zu Jesus gebracht hat und Er in mir bleibt und ich in Ihm verborgen bin, dann kann jetzt die Frucht hervorgebracht werden, die das Gesetz befriedigt.

Aber bedenke, dass Er sagte: „Ohne mich könnt ihr nichts tun."
Kommt zu Johannes 5,30:

> Ich kann nichts von mir selbst tun. Wie ich höre, so richte ich, und mein Gericht ist gerecht; denn ich suche nicht meinen Willen, sondern den Willen dessen, der mich gesandt hat.

Er sagt: „Ohne mich könnt ihr nichts tun." Doch dann sagt er: „Ich kann aus *Meinem eigenen selbst* heraus nichts tun."

Wo liegt dann die Hilfe? Johannes 14,10:

> Glaubst du nicht, daß ich im Vater bin und der Vater in mir ist? Die Worte, die ich zu euch rede, rede ich nicht von mir selbst, sondern der Vater, der in mir wohnt, tut die Werke.

Jesus Christus entäußerte sich selbst und nahm das Gewand der Menschheit an. Aus sich selbst heraus konnte Er nichts tun. Das, was Er tat, was richtig war, waren *nicht* Seine eigenen Werke; es waren die Werke des Vaters in Ihm. Jesus sagt: „Ohne Mich könnt ihr nichts tun. Wenn ihr nicht in Mir bleibt und ich in euch, könnt ihr die Werke Gottes nicht tun – ihr könnt die Gerechtigkeit, die das Gesetz fordert, nicht erfüllen." Aber wenn wir in Ihm bleiben, können wir es, weil Er sich selbst entäußerte und mit der Fülle Gottes erfüllt wurde und Gott dann in Ihm vollkommene Gerechtigkeit wirkte. Wenn wir also in Christus bleiben und Er in uns, haben wir die Werke Gottes, weil der Vater in Ihm gewirkt hat. Dann wird die Gerechtigkeit, die das Gesetz fordert, erfüllt.

Christus wurde als unsere Versöhnung erwählt; und wenn wir das glauben und es annehmen und zu Ihm kommen und uns dort in Seinem Schoß verbergen, sieht der Vater nur Seinen Sohn. Wenn Er auf dich und mich schaut, sieht Er nicht unsere Sündhaftigkeit; Er sieht nur das perfekte richtige Handeln von Jesus Christus, das sein eigenes perfektes richtiges Handeln ist. Wenn Er also auf uns schaut, ist Er sehr glücklich, weil Er *Seine* Gerechtigkeit sieht. Wo es elende Versäumnisse gab, wo nur ein elendes, armes, blindes und nacktes menschliches Wesen ist, sieht Er ein vollkommenes Leben. Er sieht ein Leben, das so vollkommen ist wie sein eigenes, weil *es* Sein eigenes ist. Und dieses Leben währt von Ewigkeit zu Ewigkeit. Und das Gesetz ist sehr glücklich, denn das Gesetz ist diese Sache selbst – vollkommene Gerechtigkeit von Ewigkeit zu Ewigkeit.

Und deshalb können wir jetzt, wenn wir zu Römer 7 zurückkommen, verstehen, wie es sein kann, dass der Apostel Paulus so glücklich sein kann, Jesus Christus gefunden zu haben. Er fand das Gesetz, aber alles, was es tat, war, ihm ein echtes Gefühl des Brennens und Bratens zu geben und all diese Begierden in ihm zu wecken. „Hier bin ich und alles, was ich sehe, ist, dass ich nichts richtig machen kann. Es gibt nichts in mir, womit ich mich gut fühlen könnte." Und da *ist* nichts. Bewahre dieses Gefühl, behalte dieses Gefühl des Brennens und Bratens, denn es führt uns zu Jesus Christus. Es lässt uns Jesus Christus schätzen, den Sühneträger für unsere Sünden. Römer 7,25-8,1:

> ch danke Gott durch Jesus Christus, unsren Herrn! So diene nun ich selbst mit der Vernunft dem Gesetz Gottes, mit dem Fleische aber dem Gesetz der Sünde. So gibt es nun keine Verdammnis mehr für die, welche in Christus Jesus sind, die nicht nach dem Fleisch wandeln, sondern nach dem Geist.

Wenn wir in Jesus Christus bleiben, wenn wir glauben, dass er unsere Versöhnung ist und wir glauben, dass er jetzt an unserer Stelle steht und dies jeden Tag glauben – da gibt es *keine Verurteilung*. Wie sehr glauben wir diese Worte? Wie sehr glauben wir, dass wir nicht verdammt sind? *Es besteht keine Verurteilung.*

Und in Psalm 119,89 heißt es:

> Auf ewig, oh Herr, steht dein Wort im Himmel fest.

Gott meint, was er sagt. Du bist nicht verdammt, wenn du durch das Gesetz getötet wurdest und dich nun in Christus versteckst. Satan kann dir das Gegenteil in alle Ewigkeit das Gegenteil erzählen. Aber wenn es das ist, was Gottes Wort sagt, dann müssen wir es glauben. Es gibt keine Verurteilung für diejenigen, die in Christus Jesus sind. Absolut keine.

Jetzt, wo wir den Punkt erreicht haben, an dem das Gesetz uns getötet hat, und den Punkt, an dem die Schrift sagt, dass wir nicht mehr unter dem Gesetz sind, sondern unter dem Glauben, machen wir das Gesetz nichtig? Hat dieses bestimmte Wort Gottes (das Gesetz) keine Bedeutung mehr in unserem Leben?

Jesus Christus kommt und er verkündet „Gerechtigkeit". Was ist „*Gerechtigkeit*"? Psalm 119,172:

Meine Zunge soll deine Rede singen; denn alle deine Gebote sind gerecht.

Wird das Gesetz abgeschafft, wenn man in Jesus Christus ist? Nein. Es ist genau das, wovon Jesus spricht, wenn er Seine Gerechtigkeit verkündet.

„Wie liest du?" waren die Worte von Jesus Christus. Wie lesen wir das Wort Gottes? Es verurteilt den Sünder; aber wenn sie zugelassen haben, dass diese Verurteilung sie tötet, und sie haben die Versöhnung gefunden, wie liest du *dann* die Zehn Gebote? Viele Christen wollen sie abschaffen. Willst du sie auch abschaffen?

Gott sagte: „Du sollst keine anderen Götter haben vor mir, du sollst dir keine Götzenbilder machen." Wir sind mit den Zehn Geboten vertraut, wie sie da stehen. Aber wusstest du, dass in 2. Korinther 4,6 steht, dass Gott „dem Licht geboten hat, aus der Finsternis heraus zu scheinen?" Am Anfang war die Finsternis und Gott sagte: „Es werde Licht" und es wurde Licht. Er *befahl* dem Licht, aus der Finsternis heraus zu scheinen. Hat sich das Licht selbst erzeugt? Nein, hat es nicht. Aber Gott hat es geboten. Wir haben die Zehn Gebote vor uns und wir lesen sie als Gottes Worte: „Du sollst dies tun. Du sollst das tun." So betrachten wir die Gebote Gottes. Aber wenn wir Zeile für Zeile lesen, sehen wir, dass das Wort, das Gott spricht, *das* hervorbringen wird, was es sagt (Jesaja 55,11). Wenn Gott also zu uns kommt und sagt: „Du sollst keine anderen Götter neben mir haben", wie liest du dann? Liest du es als wenn *du* keine anderen Götter neben Ihm haben solltest? Pass auf, dass *du* dich nicht vor irgendwelchen Götzen verbeugst?

Nein. Es ist das gleiche Wort, das am Anfang gesprochen wurde. Dieses Wort *selbst* wird *sich selbst* erfüllen. Wenn wir das Wort Gottes auf *diese* Weise empfangen, dann wird nicht nur Jesus Christus an die Stelle unserer Verfehlungen treten, sondern genau das Wort, das er gesprochen hat, wird seine eigene Gerechtigkeit in unserem eigenen Leben erzeugen. *Es* wird sie erschaffen. Als die Israeliten die Zehn Gebote erhielten, was sagten sie da? „Alles, was der Herr gesagt hat, das wollen *wir* tun." „*Ich* will es tun. Ja, Gott, das ist es, was du befohlen hast, und das ist es, was du willst, also werde ich hingehen und es jetzt tun." Das ist *nicht* das, was Gott will. Das ist *nicht* das, was das Gesetz will. Es will nicht, dass *du* das Richtige tust. Es will nicht *deinen* Gehorsam. Es will den *Gehorsam Gottes*. Das Wort Gottes muss seinen eigenen Zweck erfüllen dürfen.

2 Petrus 1,4 – wie liest du das Wort Gottes?

> … durch welche uns die teuersten und größten Verheißungen geschenkt sind, damit ihr durch dieselben göttlicher Natur teilhaftig werdet, nachdem ihr dem in der Welt durch die Lust herrschenden Verderben entflohen seid,

Was sind die Zehn Gebote? Sie sind Versprechen. Aber nicht nur Versprechen, sie sind *kostbare* Versprechen. Empfangen wir das Wort Gottes auf diese Weise? Empfangen wir alle seine Bedingungen auf diese Weise? Wir betrachten Seine Forderungen – das, was wir für Seine Forderungen *halten* – mit unserem Verstand, der natürlich eine willkürliche Forderung an die Worte anderer stellt. Gott ist nicht willkürlich; aber wir sehen sein Gesetz, wir sehen die Prinzipien eines veränderten Lebens und wir denken, ich muss das tun; ich muss dies tun. Das ist nicht das, was Gott will. Als die Israeliten am Fuße des Berges Sinai standen, hätten sie *nicht* sagen sollen: „Alles, was du gesagt hast, werden *wir* tun." Sie hätten sagen sollen: „*Amen!* So soll es sein. Dein Wort, o Herr, es wird sich erfüllen. Du hast gesagt, dass es nicht leer zurückkehren wird, *es selbst* wird die Aufgabe erfüllen."

Wenn Gott mit seinem Gesetz oder einer seiner anderen Forderungen zu uns kommt, dann sage „Amen!" Lasst Gott es in euch erfüllen. Gehe nicht wie der Pharisäer umher und versuche, deine eigene Art, die Dinge zu tun, zu etablieren. Nimm nicht die Prinzipien Gottes und sage: „Ich habe das richtig gemacht und ich habe das richtig gemacht." Das *hast du nicht* und das *kannst du nicht*. Aber ich *kann* alle Dinge tun in Christus, der mich stärkt. *Er* wird in dir wirken, beides zu wollen und zu tun nach seinem Wohlgefallen. *Wenn* du das Wort annimmst, *dann* wird es wirken und erzeugen. Aber du mußt tot sein. Du musst es in dir wohnen *lassen*.

Wir kehren zurück zu Römer Kapitel 3 und können nun sehen, dass das Gesetz Gottes, das ist, was Christus als seine eigene Gerechtigkeit erklärt, nicht etwas Willkürliches ist, sondern wie es in 1. Johannes 5,3 heißt: „Das ist die Liebe Gottes, dass wir seine Gebote halten." Die Liebe Gottes wird Seine Gebote in dir halten – Er wird durch dich wirken, um Seine Gebote zu halten – *das* ist es, was die Liebe Gottes ist.

Jetzt zu Römer 3,19-22:

> Wir wissen aber, daß das Gesetz alles, was es spricht, denen sagt, die unter dem Gesetze sind, auf daß jeder Mund verstopft werde und alle Welt vor Gott schuldig sei,...

Diejenigen, die unter dem Gesetz sind, sind diejenigen, die denken, dass sie es halten können; sie sind diejenigen, die sagen: „Alles, was der Herr gesagt hat, werde ich tun." Aber jeder Mund wird verstopft werden, weil sie es nicht können, und die ganze Welt wird schuldig werden vor Gott.

> ... weil aus Gesetzeswerken kein Fleisch vor ihm gerechtfertigt werden kann; denn durch das Gesetz kommt Erkenntnis der Sünde. ...

All eure rechten Taten sind nicht gut genug.

> ... Nun aber ist außerhalb vom Gesetz die Gerechtigkeit Gottes geoffenbart worden, die von dem Gesetz und den Propheten bezeugt wird, nämlich die Gerechtigkeit Gottes, veranlaßt durch den Glauben an Jesus Christus, für alle, die da glauben. ...

So wird nun in deinem Leben Gottes eigenes Tun manifestiert werden. Es wird keine Prahlerei mehr geben, weil du deine Schuld vor Gott entdeckt hast und erkannt hast, dass du dort, wo du dachtest, du hättest alles richtig gemacht, es nicht getan hast und es auch nicht kannst. Aber jetzt hast du dich hingegeben und dieses Wort wirkt in dir und erzeugt *deine* Gerechtigkeit? Nein. Es bringt die *Gerechtigkeit Gottes* hervor. Das ist es, was in dir manifestiert wird, in deinem irdischen Gefäß.

Also eine abschließende Würdigung von Gottes Gesetz.

Wir haben gesehen, wie es uns zu Jesus Christus führt. Es deckt mich auf. Es gibt mir ein Gefühl der Not und nun komme ich und finde in Jesus Christus das, was die Forderungen des Gesetzes erfüllt. Und dann empfange ich die Worte des Gesetzes selbst, das mich zuvor verurteilt hat, und es wirkt *selbst* in mir, um das hervorzubringen, was es will. Wiederum Römer 3,21:

> Nun aber ist außerhalb vom Gesetz die Gerechtigkeit Gottes geoffenbart worden, die von dem Gesetz und den Propheten bezeugt wird,

Das Gesetz wird *nicht* abgeschafft. In der Tat sehen wir die ganze Zeit, dass die Abschaffung des Gesetzes die Abschaffung des ewigen Lebens bedeutet! Aber *jetzt* ist das Gesetz ein *Zeuge*.

Ich kann es nicht besser ausdrücken, als es Alonzo T. Jones in the *1893 General Conference Bulletins*, Study No. 18, tut:

> Das Gesetz gibt eine Erkenntnis der Sünde, damit wir die Erkenntnis der Fülle der Gnade haben, um die Sünde wegzunehmen, dann regiert die Gnade durch die Gerechtigkeit zum ewigen Leben durch Jesus Christus – und diese Gerechtigkeit Gottes durch den Glauben an Christus gehört uns durch das Wirken des Gesetzes, und diese Erkenntnis der Sünde hat uns zu Christus gebracht, und wir haben Ihn, und das Gesetz ist in all seinen Forderungen, die es an uns gestellt hat, erfüllt.
>
> Wenn es nun in all seinen Forderungen, die es an uns gestellt hat, befriedigt ist, dann wird es dabei bleiben und immer wieder sagen, dass es erfüllt ist. Dass das alles in Ordnung ist? Wenn das Gesetz Forderungen an uns gestellt hat, die wir auf keine andere Weise erfüllen können, außer dadurch, dass Jesus Christus in uns gegenwärtig ist, wird dann das Gesetz Gottes, solange wie wir dort bleiben, genau dort stehen und sagen: „Das ist richtig, und ich bin damit zufrieden"? [Gemeinde: „Ja."] Wenn dann jemand anfängt, es in Frage zu stellen und sagt: „Das ist nicht so", dann haben wir doch Zeugen, die das beweisen, oder?
>
> Jetzt sieht man das: dass es aus mehreren Gründen notwendig ist, dass wir Zeugen haben sollten. Einer in unserem eigenen Zusammenhang und in unserer eigenen persönlichen Erfahrung ist dieser: Wenn Gott spricht und wir es glauben, dann wissen wir, jeder für sich, dass die Gerechtigkeit Gottes uns gehört, dass wir Anspruch auf sie haben, dass sie uns gehört und dass wir in vollkommenem Frieden darauf ruhen können …

Es gibt das Gesetz und wir können die Zehn Gebote lesen und sie als diese Verheißung empfangen – diese Verheißung, dass Gott zufrieden ist. Denn in uns sieht er seinen Sohn und in seinem Sohn wurde das Gesetz erfüllt.

> Aber es gibt auch andere Menschen, die das wissen müssen. Können sie es wissen, indem ich es sage? [Gemeinde: „Nein."]

> Können sie es wissen, indem ich sage, dass ich dem zustimme und dass ich sage, das ist so und deshalb ist es so? Wird sie das überzeugen? Ist das ein ausreichender Beweis für sie? [Gemeinde: „Nein."] Sie brauchen etwas Besseres als mein Wort. Seht ihr nicht, dass der Herr genau diese Forderung erfüllt hat und uns Zeugen gegeben hat, an die sie sich wenden können, und sie können hingehen und diese Zeugen fragen, wann immer sie wollen, ob das, was wir haben, echt ist oder nicht. Ist das so? [Versammlung: „Ja."]

Und so können wir, wenn wir in Christus sind, und nur wie wir in ihm sind, zu anderen sagen, „In Jesus Christus bin ich rechtschaffen. Wenn du es nicht glaubst, dann lies Exodus 20 und es wird dir sagen, dass ich in Jesus Christus gerecht bin." Das ist es, was Alonzo T. Jones hier sagt.

> Sie brauchen nicht zu kommen und uns zu befragen; wenn sie uns befragen, können wir ihnen natürlich sagen, was der Herr uns zu sagen aufgetragen hat, und wenn das nicht ausreicht, können sie hingehen und diese Zeugen fragen. Wir können sagen: „Da sind einige Freunde von mir …

Hast du die Zehn Gebote jemals als deine *Freunde* betrachtet? Das ist es, was sie sind – deine Freunde!

> … sie kennen mich von meiner Geburt an bis jetzt. Sie kennen mich besser als ich selbst, und wenn du mehr wissen willst als das, was ich sage, dann geh und frag sie. Sie werden es dir sagen." Wie viele von ihnen gibt es? [Versammlung: „Zehn."] Ist ihr Wort etwas wert? Sagen sie die Wahrheit? Ah, sie sind die Wahrheit selbst. Sie sind die Wahrheit. Psalm 119,142. Nun, dann ist es unmöglich, dass sie etwas anderes bezeugen als das. Wenn sie sagen, daß diese Forderung erfüllt ist: „Dieses Leben ist mir wohlgefällig", dann ist das genug für jeden im Universum, nicht wahr? [2]

Kannst du jetzt verstehen, wie es sein kann, dass David sagt: „Oh, wie ich dein Gesetz liebe! Es ist mein Nachdenken den ganzen Tag"? Es hat ihn getötet, aber dadurch, dass er getötet wurde, hat er Frieden mit Gott gefunden; er hat etwas gefunden, das dem Gesetz genügt und das seine gesamte Existenz abdeckt – von seiner

Kindheit bis in die Ewigkeit. Und nun wirkt das Gesetz in ihm, um sich selbst zu erfüllen. Genau das, was ihn getötet hat, sagt jetzt: „Er ist des ewigen Lebens würdig." Das ist erstaunlich! Wie hast du gelesen? Wie haben *wir* das Wort Gottes in unserem eigenen Leben aufgenommen?

Alonzo T. Jones spricht über den letzten Tag, an dem Gott alle Menschen heraufholt, um sie zu richten. Ich möchte das gerne mit euch teilen, weil es so herzberührend ist und zeigt, wie das Gesetz Gottes wirklich seine Liebe demonstriert.

> Und an jenem Tag wird es dort zwei Gruppen geben. Es werden einige dort sein, wenn die Tür geschlossen ist, und sie werden hineingehen wollen, und sie sagen: „Herr, öffne uns. Wir wollen eintreten." Und dann kommt jemand und fragt: „Was habt ihr getan, dass ihr hinein dürft? Welches Recht habt ihr, das Erbe hier zu betreten? Welchen Anspruch habt ihr darauf?" „Oh, wir sind mit dir bekannt. Wir haben in deiner Gegenwart gegessen und getrunken, und du hast in unseren Straßen gelehrt. Ja, außerdem haben wir in Deinem Namen geweissagt. In deinem Namen haben wir Teufel ausgetrieben, und in deinem Namen haben wir viele wunderbare Werke getan. Ja, wir haben viele wunderbare Dinge getan. Herr, ist das nicht Beweis genug? Öffne die Tür." Wie lautet die Antwort? „Weicht von mir, die ihr Unrecht tut."

Aber haben sie nicht in seinem Namen gepredigt und in seinem Namen die Teufel ausgetrieben? Sie taten alles, was das Gesetz verlangte!

> Was haben sie gesagt? „Wir haben viele wunderbare Werke getan. *Wir* haben sie getan. *Wir* sind in Ordnung. *Wir* sind rechtschaffen. *Wir* sind gerecht. Genau richtig. Deshalb haben *wir* ein Recht, dort zu sein. Mach die Tür auf." Aber „wir" zählt da nicht, oder?

Ist das unsere Erfahrung?

> Es wird eine andere Gruppe dort sein an jenem Tag – eine große Schar, die kein Mensch zählen kann – alle Nationen und Stämme und Sprachen und Völker, und sie werden heraufkommen, um hineinzukommen. Und wenn jemand ihnen die Frage stellt:

„Was habt ihr getan, dass ihr hier eintreten dürft? Welchen Anspruch habt ihr hier?" Die Antwort wird lauten:

„Oh, ich habe überhaupt nichts getan, um es zu verdienen. Ich bin ein Sünder, der nur von der Gnade des Herrn abhängig ist. Oh, ich war so elend, so ganz und gar ein Gefangener und in einer solchen Knechtschaft, dass mich niemand erlösen konnte als der Herr selbst; so elend, dass ich immer nur den Herrn brauchte, um mich zu trösten; so arm, dass ich ständig beim Herrn betteln musste; so blind, dass mich niemand sehen lassen konnte als der Herr; so nackt, dass mich niemand kleiden konnte als der Herr selbst. Der ganze Anspruch, den ich habe, ist das, was Jesus für mich getan hat. Aber der Herr hat mich geliebt. Als ich in meinem Elend weinte, erlöste er mich. Als ich in meinem Elend Trost suchte, tröstete Er mich auf dem ganzen Weg. Als ich in meiner Armut bettelte, gab Er mir Reichtum. Als ich Ihn in meiner Blindheit bat, mir den Weg zu zeigen, damit ich den Weg erkenne, führte Er mich den ganzen Weg entlang und ließ mich sehen. Als ich so nackt war, dass mich niemand bekleiden konnte, da hat Er mir dieses Kleid gegeben, das ich anhabe, und so ist alles, was ich vorlegen kann, alles, was ich vorlegen muss als das, worauf ich eingehen kann, jeder Anspruch, der mich veranlassen würde, einzutreten, nur das, was Er für mich getan hat. Wenn das nicht ausreicht, dann bin ich außen vor, und das ist auch gerecht. Wenn ich außen vor gelassen werde, kann ich mich nicht beschweren. Aber, oh, wird mich das nicht berechtigen, einzutreten und das Erbe zu besitzen?"

Aber er sagt: „Nun, es gibt hier einige sehr spezielle Personen. Die wollen mit jedem, der hier vorbeikommt, voll zufrieden sein. Wir haben hier zehn Gutachter. Wenn sie in den Fall eines Mannes schauen und sagen, dass er in Ordnung ist, warum kann er dann passieren. Seid ihr damit einverstanden, dass diese aufgerufen werden, euren Fall zu untersuchen?" Und wir sollen antworten: „Ja, ja, denn ich will eintreten, und ich bin bereit, mich jeder Untersuchung zu unterziehen, denn selbst wenn ich ausgelassen werde, habe ich keine Klagen vorzubringen. Ich bin sowieso verloren, wenn ich mir selbst überlassen bin."

„Gut", sagt er, „dann werden wir sie rufen." Und so werden diese zehn herangezogen, und sie sagen: „Warum, ja, wir sind

> vollkommen zufrieden mit ihm. Nun, ja, die Befreiung, die er von seinem Elend erhalten hat, ist das, was unser Herr gewirkt hat; der Trost, den er den ganzen Weg über hatte und den er so sehr brauchte, besteht darin, was unser Herr ihm gegeben hat. Der Reichtum, den er hat, was auch immer er hat, arm wie er war, hat der Herr ihm gegeben, und der Blinde, was auch immer er sieht, es ist der Herr, der es ihm gegeben hat. Und er sieht nur, was dem Herrn gehört. Und nackt, wie er war, das Gewand, das er anhat, der Herr hat es ihm gegeben. Der Herr hat es gewebt, und es ist alles göttlich. Es ist nur Christus. Nun, ja, er kann eintreten."

Als Jones dies 1893 teilte, begann die Gemeinde zu singen:

> *„Jesus hat alles bezahlt,*
> *Alles verdanke ich ihm;*
> *Die Sünde hatte einen scharlachroten Fleck hinterlassen:*
> *Er wusch ihn weiß wie Schnee."*

> Und dann, Brüder, wird über den Toren eine Stimme von süßester Musik erklingen, voll der Sanftmut und des Mitleids meines Heilands – die Stimme wird von innen kommen: „Tritt ein, du Gesegneter des Herrn." [Gemeinde: „Amen."] „Was stehst du draußen?" Und die Pforte wird weit aufgeschwungen werden, und wir werden „reichlich Eingang haben in das ewige Reich unseres Herrn und Heilandes Jesus Christus."[3]

Wie liest du? Wie *verstehst* du es? Wie lieblich ist das Wort Gottes? Psalm 119,103:

> Wie süß sind deine Worte meinem Gaumen, süßer als Honig meinem Munde!

Kannst du sie schmecken? Sind sie süß? Kaue sie gründlich. Iss nicht zu schnell. Kau es; schmecke es; genieße es; sauge es in dir auf! Wenn Gott sein Gesetz zu dir bringt, *lass* es süß sein. Es mag am Anfang bitter sein, aber am Ende wird es süßer als Honig sein.

Möge Gott uns helfen, sein Wort so zu empfangen, wie er es für uns *vorgesehen* hat – damit wir mit Jesus Christus in Psalm 40,8 sagen können:

Deinen Willen zu tun, mein Gott, begehre ich, und dein Gesetz ist in meinem Herzen.

AMEN.

Kapitel 2

GOTTES ÜBERFLIESSENDE GNADE

Teil 1

Zur Wirklichkeit aufwachen

19. Juni 2010

ICH möchte mit euch eine kleine Serie von Vorträgen mit dem Titel „Gottes überfließende Gnade" teilen. Der Titel dieses ersten Teils lautet: „Zur Wirklichkeit aufwachen".

Unser Schlüsseltext findet sich hier in Römer 5,20:

> Das Gesetz aber ist daneben hereingekommen, damit das Maß der Sünden voll würde. Wo aber das Maß der Sünde voll geworden ist, da ist die Gnade überfließend geworden,

In diesem einfachen Text steckt die Geschichte der Erlösung – vom Beginn der Sünde bis hin zum ewigen Erbe. Auf die Fülle der Sünde folgt die Fülle der Gnade.

„Das Gesetz ist hereingekommen, damit das Maß der Sünden voll würde." In Gottes Programm der Gnade gegenüber dem Menschen ist dies der erste Schritt seiner Wiederherstellung. Das Gesetz tritt ein.

Jetzt schauen wir uns Römer 3,20 an:

> Weil aus Gesetzeswerken kein Fleisch vor ihm gerechtfertigt werden kann; denn durch das Gesetz kommt Erkenntnis der Sünde.

Warum muss das Gesetz hereinkommen? Das Gesetz muss hereinkommen, weil der Mensch über etwas nicht im Klaren ist, und was ist es, worüber er nicht im Klaren ist?

Der Mensch ging einfach seinen Weg und erkannte nicht, dass Sünde im Überfluss vorhanden war. Er erkannte nicht, dass er in Sünde war, im *Tod*, denn der Lohn der Sünde ist der Tod. Das Gesetz kam also herein, um dem Menschen die Erkenntnis der Sünde zu bringen, um dem Menschen die Erkenntnis zu bringen, dass er sich in einer schrecklichen Zwangslage befindet – es gibt da ein gewaltiges Problem und dieses Problem muss gelöst werden.

Ohne das Hinzutreten des Gesetzes gibt es kein Erkennen des Problems. In Markus 2,17 lesen wir die Worte Jesu Christi in Bezug darauf:

> Und als Jesus es hörte, sprach er zu ihnen: Nicht die Starken bedürfen des Arztes, sondern die Kranken. Ich bin nicht gekommen, Gerechte zu rufen, sondern Sünder zur Buße.

Es ist ein sehr einfaches Prinzip. Wenn du nicht weißt, dass du krank bist, wirst du dann zum Arzt gehen? Wirst du ein Mittel gegen etwas besorgen und anwenden, wenn du nicht glaubst, dass du es hast? Du wirst es nicht tun. Du wirst dich nicht mit dem Problem befassen, wenn du denkst, dass es kein Problem gibt. Deshalb sagt Christus: „Ich bin nicht gekommen, Gerechte zu rufen, sondern Sünder zur Buße." Er sprach zu den Juden, wenn ihr euch erinnert, und die Juden dachten, sie wären ziemlich gut; sie dachten, dass sie nach dem Gesetz, genau wie der Apostel Paulus von sich selbst sagte, untadelig wären.

Christus kam, um die Kranken zu rufen, und um diesen Ruf zu verwirklichen, muss er das Gesetz in Aktion setzen. Er muss das Gesetz geben, um ein Gefühl der Bedürftigkeit zu schaffen. Lesen wir davon in Galater 3,24:

> So ist also das Gesetz unser Zuchtmeister geworden auf Christus hin, damit wir durch den Glauben gerechtfertigt würden.

Wir mussten zu Christus kommen, weil wir nicht bei Christus waren. Daher gab er das Gesetz. Das Gesetz trat ein, damit der Mensch erkennt: *Hey, ich bin krank, ich bin ein Sünder, ich muss Buße tun.* Was ist Buße? Buße ist ein Sinneswandel. Und die konkrete Situation, in der sich der Mensch befindet, wird in Jesaja 1,4-6 beschrieben:

> Wehe dem sündigen Volk, dem schuldbeladenen Geschlecht! ...

Vor ein paar Wochen haben wir uns mit dem Wort „*im Überfluss*" beschäftigt. Im Überfluss bedeutet, dass es in einer großen Anzahl oder einer *reichlichen* Menge vorhanden ist. Wir haben uns auch das Wort „*überwiegend*" angeschaut, was soviel wie „*dominierend*" bedeutet. Und hier sind sie, „eine sündige Nation, ein Volk, das mit Ungerechtigkeit beladen ist" – es gibt eine gewaltige Menge an Sünde, die sie haben.

> … Same der Übeltäter, Kinder des Verderbens! Sie verlassen den HERRN, lästern den Heiligen Israels, weichen zurück. Was soll man euch noch weiter schlagen, da ihr fortfahrt, abtrünnig zu sein? Das ganze Haupt ist krank, das ganze Herz ist verderbt. Von der Fußsohle bis zum Scheitel ist nichts Unversehrtes an ihm, sondern klaffende Wunden und Striemen und frische Beulen, die nicht ausgedrückt, noch verbunden, noch mit Öl gelindert sind.

Ist das nicht eine Beschreibung für jemanden, der *schwer* krank ist? Er ist anstößig. David sagt: „Ich stinke wegen meiner Torheit, und niemand will in meine Nähe kommen" (Psalm 38,5.11). Das ist die Sündhaftigkeit, in der sich der Mensch wiederfindet. Das ist unser WAHRER Zustand. Diejenigen, die das erkennen, sind diejenigen, die sagen werden: „Ich brauche einen Arzt."

Der Pharisäer schaute auf das Gesetz und sagte: „Ich habe keinen Ehebruch begangen. Ich habe mich nicht gottlos verhalten. Ich bin nicht wie dieser Zöllner gewesen." Ihr kennt das Gleichnis, das Christus in Lukas 18 erzählt. Nach den äußeren Formen des Gesetzes können wir es betrachten und wir können sagen: „Ich habe alles richtig gemacht. Wo ist das Problem?" Aber was ist es, was das Gesetz ausmacht? Es stellt fest, dass der *Verstand* krank ist. Und das ist der Teil des Gesetzes, der uns tötet.

Wir kommen zu der Erkenntnis, dass wenn das Gesetz hereinkommt, es nicht nur über das äußere Leben spricht – es spricht über die inneren Gedanken und unser innerstes Verlangen. Und der Apostel Paulus definiert das für uns sehr klar in Römer 7. Im Laufe der Jahre haben wir viel Zeit damit verbracht, uns mit diesem Kapitel zu beschäftigen, aber lasst es uns noch einmal tun und nachsehen, ob wir mehr Tiefe daraus gewinnen können. Es zahlt sich aus, diese Schriftstellen immer wieder durchzugehen, denn wenn wir auf unserem christlichen Weg weitergehen, machen wir tiefere

Erfahrungen; also gehen wir zurück und lesen etwas Tieferes daraus heraus, weil ich jetzt mehr von dem Gedanken verstehen kann, der dort vermittelt wird. Starten wir also hier in Vers 7:

> Was wollen wir nun sagen? Ist das Gesetz Sünde? Das sei ferne! Aber die Sünde hätte ich nicht erkannt, außer durch das Gesetz; denn von der Lust hätte ich nichts gewußt, wenn das Gesetz nicht gesagt hätte: Laß dich nicht gelüsten!

Als Christus über das Gesetz sprach, brachte er die Geisteshaltung in das Gesetz. Er brachte die *Tiefe* hinein. Die Gebote sagen: „Du sollst nicht töten." Als Christus kam, offenbarte er den Menschen, worin das Gesetz wirklich besteht. „*Töten*" bedeutet, auf seinen Bruder wütend zu sein. Wenn du wütend auf deinen Bruder bist, bist du des Mordes schuldig. Eine Frau anzuschauen UND sie in deinem Herzen zu begehren, ist Ehebruch, auch wenn du sie nur in deinem Geist begehrst – FRAU?

Das war die Tiefe des Gesetzes, die der Apostel Paulus erkannte. Er kannte das Gesetz, und ihm zufolge dachte er, er sei untadelig. Aber da kam ihm die Erkenntnis, dass es bis in seinen Kopf reichte, bis in die Begierden seines Geistes. Er sagt: „Ich hätte die Lust nicht gekannt, wenn das Gesetz nicht gesagt hätte: Du sollst nicht begehren." Der Pharisäer sagte: „Ich habe keinen Ehebruch begangen"; aber nun sagte das Gesetz: „Du sollst nicht begehren", und er kam zu der Erkenntnis, dass Lust Begehren ist.

Verse 8 bis 10:

> Da nahm aber die Sünde einen Anlaß und bewirkte durch das Verbot in mir allerlei Gelüste; denn ohne das Gesetz ist die Sünde tot. Ich aber lebte, als ich noch ohne Gesetz war; als aber das Gesetz kam, lebte die Sünde auf; ich aber starb,

Es gibt etwas in diesen Bibelstellen, das wir ein wenig klarer verstehen wollen. Ohne das Gesetz war die Sünde tot. Aber als das Gesetz kam – als man sah, dass es bis ins Herz hineinreichte – da kam dem Apostel plötzlich die Erkenntnis, dass sein ganzer Geist krank war! Und beachtet dies: „Die Sünde hat in mir alle Arten von Begierden geweckt." Wisst ihr, was das Wort „Konkupiszenz" (= Begierde) bedeutet?

Oft lesen wir die Heilige Schrift und denken, wir verstehen, was sie sagt, obwohl das Wörterbuch zur Hand liegt und wir nicht hineinschauen und lesen. Ich werde euch die Bedeutung des Begriffs „Konkupiszenz" vorlesen und ich kann euch versichern, dass ihr dadurch eine ganz neue Wertschätzung für das Gesetz bekommt und für das, was es tut, um euch zu töten.

Dies stammt aus dem Webster's Wörterbuch von 1824, ist also ein sehr altes Englisch, und das ist es, was gemeint gewesen wäre, als es verwendet wurde:

> *Konkupiszenz, n.* [L., begehren oder begehren lassen] Lust; ungesetzliches oder unregelmäßiges Verlangen nach sexueller Lust. In einem allgemeineren Sinn das Begehren fleischlicher Dinge oder ein unregelmäßiges Verlangen nach weltlichen Gütern; Neigung zu ungesetzlichen Genüssen.

Als das Gesetz zu dem Apostel kam und ihm seine Sündhaftigkeit offenbarte, bewirkte die Sünde in ihm *ungesetzliche* und *unregelmäßige Begierden*. Plötzlich erwachte in ihm ein Begehren nach fleischlichen Dingen, ein Verlangen, Unrecht zu tun und dem Fleisch zu gefallen. Es wurde festgestellt, dass die Sünde in ihm im *Überfluss* vorhanden war. Sie war in ihm *dominant*.

Versteht ihr, was ihr gerade gelesen habt? Das Gebot kam und die Sünde lebte wieder auf. Als das Gebot kam, gab es in seinem Inneren ein Wiederaufleben aller Werke des Fleisches. Plötzlich kamen in ihm all diese Sehnsüchte und Begierden nach etwas, das er nie zuvor gewollt hatte – oder zumindest *dachte* er, dass er es nie zuvor gewollt hatte. Als das Gesetz kam, entdeckte er, wer er wirklich war. Er dachte, dass er alles richtig gemacht hatte und dass sogar sein Geist ziemlich gut war, aber plötzlich war alles durcheinander, und: *Wow! Ist es das, was ich bin?*

Wir lesen weiter in Römer 7, Verse 9-15. Beachtet die Erfahrung dieser Person:

> Ich aber lebte, als ich noch ohne Gesetz war; als aber das Gesetz kam, lebte die Sünde auf; ich aber starb, und das zum Leben gegebene Gesetz erwies sich mir todbringend. Denn die Sünde nahm einen Anlaß und verführte mich durch das Gebot und tötete mich durch dasselbe. So ist nun das Gesetz heilig, und das

> Gebot ist heilig, gerecht und gut! Gereichte nun das Gute mir zum Tode? Das sei ferne! Sondern die Sünde, damit sie als Sünde erscheine, hat mir durch das Gute den Tod bewirkt, auf daß die Sünde überaus sündig würde durch das Gebot.
>
> Denn wir wissen, daß das Gesetz geistlich ist; ich aber bin fleischlich, unter die Sünde verkauft. Denn was ich vollbringe, billige ich nicht; denn ich tue nicht, was ich will, sondern was ich hasse, das übe ich aus.

Es gab in ihm den Wunsch, das Gesetz Gottes zu halten. „Ich liebe das Gesetz und stimme ihm zu, dass es gut und heilig und gerecht ist." Aber er stellte plötzlich fest, dass in ihm ein Einfluss war, der dem Gesetz entgegenwirkte. „Was ich tun will, kann ich nicht tun; und was ich nicht tun will, habe ich schon getan, bevor ich es überhaupt weiß!"

Verse 16-24:

> Wenn ich aber das tue, was ich nicht will, so stimme ich dem Gesetz bei, daß es trefflich ist. Nun aber vollbringe nicht mehr ich dasselbe, sondern die Sünde, die in mir wohnt. Denn ich weiß, dass in mir, das ist in meinem Fleische, nichts Gutes wohnt; das Wollen ist zwar bei mir vorhanden, aber das Vollbringen des Guten gelingt mir nicht! Denn nicht das Gute, das ich will, tue ich, sondern das Böse, das ich nicht will, übe ich aus. Wenn ich aber das tue, was ich nicht will, so vollbringe nicht mehr ich dasselbe, sondern die Sünde, die in mir wohnt. Ich finde also das Gesetz vor, wonach mir, der ich das Gute tun will, das Böse anhängt. Denn ich habe Lust an dem Gesetz Gottes nach dem inwendigen Menschen; ich sehe aber ein anderes Gesetz in meinen Gliedern, das dem Gesetz meiner Vernunft widerstreitet und mich gefangen nimmt in dem Gesetz der Sünde, das in meinen Gliedern ist. Ich elender Mensch! Wer wird mich erlösen von diesem Todesleib?

Als das Gesetz hereinkam, kam Paulus zu der Erkenntnis: „Ich bin tot! Ich liebe dieses Gesetz, aber ich kann es nicht halten. *Ich kann es nicht.*" Durch das Gesetz wirkte die Sünde, um ihn zu töten, um ihn in noch größere Versuchungen und größere Prüfungen zu bringen als je zuvor. Um das zu verdeutlichen, werde ich aus John Bunyans Buch *„Grace Abounding to the Chief of Sinners"* lesen. Wenn dieses

Gesetz hereinkommt, wirkt es in uns alle Arten von Begierde. John Bunyan wollte einer von denen sein, die von Gott berufen sind, aber er war besorgt, dass er *nicht* von Gott berufen war. Denkt daran, es waren Sünder, zu denen Christus kam, um sie zu rufen. Als er also in dieser Zwickmühle war, als er sich wünschte und danach sehnte, berufen zu werden, was erlebte er da? Er beschreibt es an der folgenden Stelle und hört sehr genau zu, denn es ist ein Echo dessen, was wir gerade in Römer 7 gelesen haben:

> Um diese Zeit fing ich an, mich bei diesen armen Leuten in Bedford zu offenbaren und ihnen meinen Zustand mitzuteilen, was sie, nachdem sie es gehört hatten, Mr. Gifford erzählten, der das selbst auch zum Anlass nahm, mit mir zu reden, und bereit war, sich gut von mir überzeugen zu lassen, wenn auch, wie ich glaube, nur aus geringen Gründen: aber er lud mich in sein Haus ein, wo ich ihn mit anderen über *die Handlungen Gottes mit der Seele* beraten hören sollte; von all dem erhielt ich noch mehr Überzeugung, und von da an begann ich etwas von der Eitelkeit und dem inneren Elend meines bösen Herzens zu sehen, denn bis jetzt erkannte ich kein besonderes Problem darin; aber jetzt begann es mir entdeckt zu werden, und auch in diesem Maße für die Bosheit zu arbeiten, wie es nie zuvor der Fall gewesen war. *Nun stellte ich eindeutig fest, dass die Begierden und Verderbnisse sich in mir stark bemerkbar machten, in bösen Gedanken und Wünschen, die ich vorher nicht wahrgenommen hatte*; mein Wunsch nach Himmel und Leben begann zu schwinden. Ich stellte auch fest, dass, während meine Seele voller Sehnsucht nach Gott war, *mein Herz nun anfing, sich nach jeder törichten Eitelkeit zu sehnen*; ja, mein Herz ließ sich nicht dazu bewegen, auf das zu achten, was gut war; es fing an, sowohl meiner Seele als auch dem Himmel gegenüber nachlässig zu sein; es hing nun ständig zurück, sowohl gegenüber als auch bei jeder Pflicht; und war wie ein Klotz am Bein eines Vogels, der ihn am Fliegen hindert. [Hervorhebung hinzugefügt]

Habt ihr darin die Erlebnisse beobachtet? Es war eine sehr ähnliche Erfahrung wie die, die Paulus in Römer 7 beschreibt. Während sich Bunyans Seele nach Gott sehnte, begann er, seine eigene Sündhaftigkeit zu entdecken. Er sagt: „Ich stellte eindeutig fest, dass sich Begierden und Verderbnis in mir stark bemerkbar machten, in

bösen Gedanken und Begierden, die ich vorher nicht beachtet hatte."
Plötzlich wurden in ihm alle Arten von Begierden geweckt.

> Nein, dachte ich, jetzt werde ich schlimmer und schlimmer; jetzt bin ich weiter von der Bekehrung entfernt als je zuvor. Darum begann ich, sehr in meiner Seele zu sinken, und fing an, solche Entmutigung in meinem Herzen zu pflegen, die mich so tief wie die Hölle fallen ließ. Wenn ich jetzt auf dem Scheiterhaufen verbrannt würde, könnte ich nicht glauben, dass Christus mich liebt; ach, ich könnte ihn weder hören, noch sehen, noch fühlen, noch irgendetwas von ihm schmecken; Ich wurde getrieben wie von einem Orkan, mein Herz wurde unrein, die Kanaaniter wohnten im Land.

> Manchmal erzählte ich Gläubigen von meinem Zustand, und wenn sie es hörten, hatten sie Mitleid mit mir und berichteten mir von den Verheißungen; aber sie hätten mir genauso gut sagen können, dass ich mit dem Finger die Sonne erreichen muss, als mich aufzufordern, die Verheißung zu empfangen oder mich auf sie zu verlassen; und sobald ich es hätte tun sollen, richteten sich mein ganzer Sinn und mein ganzes Gefühl gegen mich; und ich sah, dass ich ein Herz hatte, das sündigen wollte, und das unter einem Gesetz lag, das verdammte.

Ist das nicht die Erfahrung, die wir gerade studiert haben, in Römer 7?

> Diese Dinge haben mich oft an jenes Kind denken lassen, das der Vater zu Christus brachte, das, während es noch zu ihm kam, vom Teufel niedergeworfen und von ihm auch so zerfleischt und gequält wurde, dass es schäumend dalag und sich wand (Lk 9,42; Mk 9,20).

Er wollte zu Christus kommen, aber je näher er Christus kam, fand er plötzlich etwas anderes in sich wirken: „Was ich will, das tue ich nicht, und was ich nicht will, *das* tue ich."

> Außerdem sollte ich in diesen Tagen feststellen, dass mein Herz sich gegen den Herrn und gegen sein heiliges Wort verschließt. *Ich habe bemerkt, dass mein Unglaube gleichsam die Schulter an die Tür gelehnt hat, um Ihn draußen zu halten, und das sogar dann, als ich mit*

> *manch bitterem Seufzer gerufen habe*: „Guter Herr, brich sie auf; Herr, brich diese ehernen Tore auf und zerschneide diese eisernen Riegel" (Ps. 107,16). (Hervorhebung hinzugefügt)

Während er schreit: „Herr, brich die Tür auf!", drückt er seine Schulter gegen die Tür und hält sie zu. Er will es nicht tun, aber er merkt, dass er nicht anders kann, als es zu tun.

> Und doch löste dieses Wort manchmal in meinem Herzen ein beruhigendes Innehalten aus: „Ich habe dich umgürtet, obwohl du mich nicht erkannt hast" (Jes. 45,5).

Gott ist gut, nicht wahr? Selbst inmitten dieses schrecklichen Kampfes gab es hoffnungsvolle Lichtblicke.

Beachtet nun, wie empfindsam sein Gewissen wurde:

> Aber die ganze Zeit über war ich, was das Sündigen betrifft, nie empfindlicher als jetzt; ich wagte es nicht, eine Stecknadel oder einen Stock zu nehmen, auch wenn er nur so groß wie ein Strohhalm war, *denn mein Gewissen war jetzt wund und würde bei jeder Berührung schmerzen*; ich konnte jetzt nicht sehen, wie ich meine Worte sprechen sollte, aus Angst, ich würde sie verfehlen. Oh, wie behutsam ging ich dann in allem vor, was ich tat oder sagte! Ich befand mich wie in einem morastigen Sumpf, der bebte, wenn ich mich nur rührte, und war dort sowohl von Gott als auch von Christus und dem Geist und allen guten Dingen verlassen. (Hervorhebung hinzugefügt)

„O, elender Mensch, der ich bin!" Es scheint, als ob er im Treibsand steckt; je mehr er sich abmüht, desto tiefer sinkt er.

> Aber ich beobachte, obwohl ich vor meiner Bekehrung ein so großer Sünder war, hat Gott mir nie viel Schuld an den Sünden meiner Unwissenheit aufgeladen; nur zeigte er mir, dass ich verloren war, wenn ich Christus nicht hatte, weil ich ein Sünder gewesen war … Aber meine ursprüngliche und innere Verschmutzung, dass das meine Plage und mein Leid war; das, sage ich, in einem schrecklichen Tempo immer in mir selbst hervorbrachte; dass ich, zu meinem Erstaunen die Schuld hatte; aufgrunddessen ich mehr verabscheuungswürdig in meinen eigenen Augen war als eine Kröte; und ich dachte, dass ich auch

> in Gottes Augen so war; Sünde und Verderbnis, sagte ich, würde so natürlich aus meinem Herzen sprudeln, wie Wasser aus einem Brunnen sprudeln würde. Ich glaubte jetzt, dass jeder ein besseres Herz hatte als ich; ich hätte mit jedem das Herz tauschen können; ich dachte, dass mir niemand als der Teufel selbst an innerer Schlechtigkeit und Verunreinigung des Geistes gleichkommen könnte. Ich fiel daher beim Anblick meiner eigenen Abscheulichkeit in tiefe Verzweiflung; denn ich schloss daraus, dass dieser Zustand, in dem ich mich befand, nicht mit einem Zustand der Gnade vereinbar sei. Sicher, dachte ich, ich bin von Gott verlassen; sicher bin ich dem Teufel und einem verwerflichen Geist überlassen;
>
> John Bunyan, *Grace Abounding to the Chief of Sinners*, par. 77-84.

Dies ist die Erfahrung eines Menschen, der dem Gesetz begegnet, wie es wirklich ist. Ich hoffe, ihr könnt dieses Zeugnis mit dem von Paulus in Römer 7 in Verbindung bringen. Wenn das Gesetz kommt, lebt die Sünde wieder auf, und wir sterben. „O elender Mensch, der ich bin, wer wird mich erlösen von dem Leibe dieses Todes?" Das ist die schreckliche Notlage, in der sich der Mensch befindet. Manche mögen sagen: „Ohne das Gesetz war ich besser dran, denn dann wusste ich nicht, was ich tat, ich hatte keine Überzeugung von der Sünde. Aber als das Gesetz kam, lebte die Sünde erneut auf und ich starb."

Das ist der Zustand des Menschen, und er kommt genau zu der Erkenntnis, die Römer 3 beschreibt: „Es gibt keinen Gerechten, nicht einen." Es heißt: „Alle sind unnütz geworden." In Jesaja 52,3 heißt es: „Umsonst seid ihr verkauft worden." Außer dem Wert, den Gott durch das Opfer seines Sohnes auf uns gelegt hat, sind wir nichts wert.

Jesaja 64,6:

> Wir aber sind alle wie ein unreines Ding, und alle unsere Gerechtigkeit ist wie ein schmutziger Lumpen; und wir verwelken alle wie ein Blatt, und unsere Missetaten haben uns wie der Wind verweht.

Die übermäßige, dominierende Sünde, die in uns ist, reißt uns mit. All unsere Rechtschaffenheit ist wie ein schmutziger Lumpen. Selbst unser sogenannter Gehorsam ist durch unsere eigene

Sündhaftigkeit verunreinigt. Egal, wie sehr wir dem Gesetz zustimmen, dass es gut ist, wir stellen fest, dass wir es nicht halten können. Wir können es *nicht*. Wir versuchen es, aber wir können es nicht.

Du kannst zum Gesetz gehen und sagen: „Ich habe das und das richtig gemacht", aber das Gesetz wird dich sehr seltsam ansehen und sagen: „Was redest du da? Das ist nicht gut genug!" Ein bisschen hier und ein bisschen dort richtig zu machen, ist nicht gut genug, und von heute an alles richtig zu machen, ist nicht gut genug; denn das Gesetz verlangt *Vollkommenheit* – vollkommene Gerechtigkeit. Das gilt vom Alpha bis zum Omega deines Lebens. Alles, was dem nicht entspricht, befriedigt das Gesetz nicht. Hast du das in deinem Leben? „Oh doch, ich habe mein Bestes getan." Wieder sagt das Gesetz: „Was redest du da? Ich will nicht dein Bestes. Das ist auch nicht gut genug!" Das Gesetz Gottes macht keine Kompromisse. Das Gesetz sagt: „Das ist mein Standard, wenn du diesen Standard nicht erfüllst, bist du raus." So einfach ist das. Wenn wir zur Erkenntnis dieses Gesetzes kommen – dann bin ich raus! Ich kann es einfach *nicht* tun. Ich kann es einfach nicht tun.

Christ's Object Lessons, p.315 spricht über das Gesetz und was das Gesetz wirklich ist und was das Gesetz wirklich will:

> Sein Gesetz ist eine Abschrift Seines eigenen Charakters, und es ist der Maßstab für jeden Charakter. Dieser unendliche Maßstab wird allen vorgestellt, damit es kein Missverständnis über die Art von Menschen gibt, die Gott in Seinem Reich haben wird. [1]

Das Gesetz ist der Standard, den alle erreichen müssen, wenn sie das himmlische Kanaan betreten wollen. Aber was ist der Standard? Es ist die „Abschrift von [Gottes] eigenem Charakter". Er ist der Standard. Seine Heiligkeit, Seine Gerechtigkeit, ist der Standard.

Selbst wenn du in deinem ganzen Leben alles richtig machen würdest, wäre das Gesetz dann erfüllt? Es kann nicht erfüllt werden, weil *dein* rechtes Handeln nicht das ist, was das Gesetz will. Was das Gesetz will, ist *Gottes* richtiges Handeln – *Gottes* perfektes Leben. Haben wir das in uns selbst zu bieten? Wir können es nicht. Ist in diesem Bild überhaupt Platz für dich? Kannst du das Gesetz erfüllen? Hast du in deinem Leben die absolute Vollkommenheit Gottes erreicht? Um das zu tun, müsstest du selbst Gott sein. Bist du Gott? Du bist nicht Gott!

Der Mensch empfindet sich also als äußerst krank. Es ist, als hätte er ein Krebsgeschwür von der Fußsohle bis zum Scheitel, das ihn auffrisst. Bist du schon tot? Wir gehen das ganz einfach durch. Bist du zu der Erkenntnis gekommen, dass es egal ist, wie sehr du dich bemühst, es geht nicht; du kannst es einfach nicht?! Wie heißt es so schön: „Die Sünde lebte auf und ich starb." Ich entdeckte, dass, egal wie groß mein Verlangen danach ist, alles, was in mir wohnt, schmutzige Lumpen sind, Ungerechtigkeit. Wie das alte Kirchenlied sagt: „Ich bin alle Ungerechtigkeit". Nichts von mir kann zur vollkommenen Erlösung führen – nichts.

Lasst uns den Nagel in den Sarg schlagen, indem wir eine Illustration aus der Heiligen Schrift verwenden.

Ohne Heiligkeit „wird kein Mensch den Herrn sehen" (Hebräer 12,14). Kein Mensch. Wenn sie diesen Standard nicht erreichen, werden sie nicht die Art von Menschen sein, die Gott in seinem Reich haben will.

Die Wirklichkeit, zu der wir aufwachen sollen, ist, dass es nichts gibt, was wir tun können, um uns zu retten. Wir denken oft, dass wir es können. Wir denken: *„Ich muss dies tun"* oder *„Ich muss das tun"*. Aber wir können es nicht. Es gibt *nichts*, was wir tun können, um uns zu retten. Ist das klar in unseren Köpfen? Denn wenn es etwas gibt, von dem du denkst, du kannst es tun, dann brauchst du Jesus oder seine Gnade nicht; du kannst es selbst tun.

Schauen wir uns das Beispiel von Abraham an und besiegeln wir damit unsere Betrachtung. 1. Mose 12,1-3:

> Und der HERR sprach zu Abraham: Geh aus von deinem Land und von deiner Verwandtschaft und von deines Vaters Hause in das Land, das ich dir zeigen will! So will ich dich zu einem großen Volke machen und dich segnen und dir einen großen Namen machen, und du sollst ein Segen sein. Ich will segnen, die dich segnen, und verfluchen, die dir fluchen; und durch dich sollen alle Geschlechter auf Erden gesegnet werden!

„In dir sollen alle Geschlechter der Erde gesegnet werden." Was bedeutet das? Seit dem Sündenfall hatten die Gläubigen auf den Samen der Frau gewartet, der der Schlange den Kopf zertreten würde. Gott sagte zu Abraham, dass der verheißene Befreier durch seinen Samen kommen würde; durch seine Abstammung würde derjenige geboren werden, der die Welt von der Sünde erlösen würde. Aber wenn wir zu 1. Mose 15,1-5 kommen, sehen wir, dass Abraham ein Problem hatte, oder er *dachte*, er hätte ein Problem:

> Nach diesen Geschichten begab es sich, daß des HERRN Wort an Abraham in einem Gesicht also erging: Fürchte dich nicht, Abraham, ich bin dein Schild; dein Lohn ist sehr groß! Abraham aber sprach: O Herr, HERR, was willst du mir geben, da ich doch kinderlos dahingehe, Erbe meines Hauses aber dieser Elieser von Damaskus ist?

Bis dahin hatte ihm seine Frau keine Kinder geboren, und sie war sehr alt; und so dachte er: *Ich werde nie ein Kind haben. Ich werde nie eigene Nachkommen haben. Und was ist dann mit dem Knecht in meinem Haus? Vielleicht wird er der Erbe sein und der Same wird von ihm kommen.*

> Und Abraham sprach weiter: Siehe, du hast mir keinen Samen gegeben, und siehe, ein Knecht, der in meinem Hause geboren ist, soll mein Erbe sein! Aber des HERRN Wort geschah zu ihm: Dieser soll nicht dein Erbe sein, sondern der von dir selbst kommen wird, der soll dein Erbe sein! 5 Und er führte ihn hinaus und sprach: Siehe doch gen Himmel und zähle die Sterne, wenn du sie zählen kannst! Und er sprach zu ihm: Also soll dein Same werden!

Gott sagte: „Nein, Abraham. Das Kind wird aus *deinen eigenen Innereien* kommen. Er wird aus deiner Linie kommen."

Kommt zu Genesis 16,1-4:

> Sarai aber, Abrahams Weib, gebar ihm nicht; aber sie hatte eine ägyptische Magd, die hieß Hagar. Und Sarai sprach zu Abraham: Siehe doch, der HERR hat mich verschlossen, daß ich nicht gebären kann. Gehe doch zu meiner Magd, ob ich mich vielleicht aus ihr erbauen kann! Abraham gehorchte Sarais Stimme. Da nahm Sarai, Abrahams Weib, ihre ägyptische Magd Hagar, nachdem Abraham zehn Jahre lang im Lande Kanaan gewohnt hatte, und gab sie Abraham, ihrem Manne, zum Weibe. Und als er zu Hagar kam, empfing sie.

Die Verheißung an Abraham bestand darin, dass der Erlöser durch ihn kommen würde. „Er wird aus deinen eigenen Innereien kommen." Aber Abraham fragte sich, wie das möglich sein sollte. „Meine Frau ist zu alt, um ein Kind zu bekommen", sagte er zu sich selbst, „wie kann also dieser Erlöser jemals geboren werden? Wie?" Also begann er sich zu sorgen. Er begann zu überlegen: „*Gut, dieses Kind muss geboren werden, denn wenn der Erlöser nicht geboren wird, kann ich nicht gerettet werden!* Er hatte das Gefühl, dass er etwas unternehmen musste. Seine Frau war auch besorgt über die gleiche Sache, und so kam sie zu ihm und sagte: „Wir werden nicht gerettet werden, wenn wir nicht ein Kind bekommen! Aber ich kann dir kein Kind gebären! So geh zu Hagar hinein und lass dir von ihr ein Kind gebären." Und Abraham ging zu Hagar hinein und sie bekam ein Kind.

Abraham dachte, dass er etwas für seine Errettung tun musste. Und wir wissen, was die Konsequenzen waren. Wir kennen die Situation, in der die Welt heute ist, weil Abraham dachte, dass er seine eigene Rettung bewirken könnte.

Kannst du auf dein eigenes Leben schauen und sehen, wie du dachtest, du müsstest Dinge tun, um dich zu erretten? Kannst du dir den Schlamassel ansehen, in den du dich gebracht hast, als du versucht hast, die Dinge selbst zu regeln? Der Nagel ist jetzt im Sarg.

WIR KÖNNEN ES NICHT. Wir können *nichts* tun, um unsere eigene Errettung zu bewirken. Und es ist eine erschreckende Erkenntnis, wenn wir dem Gesetz begegnen, wie es wirklich ist. Wir sind wandelnde Tote. Wir können es nicht. Wir müssen uns das bewusst machen. Denn wenn wir uns das klarmachen, wenn wir aus der Erfahrung von Abraham, Jakob und Mose lernen, die alle versuchten, Gottes Plan für sie zu verwirklichen; wenn wir daraus lernen, werden wir den Versuch aufgeben. Wir werden, wie es so schön heißt, *loslassen* und wir werden *Gott gewähren lassen*. Wenn wir wirklich ehrlich zu uns selbst sind: „*Ich kann es nicht tun*", dann werden wir zu Gott flehen. „Oh Gott, rette mich trotz meines schwachen, unchristlichen Ichs!" Unser Gebet wird sein: „Herr, wirke in mir, zu wollen und zu tun, was dir gefällt." Das ist der Grund, warum Jesus sagt: „Wer gesund ist, der braucht keinen Arzt." Wenn wir das nicht anerkennen, brauchen wir Gott nicht. Ich werde mich selbst retten, danke. Aber die, die krank sind – Sünder –, zu denen sagt er: „*Jetzt* kann ich mit dir arbeiten, um dein Leben zu verändern, um Harmonie aus der Disharmonie zu machen."

Lesen wir zum Abschluss *Steps to Christ*, p.31:

> Wenn du deine Sündhaftigkeit erkennst ...

Lauf vor Gott weg, wie Adam es tat. Nein?

> Wenn du deine Sündhaftigkeit erkennst, warte nicht darauf, dich zu bessern. Wie viele gibt es, die denken, sie seien nicht gut genug, um zu Christus zu kommen.

Die Frage ist eigentlich: Bist du *schlecht* genug, um zu Christus zu kommen? Denn, wenn du denkst, dass du nicht zu schlecht bist, wirst du nicht zu Christus kommen.

> Wenn du deine Sündhaftigkeit erkennst, warte nicht darauf, dich zu bessern. Wie viele gibt es, die denken, sie seien nicht gut genug, um zu Christus zu kommen. Erwartest du, dass du durch deine eigenen Anstrengungen besser wirst? „Kann wohl ein Mohr seine Haut verwandeln, oder ein Leopard seine Flecken? Könnt ihr auch Gutes tun, die ihr gewohnt seid, Böses zu tun?" Jeremia 13,23.

Römer 7 – Versuche es. Du wirst feststellen, dass du es nicht kannst.

> Hilfe gibt es für uns nur in Gott. Wir dürfen nicht auf stärkere Überzeugungen, auf bessere Gelegenheiten oder auf heiligere Gemüter warten. Wir können nichts aus uns selbst heraus tun. *Wir müssen zu Christus kommen, so wie wir sind.* (Hervorhebung hinzugefügt) [2]

Wie sind wir? Krank, elend, erbärmlich, arm, blind und nackt. Und das, Freunde, sind die Menschen, mit denen Gott arbeiten kann. Möchtest du, dass Gott mit dir arbeiten kann? Dann, wenn Er dir diese Dinge zeigt, preise den Herrn; freue dich an Seiner Heiligkeit, denn Er liebt dich.

Ich bete dafür, dass wir heute etwas daraus gewonnen haben. Und wenn wir dieses Thema weiter verfolgen, möge der Herr unser Verständnis für diese Dinge auf einfache Weise erweitern, damit Er schnell mit uns arbeiten kann, oder wie es heißt, damit Er Sein Werk in Gerechtigkeit verkürzen kann (Römer 9,28). Möge Gott uns zu diesem Ziel verhelfen. AMEN.

Kapitel 3

GOTTES ÜBERREICHE GNADE

Teil 2

Das Geschenk von Jesus Christus

26. Juni 2010

So gibt es nun keine Verdammnis für die, die in Christus Jesus sind, die nicht nach dem Fleisch wandeln, sondern nach dem Geist.
Römer 8:1

WIR machen weiter mit dem Studium von Gottes überfließender Gnade. Wir haben festgestellt, dass dort, wo die Sünde im Überfluss ist, die Gnade noch viel mehr im Überfluss ist. Das Wort „im Überfluss" bedeutet: in einer großen Anzahl oder einer üppigen Menge und sie ist dominierend; was sehr gut unseren sündigen Zustand beschreibt. Aber Gottes Gnade ist viel reichhaltiger. Sie ist in einer viel größeren Menge vorhanden, und wenn die überschwängliche Sünde dominierend war, dann wird Gottes Gnade noch dominierender sein. Durch diese Studienreihe wollen wir sehen, wie Seine Gnade in unserem Leben überwiegen kann.

Unsere letzte Studie handelte von dem Thema „Aufwachen zur Realität", und darin sind wir Römer 7 durchgegangen. Christus kam und sagte: „Ich rufe Sünder zur Umkehr. Wer krank ist, der braucht einen Arzt, wer aber gesund ist, der braucht keinen." Das Gesetz trat ein, um uns die Erkenntnis unseres wahren Zustandes zu bringen; um uns zu helfen zu erkennen, dass wir krank sind; wir brauchen einen Arzt; wir brauchen Umkehr! Wir brauchen eine Änderung des Geistes, eine Änderung des Herzens, eine Änderung des Lebens! Und als wir Römer 7 durchgingen, haben wir es mit der Erfahrung von John Bunyan verbunden. Ich möchte noch einmal den Bericht über seine Erfahrungen aus *„Grace Abounding to the Chief of Sinners"* lesen. Wir erinnern uns, dass der Apostel Paulus sagte als das Gesetz in seine Erfahrungswelt eintrat: „Es bewirkte in mir alle Arten von Begierden." – Es weckte in ihm Begierden und Verderbtheiten, von denen er nicht wusste, dass sie da waren. Genauso schreibt John Bunyan:

> Nun merkte ich deutlich, dass die Begierden und Verderbnisse in mir stark hervortraten, in bösen Gedanken und Wünschen, denen ich vorher keine Beachtung schenkte; mein Verlangen nach dem Himmel und dem Leben begann zu schwinden. Ich stellte auch fest, dass, während meine Seele voller Sehnsucht nach Gott war, nun mein Herz begann, sich nach jeder törichten Eitelkeit zu sehnen; ja, mein Herz ließ sich nicht dazu bewegen, auf das zu achten, was gut war; es begann, sowohl meiner Seele als auch dem Himmel gegenüber sorglos zu sein; es hing nun ständig zurück, sowohl gegenüber als auch in jeder Pflicht; und war wie ein Klotz am Bein eines Vogels, der ihn am Fliegen hindert.

> Nein, dachte ich, jetzt werde ich schlimmer und schlimmer; jetzt bin ich weiter von der Bekehrung entfernt als je zuvor. Darum fing ich an, seelisch stark zu fallen, und eine solche Entmutigung in meinem Herzen zu spüren, die mich so tief niederdrückte wie die Hölle.

> Manchmal erzählte ich den Gläubigen von meinem Zustand, und wenn sie es hörten, hatten sie Mitleid mit mir und erzählten mir von den Verheißungen; aber sie hätten mir genauso gut sagen können, dass ich mit dem Finger die Sonne erreichen muss, als dass sie mich aufforderten, die Verheißung zu empfangen oder mich darauf zu verlassen; und sobald ich es hätte tun sollen, war mein ganzer Sinn und mein ganzes Gefühl gegen mich; und ich sah, dass ich ein Herz hatte, das sündigen wollte, und das unter einem Gesetz szand, das verurteilen würde.

> Diese Dinge haben mich oft an jenes Kind denken lassen, das der Vater zu Christus brachte, das, während es noch zu ihm kam, vom Teufel niedergeworfen und von ihm zudem so zerfleischt und zerrissen wurde, dass es schäumend dalag und sich wand (Lk 9,42; Mk 9,20).

Als Bunyan versuchte, zu Christus zu kommen, wurde ihm seine innere Verdorbenheit offenbart. Der Apostel Paulus sagte in Römer 7: „Ich willige in das Gesetz ein, dass es gut ist" – so sehr, dass er wünschte, dieses Gesetz zu halten. Aber bei jedem Versuch, es zu halten, versagte er. Er fand in sich selbst ein Wirken vor, das seinem aufrichtigsten Wunsch zuwiderlief. John Bunyan spiegelt diese Erfahrung wider:

> Außerdem sollte ich in diesen Tagen feststellen, dass mein Herz sich gegen den Herrn und gegen Sein heiliges Wort verschließt. Ich habe festgestellt, dass mein Unglaube gleichsam die Schulter an die Tür gelegt hat, um Ihn draußen zu halten, und das auch dann, wenn ich mit manch bitterem Seufzer gerufen habe: „Guter Herr, brich sie auf; Herr, zerbrich diese bronzenen Tore und schneide diese eisernen Riegel entzwei" (Ps. 107,16). Und dennoch hat jenes Wort manchmal in meinem Herzen ein beruhigendes Innehalten erzeugt: „Ich habe dich umgürtet, obwohl du mich nicht erkannt hast" (Jes. 45,5).

Dieses Bild ist sehr tiefgründig. Da ist Christus, der an das Herz klopft, und Bunyan sagt: „Ich will ihn hereinlassen." Und so ruft er aus: „Ich will, dass du hereinkommst, Jesus! Ich will, dass du mir hilfst!" Aber zur gleichen Zeit, in der er darum weint, dass Jesus hereinkommt und ihm hilft, liegt seine Schulter dicht an der Tür und er drückt dagegen, um Christus den Zutritt zu verweigern.

Das ist die Erfahrung von jemandem, der das Gesetz findet. Er stimmt zu, dass es gut ist. Er möchte jenes reine und heilige Leben, das ihm Gottes Gesellschaft bringt. Aber diesem Wunsch entgegenwirkend gibt es etwas, das sich immer in den Weg stellt, und er schreit: *„O elender Mensch, der ich bin, wer wird mich erlösen von dem Leibe dieses Todes?!"*

> Aber meine ursprüngliche und innere Verschmutzung, das, das war meine Plage und mein Leiden; dass, sage ich, sich selbst in einem schrecklichen Tempo immerzu in mir zu äußern; dass ich die Schuld hatte, zu meinem Erstaunen; aus diesem Grund war ich in meinen eigenen Augen abscheulicher als eine Kröte; und ich dachte, dass ich auch in Gottes Augen so war; Sünde und Korruption, sagte ich bei mir, wäre so natürlich aus meinem Herzen gesprudelt, wie Wasser aus einem Brunnen herausfließen

würde. Ich *dachte* jetzt, dass jeder ein besseres Herz hatte, als ich; ich hätte das Herz mit jedem tauschen können; Ich dachte, dass niemand außer dem Teufel selbst mir in Bezug auf innere Schlechtigkeit und Verunreinigung des Geistes gleichkommen könnte. Ich fiel daher beim Anblick meiner eigenen Abscheulichkeit in tiefe Verzweiflung; denn ich schloss daraus, dass dieser Zustand, in dem ich mich befand, nicht mit einem Zustand der Gnade vereinbar sein konnte. Gewiss, dachte ich, bin ich von Gott verlassen; gewiss bin ich dem Teufel und einem verwerflichen Geist ausgeliefert. [Hervorhebung hinzugefügt].

John Bunyan, *Grace Abounding to the Chief of Sinners*, par. 77-84.

Ist dies auch deine Erfahrung gewesen? Bist du in der Lage, dich mit dem Zeugnis des Apostels Paulus und John Bunyan zu identifizieren? Bist du zu der Erkenntnis gekommen, dass genau die Dinge, die du tun willst, du nicht tun kannst? Jedes Mal, wenn du versuchst, es zu tun, bevor du es überhaupt merkst, hast du das Falsche getan? Ich habe ein Sprichwort: „Gib mir eine Schaufel und ich werde ein Loch graben." Ich will vielleicht kein Loch graben, aber ich werde trotzdem ein Loch graben. Ja, ich könnte versuchen, sie einfach in der Hand zu halten und sie nicht zu benutzen; aber gib sie mir und ich werde mir ein Loch graben. Das ist die menschliche Natur, die uns der Lehrmeister lehrt. Es bleibt uns nichts anderes übrig als der Ausruf: „O elender Mensch, der ich bin, wer wird mich erlösen von diesem Leibe des Todes?!" Jesaja 57,20 drückt es auf eine andere Weise aus:

Aber die Gottlosen sind wie das aufgeregte Meer, welches nicht ruhig sein kann, dessen Wellen Kot und Unrat auswerfen.

Hier in Psalm 55,6 steht der klagende Aufschrei derer, die erfahren, wer sie wirklich sind:

Und ich sprach: Ach, dass ich Flügel hätte wie eine Taube! Denn dann würde ich wegfliegen und zur Ruhe kommen.

Ist das nicht die Sehnsucht deines Herzens? Wünschst du dir nicht, du könntest einfach von all dem weggehen? Da ist dieses Gesetz der Sünde, das in deinen Gliedern ist, das ständig gegen das Gesetz in deinem Verstand arbeitet, und du ertappst dich ständig dabei, wie du darüber stolperst und ihm nachgibst. Hast du es nicht satt?

Wünschst du dir nicht einfach, du könntest davonfliegen und in Frieden sein?

Nun, Gott macht keine halben Sachen. Er gibt uns den Wunsch unseres Herzens; aber Er gibt uns nicht die Flügel einer kläglichen Taube. Jesaja 40,31 ist Seine Verheißung; und in dieser Studie wollen wir herausfinden, wie wir die Erfüllung dieser Verheißung erlangen können:

> die aber auf den HERRN harren, kriegen neue Kraft, daß sie auffahren mit Flügeln wie Adler, daß sie laufen und nicht matt werden, daß sie wandeln und nicht müde werden.

Das, Freunde, muss unsere Erfahrung sein! Einige von uns sind schon seit vielen Jahren auf der christlichen Reise. Und wir sind gelaufen und gelaufen und gelaufen, aber für viele fühlt es sich an, als ob wir nur im Kreis gelaufen sind und unseren Schwanz gejagt haben. *Wir sind noch nicht aus dem Gesetz ausgebrochen.* Es scheint, als kämen wir für eine kleine Weile daraus heraus und es läuft gut, und dann fallen wir wieder unter das Gesetz zurück. Dann kommen wir heraus, dann fallen wir wieder darunter zurück. Freunde, diese Erfahrungen sind wie der Klotz am Bein eines Vogels, der ihn am Fliegen hindert..

Wir müssen uns Flügel wachsen lassen wie ein Adler. Diese Erde ist im Begriff, zerstört zu werden, und wenn wir nicht die Fähigkeit haben, uns über all das zu erheben – über all die Verurteilung, all die Frustration und Depression, die Satan auf uns wirft – werden wir diesen Tag nicht überleben. Wir erreichen den Punkt in unseren geistlichen Erfahrungen, an dem wir nicht mehr weitergehen können – wir müssen lernen, schnell zu laufen, ja, sogar zu fliegen.

In Römer Kapitel 7 haben wir die Erfahrung von jemandem gesehen, der unter dem Gesetz ist. Diejenigen, die unter dem Gesetz sind, sind unter der Verdammnis. Aber nun lesen wir in Römer 8,1:

> So gibt es nun keine Verdammnis für die, die in Christus Jesus sind, die nicht nach dem Fleisch wandeln, sondern nach dem Geist.

Wir müssen die absolute Erfüllung dieser Verheißung entdecken. „So gibt es nun keine Verdammnis für die, die in Christus Jesus sind." Keine Ver-urteilung. Wo? In Christus Jesus.

Weißt du, was es bedeutet, in-Christ-Jesus zu sein? Weißt du es *wirklich*? Der Glaube ist eine Hand, aber diese Hand greift nicht nur in die Luft. Sie erfasst etwas, das *greifbar* ist. Was bedeutet es, in-Christus-Jesus zu sein? Was ist das *Greifbare* daran, in Jesus Christus zu sein? Wie kann ich in Jesus Christus sein? Er sagt, dass wir nichts tun können, wenn wir nicht in ihm bleiben; wenn wir nicht in ihm bleiben, werden alle unsere guten Taten wie schmutzige Lumpen sein.

Wir sind sehr vertraut mit dem Ausdruck „in-Christ-Jesus". Und in Christus Jesus gibt es viel zu gewinnen. Die Verheißungen Gottes sind in Christus Jesus. Wie können wir dann das Wort – „in" – verstehen? Bezieht sich der Ausdruck in gewissem Sinne darauf, dass Christus ein Behälter oder ein Gefäß ist? Und wir sollen zu diesem Behälter oder Gefäß gehen und ich soll meine Hand hineinstrecken und *aus* Christus herausnehmen und dann habe ich das, was *in* Christus war? Ist es das, was es bedeutet, „in Christus" zu sein? Soll ich es *aus* Ihm herausnehmen und sagen: „Jetzt habe ich es", so wie ich zu einer Schachtel gehen und meine Hand hineinstrecken und etwas herausnehmen und sagen würde: „Ich habe es?" Ist es das, was es bedeutet, das zu haben, was in Christus ist? Ist es das, wie *ich* in-Christus sein kann? Nein.

Was auch immer es ist, es ist nur *in* Christus Jesus zu erlangen. Er ist *kein* Gefäß, wo wir hingehen und es aus ihm herausnehmen können. Nur wenn wir in Christus-Jesus sind, können wir das haben, was in Christus Jesus ist? Möchtest du das haben, was in Christus Jesus ist? Was bedeutet es dann, *in*-Christ-Jesus zu sein? Ich möchte es, aber wie kann ich es haben?

Das ist es, was wir uns ansehen wollen. Da ist die Verheißung: „Es gibt jetzt keine Verurteilung mehr." Und das ist der Ort, an dem wir stehen müssen – wo wir nicht mehr unter Verdammung stehen. Wir haben diese Verheißung schon so oft gelesen, und doch scheint sie uns zu entgehen. Wir können sie immer und immer wieder in unseren Köpfen wiederholen, bis wir eine Gehirnwäsche bekommen haben – aber das wird uns nur an einem Punkt enden lassen, und das ist *Anmaßung*. Wir werden an einem Punkt enden, an dem wir meinen, dass wir nicht verdammt sind, obwohl wir es in Wirklichkeit sind! Wir sagen: „Ja, ich glaube an die Verheißung. Ich weiß, dass es geschrieben steht und ich glaube es." Dann werden wir verärgert und genervt, wenn wir einen Fehler machen. Es ist gut, über unsere

Sünden zu trauern – ja. Wir sollen enttäuscht sein, wenn wir versagen; und wir sollen bitterlich über unsere Verfehlungen weinen. Aber, werden wir *deprimiert*, wenn wir versagen? Haben wir das Gefühl, nicht vor Gott kommen zu können; wie Adam und Eva im Garten Eden wollen wir weglaufen und uns verstecken? Wir gehen nicht zu Ihm ins Gebet, weil wir denken: Oh, ich habe es getan; ich habe Mist gebaut und Er wird mich nicht haben wollen. Und so werden wir depressiv. Wenn das deine Erfahrung ist, kannst du sicher sein, dass du *noch* unter dem Gesetz stehst.

Wir müssen aus diesem Gefühl herauskommen. Wenn wir in unserem christlichen Wandel immer noch von dem Gefühl der Verurteilung niedergeschlagen werden, sind wir nicht in Jesus Christus. Wäre das eine einfache Bibelauslegung? Wir werden uns mit dem „... keine Verurteilung"-Teil in einer anderen Betrachtung beschäftigen. Aber zuerst müssen wir verstehen, *wo* es keine Verurteilung gibt, sonst wird diese Betrachtung wie all die anderen Betrachtungen sein, die wir über „keine Verurteilung" hatten, und wir werden nicht den ganzen Segen daraus ziehen, den Gott für uns bereithält. Der entscheidende Punkt, den wir verstehen müssen, ist, was es bedeutet, „in" Jesus Christus zu sein; denn nur in Ihm gibt es keine Verurteilung; nur in Ihm kann ich die Flügel haben, die mich in meinem christlichen Weg voranbringen werden.

Wir wollen dort beginnen, wo Er bei uns begonnen hat: beim Eintritt in das Gesetz. Kommt zu Hosea 6,1-3:

> Kommt, wir wollen wieder umkehren zum HERRN! Er hat uns zerrissen, er wird uns auch heilen; er hat uns verwundet, er wird uns auch verbinden; nach zwei Tagen wird er uns lebendig machen, am dritten Tage wird er uns aufrichten, daß wir vor ihm leben; und laßt uns erkennen, ja, eifrig trachten nach dem Erkennen des HERRN! Sein Erscheinen ist so sicher wie das Aufgehen der Morgenröte, und er wird zu uns kommen wie ein Regenguß, wie ein Spätregen, der das Land benetzt!

Dies ist eine wertvolle Verheißung. Das Verwunden und die Heilung und die Auferweckung ist mit der Ausgießung des Spätregens verbunden; und das untersuchen wir gerade, also hört gut zu!

Der Lehrmeister hat uns gepeitscht. Er hat uns gelehrt, dass wir Christus *brauchen*. Er hat geschlagen und gequetscht und zerrissen. Das mächtige Beil der Wahrheit ist gekommen und hat sich seinen

Weg in unser Leben gehackt. Diejenigen, die dachten, sie seien reich und mit Gütern überhäuft, denen es an nichts fehlte – plötzlich kommt dieses zweischneidige Schwert daher, das zerteilt und die Absichten des Herzens offenbart. Und damit kommt eine Offenbarung ihres wahren Zustandes. Sie waren erbärmlich, elend, arm, blind und nackt, aber sie wussten es nicht einmal! Wir stehen da wie der geschlagene Mann in der Geschichte vom barmherzigen Samariter, am Straßenrand, unserer Kleidung beraubt, von *allem* entkleidet. „O elender Mensch, der ich bin! Ich habe bloß einen Körper des Todes!" Aber Gottes Verheißung lautet: Sie werden aufsteigen wie ein Adler. Er wird uns heilen. Er wird uns verbinden, und am dritten Tag werden wir auferweckt und werden vor ihm leben.

In Seinem Angesicht zu leben – im Angesicht von Ihm, der ein verzehrendes Feuer ist! Wir, die wir Sünder sind – deren Gerechtigkeiten wie schmutzige Lumpen sind. Sie sind schmutzig, denn von der Fußsohle bis zum Kopf gibt es Wunden und blaue Flecken und verwesende Geschwüre. Es heißt: „*Wir* werden vor Seinem Angesicht leben." Vor dem sündenverzehrenden Gott zu stehen, im Angesicht dieser feurigen Augen zu leben, die das Herz durch und durch durchsuchen, kann nur geschehen, wenn wir *keine Verurteilung* haben. Aber hier ist nicht von einer Erfahrung in der Zukunft die Rede. Es heißt: „Er wird uns auferwecken."

Gehen wir zu Epheser 2,4-6. Hier heißt es, Er *hat*, Er *hat* uns *bereits* auferweckt. Die Auferweckung geschieht nicht in der Zukunft, sondern heute; sie geschieht *jetzt*!

> Gott aber, der da reich ist an Erbarmen, hat durch seine große Liebe, womit er uns liebte, auch uns, die wir tot waren durch die Sünden, samt Christus lebendig gemacht (aus Gnaden seid ihr gerettet) und hat uns mitauferweckt und mitversetzt in die himmlischen Regionen in Christus Jesus.

Hast du schon einmal jemanden bezeugt: „Ich mache im Moment eine schwere Zeit durch. Ich weiß, dass der Herr mich auferwecken wird, und ich weiß, dass Er sagt, Er wird es am dritten Tag tun, und ich erkenne, dass der dritte Tag bildlich gemeint ist und Er mich auferwecken wird, wenn die Zeit reif ist"? Wir lesen hier, dass er uns auferweckt *hat*! Er *hat* uns zusammen *mit* Christus auferweckt! Und wann wurde Christus auferweckt? *Am dritten Tag!* Wir wurden auferweckt, als Christus auferweckt wurde! Wenn wir uns also total niedergeschlagen fühlen und glauben, dass wir darauf warten müssen, dass Gott uns am DRITTEN TAG auferweckt, Freunde, lasst euren Glauben die Wolke des UNGLAUBENS durchdringen. *Er hat uns bereits aufgerichtet.* Er hat dich schon auferweckt! Also trauere nicht den ganzen Tag lang. Er hat es bereits getan! Glaube es einfach!

Aber da ist wieder dieses Wort, *in*-Christus-Jesus. In diesen Versen haben wir einen Anhaltspunkt, um seine Bedeutung zu verstehen. Als Jesus auferweckt wurde, wurden wir auferweckt. Aber warum musste Jesus auferweckt werden? Warum musstest du es? Warum musstest du sterben? Römer 7,24:

> Ich elender Mensch! Wer wird mich erlösen von diesem Todesleib?

Bist du nicht deshalb gestorben? Das Gesetz kam, die Sünde lebte auf, und ich starb. Wir entdeckten, was wir wirklich waren. Jesus starb auch wegen „des Leibes dieses Todes".

Kommen wir nun zu Philipper 2,6-8, und hier werden wir uns Schriftstellen herauspicken, mit denen wir sehr vertraut sind. Wir können immer vertrauter werden, wenn wir Gottes Wort LERNEN. Die Rede ist von Christus:

> Welcher, da er sich in Gottes Gestalt befand, es nicht wie einen Raub festhielt, Gott gleich zu sein; sondern sich selbst entäußerte, die Gestalt eines Knechtes annahm und den Menschen ähnlich wurde, und in seiner äußern Erscheinung wie ein Mensch erfunden, sich selbst erniedrigte und gehorsam wurde bis zum Tod, ja bis zum Kreuzestod.

Christus starb, weil er Teilhaber des Leibes dieses Todes wurde. In *the Revised Version* heißt es: „Er entäußerte sich selbst und wurde wie ein Mensch gemacht." In der französischen Übersetzung heißt es tatsächlich: „Er *vernichtete* sich selbst und wurde wie ein Mensch gemacht."

Was bedeutet das Wort „gemacht"? Von welchem Wort stammt es ab? Es kommt von dem Wort „*machen*". Und das Wort „*machen*" bedeutet, was zu tun? Erschaffen. Christus vernichtete sich selbst und er wurde was? Er wurde in der Ähnlichkeit der Menschen *geschaffen*; in der Ähnlichkeit der Menschen, die wegen der Sünde sterben.

Kommt weiter zu Hebräer 2 Verse 9-17 und verfolgt das ganz genau. Wir schauen auf Gottes überreiche Gnade.

> Den aber, der ein wenig unter die Engel erniedrigt worden ist, Jesus, sehen wir wegen des Todesleidens mit Herrlichkeit und Ehre gekrönt, damit er durch Gottes Gnade für jedermann den Tod schmeckte. Denn es ziemte dem, um dessentwillen alles und durch den alles ist, als er viele Kinder zur Herrlichkeit führte, den Anführer ihres Heils durch Leiden zu vollenden. Denn sowohl der, welcher heiligt, als auch die, welche geheiligt werden, stammen alle von einem ab.

Freunde, seid ihr geschaffen? Seid ihr gemacht worden? Wo wurde das Wort „machen" zum ersten Mal in der Bibel verwendet? 1. Mose 1: „Lasset uns Menschen machen nach unserem Bilde." In *Selected Messages*, Vol.3, p.3, schreibt Ellen White, dass die „menschliche Natur Christi geschaffen wurde ... identisch mit unserer eigenen."

Lesen wir weiter in Hebräer:

> Aus diesem Grunde schämt er sich auch nicht, sie Brüder zu nennen, sondern spricht: «Ich will deinen Namen meinen Brüdern verkündigen; inmitten der Gemeinde will ich dir lobsingen!» Und wiederum: «Ich will mein Vertrauen auf ihn setzen»; und wiederum: «Siehe, ich und die Kinder, die mir Gott gegeben hat.» Da nun die Kinder Fleisch und Blut gemeinsam haben, ist er in ähnlicher Weise dessen teilhaftig geworden, damit er durch den Tod den außer Wirksamkeit setzte, der des Todes Gewalt hat, nämlich den Teufel, und alle diejenigen befreite, welche durch Todesfurcht ihr ganzes Leben hindurch in Knechtschaft gehalten wurden. Denn er nimmt sich ja nicht der Engel an, sondern des Samens Abrahams nimmt er sich an. Daher mußte er in allem den Brüdern ähnlich werden, damit er barmherzig würde und ein treuer Hoherpriester vor Gott, um die Sünden des Volkes zu sühnen.

Jesus Christus ist dir und mir in allen Dingen gleich gemacht worden. In wie vielen Dingen? In *allen* Dingen! Er war ein Teilhaber von

Fleisch und Blut, so wie du und ich Teilhaber von Fleisch und Blut sind. Aber an welcher Art von Fleisch haben wir teil? Römer 8,3:

> Denn was dem Gesetz unmöglich war (weil es durch das Fleisch geschwächt wurde), das hat Gott getan, nämlich die Sünde im Fleische verdammt, indem er seinen Sohn sandte in der Ähnlichkeit des sündlichen Fleisches und um der Sünde willen.

Christus kam in der Gestalt des sündigen Fleisches. Und in Galater 4,4 heißt es:

> Als aber die Zeit erfüllt war, sandte Gott Seinen Sohn, von einem Weibe geboren und unter das Gesetz getan.

Er war ein Teilhaber des Leibes dieses Todes. Die Schrift sagt: „Einen Leib hast du mir bereitet" (Hebräer 10,5). Ein Leib wurde für Ihn geschaffen – ein Leib des Todes. Er war der *Träger* eines Leibes des Todes. Genau dort, wo du stehst, genau dort, wo ich stehe, in unserem Fleisch, stand Er ebenfalls. Es gab keinen Unterschied zwischen dem Körper, in dem Er lebte, und unserem. Was erlebst du nun in *diesem* Körper? Komm zurück zu Römer 7,21-24:

> Ich finde also das Gesetz vor, wonach mir, der ich das Gute tun will, das Böse anhängt. Denn ich habe Lust an dem Gesetz Gottes nach dem inwendigen Menschen; ich sehe aber ein anderes Gesetz in meinen Gliedern, das dem Gesetz meiner Vernunft widerstreitet und mich gefangen nimmt in dem Gesetz der Sünde, das in meinen Gliedern ist. Ich elender Mensch!

Christus hatte mit demselben gegenwärtigen Übel zu tun, mit dem auch wir zu tun haben. *Unser* Problem ist, dass es uns in die Gefangenschaft bringt. Römer 7,5:

> Denn als wir im Fleische waren, da wirkten die sündlichen Leidenschaften, durch das Gesetz erregt, in unsren Gliedern, um dem Tode Frucht zu bringen.

Nach unserer Erfahrung erzeugt die Sünde im Fleisch eine Regung; sie macht unserem Geist einen *Vorschlag*. Dann wirkt sie, um Frucht zu bringen, die zum Tod führt. Das wird in Jakobus 1,14-15 auf eine ähnliche Weise beschrieben. Was ist Versuchung?

> Sondern ein jeder wird versucht, wenn er von seiner eigenen Lust gereizt und gelockt wird. 15 Darnach, wenn die Lust empfangen hat, gebiert sie die Sünde; die Sünde aber, wenn sie vollendet ist, gebiert den Tod.

Die Regungen der Sünde wirken und die Begierden in unserem Fleisch locken uns, und wenn das gehegt wird, empfängt es und bringt Sünde hervor und dann den Tod. Doch in Vers 13 lesen wir:

> Niemand sage, wenn er versucht wird: Ich werde von Gott versucht. Denn Gott ist unangefochten vom Bösen; er selbst versucht aber auch niemand.

Es gibt diejenigen, die diese Schriftstellen nehmen und sagen werden: „Siehst du, Christus konnte nicht in Versuchung kommen zu sündigen, wie wir es sind." Aber kommt zu Hebräer 4,15:

> Denn wir haben nicht einen Hohenpriester, der kein Mitleid haben könnte mit unsren Schwachheiten, sondern der in allem gleich wie wir versucht worden ist, doch ohne Sünde.

Hierin besteht der Unterschied zwischen Ihm und uns. Es gibt einen Unterschied zwischen dem Fleisch und dem Geist. Christus wohnte in einem „*Leib* dieses Todes" und deshalb ist Er gestorben. Obwohl Er versucht wurde, wie du und ich versucht werden, hat Er den *Gedanken* nie gehegt, deshalb wurde es nie zu einer tatsächlichen Übertretung. Er wurde in allen Punkten versucht, wie wir es sind, aber ohne Sünde. Wenn Er das getan hätte, hätte Er nicht als Sühnopfer dienen können.

„Wir haben keinen Hohenpriester, der nicht mit den Gefühlen unserer Schwachheit berührt werden kann." Das ist eine doppelte Verneinung. Wir haben einen Hohenpriester, der sehr wohl mit den Gefühlen unserer Schwachheit berührt werden *kann*. Ein Schwachheit ist eine Schwäche, eine Krankheit, eine Gebrechlichkeit. Hast du Schwächen? Jesus fühlt deine Schwäche. Aber Er fühlt nicht nur deine Schwäche, sondern Er ist von deiner Schwäche berührt. Er ist zärtlich betroffen – wenn Er fühlt, was du empfindest, geht Sein Herz in Sympathie auf und Er möchte uns helfen. Christus wurde in allen Punkten so gemacht wie wir und in allen Punkten versucht wie wir, damit Er weiß, wie Er uns trösten kann.

Doch hast du eine Verbindung zwischen all diesen Versen hergestellt? In Hebräer 2,11-12 heißt es:

> Denn sowohl der, welcher heiligt, als auch die, welche geheiligt werden, stammen alle von einem ab. Aus diesem Grunde schämt er sich auch nicht, sie Brüder zu nennen.

Jetzt kombiniere das mit dem, was Jesus in Matthäus 25,40 sagte:

> Wahrlich, ich sage euch, insofern ihr es getan habt einem dieser meiner geringsten Brüder, habt ihr es mir getan!

Jetzt stellt sich die Frage: *Wenn ich es ihnen antue, wie kann ich es Ihm antun?* Wie kann es sein, dass Jesus in allen Punkten versucht werden kann, wie ich versucht werde? Wie? Und hier erkennen wir nun, was es bedeutet, *in* Jesus Christus zu sein. Er wurde in allen Dingen so geschaffen, wie wir es sind, wie du es bist, wie ich es bin. Und Er fühlt, wie ich fühle. Doch wie? Wie kann Jesus in allen Punkten versucht werden, wie ich es bin, wenn er nicht in *allen Punkten* so ist, wie ich es bin? Damit Er versucht werden kann wie ich, müsste Er so sein *wie ich*. Und wie kann Er fühlen, wie ich fühle, wenn Er nicht dort ist, *wo ich bin*, und *wie ich bin*? Nur wenn Er *noch einmal mein eigenes Ich* ist, kann Er versucht werden, wie ich versucht werde, und fühlen, wie ich fühle.

Jesus spürt meine Gebrechen. Aber es waren *meine* Gebrechen – sie waren *auch Seine*. Meine Gefühle – sie sind auch die Seinen. Jesus wurde *geschaffen, um ich zu sein*! Wenn Er nicht dazu gemacht wäre, ich zu sein, könnte Er nicht fühlen, was ich fühle oder versucht werden, wie ich versucht werde. Er wurde *du*, Er wurde *ich*! Und hier in Hebräer 7,26 ist die Rede von diesem Hohenpriester, der von den Gefühlen unserer Schwachheit berührt wurde und in allen Punkten versucht wurde wie wir, doch ohne Sünde:

> Denn ein solcher Hoherpriester geziemte uns, der heilig, unschuldig, unbefleckt, von den Sündern abgesondert und höher als der Himmel ist.

Jesus Christus wurde DU! Glaubst du das? Du warst wo? *In-Christus-Jesus*. Dein sündiges Fleisch war Sein sündiges Fleisch. Dein Körper des Todes war Sein Körper dieses Todes. Das Leben, das du lebst, war *Sein* Leben!

So wie du deine Versuchungen erlebst, ist Er versucht; so wie du dich fürchtest, oder wie du zweifelst, oder wie du dich freust, so wie du traurig bist, fühlt Er sich ängstlich, Er fühlt sich unsicher und Er ist traurig. Kein einziges Teilchen deiner Erfahrung ist nicht Seine eigene Erfahrung, denn Er wurde „*ICH*"!* Und Er war *du*, bis hinunter auf den Grund dieser Grube. Dieses elende Leben, das du für dich selbst erschaffen hast, darin war Er mit dir. Ja, Er hat nicht gesündigt. Es wurde keine Arglist in Seinem Mund gefunden, aber du hast es getan, du hast gesündigt! Es wurde Arglist in deinem Mund gefunden! Und deshalb sagt Er: „Mein Herz wird mir zuschanden." Psalm 40,12. Nicht wegen dem, was Er getan hat, sondern wegen dem, was du getan hast. Und weil Er du geworden ist, leidet Er, was du leidest. Dein Elend – das ist Sein Elend. Dein Jammer – hat Er zu Seinem eigenen Jammer gemacht. Deine Armut – Seine Armut. Deine Blindheit – Seine Blindheit. Und deine Nacktheit – das war Seine Nacktheit. Wie es geschrieben steht: „Sie teilten Seine Kleider", als Er am Kreuz hing (Matthäus 27,35).

Jesus Christus wurde du! *In*-Jesus-Christus zu sein, heißt, dies zu glauben! Denn dann, wenn ich das glaube – als *ich*, lebte Er ein perfektes Leben. Und in Ihm lebe ich ein perfektes Leben, denn Er war ich. Wie du nichts aus dir selbst tun kannst, so konnte auch Er nichts aus sich selbst tun. Mit Schwachheiten behaftet, ein Teilhaber des Leibes dieses Todes; und wie du unfähig bist, die Dinge zu tun, die du tun willst, so auch *Er. Er war darauf angewiesen, dass Gott in Ihm wirkte, zu wollen und zu tun nach Seinem Wohlgefallen*. So wie du versucht wirst, wurde auch Er versucht. Aber Gott *in-Ihm* hat die Versuchung überwunden. Und das werden wir im weiteren Verlauf unseres Studiums vertiefen. Aber ich hoffe, dass wir langsam verstehen, wie es sein kann, dass Christus meine Weisheit ist. „Er ist uns gemacht

---

* Der Autor sagt hier nicht, dass wir Christus werden, noch dass Christus seine persönliche Identität in uns verliert. Es ist ein Rätsel, wie zwei Individuen so vollkommen dasselbe Leben bewohnen können, so dass das Gesetz auf die eine Person schauen und die andere sehen kann, und wie sie auch an den Lebenserfahrungen des anderen teilhaben können; dennoch ist diese Wahrheit zentral für das Evangelium. Dies wird auch weiter verdeutlicht auf den Seiten 50, 129, 130 usw. „Die Einheit, die zwischen Christus und seinen Jüngern besteht, zerstört nicht die Persönlichkeit der beiden. Sie sind eins in der Absicht, im Geist, im Charakter, aber nicht in der Person" (Ministry of Healing p.483). Siehe auch die Anmerkung auf Seite 371.

zur Weisheit, zur Gerechtigkeit, zur Heiligung und zur Erlösung" (1. Korinther 1,30).

Weil Ihm *gegeben* wurde, wurde Er mit der Fülle Gottes erfüllt. Und das, was Ihm gegeben wurde, wurde Ihm als „WIR" gegeben! Ich bete, dass du in der Lage bist zu verstehen, worüber wir hier meditieren. Die Gerechtigkeit Christi ist meine Gerechtigkeit, denn Er kam als *ich*, und als *ich*, abhängig vom Vater, lebte Er ein perfektes Leben. Er lebte ein rechtschaffenes Leben. Doch dieses Leben, das Er lebte, war *mein Leben*! Und an dieser Stelle ist es so, dass Seine Gerechtigkeit, die Gerechtigkeit von Christus, MEINE Gerechtigkeit ist. Aber sie ist nicht meine, weil Er sie erarbeitet hat. Gott hat sie Ihm gegeben!

Er lebt mit uns unser armseliges Leben aus. Und Freunde, es gab nicht einen einzigen Menschen auf dieser ganzen Welt, der nicht in Christus Jesus war. Die meisten werden es nicht glauben und die meisten werden es nie in Anspruch nehmen. Er wurde in „allen Dingen seinen Brüdern gleich gemacht". Das ist jede einzelne Seele, die jemals in dieser Welt geboren wurde. Er wurde in allen Punkten versucht, wie sie es waren. Er lebte das Leben eines jeden einzelnen Menschen auf dieser Welt. *Aber indem Er ihr Leben lebte, machte Er die Dinge richtig.* Wenn sie es also wollen, können sie dieses Leben haben! So lebt Er mit mir mein elendes Leben aus, bis zu dem Punkt, an dem – „Oh elender Mensch, der ich bin, wer wird mich erlösen von dem Leib dieses Fleisches?" Und ist das nicht dasselbe wie der verzweifelte Ausruf – „Mein Gott, mein Gott, warum hast Du mich verlassen?" Es ist derselbe Ausruf!

Dieses Gesetz bringt mich um! Es begräbt uns! Es tötet uns! Und da sehen wir Jesus. Er ist ein wenig niedriger gemacht als die Engel; gemacht, um Bein von deinem Bein und Fleisch von deinem Fleisch zu sein; gemacht, um in allen Punkten dir gleich zu sein; gemacht von einer Frau, gemacht unter dem Gesetz. Und dort, weil Er zu dir geworden ist, macht Er *deine Sünden zu seinen eigenen*. Und dort schiebt Er uns sanft hinter Seinen Rücken und entblößt Seine Brust vor dem Zorn Gottes – *wie mich*! Denn der Lohn der Sünde ist der Tod, Freunde. Und wie ich, und wie Er als ich starb, so muss auch ich sterben. Du sollst sterben! Wir sollen gepflanzt werden in das „Ebenbild Seines Todes" (Römer 6,5). Und das ist nur natürlich, denn wenn Er ich ist und Er gepflanzt wurde, dann soll ich auch gepflanzt werden. Er ist eins mit mir! Wie Gott Ihn also am dritten

Tag auferweckt hat, *so hat Gott uns zusammen auferweckt* und uns zusammen in jenen himmlischen Plätzen sitzen lassen in-Jesus-Christus.

Wir haben oft ein Bild im Kopf, wie Christus als unser Hohepriester und Fürsprecher vor dem Vater steht. Und dann stehe ich neben Ihm und Er ist da und fleht für mich. Freunde, es gibt nur einen Menschen, der vor Gott steht! Jesus Christus und wir sind IN Ihm! Wir sind *in-Christus verborgen*. Und da, wie Jesus gelebt hat, werden wir jetzt leben, wie Er gelebt hat. Wir haben unsere Leben als *wir* gelebt, und Er war mit uns in diesem Leben, aber jetzt, am Grund unserer Grube, am Ende der Straße, wenn es keinen Ausweg mehr gibt, wenn alles, was wir sehen, nur ein Schlamassel ist und dass wir nichts haben, um den Ansprüchen des Gesetzes zu genügen, kommt Er zu uns und sagt: „Hier, nimm ein neues Leben." Und dieses neue Leben ist wessen Leben? Es ist *dein* Leben! Denn Er war du und Er lebte ein perfektes Leben *wie du*. Er hat keine Sünde getan, und es wurde keine Arglist in seinem Mund gefunden. Es war ein Leben, das Gott gefiel. Es war ein Leben, das die Ansprüche des Gesetzes erfüllte. *Doch es war dein Leben!* Er lebte es wie du! Er wurde in allen Punkten versucht, wie du es bist, und war doch ohne Sünde. Dieses Leben der vollkommenen Gerechtigkeit ist jetzt dein Leben! WENN du glauben willst, dass du in Jesus Christus bist. Und dieses vollkommene Leben, das Er als du gelebt hat, wird für dich vor dem Gericht stehen. Und dieses Leben ist das Leben, das der Vater sieht, wenn Jesus vor Ihm steht! Hier ist es so, dass wir in seinen Augen leben, weil Jesus „ich" ist, und er steht vor dem Vater und lebte als „ich" ein perfektes Leben! Verstehst du, was wir hier gerade studieren? Kannst du sehen, wie es dazu kommt, dass alles andere beginnt, einen Sinn zu ergeben? Wie es sein kann, dass es *in* Christus keine Verurteilung gibt? Wie es sein kann, dass *in* Christus meine Gerechtigkeit ist! In Christus ist meine Heiligung! In Christus ist meine Erlösung! Was immer es ist, das Gott uns gegeben hat, es ist *in* Christus Jesus. Denn dort, als ich, hat er es Seinem Sohn gegeben und damit hat er es mir gegeben. Und da ich in Ihm bleibe, ist es mein! Es gehört mir!

2 Korinther 3,18:

> Wir alle aber spiegeln mit unverhülltem Angesicht die Herrlichkeit des Herrn wider und werden umgewandelt in

> dasselbe Bild, von Herrlichkeit zu Herrlichkeit, nämlich von des Herrn Geist.

Kannst du jetzt verstehen, warum es heißt „Betrachten wie in einem Glas"? Betrachten wie in einem *Spiegel*! Hast du dich jemals gefragt, *warum* es heißt: „Betrachten wie in einem Glas"? Wie in einem Spiegel? Aber schaut man nicht in einen Spiegel und sieht sich selbst? Freunde, wenn der Schleier des Unglaubens von unserem Gesicht entfernt wird, sehen wir Jesus, wir sehen einen solchen Hohepriester, der *ich* geworden ist. Und wenn ich dort in den Spiegel schaue, sehe ich nicht das Spiegelbild von mir, sondern das Spiegelbild des Lebens, das Jesus als ich für mich gelebt hat. Ein reines, heiliges und rechtschaffenes Leben; und wenn ich es betrachte und sehe, wie Er meinen Versuchungen begegnet, meine Schwächen wahrnimmt – unbewusst – werde ich von Herrlichkeit zu Herrlichkeit verändert, so dass dasselbe vollkommene Leben, das Er in mir, als ich, gelebt hat, der Welt offenbart wird!

Du kannst es nur so haben, wie es *in* Jesus Christus ist. Diejenigen, die zum letzten Überrest gehören, sind diejenigen, die die Gebote Gottes halten und was noch? „*Den Glauben von Jesus haben.*" Wie kannst du Besitzer von etwas sein, das dir nicht gehört, es sei denn, Jesus wurde zu dir, und dort als du übt er seinen Glauben aus, und du nimmst daran teil? Der Glaube gehört Jesus und du kannst ihn nur besitzen, wenn du an Ihm selbst teilhast. Nur wenn du und Er eins sind.

Versteht ihr, was wir in dieser Stunde studiert haben? Ich bete wirklich, dass wir das tun. Denn wenn unser Glaube daran festhält, werden wir aufsteigen wie ein Adler. Dann gibt es keine Missverständnisse mehr über Gottes Wort. Denn dann verstehen wir, wie es sein kann, dass es in Jesus Christus ist. Bist du *in*-Jesus-Christus? Wenn du das bist, dann gibt es auch keine Verurteilung – wenn du glauben möchtest, dass Jesus dein Leben perfekt gelebt hat.

Hier noch eine letzte Betrachtung aus Matthäus 1,23:

> Siehe, die Jungfrau wird empfangen und einen Sohn gebären, und man wird ihm den Namen Emmanuel geben; das heißt übersetzt: Gott mit uns.

Lasst uns hier aus den *1895 General Conference Bulletins* von Alonzo T. Jones lesen:

> Wir lesen zwei Texte: Er sagt von uns: „Ohne mich könnt ihr nichts tun." Von sich selbst sagt er: „Von mir selbst kann ich nichts tun."
>
> „Diese beiden Texte sind alles, was wir jetzt wollen. Sie erzählen die ganze Geschichte. Ohne Christus zu sein, heißt, ohne Gott zu sein, und da kann der Mensch nichts tun. Er ist völlig hilflos aus sich selbst und in sich selbst. Das ist es, wo der Mensch ist, der ohne Gott ist. Jesus Christus sagt: „Aus mir selbst kann ich nichts tun." Das zeigt dann, dass der Herr Jesus sich selbst in diese Welt, in das Fleisch, in Seine menschliche Natur begeben hat, genau dort, wo der Mensch in dieser Welt ist, der ohne Gott ist. Er hat sich selbst genau dorthin gestellt, wo der verlorene Mensch ist. Er verließ sein göttliches Selbst und wurde wir. Und dort, hilflos wie wir ohne Gott sind, ging er das Risiko ein, um dorthin zurückzukehren, wo Gott ist, und uns dabei mitzunehmen. Es war ein furchtbares Risiko, aber, Gott sei Dank, er hat gewonnen. Die Sache war vollbracht, und in Ihm sind wir gerettet.
>
> Als Er dort stand, wo wir sind, sagte Er: „Ich werde mein Vertrauen auf Ihn setzen", und dieses Vertrauen wurde nie enttäuscht. Als Antwort auf dieses Vertrauen wohnte der Vater in Ihm und mit Ihm und bewahrte Ihn vor dem Sündigen. Wer war Er? Wir. Und so hat der Herr Jesus jedem Menschen auf dieser Welt den göttlichen Glauben gebracht. Das ist der Glaube des Herrn Jesus. Das ist der rettende Glaube. Der Glaube ist nicht etwas, das aus uns selbst kommt, mit dem wir an Ihn glauben, sondern es ist das, mit dem Er geglaubt hat – der Glaube, den Er ausgeübt hat, den Er zu uns bringt und der unser wird und in uns wirkt – die Gabe Gottes. Das ist es, was das Wort bedeutet: „Hier sind die, die die Gebote Gottes und den Glauben Jesu halten." Sie halten den Glauben Jesu, weil es der göttliche Glaube ist, den Jesus selbst ausgeübt hat.
>
> Er, als er wir war, brachte uns jenen göttlichen Glauben, der die Seele rettet – jenen göttlichen Glauben, durch den wir mit Ihm

sagen können: „Ich werde mein Vertrauen auf Ihn setzen." Und wenn wir so unser Vertrauen auf Ihn setzen, wird dieses Vertrauen heute wie damals niemals mehr enttäuscht werden. Gott antwortete damals auf das Vertrauen und wohnte bei Ihm. Gott wird heute auf dieses Vertrauen in uns antworten und bei uns wohnen.

Gott wohnte bei Ihm, und Er war wir selbst. Deshalb ist sein Name Emmanuel, Gott mit uns. Nicht Gott mit Ihm. Gott war mit Ihm, bevor die Welt war; Er hätte dort bleiben und überhaupt nicht hierher kommen können und trotzdem hätte Gott bei Ihm bleiben können und Sein Name hätte Gott mit Ihm sein können. Er hätte in diese Welt kommen können, wie Er im Himmel war, und Sein Name hätte immer noch Gott mit Ihm sein können. Aber das hätte niemals Gott mit uns sein können. Doch was wir brauchten, war Gott mit uns. Gott mit Ihm hilft uns nicht, wenn Er nicht wir ist. Aber das ist die Seligkeit daran. Er, der einer von Gott war, wurde einer von uns; Er, der Gott war, wurde wir, auf daß Gott mit Ihm Gott mit uns sei. O, das ist Sein Name! Das ist Sein Name! Freuet euch in diesem Namen ewiglich – Gott mit uns! [1]

Freunde, ich hoffe, wir können jetzt verstehen, was es bedeutet, in-Jesus-Christus zu sein. Und wenn wir diese Vorstellung erlangen und wertschätzen, wenn das Wort Gottes uns sagt, dies ist in Ihm, das ist in Ihm, Freunde, dann *ist es unser*! Lasst uns daran festhalten! Und nur so können wir wie dieser Menschensohn sein, wie Jesus. Und denkt daran, dass geschrieben steht, dass Er wie die Sonne über allem schwebte. Willst du dich wie ein Adler erheben? *Das können wir – in Ihm!* Möge Gott uns helfen zu glauben, das ist mein Gebet. AMEN.

Kapitel 4

GOTTES ÜBERREICHE GNADE

Teil 3

Raus aus mir und hinein in Christus

29. Juni 2010

DIESE Betrachtung trägt den Titel „Raus aus mir und hinein in Christus". In unserem letzten Studium haben wir untersucht, was es bedeutet, „in-Christus" zu sein. Wir haben festgestellt, dass, obwohl Sünde im Überfluss vorhanden ist, die Gnade noch viel mehr im Überfluss vorhanden ist – sogar an der gleichen Stelle wie diese Sünde. Und was auch immer wir in der Vergangenheit getan haben mögen, durch die Vollkommenheit Christi, der eins mit uns wurde, können wir ohne Verurteilung vor Gott stehen.

Diesen Gedankengang fortsetzend, lesen wir den *Bible-Commentary*, Vol.7, p.926:

> Wenn das Werk in Verbindung mit Gott vorangetrieben wird, wird der Mensch durch Christus Tag für Tag Sieg und Ehre im Kampf erringen. Durch die Gnade, die ihm gegeben wird, wird er überwinden und wird auf die höchste Stufe gestellt werden.

Jetzt hört euch das an:

> In seiner Beziehung zu Christus wird er Bein von seinem Bein, Fleisch von seinem Fleisch sein, eins mit Christus in einer besonderen Beziehung, weil Christus die Menschlichkeit des Menschen angenommen hat. [1]

„Eins mit Christus in einer besonderen Beziehung." Wie wir es in unserem letzten Studium gesehen haben, war es nicht eine eigenartige Beziehung – wie Christus „Christus" sein kann und doch gleichzeitig „ich" werden kann? Es ist eine eigentümliche Beziehung, in der Christus eins mir ist, und doch gibt es noch eine Unterscheidung der einzelnen Persönlichkeiten.

„Wo aber das Maß der Sünde voll geworden ist, da ist die Gnade überfließend geworden." Römer 5,20. Wo ich in meiner Sündhaftigkeit war, kam Christus und wohnte in Seiner Gerechtigkeit. Und hier ist eine interessante Offenbarung von Gottes überfließender Gnade:

God`s Amazing Grace, S.10:

> Indem der Mensch den Geboten Gottes nicht gehorchte, fiel er unter die Verurteilung durch sein Gesetz. Dieser Fall rief die Gnade Gottes auf den Plan, die für die Sünder eintrat.

Weil der Mensch fiel, musste die Gnade erscheinen. Wo die Sünde im Überfluss war, war die Gnade noch viel mehr im Überfluss. Das Gesetz trat ein, um *was* reichlich zu machen? Die *Gnade* war reichlich vorhanden. Wir denken oft, dass das Gesetz eintreten musste, um die *Sünde* reichlich werden zu lassen. Nein. Der Zweck des Gesetzes war es, die Fülle der Gnade hervorzubringen.

> Wir hätten nie die Bedeutung dieses Wortes „Gnade" gelernt, wenn wir nicht gefallen wären. Gott liebt die sündlosen Engel, die seinen Dienst tun und allen seinen Weisungen gehorsam sind; aber er gibt ihnen keine Gnade. Diese himmlischen Wesen wissen nichts von Gnade; sie haben sie nie gebraucht, denn sie haben nie gesündigt. Gnade ist eine Eigenschaft Gottes, die den unwürdigen Menschen zuteil wird. Wir haben sie nicht gesucht, sondern sie wurde uns gesandt, um uns zu suchen. Gott freut sich, diese Gnade jedem zu schenken, der nach ihr dürstet. Jedem schenkt er die Bedingungen der Barmherzigkeit, nicht weil wir würdig sind, sondern weil wir so völlig unwürdig sind. Unsere Bedürftigkeit ist die Qualifikation, die uns die Gewissheit gibt, dass wir dieses Geschenk erhalten werden. [2]

Weil wir gesündigt haben, haben wir jetzt dieses kostbare Geschenk der Gnade. Aber sollen wir sündigen, damit die Gnade reichlich vorhanden ist? Gott bewahre uns davor. Es wäre besser gewesen, wenn wir nie gefallen wären. Aber weil wir gefallen sind, musste Christus seine Göttlichkeit mit der Menschheit vereinen, und deshalb ist der Mensch sogar über die Engel erhöht; während der

Mensch vorher ein wenig niedriger war als die Engel. Und nun hat Er uns in Ihm zusammen in himmlischen Plätzen sitzen lassen.

Wir haben untersucht, wie das Gesetz eine Fülle von Gnade hervorbringt. Diese überfließende Gnade wird hier in Hebräer Kapitel 2,17-18 beschrieben. Wir können Trost finden, auch wenn wir unseren erbärmlichen Zustand und unsere Schwäche in Bezug auf die Verlockungen der Sünde und die daraus resultierenden Folgen feststellen. Hier ist unser Trost:

> Daher musste er in allem den Brüdern ähnlich werden, damit er barmherzig würde und ein treuer Hoherpriester vor Gott, um die Sünden des Volkes zu sühnen; denn worin er selbst gelitten hat, als er versucht wurde, kann er denen helfen, die versucht werden.

Weil Jesus geschaffen wurde, um in allen Dingen „ich" zu sein, konnte er in allen Dingen versucht werden, wie ich versucht werde. Wenn ich durch meine Versuchungen gehe, kann ich darin einen Halt haben, weil ich einen Gefährten habe. Wie wir in unserer letzten Studie gesehen haben, wachen wir in der Realität auf, dass wir uns dieses Loch gegraben haben. Dort in diesem Loch mit uns aber ist Jesus, der genau dasselbe leidet, wie wir leiden. Deshalb kann ich getröstet werden, weil ich in meinem Leiden nicht allein bin. Aber noch mehr, weil Er in dieser Prüfung nicht entmutigt wurde und der Sünde nachgab, kann Sein Sieg der Meine sein.

Wir wollen einen Moment länger damit verbringen, Christus in unserer Begegnung mit uns zu betrachten. Wenden wir uns der Erfahrung der Israeliten zu, als sie in der Wüste umherwanderten. In 2. Mose 15,24 sehen wir Gottes überfließende Gnade gegenüber den Israeliten; und können nicht umhin zu erkennen, dass die Israeliten von damals nicht anders waren als wir heute. Es heißt dort:

> Da murrte das Volk wider Mose und sprach: Was sollen wir trinken?

Was taten die Leute? Sie murrten. Die Dinge waren nicht so, wie sie sie gerne hätten, also beschwerten sie sich. Gott hatte Erbarmen mit ihnen. Das Wasser war bitter, aber er machte es für sie süß.

Im nächsten Kapitel, in Exodus 16,2-3:

> Und die ganze Gemeinde der Kinder Israel murrte wider Mose und Aaron in der Wüste. Und die Kinder Israel sprachen zu

> ihnen: Wären wir doch durch des HERRN Hand in Ägypten gestorben, als wir bei den Fleischtöpfen saßen.

Nun waren sie hungrig; es gab nichts für sie zu essen, also murrten sie wieder. Was hat Gott getan? Er gab ihnen Manna und ihr Hunger war gestillt. Dann hier in Exodus 17,3:

> Als nun das Volk daselbst nach Wasser dürstete, murrten sie wider Mose und sprachen: Warum hast du uns aus Ägypten heraufgeführt, daß du uns und unsere Kinder und unser Vieh vor Durst sterben lässest?

Diese Menschen hatten eine echte Not. Lasst uns ihre Situation nicht herabwürdigen. Sie waren durstig. Hast du auch Durst? Wir werden durstig. Du kannst sicher verstehen, warum sie murrten. Das waren Bedrängnisse, die uns jeden Tag ereilen. Ich weiß nicht, wie es dir geht, aber ich ertappe mich oft dabei, dass ich murre, weil es Dinge gibt, von denen ich *denke*, dass ich sie brauche, und Dinge, von denen ich *weiß*, dass ich sie brauche, aber sie stehen mir nicht zur Verfügung, und so werde ich misstrauisch und klage wie die Israeliten. 4. Mose 14,2:

> Und alle Kinder Israel murrten wider Mose und Aaron; und die ganze Gemeinde sprach zu ihnen: Ach, daß wir doch in Ägypten gestorben wären, oder noch in dieser Wüste stürben!

Jetzt zu 4. Mose 16,41. Das war, nachdem Korach, Dathan und Abiram erschlagen worden waren:

> Am folgenden Morgen aber murrte die ganze Gemeinde der Kinder Israel.

Als sie durch die Wüste wanderten, trafen die Israeliten auf viele Umstände, die ihnen unangenehm waren. Und weil sie für sie unangenehm waren, beklagten sie sich. Wann beschweren wir uns? Wir beschweren uns, wenn die Dinge nicht so laufen, wie wir wollen. Wir beschweren uns, wenn die Dinge für uns nicht bequem sind; wenn die Dinge nicht dem förderlich sind, was wir *denken*, dass für unseren Seelenfrieden förderlich ist.

Als die Israeliten ihre Situation durchlebten, dachten sie: „*Ich bin arm. Arm, arm, arm bin ich*". Deshalb jammern wir. Wir beklagen uns, wenn wir in unserem eigenen Ich gefangen sind. Aber als sie durch all ihre

Bedrängnisse gingen, wo die Sünde im Überfluss war, war die Gnade noch viel mehr im Überfluss. Jesaja 63,9:

> Bei aller ihrer Angst war ihm [CHRISTUS] auch angst, und der Engel seines Angesichts rettete sie; aus Liebe und Mitleid hat er sie erlöst, er nahm sie auf und trug sie alle Tage der Vorzeit.

Durch alle ihre Prüfungen in der Wüste ging Christus mit ihnen hindurch. Er selbst war mit denselben Leiden behaftet, mit denen sie behaftet waren. Während sie in ihrem „armen-kleinen-Ich" gefangen waren, in ihrem „armen-kleinen-Ich"-Leid, in ihren „armen-kleinen-Ich"-Verletzungen und in ihren „armen-kleinen-Ich"-Enttäuschungen, war da Christus, der dasselbe erlitt. Genau das Gleiche in all ihren Leiden. In allen Punkten versucht, wie wir es sind! In all ihren Bedrängnissen wurde Er bedrängt.

Übertragen wir das auf unsere Zeit: In *1888 Materials*, p.552 wird hier auf ganz einfache Weise beschrieben:

> Wir haben Ihn in der Erniedrigung gespürt, wir haben Ihn im Opfer gespürt, wir haben Ihn in den Anfechtungen gespürt, wir haben Ihn in der Versuchung gespürt. [3]

Nun *gibt* es einen großen Trost für uns. Wenn wir bedrängt werden, ist Jesus bedrängt. Er leidet, was ich leide, und wir können diese kostbare Begleitung und Gemeinschaft in diesem Leiden haben.

Oft tauschen wir uns untereinander aus und einer sagt vielleicht zu einem anderen: „Ja, ich verstehe, was du durchmachst, denn ich mache das Gleiche durch." Und daraus schöpfen wir Trost. Auch wenn wir unsere eigene Erfahrung durchmachen und sie die ihren, sind wir dennoch getröstet, weil wir wissen, dass uns jemand versteht. Wenn wir also durch demütigende Erfahrungen gehen, wenn wir Opfer bringen müssen und wenn wir durch Versuchungen geprüft werden; was immer die Bedrängnis ist, wir haben einen Trost. Und ich liebe den Abschnitt in *Desire of Ages*, p.483:

> In all unseren Prüfungen haben wir einen unfehlbaren Beistand. Er lässt uns nicht allein mit den Versuchungen ringen und mit dem Bösen zu kämpfen und schließlich von Lasten und Kummer erdrückt zu werden. Obwohl er jetzt vor den Augen der Sterblichen verborgen ist, kann das Ohr des Glaubens seine

Stimme hören, die sagt: Fürchte dich nicht, ich bin bei dir. „Ich bin der Lebendige, und ich war tot; und siehe, ich bin lebendig von Ewigkeit zu Ewigkeit." Offenbarung 1,18. Ich habe *deine* Sorgen ertragen, habe *deine* Kämpfe erlebt, bin *deinen* Versuchungen begegnet. Ich kenne *eure* Tränen;

Adam *kannte* Eva und sie hatten einen Sohn. Adam war mit seiner Frau eng *vertraut*. Wenn Christus sagt: „Ich *weiß*, was du durchmachst," dann sagt er das, weil er mit deiner Situation *bestens vertraut* ist, weil er deines Gebeins Gebein und deines Fleisches Fleisch ist.

Ich kenne *deine* Tränen; auch ich habe geweint. Die Trauer, die zu tief liegt, um in ein menschliches Ohr gehaucht zu werden, kenne ich. Denke nicht, dass du verzweifelt und verlassen bist. Auch wenn dein Schmerz in keinem Herzen auf Erden einen ansprechenden Akkord berührt, schau auf Mich und lebe. „Denn die Berge mögen weichen und die Hügel wanken, aber meine Gnade wird nicht von dir weichen und mein Friedensbund nicht wanken, spricht der HERR, der sich diener erbarmt." Jesaja 54,10. [4] [Hervorhebung hinzugefügt].

Kannst du zu diesen Worten von Herzen „Amen" sagen? Wir sind betrübt; wir werden versucht und auf die Probe gestellt; wir gehen durch schwere Zeiten, und da werden wir von dem Ich und „meinen armen kleinen Prüfungen" eingeholt, und Jesus versteht, was ich durchmache. Jesus hat Mitleid mit mir. Er liebt mich, und wenn ich weine, dann weint Er; was ich fühle, das fühlt Er. Wir haben diesen kostbaren Trost, *für mich*, in dieser Zeit der Prüfung.

Aber lasst uns unsere Perspektive ändern. Wir haben uns den Trost angesehen, den ich dadurch gewinnen kann, dass Jesus eins mit mir ist, aber wir wollen *aus unserem Selbst heraus und in Christus hinein* kommen. Raus aus uns selbst und *hinein in Christus*.

Kommen wir zu Psalm 69,9. Dies ist einer dieser schönen Psalmen über die Erlebnisse Christi in Gethsemane und am Kreuz:

Denn der Eifer deines Hauses hat mich verzehrt, und die Schmähungen derer, die dich schmähen, sind auf mich gefallen.

Wird dir ein Vorwurf gemacht? Das gefällt dir nicht, oder? Jesus kommt zu dir und sagt: „Mir werden auch Vorwürfe gemacht.

Tröste dich, Kind." Aber Freunde, diese Vorwürfe fallen auch auf *Ihn*! Was glaubt ihr, wie *Er* sich fühlt? Wie fühlt Er sich, wenn diese Vorwürfe, die auf dich fallen, auch auf Ihn gefallen sind? In den Versen 1-2 desselben Psalms:

> O Gott, hilf mir; denn das Wasser geht mir bis an die Seele! Ich versinke in tiefem Schlamm und habe keinen Stand, ich bin in tiefes Wasser geraten, und die Flut will mich überströmen.

Wer spricht hier? Du? Jesus redet hier! Du glaubst, dass *du* unter diesen Vorwürfen leidest? Hey, raus aus dir selbst und hinein in Christus. Christus leidet wegen dieser Vorwürfe. Wegen dieser Vorwürfe fühlt sich Christus, als würde er *ertrinken*!

Wenn wir uns in dieser Situation befinden, wo sind dann unsere Gedanken? Sind sie bei dem armen-kleinen-alten Ich und *meinen* Leiden? Versuche ich, Trost von Jesus zu bekommen, um *mich* in diesem Leiden zu trösten? Oder bin ich *aus mir heraus* gekommen und schaue auf Ihn? Wir betrachten Jesus, der ein wenig niedriger als die Engel gemacht wurde, wozu? Wegen des Todesleidens. Hebräer 2,9. Betrachten wir unsere Situation und mein armes Ich in dieser Situation? Oder sehen wir Jesus und das, was er durchmacht?

Gethsemane ist eines der größten Zeugnisse für die Menschlichkeit Christi und sein Einssein mit mir. Sehnt sich dein Herz nach Mitgefühl im Leiden? Tut es das? Hier steht es, in *The Desire of Ages*, S. 687:

Das menschliche Herz sehnt sich nach Mitgefühl im Leid.

Wenn dein Herz sich nicht nach Mitgefühl im Leiden sehnt, dann hast du kein menschliches Herz. Hatte Jesus ein menschliches Herz?

> Diese Sehnsucht empfand Christus bis in die tiefsten Tiefen seines Wesens.

Siehst du? Er ist berührt von den Empfindungen unserer Leiden. Er fühlt, was wir fühlen. Er fühlte es bis in die Tiefen Seines Wesens.

> In der höchsten Qual seiner Seele kam er zu seinen Jüngern mit dem sehnlichen Wunsch, einige Worte des Trostes von denen zu hören, die Er so oft gesegnet und getröstet und in Kummer und Not beschützt hatte.

Was wollte er? Er wollte Unterstützung. Er wollte Trost. Er war dort und wurde mehr versucht, als wir jemals versucht werden könnten; aber es waren unsere Versuchungen und Er wollte Beistand. Er wollte Trost. Von wem? Von denen, die Er getröstet hatte! Und von wem? *UNS!*

> Derjenige, der immer Worte des Mitgefühls für sie gehabt hatte, litt jetzt übermenschliche Qualen, und Er sehnte sich danach zu erfahren, dass sie für Ihn und für sich selbst beten würden.

Wir geraten in Prüfungen und wir vergessen zu beten. Aber wenn wir in diese Prüfung gehen, ist Jesus da und Er sehnt sich danach, dass wir für Ihn und uns selbst beten werden. Und wenn wir nicht beten, wie wird dann Sein Herz gebrochen?

> Wie dunkel erschien die Bösartigkeit der Sünde! Schrecklich war die Versuchung, die Menschheit die Folgen ihrer eigenen Schuld tragen zu lassen, während Er unschuldig vor Gott stand. Wenn Er nur wüsste, dass Seine Jünger dies verstanden und zu schätzen wussten, würde Er gestärkt werden.[5]

Hast du den letzten Teil verstanden? Was würde Jesus stärken? Dass seine Jünger seine Versuchungen verstehen könnten. Wie oft trösten wir uns damit, dass Jesus meine Versuchungen versteht? Hier ist Jesus, und Er möchte, dass wir *Seine* Versuchungen verstehen! Und was war Seine Versuchung? *Dich fallen zu lassen.* Zu sagen: „Nein, nein, Camron ist zu viel für mich, er hat wirklich einen Schlamassel angerichtet. Es ist zu dunkel, es ist zu schwarz, und nein, ich könnte ihn einfach in seinem Unglück allein lassen, ihn in dieser Grube des Elends zurücklassen, die er sich selbst gegraben hat, und ich könnte fortgehen und auf dem Thron meines Vaters sitzen und mich von allen Engeln anbeten lassen, und alles wäre gut."

Jesus will uns wissen lassen, dass er versucht war, das zu denken. Wann? Zur gleichen Zeit, in der wir versucht werden! *Genau zur gleichen Zeit*, in der wir durch unsere Versuchungen gehen, ist Jesus nicht nur versucht, wie ich versucht bin, sondern er ist versucht, alles zu verlassen und nach Hause zu gehen.

Freunde, in jeder einzelnen Prüfung, die ihr überwindet, in jeder einzelnen Versuchung, die ihr ertragt, preist den Herrn! Denn Jesus musste *seine eigenen* Versuchungen ertragen, zur gleichen Zeit, als er eure Versuchungen ertrug.

Wenn wir das nun in den Verstand und in das Herz sinken lassen, was macht es dann mit dem kalten, steinernen Herzen? Es zerstört es, nicht wahr?

Gehen wir weiter zu S.690:

> Wieder hatte er sich nach Gemeinschaft gesehnt, nach einigen Worten von seinen Jüngern, die Erleichterung bringen und den Bann der Dunkelheit brechen würden, der ihn beinahe überwältigt hätte.

Wenn du dich einsam fühlst, schaffst du es dann, dich für eine Weile abzulenken, aber dann kommt diese Einsamkeit wieder zurück? „Oh, ich brauche Gesellschaft, ich muss diese Person anrufen, ich muss diese Person sehen." Jesus hat das auch gespürt. Die Wellen der Bedürftigkeit, die wir haben, er hat sie erlebt und er brauchte auch Linderung.

> Aber ihre Augen waren schwer; „sie wussten nicht, was sie ihm antworten sollten." Seine Gegenwart wülte sie auf. Sie sahen Sein Gesicht, das mit dem blutigen Schweiß der Qual gezeichnet war, und sie wurden mit Angst erfüllt. Seine Seelenqual konnten sie nicht verstehen. „Sein Antlitz war so entstellt wie bei keinem Menschen, und seine Gestalt mehr als bei den Menschenkindern." Jesaja 52,14.
>
> Jesus wandte sich ab und suchte wieder seine Zuflucht und fiel nieder, überwältigt von dem Schrecken einer großen Finsternis. [6]

Wenn wir Christus in unseren Prüfungen nicht begegnen, was macht Er dann für eine Erfahrung? Er wird von dem Schrecken einer großen Dunkelheit überwältigt! Wir sind so sehr mit „mir" und „meinen" Leiden und „meinem" armen, kleinen, alten Ich beschäftigt, dass wir Jesus vergessen. Wir vergessen alles über Ihn. Ja, wir sammeln für unsere eigenen Seelen all die Tröstungen und alle Verheißungen und all das, um *mich* zu trösten, um *mich* glücklich zu machen, aber was ist mit *Jesus*? Wir haben den Satz gehört: „Wer kümmert sich um Jesus?" Kümmere ich mich mehr um mich und mein kleines, altes Ich, oder kümmere ich mich um Jesus? Wir müssen aus dem „mir" herauskommen und zu Ihm hineinkommen.

„Aber, oh", wirst du vielleicht sagen, „Jesus starb vor 2.000 Jahren am Kreuz. Das sind doch alles vergangene Erfahrungen. Es hat nichts mit mir heute zu tun. Jesus geht nicht in die Dunkelheit, wenn ich ihn vernachlässige. Er ist im Himmel, nicht mehr in Gethsemane. Nicht auf Golgatha." Sei nicht so egoistisch und engstirnig. Höre dir diese Aussage aus *Manuscript Releases*, Vol.13, S. 369 an:

> Der Kelch des Leidens wurde Ihm in die Hand gelegt, als ob Er der Schuldige wäre, und Er leerte ihn bis zum Bodensatz. Er trug die Sünde der Welt bis zum bitteren Ende. Und doch sündigen die Menschen weiter, und Christus spürt weiterhin die Folgen ihrer Sünde, als ob Er selbst der Schuldige wäre. [7]

Er „spürt weiterhin die Folgen [unserer] Sünden". Jesus ist das „ICH BIN" – Zeit ist nichts für Ihn. Vergangenheit, Gegenwart und Zukunft sind alle dasselbe. Und Er steht mit jedem von uns in Beziehung, als gäbe es keinen anderen Menschen auf der Erde. Seine Erfahrungen in Gethsemane sind heute so real wie vor 2.000 Jahren! Aber es geht nur um Ihn, und um dich. Was passiert also, wenn ich sündige? Was ist Seine persönliche Erfahrung, wenn ich Ihn vernachlässige? Ja! Er kämpft mit dem Schrecken einer großen Finsternis!

Als ich zum ersten Mal *Testimonies*, Vol.2, S.205 las, war das ein richtiger Tritt gegen den Kopf - mit einem Paar Stahlkappenstiefeln. Hier steht es:

> Wieder wandte sich der Heiland traurig von seinen schlafenden Jüngern ab und betete zum dritten Mal mit denselben Worten. Dann trat Er zu ihnen und sprach: „Schlaft nun weiter und ruht euch aus; denn siehe, die Stunde ist nahe, und der Menschensohn wird in die Hände der Sünder überliefert."

Uns wird gesagt, wir sollen wachen und beten, damit wir nicht in Versuchung geraten. Wenn wir in Versuchung geraten, bringen wir Jesus in Versuchung. Lasst uns wachen und beten, damit Jesus das nicht durchmachen muss. Aber wir sind so laodizeanisch, nicht wahr? Wir sind so schläfrig, und wir sind so anfällig für Schlaf, genau wie die Jünger. Wir scheinen uns der Tatsache nicht bewusst zu sein, dass wir am Rand der letzten Sekunden der Erdgeschichte stehen; und unsere Augen sind geschlossen und unsere Arme sind verschränkt und wir schlafen, während wir am Rande der Ewigkeit wanken.

Nun hört euch das an:

> „So schlaft nun und ruht euch aus; denn siehe, die Stunde ist nahe, und des Menschen Sohn wird in die Hände der Sünder überliefert." Wie *grausam*, dass die Jünger zuließen, dass der Schlaf ihre Augen schloss und der Schlummer ihre Sinne fesselte, während ihr göttlicher Herr solch unaussprechliche seelische Qualen ertrug! [8] [Hervorhebung hinzugefügt].

Berührt dich das auch? Wenn ich in meinem eigenen kleinen alten Ich gefangen bin und Christus vernachlässige – dann bin ich *grausam*. Das ist erschreckend. Es ist wirklich, wirklich erschreckend! Und wenn wir dazu neigen, schläfrig zu werden, Freunde, dann möge dies ein Weckruf sein! „Wie *grausam*, dass die Jünger es zuließen, dass der Schlaf ihre Augen schloss und der Schlummer ihre Sinne fesselte, während ihr göttlicher Herr solch unsagbare seelische Qualen ertrug!" Haben wir das verstanden? Wir werden nicht wissen, ob wir das verstanden haben oder nicht, bis zu unserer nächsten Prüfung, ob wir in unserem „armen, kleinen, alten Ich" gefangen sein werden oder ob wir an Jesus denken und aus uns selbst heraus und in Christus hinein treten werden.

Was war es, was Er wollte, als Er dort in Gethsemane war? Er wollte Beistand. Er wollte Mitgefühl. Er wollte, dass sie *Seine* Anfechtungen kennen. Möge Gott uns wirklich helfen, das zu begreifen. Und warum erleidet Er das? Meinetwegen! Ich habe den Schlamassel angerichtet, ich habe die Saat gesät, und jetzt muss ich die Konsequenzen ernten; und Er ist gekommen, um die Konsequenzen mit mir zu ernten. Und während ich die Konsequenzen ernte, denke ich mir: „Oh, ich Ärmster, ich muss das aushalten und, oh, es ist zu viel, es ist zu hart." Dann kommt Jesus und sagt: „Ich bin hier bei dir. Ich verstehe, was du durchmachst. Deine Tränen, ich habe auch geweint; es sind meine Tränen. In der Tat weine ich sie gerade jetzt." Und wir haben diesen Trost. *Aber wir haben Ihn dazu veranlasst.* Er hat keine Sünde getan, und es wurde keine Bosheit in seinem Mund gefunden.

Welches Recht hat Er, dort zu sein? Warum ist Er da? Er ist da, weil *er sich dazu entschieden hat, dort zu sein.* Und Freunde, Er möchte, dass wir das *verstehen*. Er möchte, dass wir verstehen, dass Er sich entschieden hat, dort zu sein, damit Er kommen und bei euch sein und euch trösten kann. Aber wisst ihr, wann ihr den meisten Trost bekommt? Es ist, wenn ihr auf jemand anderen schaut als auf euch selbst. Es ist, wenn ihr auf jemand anderen schaut in seinem Leiden – und da ist Jesus, der gekommen ist, um euch zu trösten und Er leidet, und sucht auch nach Trost.

Wir können alle bezeugen, dass es darin keinen Trost gibt, wenn wir in uns selbst verstrickt sind. Wenn wir all diese kostbaren Strahlen von Jesus Christus und all seine Verheißungen auf unsere Seele anwenden, können wir Trost finden. Aber es ist nicht das Gleiche, denn *ich bin* es, der getröstet wird. Wer ist ich? Gibt es für *mich* einen Platz in Christus? Christus hat sich selbst *entäußert*. Ich soll mich auch selbst entäußern. Hören wir also auf mit unserem armen, kleinen, alten Ich. Lassen wir es hinter uns! Liegt dir etwas an Jesus?

Aber wir können das ganze auch aus einer anderen Perspektive betrachten. Und ich möchte mit dieser Perspektive schließen. Es ist grausam von uns, Christus in seinen Leiden zu verlassen und nicht zu bedenken, was er durchmacht. Und es ist grausam, ihn überhaupt erst leiden zu lassen. Wenn wir also in Versuchung sind, etwas zu tun und uns etwas zu gönnen, dann lasst uns noch einmal überlegen. Was wird es Jesus antun? „Ah! Das will ich nicht tun!" Anstatt uns selbst zu frönen, sollten wir an die Folgen für unseren Erlöser denken.

Kommen wir zu Galater 3,28, wo wir nun eine neue Dimension hinzufügen werden.

> Da ist weder Jude noch Grieche, da ist weder Knecht noch Freier, da ist weder Mann noch Weib; denn ihr seid alle einer in Christus Jesus.

Nicht nur ist Christus in mir und ich bin in Christus, sondern alle, die an Christus glauben und seine Versöhnung angenommen haben, sind in ihm und er ist in ihnen. Wir sind alle eins in und mit Jesus Christus. Nun beachtet dies hier 1. Korinther 12,25-26:

> damit es keinen Zwiespalt im Leibe gebe, sondern die Glieder gleichmäßig füreinander sorgen. Und wenn ein Glied leidet, so leiden alle Glieder mit; und wenn ein Glied geehrt wird, so freuen sich alle Glieder mit.

Das fügt nun wieder eine neue Dimension hinzu, nicht wahr? Wenn ich betrübt bin, ist Christus betrübt, weil er und ich eins sind. Aber in Christus bin ich eins mit meinem Bruder, eins mit meiner

Schwester, und da, wo ich leide, leiden sie auch. Wie ich leide, wie Jesus leidet, so leiden auch sie.

Wenn wir unsere Brüder und Schwestern leiden lassen, dann lassen wir uns selbst leiden und wir lassen Jesus leiden. Und da ist Jesus und er leidet mit meinem Mitbruder oder meiner Mitschwester und er leidet mit mir. Wir haben ein doppeltes Leiden, das wir Jesus Christus zufügen. Magst du es zu leiden? Mag Jesus es, zu leiden? Wie sollen wir uns dann gegenseitig behandeln? Wir sind vertraut mit Matthäus 25,31-46:

> Wenn des Menschen Sohn kommen wird in seiner Herrlichkeit und alle heiligen Engel mit ihm, dann wird er sitzen auf dem Thron seiner Herrlichkeit: Und vor ihm werden versammelt werden alle Völker; und er wird sie voneinander scheiden, wie ein Hirte seine Schafe von den Böcken scheidet: Und er wird die Schafe zu seiner Rechten stellen, die Böcke aber zur Linken. Dann wird der König zu denen zu seiner Rechten sagen: Kommt her, ihr Gesegneten meines Vaters, erbt das Reich, das euch bereitet ist von Grundlegung der Welt an: *Denn ich war ein Hungriger, und ihr habt mir zu essen gegeben; ich war durstig, und ihr habt mir zu trinken gegeben: Ich war ein Fremder, und ihr habt mich aufgenommen: nackt, und ihr habt mich bekleidet: Ich war krank, und ihr habt mich besucht: Ich war im Gefängnis, und ihr seid zu mir gekommen.* Da werden ihm die Gerechten antworten und sagen: Herr, wann haben wir dich hungrig gesehen und haben dir zu essen gegeben? oder durstig und haben dir zu trinken gegeben? Wann haben wir dich als Fremdling gesehen und haben dich aufgenommen? Oder nackt und haben dich bekleidet? Oder wann haben wir dich krank oder im Gefängnis gesehen und sind zu dir gekommen? *Und der König wird antworten und zu ihnen sagen: Wahrlich ich sage euch: Was ihr getan habt einem von diesen meinen geringsten Brüdern, das habt ihr mir getan.* Dann wird er auch zu denen zur Linken sagen: Gehet hinweg von mir, ihr Verfluchten, in das ewige Feuer, das bereitet ist dem Teufel und seinen Engeln: Denn ich war hungrig, und ihr gabt mir nicht zu essen; ich war durstig, und ihr gabt mir nicht zu trinken: Ich war fremd, und ihr habt mich nicht aufgenommen; nackt, und ihr habt mich nicht bekleidet; krank, und im Gefängnis, und ihr habt mich nicht besucht. Da werden sie ihm auch antworten und sagen: HERR, wann haben wir dich

gesehen, daß du hungrig oder durstig oder fremd oder nackt oder krank oder im Gefängnis warst, und haben dir nicht gedient? Da wird er ihnen antworten und sagen: Wahrlich ich sage euch: *Was ihr nicht getan habt einem von diesen Geringsten, das habt ihr mir nicht getan*. Und diese werden weggehen in die ewige Strafe; die Gerechten aber in das ewige Leben. [Hervorhebung hinzugefügt].

Verstehen wir das Bild? Es ist grausam von uns, Christus leiden zu lassen. Aber wenn wir unsere Mitgeschwister leiden lassen, lassen wir Christus leiden. Ich bin mir sicher, dass uns tausend verschiedene Möglichkeiten in den Sinn kommen, wie wir unsere Brüder leiden lassen können. Und wenn uns diese Dinge ins Bewusstsein kommen, dnn sollten wir wachen und beten, damit wir nicht in Versuchung geraten. Wachen und beten, dass ich nicht selbst auf irgendeine Weise einen Stein des Anstoßes vor Jesus werfe und Ihn zu Fall bringe. Wenn wir andere zu Fall bringen, und Er eins mit ihnen ist, dann trägt Er die Konsequenzen ihres Falles.

„Was ihr getan habt einem von diesen meinen geringsten Brüdern, das habt ihr mir getan." Matthäus 25,40. Wie vorsichtig sollten wir in unserem Umgang miteinander sein? Wie vorsichtig sollten wir sein, wenn wir auch nur den Mund aufmachen? Denn die Hälfte der Zeit wissen wir nicht, was dabei herauskommt. Jakobus beschreibt es hier – es ist ein Feuer, es ist von der Hölle entfacht! Jakobus 3,6. Jede einzelne Sache, die wir tun, hat Konsequenzen. Jede einzelne Sache, die wir sagen, bewirkt, dass eine Frucht aufgeht und Jesus erntet diese Frucht.

Aber wenn jemand mir Leid zufügt, wenn jemand mir einen Stolperstein in den Weg legt, dann sorge dich nicht darum, es ihm heimzuzahlen. Mach dir Sorgen um Jesus! Er ist verletzt, genauso wie du verletzt bist; aber wenn du aus dir heraus und in ihn hineingekommen bist, wirst du dir mehr Sorgen um ihn und seinen Schmerz machen als um deinen eigenen. Lasst uns an Jesus denken. Kümmern wir uns um Ihn.

Jetzt hoffe ich wirklich, wirklich, dass wir irgendwann bald die Erfahrung des Obergemachs machen können – dass wir alle in *einen Einklang* kommen können; dass der Heilige Geist, der Spätregen, über uns ausgegossen werden kann. Jesus sagt uns in Johannes 17,20-23, was zuvor geschehen muss:

> Ich bitte auch nicht für diese allein, sondern auch für die, die durch ihr Wort an mich glauben werden, damit sie alle eins seien ...

Beachte das Wort „seien". Es besteht die Möglichkeit, dass nicht alle von uns dies erleben werden. Es hängt davon ab, ob wir diese Vereinigung mit Christus annehmen werden oder nicht.

> ... auf dass sie alle eins seien, gleichwie du, Vater, in mir und ich in dir; auf dass auch sie in uns eins seien, damit die Welt glaube, dass du mich gesandt hast. Und ich habe die Herrlichkeit, die du mir gegeben hast, ihnen gegeben, auf dass sie eins seien, gleichwie wir eins sind. Ich in ihnen und du in mir, auf dass sie zu vollendeter Einheit gelangen, damit die Welt erkenne, dass du mich gesandt hast und sie liebst, gleichwie du mich liebst.

Dass sie vollkommen sein mögen in einem! Auf dass die Welt die Liebe Gottes erkenne! Größere Liebe hat kein Mensch, als was zu tun? „Sein Leben hinzugeben für seine Freunde." Johannes 15,13. Anstatt an sich selbst zu denken, kümmert er sich um andere. Er kümmert sich um die Dinge von Jesus.

Es ist mein Gebet, dass *ich* auf diese Dinge höre; dass *ich* diese Dinge in die Praxis umsetzen werde; dass *ich* genau die Dinge leben werde, die ich predige. Und Freunde, ich bete, dass wir das alle tun können, damit wir von diesem Planeten weg- und aus unserem Fleisch herauskommen. Aber bis dahin, solange wir in dieser Welt mit all ihrem Leid sind, ist es in Ordnung. Lasst uns wie Jesus sein und wie die Sonne über all dem segeln. Wir haben keine Ausrede, also möge der Herr uns helfen, damit das unsere Erfahrung sein kann. AMEN.

Kapitel 5

GOTTES ÜBERREICHE GNADE

Teil 4

Bereit, wenn du es bist

03. July 2010

O der Gnade, wie ein großer Schuldner
Täglich bin ich genötigt zu sein!

RÖMER 5,20-21 war der Schwerpunkt unserer Betrachtung in den letzten Paar Studien. Wenden wir uns wieder dorthin:

> Das Gesetz aber ist daneben hereingekommen, damit das Maß der Sünden voll würde. Wo aber das Maß der Sünde voll geworden ist, da ist die Gnade überfließend geworden, auf daß, gleichwie die Sünde geherrscht hat im Tode, also auch die Gnade herrsche durch Gerechtigkeit zu ewigem Leben, durch Jesus Christus, unsren Herrn.

In den letzten paar Studien haben wir das Gesetz Gottes und seine Gnade betrachtet. Wir haben gesehen, wie es sich mit dem Gesetz verhält: Es ist der Lehrmeister, der uns zu Jesus Christus führt. Wenn das Gesetz eintritt, macht es deutlich, dass das Vergehen der Sünde im Übermaß vorhanden ist. „Durch das Gesetz kommt die Erkenntnis der Sünde" (Römer 3,20). Um die Gnade herbeizuführen, musste das Gesetz hineinkommen, um im Menschen ein *Gefühl der Bedürftigkeit* und damit eine Sehnsucht und einen Wunsch nach etwas Besserem zu erzeugen.

Das Gesetz kam herein, um die Sünde sichtbar zu machen; aber wenn wir es weiter verfolgen, sehen wir, dass der letztendliche Zweck des Hineinkommens des Gesetzes darin besteht, dass die *Gnade* im

Übermaß vorhanden sein soll. Das ist der Grund, warum Gott das Gesetz gab; dem Menschen seine Sünden zu zeigen, ist ein Mittel zum Zweck. Dieser Zweck war die Gnade, „auf daß, gleichwie die Sünde geherrscht hat im Tode, also auch die Gnade herrsche durch Gerechtigkeit zu ewigem Leben, durch Jesus Christus, unsren Herrn." (Römer 5,21).

Das Gesetz Gottes ist in unsere Erfahrungswelt eingetreten, und dort, in diesem großen moralischen Spiegel, sind wir zu der Erkenntnis gelangt, wie unser Zustand wirklich ist. Doch obwohl das Gesetz uns dieses Wissen um unsere Sündhaftigkeit und unsere völlige Unfähigkeit, seine Anforderungen zu erfüllen, gebracht hat, ist es erstaunlich, wie viele es gibt, die versuchen, durch eben dieses Gesetz Gerechtigkeit zu erlangen. Sie glauben, dass sie dadurch Gerechtigkeit erlangen können – durch genau das, was zu uns kommt und uns als das entlarvt, was wir wirklich sind. Sie ziehen etwas anderes daraus, anstatt die Überführung und Verurteilung der Sünde. Sie schauen sich das Gesetz an, wie es geschrieben steht, und sagen: „Ich habe das getan, und jetzt weiß ich, dass das Gesetz sagt, dass das Sünde ist, also werde ich das nicht mehr tun." Sie gehen in ihrem Leben vorwärts und benutzen das Gesetz als ihren *Leitfaden*. Es ist ihr Standard und sie versuchen, nach diesem Standard zu leben.

Sie sind freundlich zu ihren Eltern; sie zollen ihnen Respekt. Sie sind darauf bedacht, nicht zu lügen. Sie begehen keinen Ehebruch. Sie sind pflichtbewusste Kriegsdienstverweigerer. Sie sind freundlich zu ihren Mitgeschwistern. Wenn ihnen etwas nicht gehört, streben sie es nicht an. Sie sind in ihrer Nachbarschaft angesehen und werden von der Gesellschaft geachtet. Sie sind jede Woche in der Kirche anwesend. Sie sitzen in der Sabbatschulstunde und beteiligen sich an den Diskussionen. Sie sind immer im Gebetstreffen, stehen immer auf und haben etwas im Zeugnisgespräch zu bezeugen. Sie sind vorsichtig mit dem, was sie essen, was sie anziehen, und sie sind sogar sehr vorsichtig mit dem, was sie sagen.

Es klingt alles gut, nicht wahr? Es klingt alles so *richtig*. In der Tat klingt es nach *Siebenten-Tags-Adventisten*. Es gibt so viel, was sie richtig machen. Sie nehmen dieses Gesetz, schauen es sich an und sagen: „Ja, wir sind ziemlich gut. Wir haben alles richtig gemacht." Das Wort Gottes sagt sogar, dass diejenigen, die das behaupten, Siebenten-Tags-Adventisten sind. Nach dem Wahren Zeugen in

Offenbarung 3,17 sagt Laodizea in ihrem Herzen: „Ich bin reich und habe Überfluß und bedarf nichts!"

Welche Art von Gütern sind es, von denen sie sagen, an denen sie reich sind? Sie sind reich und gewachsen in geistigen *Dingen*; geistige Güter. Sie denken, sie haben alles; sie haben alles, und es gibt keine Notwendigkeit für etwas anderes. Und Freunde, ist es nicht so? Haben sie heute nicht die Offenbarung Gottes? Sie haben die Schriften des Propheten. Sie haben die Auslegungen der Prophezeiungen. Sie haben die Bücher und Pamphlete der Pioniere. Sie haben die Gesundheitsreform. Manche haben die Kleiderreform. Es gibt so viel Licht, das sie haben, und sie sagen: „Seht! Schaut! Wir haben es! Wir haben es! Und weil wir es haben, liebt Jesus mich. Gott liebt mich, weil ich all diese reichen geistlichen Segnungen habe. Und deshalb, weil Gott mich liebt und ich all das habe, geht es mir einfach gut, danke vielmals."

Siebenten-Tags-Adventisten werden oft als das *moderne Israel* betrachtet. Was steht über das alte Israel geschrieben? Lesen wir Römer 10,1-3. Es ist interessant, wie es hier formuliert ist:

> Brüder, meines Herzens Wunsch und mein Flehen zu Gott für Israel ist auf ihr Heil gerichtet. Denn ich gebe ihnen das Zeugnis, daß sie eifern um Gott, aber mit Unverstand. Denn weil sie die Gerechtigkeit Gottes nicht erkennen und ihre eigene Gerechtigkeit aufzurichten trachten, sind sie der Gerechtigkeit Gottes nicht untertan.

Sie haben einen Gotteseifer, einen Eifer *für* Gott, für Seine Wege, für Sein Gesetz. Aber was ist das Problem dabei? Es ist „nicht nach der Erkenntnis". Oh! Ich kannte die Zehn Gebote; Ich habe sie auswendig gelernt, als ich ein Kind war, und ich habe mich nach vorne gestellt und sie sogar vor allen Leuten aufgesagt. Das habe ich, wirklich. Vielleicht habt ihr das auch getan. Aber ich war ahnungslos, was die Gerechtigkeit *Gottes* betrifft.

Als wir durch unsere früheren Studien gingen, was haben wir da über das Gesetz gelernt, das den letzten Nagel in den Sarg schlug? Was war es? Wir haben entdeckt, dass das Gesetz *vollkommenen Gehorsam* verlangt. Aber wessen vollkommenen Gehorsam verlangt es? *Gottes* vollkommenen Gehorsam. Gottes Gerechtigkeit ist das, was das Gesetz verlangt. Das Gesetz ist eine Abschrift Seines Charakters.

Das ist Sein Standard und diejenigen, die diesem Standard nicht entsprechen, erfüllen das Gesetz nicht.

Lasst uns diesen speziellen Punkt klar und deutlich verstehen. Es gibt keine Gerechtigkeit für uns, die wir aus diesem Gesetz herausnehmen können. Es gibt keine Gerechtigkeit für uns, die wir aus uns selbst herausnehmen können. Es verlangt vollkommenes richtiges Handeln, denn Gerechtigkeit ist richtiges Handeln. Aber es will das vollkommene richtige Handeln von Gott. Das ist es, was das Gesetz will.

In einer unserer früheren Studien haben wir uns darauf konzentriert und sind zu der Erkenntnis gekommen, dass es nichts gibt, was ich dem Gesetz zu bieten habe. Absolut *nichts*. Habe ich das vollkommene rechte Tun Gottes? Sind alle meine guten Werke gleichwertig und so gut wie die Werke Gottes?

Es stimmt, dass es diejenigen gibt, die sagen: „Nun, wenn das Richtige richtig ist und ich das Richtige getan habe, dann habe ich das Richtige getan. Wenn Gott das richtig gemacht hat und ich bin hingegangen und habe es so gemacht, wie Gott es gemacht hat, dann muss ich es richtig gemacht haben."

Verstehst du den Gedanken dahinter? Wenn Gott es so gemacht hat, und ich bin mitgegangen und habe es so gemacht, wie Gott es machen würde, habe ich es dann richtig gemacht? Nein, denn *ich* habe es getan. *Ich* habe es vielleicht genau so gemacht, wie Gott es getan hat, aber wer hat es getan? Ich war es. Es muss *Gott* sein, der es tut. Schau, das Gesetz verlangt von uns vollkommene Gerechtigkeit, und mit vollkommener Gerechtigkeit meint es, *vom Tag deiner Geburt an bis zu dem Tag, an dem du stirbst – ein Leben, in dem du absolut nichts falsch gemacht hast, sondern ein Leben, das völlig von Gott erfüllt ist, der es tut.*

Haben wir als gute Siebenten-Tags-Adventisten, die wir sind, die Gerechtigkeit Gottes ignoriert? Haben wir versucht, unsere eigene Gerechtigkeit zu etablieren? Das Wort Gottes sagt, dass wir das getan haben. Das Wort Gottes sagt, dass wir diese Dinge nicht so verstanden haben, wie wir sie hätten verstehen sollen. Und wie viele von uns haben es versucht und versucht und versucht und versucht? Wir haben unsere Ernährung umgestellt, wir haben vielleicht sogar unseren Kleidungsstil geändert; wir haben all diese verschiedenen Dinge getan, aber haben wir es richtig gemacht?

Das Gesetz möchte perfektes rechtes Handeln – aber nicht deins, nicht meins. Wir können so korrekt sein, wie wir wollen, aber das ist für das Gesetz irrelevant; wir sind immer noch verdammt. Wieder bemühe ich mich um diesen Punkt, weil wir uns *das klar machen müssen*. Es gibt *nichts* von uns selbst, was dem Gesetz wohlgefällig sein könnte – nichts. Wir haben uns Abraham angesehen, der dachte, er müsse etwas tun, um seine eigene Erlösung zu bewirken; und weil er das dachte, haben wir heute Probleme im Nahen Osten – weil er und seine Frau Dinge manipulierten, um sich selbst zu retten.

Wenn wir denken, dass wir auf das Gesetz Gottes schauen und sagen können: „Ich habe das richtig gemacht", dann sind wir getäuscht. Sünde ist die Übertretung des Gesetzes. Was ist Sünde? *Sünde ist das Versagen – unser Versagen –, das Gesetz mit dem rechten Tun Gottes zu erfüllen.* Das ist Sünde. Wenn es mein richtiges Handeln ist, mein eigenes Halten der Gebote, dann ist es Sünde.

Das Wort Gottes erklärt, dass alle unsere Gerechtigkeiten wie schmutzige Lumpen sind. Mit anderen Worten: all unsere Gebote sind wie dreckige Lumpen. Wir können sagen: „Ich habe es, ich bin reich und mit Gütern überhäuft", aber die Realität ist, dass ich nackt bin. Und das ist die Realität, zu der Gott uns aufwecken will; um uns an den Punkt zu bringen, an dem wir ausrufen: „O elender Mensch, der ich bin! Wer wird mich erlösen von dem Leibe dieses Todes?"

Wenn das der Fall ist, wie kann ich dann das ewige Leben erlangen? Wie kann ich jemals gerettet werden? Ich bin nicht Gott. Ich kann nicht die Werke Gottes vollbringen! Gut, kommen wir zu Römer 6,23:

> Denn der Tod ist der Sünde Sold; aber die Gnadengabe Gottes ist das ewige Leben in Christus Jesus, unsrem Herrn.

Was ist ewiges Leben? Es ist eine „Gabe". Wenn dir etwas geschenkt wird, gehörte es dann vorher dir? Kam es von dir? Nein, kam es nicht. Ein Geschenk ist etwas, das dir gegeben wurde. Es ist nicht von dir selbst gekommen.

Das wird in Sacharja 3,1-5 veranschaulicht. Hier ist Josua der Hohepriester, und als Hohepriester steht er dort als Vertreter des Volkes, einschließlich dir und mir:

> Und er ließ mich sehen den Hohenpriester Josua, stehend vor dem Engel des HERRN; und der Satan stand zu seiner Rechten, um ihn anzuklagen. Da sprach der HERR zum Satan: Der HERR schelte dich, du Satan; ja, der HERR schelte dich, er, der Jerusalem erwählt hat! Ist dieser nicht ein Brand, der aus dem Feuer gerettet ist? Aber Josua hatte unreine Kleider an und stand doch vor dem Engel. Er aber antwortete und sprach zu denen, die vor ihm standen: Nehmt die unreinen Kleider von ihm weg! Und zu ihm sprach er: Siehe, ich habe deine Sünde von dir genommen und lasse dir Feierkleider anziehen! Und ich sprach: Man setze einen reinen Kopfbund auf sein Haupt! Da setzten sie den reinen Kopfbund auf sein Haupt und bekleideten ihn mit Gewändern, während der Engel des HERRN dastand.

Josua repräsentiert uns – mit anderen Worten, wir sind diejenigen, die in schmutzigen Kleidern vor dem Herrn stehen. Wir stehen vor dem Engel des Herrn in schmutzigen Kleidern; – in den schmutzigen Kleidern unserer eigenen Gerechtigkeit, unserer eigenen rechten Taten. Dann sagt der Engel: „Ich habe deine Schuld von dir genommen und will dich mit neuen Kleidern bekleiden." Es muss jetzt eine Veränderung der Gerechtigkeit, eine Veränderung des richtigen Handelns, eine Veränderung des Charakters stattfinden. Josua war mit schmutzigen Kleidern bekleidet, aber ihm wurden reine Kleider *gegeben*.

Zuerst sagt der Engel: „Nimm die schmutzigen Kleider weg." Das ist es, was das Gesetz für uns zu tun versucht. Es zeigt uns, dass all unsere Gerechtigkeiten wie schmutzige Lumpen sind, dass all unsere guten Taten, Dinge, von denen wir dachten, dass wir sie richtig gemacht haben – sie waren es nicht. Dann kommen wir vor Gott und bekennen unsere Sünden, und dort bewirkt er, dass die Schuld von uns abfällt. Dann kleidet Er uns mit einem neuen Gewand – mit Seiner Gerechtigkeit, mit Seiner eigenen perfekten Übereinstimmung mit dem Gesetz. Das Gesetz ist zu uns gekommen und hat gesagt: „Ich will ein ganzes Leben in Gehorsam." Wir haben das nicht, aber *Er* hat es; und das ist es, was Er uns gibt. Er gibt uns ein Leben der totalen Übereinstimmung mit Seinem Gesetz, von der Geburt bis zum Tod. Und denkt daran, es ist ein *Geschenk*.

Nun machen wir dort weiter, wo wir letzte Woche aufgehört haben, und kommen zu Epheser 2,4-9:

> Gott aber, der da reich ist an Erbarmen, hat durch seine große Liebe, womit er uns liebte, auch uns, die wir tot waren durch die Sünden, samt Christus lebendig gemacht (aus Gnaden seid ihr gerettet) und hat uns mitauferweckt und mitversetzt in die himmlischen Regionen in Christus Jesus.

In unserer letzten Studie sahen wir Gottes Verheißung, dass, obwohl wir geschlagen, zerrissen und zerschunden waren, er die Wunden verbinden würde, er würde uns heilen und am dritten Tag würde er uns auferwecken. Wir haben gesehen, wie als Jesus Christus am dritten Tag auferweckt wurde, er uns mit Ihm auferweckte, weil wir in Jesus Christus waren.

Wir lesen weiter:

> Auf dass er in den darauffolgenden Zeiten den überschwänglichen Reichtum seiner Gnade erzeigte durch Güte gegen uns in Christus Jesus. Denn durch die Gnade seid ihr gerettet, vermittels des Glaubens, und das nicht aus euch, Gottes Gabe ist es; nicht aus Werken, damit niemand sich rühme.

Gnade ist ein Geschenk. Sie ist unverdient. Während wir studierten, wurde Jesus Christus eins mit mir. Er wurde zu „uns". „Denn ein solcher Hohepriester ist zu uns geworden" (Hebräer 7,26). Wir. Wir selbst. Er starb, weil er Teilhaber des Leibes dieses Todes war, desselben Leibes des Todes, den ich habe, mit seinem sündigen Fleisch, mit all seinen Verlockungen und seiner Versuchung zur Sünde. Er nahm teil an diesem harten Kampf, den wir alle haben, zu versuchen, nicht das zu tun, was wir nicht tun wollen.

Wir stimmen dem Gesetz zu, dass es gut ist, aber in uns ist ein Übel präsent, so dass wir das, was wir tun wollen, nicht tun; und das, was wir nicht tun wollen, tun wir (Römer 7,15.19.21).

In unserer eigenen Erfahrung erkennen wir, dass alles, was wir tun, alles, was wir für richtig halten, in Wirklichkeit Sünde ist. Wir kommen an einen Punkt, an dem wir erkennen: Ich kann nichts tun. Und wir werden fast zu ängstlich, um uns zu bewegen oder sogar den Mund zu öffnen, weil alles Sünde ist. Aber vorher wussten wir es nicht und wir dachten, es läuft ganz gut, aber in Wirklichkeit haben wir uns ein Grab gegraben.

Diese schreckliche Grube – wir haben sie uns selbst gegraben und es gibt keinen Ausweg. Je mehr wir uns bewegen, je mehr wir uns winden, desto weiter gehen wir hinab. So haben wir letzte Woche gesehen, dass Christus genau in diese Grube kam, die ich gegraben hatte. Er entäußerte sich selbst und wurde zu uns. Indem Er das tat, weil Er zu uns wurde, verstehen wir, wie es möglich war, dass Er diese Worte in Johannes 2,24-25 sagen konnte:

> Jesus selbst aber vertraute sich ihnen nicht an, weil er alle kannte, und weil er nicht bedurfte, dass jemand über einen Menschen Zeugnis gäbe; denn er wusste selbst, was im Menschen war.

Wir verstehen jetzt, warum Er diese Worte sagen konnte. Er wusste, was im Menschen war, weil Er wie dieser Mensch geworden war – jeder einzelne Mensch auf dieser Erde, der jemals geboren wurde – Er wurde eins mit ihnen. Er wohnte in ihrem sündigen Fleisch, Er lebte ihr Leben, litt, wie sie leiden und wurde in allen Punkten versucht, wie wir versucht werden, weil Er in allen Punkten so war wie wir. Er fühlte, was wir fühlen, weil Er dort war, wo wir sind, und genauso war, wie wir sind. Er war in gewissem Sinne erneut unser eigenes Ich.

Er kann sagen: „Ich weiß, was in diesem Menschen ist, denn ich bin in diesem Menschen." Und da Er weiß, was in dem Menschen war, sagt Er hier in Johannes 15,4-5:

> Bleibet in mir, und ich bleibe in euch! Gleichwie das Rebschoß von sich selbst keine Frucht bringen kann, wenn es nicht am Weinstock bleibt, also auch ihr nicht, wenn ihr nicht in mir bleibet. Ich bin der Weinstock, ihr seid die Reben; wer in mir bleibt und ich in ihm, der bringt viel Frucht; denn getrennt von mir könnt ihr nichts tun.

Er wusste, dass Er von sich aus, als eins mit mir, nichts hätte richtig machen können. Er bezeugt es hier in Johannes 5,30:

> Ich kann nichts von mir selbst tun.

Das ist interessant. Wenn ich in Ihm bleibe und Er in mir bleibt und Er in meiner Situation ist, worin besteht dann die Hoffnung für mich? Wenn Er sich selbst entleert hat und so geworden ist wie ich, und Er ist genau da, wo ich bin, und Er macht das durch, was ich durchmache, wo ist der Nutzen? Wie kann ich die Dinge richtig machen, wenn Er selbst die Dinge nicht richtig machen konnte?

„Ohne mich könnt ihr nichts tun", und „Ich kann von mir aus nichts tun". Christus konnte auch nichts tun, also wo ist unser Nutzen? Warum konnte Er nichts tun? Weil *wir es nicht können*; weil *wir* nichts tun können, konnte Er auch nichts tun. Als Mensch können wir nicht das tun, was recht ist.

Aber hätte Christus seine Macht, als Gott nutzen können, um die Dinge richtig zu machen? Er legte sie nieder. Er *entäußerte* sich selbst. Er kam direkt in deine hoffnungslose und hilflose Situation, in der Er ehrlich sagen konnte: „Ich kann aus mir selbst heraus nichts tun." Hätte Er seine göttliche Macht eingesetzt, dann hätte Ihn das über unsere Erfahrung gestellt. Wir haben keine göttliche Macht, die wir einsetzen können. Wenn Er das getan hätte, wäre das Beispiel nutzlos gewesen; Sein Kommen auf die Erde hätte überhaupt keinen Nutzen gehabt. *Es wäre Zeitverschwendung gewesen.*

Für diejenigen, die nicht der Meinung sind, dass Jesus Christus bis auf den Grund ihrer Grube gekommen ist, können genauso gut gar nicht an Jesus Christus glauben, denn was hilft ihnen das? Es nützt nichts.

Ich habe einmal eine Beschreibung gehört, dass Jesus Christus wie ein Abschleppwagen ist, der auf der Seite parkt, wo der Boden fest ist, um das andere Auto herauszuziehen, das im Sumpf feststeckt. Es vermittelt dieses Bild, dass Jesus auf einer höheren Ebene war als der Mensch, und er griff hinunter, wo der Mensch war, und zog den Menschen aus dem Sumpf heraus, ohne selbst schlammig und schmutzig zu werden. Freunde, das ist reine Zeitverschwendung. Denkt nicht einmal an so etwas. Er kam direkt in den Sumpf. Er kam direkt in den Sumpf; und dort legt Er seinen Arm um dich und hält sich an dem Seil fest, das Gott Ihm gibt, und zusammen steigen du und Er aus dem Sumpf auf. Das ist eher das richtige Bild. Da gibt es überhaupt keinen Unterschied. Er kam und trat direkt in deine Erfahrungswelt ein, bis in die kleinste Kleinigkeit, in die Details deines Lebens. Aber hat er das getan, um uns Sein eigenes rechtes Handeln zu bringen? Nein. Er tat es, um uns das rechte Tun *Seines Vaters* zu bringen. Johannes 14,10:

> Glaubst du nicht, daß ich im Vater bin und der Vater in mir ist? Die Worte, die ich zu euch rede, rede ich nicht von mir selbst, sondern *der Vater*, der in mir wohnt, *tut die Werke*.

Wir sollen in Christus bleiben, aber Gott blieb in Ihm. Als Er sich selbst entleerte und uns auf sich nahm, wohnte Gott in Ihm und wirkte in Ihm sein eigenes rechtes Handeln. Als Christus unseren Versuchungen begegnete, wirkte Gott in Ihm den Sieg. Es war Gott-in-Ihm, der jede Versuchung überwand. Es war Gott in Ihm, der Gerechtigkeit wirkte. Was will das Gesetz von uns? Das rechte Handeln von Gott. Kannst du eigentlich verstehen, wie einfach das in Wirklichkeit ist? Christus wurde „ich". Gott hat in Ihm als ich das Gesetz erfüllt. Das Gesetz wollte *Gottes* richtiges Tun. So vereinigte Christus Sein eigenes Leben mit meinem, so dass, als Gott in Ihm wirkte, Er auch in mir wirkte. Was habe ich also in Christus? Gottes rechtes Handeln. Glaubst du, dass das Gesetz mit Gottes richtigen Taten einverstanden sein wird? Das Gesetz verlangt Gottes vollkommene Gerechtigkeit von mir. Weil das Leben Christi mein eigenes war und Gott in Ihm ein vollkommenes Leben gewirkt hat, habe ich, was das Gesetz will. Ich habe ein vollkommenes Leben und dieses Leben ist *mein* Leben. Es ist ein *Geschenk* von Gott.

Wenn das Gesetz zu dir kommt und sagt: „Ich will von dir ein vollkommenes Leben", was sollen wir dann sagen? Also, Jesus sagt zu uns: „Hier ist ein perfektes Leben. Hier ist ein Leben, das die Ansprüche des Gesetzes erfüllt." Christus sagte, dass der Teufel nichts in Ihm finden konnte. Von Seiner Geburt bis hin zu Seinem Tod hat Er nie gesündigt. Sein gesamtes Leben hindurch wirkte Gott in Ihm, und Er war *wir*. Wenn also das Gesetz sagt: „Ich will ein perfektes Leben", können wir sagen: „Hier ist ein perfektes Leben. Ich habe ein perfektes Leben in Jesus."

Jesus war in mir, und ich bin in Ihm, und Gott war in Jesus. Glauben wir das? Höre ich mich an, als würde ich mich wiederholen? Ich hoffe, das tue ich, denn wir müssen es klar verstehen. Wir müssen es einfach begreifen. Jesus war ich, und dieses Leben war perfekt. Aber Gott war in Jesus, und deshalb war es das Leben Gottes selbst, denn er wurde wie ich und war von Gott erfüllt, und Gott wirkte in ihm.

Es klingt vielleicht viel einfacher, als wir dachten, dass es all die Jahre gewesen ist. Wenn Jesus Christus zu mir wurde und Sein Leben gerecht war, ist dann nicht dieses gerechte Leben mein Leben, weil Er zu mir wurde? Seine Gerechtigkeit ist also meine Gerechtigkeit.

Und wenn wir glauben werden, dass wir in Jesus Christus ein Leben des vollkommenen Gehorsams gelebt haben, dann können wir kommen und vor dem Gesetz Gottes stehen ohne Verdammnis – ohne die geringste Verurteilung. Denn es gibt keine Verdammung für die, die in Christus Jesus sind. Wenn wir wirklich glauben wollen, dass Sein Leben mein Leben war.

Dort kann es keine Verurteilung geben. Es kann buchstäblich, *faktisch*, keine Verurteilung geben. Es ist eigentlich unmöglich, dass es irgendeine Verurteilung in Christus Jesus gibt, weil *Gott sich selbst nicht verurteilen kann*. Er ist der Gesetzgeber und Er ist derjenige, der die Werke getan hat. Wird Er Seine eigenen Werke verdammen? Nein, natürlich nicht!

Der Mensch ist gefallen. Er kam in diese Lage, in der er nichts mehr richtig machen konnte. Aber Gott wollte den Menschen retten. Könnte er Sein Gesetz ändern, um den Menschen zu retten? Wenn er sein Gesetz ändern würde, müsste Er sich selbst ändern. Er müsste aufhören, Gott zu sein. Also konnte er Sein Gesetz nicht ändern. Stattdessen liebte Gott den Menschen so sehr, dass Er in den Menschen selbst eintrat und *im* Menschen und *als* Mensch das Gesetz erfüllte.

Seht nur, was für eine Art von Liebe, dass Gott dies tun würde! Jeder Mensch, der das glaubt, hat ein Leben vor Gott, das *völlig sündlos* ist. *Steps to Christ*, S.62:

> Da wir sündig und unheilig sind, können wir dem heiligen Gesetz nicht vollkommen gehorchen. Wir haben keine eigene Gerechtigkeit, mit der wir den Ansprüchen des Gesetzes Gottes gerecht werden könnten. Aber Christus hat für uns einen Ausweg geschaffen. Er lebte auf der Erde inmitten von Prüfungen und Versuchungen, wie wir sie zu bestehen haben. Er lebte ein sündloses Leben. Er starb für uns, und jetzt bietet Er uns an, unsere Sünden zu nehmen und uns *Seine Gerechtigkeit zu geben*. Wenn du dich Ihm hingibst und Ihn als deinen Retter annimmst, dann wirst du, so sündig dein Leben auch gewesen sein mag, um Seinetwillen für gerecht erklärt. Der Charakter Christi tritt an die Stelle deines Charakters, und du wirst vor Gott so angenommen, *als hättest du nicht gesündigt*. [Hervorhebung hinzugefügt] [1]

„So, als hättest du nicht gesündigt." Denn dort, vor ihm stehend, sieht Er das Leben von Christus. Aber weil Christus eins mit dir geworden ist, ist das Leben, das Christus gelebt hat, in Gottes Augen dein Leben und er hat es perfekt gelebt.

Wirst auch du das Leben von Christus auf diese Weise betrachten? Wirst du das? Du bist vor Gott so angenommen, als hättest du nicht gesündigt. Wer? Du. Hast du gesündigt? Wir müssen bekennen, dass wir gesündigt haben. Aber soweit es Gott anbelangt, haben wir das nicht; *wenn* wir *glauben* werden, dass das Leben von Christus mein eigenes Leben war. Er sieht ein komplettes Leben in Perfektion, von dem Tag an, an dem du geboren wurdest, bis hin zum Ende deines Lebens.

Wo die Sünde im Überfluss war, da ist die Gnade noch viel mehr im Überfluss; genau an dieser gleichen Stelle. Genau dort, in deinem sündigen Fleisch, in deinem sündigen Leben, wohnte die Fülle der Gottheit leibhaftig, und sie wirkte ein rechtschaffenes Leben. Genau dort, als ich in einer Versuchung versagt und gesündigt habe, hat Jesus, als „ich", in dieser Versuchung überwunden.

Genau da, wenn ich mich versucht fühle und das Richtige tun möchte, es aber so schwer ist, das Richtige zu tun, *tut* Er das Richtige, und Er hat das Richtige *bereits getan*, *als „ich"*. Aber wenn ich versage, erlebt Er das Versagen; und wenn Er in dieser Situation ist und wir versagen, sagt Er: „Vater, wie ich zu ihnen geworden bin, schau nicht auf dieses eigensinnige Kind, sondern schau auf mich. Rechne *Mich* als den Eigensinnigen an. Ich werde die Strafe an ihrer Stelle auf Mich nehmen."

Zur gleichen Zeit, in der Er ein Opfer für unsere Sünden ist, ist Er auch unser Hohepriester. Genau in dieser Position sagt Er: „Vater, wie ich zu ihm geworden bin, so schaue nicht auf dieses eigensinnige Kind, sondern schaue auf *Mich* und betrachte das vollkommene Leben, das du in mir gewirkt hast." Das ist das Leben, das Gott sieht.

Wir müssen uns das sehr klar vor Augen führen, *sehr klar*. Wenn wir aus diesen höllischen Schatten der Verdammung ausbrechen wollen, müssen wir dies glauben. Wir haben in Christus ein vollkommenes Leben vor Gott gelebt. Wirst du im Glauben an diesem Leben festhalten? Wirst du es glauben? Wirst du glauben, dass Gott, wenn er dich anschaut, deine Schlechtigkeit nicht sieht? *The Desire of Ages*, S.667:

> Er [Gott] sieht in ihnen nicht die Abscheulichkeit des Sünders. Er erkennt in ihnen das Ebenbild seines Sohnes, an den sie glauben. ²

Wirst du es glauben? Glaube es! Wir *haben* ein perfektes Leben, das wir vor Gott präsentieren können. Und dieses Leben ist in Seinem Sohn. Nicht in uns, es ist in Jesus. Deshalb gibt es jetzt keine Verurteilung, wenn du glaubst, dass du in Jesus Christus bist, wenn du durch den Glauben in Ihm bleibst, und Er in dir. Wenn ich einen Fehler mache, wenn ich mich in meinem christlichen Wandel irre, und ich komme vor Gott und bekenne meine Schuld und nehme Christus als meine Versöhnung an, dann bin ich nicht verdammt. Ich bin es nicht. Denn dieses Leben steht an der Stelle meines Lebens.

Aber es ist interessant. Ich möchte etwas Wichtiges mit euch teilen. Manchmal, wenn wir versagen, denken wir: *„Oh, jetzt habe ich es vermasselt!"* und wir sind versucht zu denken, dass sich Gottes Haltung uns gegenüber geändert hat. An diesem Punkt unserer Erfahrung werden wir oft verwirrt. Auch wenn wir Buße tun und uns wieder an diese wunderbare Wahrheit halten, dass Christus unser Leben ist und dass wir in Ihm vor Gott stehen können, als hätten wir diese Sünde nie begangen, leiden wir oft immer noch unter dem Gefühl Seiner Ablehnung und haben das Gefühl, dass wir von Ihm getrennt sind; und dieses Gefühl kann sich über einige Zeit hinziehen. Aber Gottes Haltung uns gegenüber hat sich nicht geändert; Er schaut nicht mit Verachtung auf uns, obwohl wir manchmal den Eindruck davon haben werden. Es ist ein *Gefühl*, keine Realität, und es kann durch eine Reihe von Dingen verursacht werden. Eine dieser Ursachen ist diese:

Wenn wir eine Sünde begehen, wird der Körper physisch gesehen vergiftet. Die chemische Struktur des Wesens gerät aus dem Gleichgewicht und verändert unseren physischen Organismus. Wir können mit etwas unmäßig gewesen sein, oder wir haben vielleicht etwas gegessen, was wir nicht hätten essen sollen, oder wir haben unseren Leidenschaften gefrönt; was auch immer es ist. Wir kommen zu der Erkenntnis: *„Oh, das hätte ich nicht tun sollen!"* Sofort tun wir Buße und verstecken uns wieder in Christus, und Gott sieht nicht meine Verkommenheit – Er sieht nur mein vollkommenes Leben in Jesus. Aber denke daran, der *Körper hat sich verändert* und er wird verwirrende Gefühle erzeugen und euch viele Dinge suggerieren, die nicht aus eurem Herzen gegenüber Gott stammen, das durch eure aufrichtige Buße in Christus erneuert wurde. Bis der Körper wieder im Gleichgewicht ist, hast du vielleicht Mühe, dich an den Frieden zu halten, der aus dem Verborgensein in Christus kommt. Aber gib nicht auf. Ich teile dies nur mit euch, damit ihr es verstehen könnt. Lasst euch nicht verwirren. Wenn du wirklich an diese wunderbare Wahrheit glaubst, wird Satan versuchen, dir vorzugaukeln, dass du es nicht tust. Aber was hat Glaube mit Gefühlen zu tun? Lasse den Glauben darüber hinausgehen. Wenn wir versagt haben, können wir wieder aufstehen. Wir müssen uns diesen Gefühlen nicht hingeben, denn das ist alles, was sie sind. Es mag ein paar Tage dauern, bis der Körper sich wieder im Gleichgewicht befindet, aber du wirst wieder Frieden mit Gott finden.

Nun möchte ich mit einer letzten Überlegung schließen. Wir lesen hier in Römer 5,17 von der Gabe der Gerechtigkeit:

> Denn wenn infolge des Sündenfalles des einen der Tod zur Herrschaft kam durch den einen, wieviel mehr werden die, welche den Überfluß der Gnade und der Gabe der Gerechtigkeit empfangen, im Leben herrschen durch den Einen, Jesus Christus!

In Jesaja 54,17 heißt es: „Ihre Gerechtigkeit ist von mir [Gott]." Vor Gott haben wir ein perfektes Leben, und dieses Leben ist das, was Er sieht – und es ist ein Geschenk. Ein Geschenk ist etwas, das dir jemand *gibt*, ohne dafür eine Gegenleistung zu verlangen.

Christus sprach von Gästen, die zu einem Hochzeitsmahl eingeladen wurden. Aber bevor sie zu dem Fest gehen konnten, wurde geprüft, ob sie das Hochzeitskleid trugen oder nicht. Nach der orientalischen Tradition zu Christi Zeiten gab der Herr des Festes den Gästen das Gewand, das sie tragen sollten. Es war ein *Geschenk*. In gleicher Weise sind wir zum Hochzeitsmahl des Lammes eingeladen worden. Im Untersuchungsgericht prüft Gott uns, um zu sehen, ob wir für das Hochzeitsmahl bereit sind oder nicht. Was ist es, worauf Er schaut, um zu sehen, ob wir es haben? Er schaut, ob wir die *Gabe* haben, die er uns gegeben hat. Oft denken wir, dass er sich vergewissert, dass wir alles richtig machen! Nein. Er schaut, ob wir die Gabe haben, das Hochzeitskleid, das er uns geschenkt hat – das vollkommene Leben, das Christus als uns gewirkt hat.

Jetzt in *Christ's Object Lessons*, S. 311:

Christus schuf in seinem Menschsein einen vollkommenen Charakter, und diesen Charakter bietet er an, uns zu verleihen. „All unsere Gerechtigkeit ist wie schmutzige Lumpen." Jesaja 64,6. Alles, was wir aus uns selbst heraus tun können, ist durch die Sünde befleckt. Aber der Sohn Gottes „wurde offenbart, um unsere Sünden wegzunehmen; und in ihm ist keine Sünde." Sünde ist definiert als „die Übertretung des Gesetzes". 1 Johannes 3,5, 4. Aber Christus war jeder Forderung des Gesetzes gehorsam. Er sagte von sich selbst: „Ich habe Lust, deinen Willen zu tun, o mein Gott; ja, dein Gesetz ist in meinem Herzen." Psalm 40,8. Als er auf der Erde war, sagte er zu seinen Jüngern: „Ich habe die Gebote meines Vaters gehalten." Johannes 15,10. Durch Seinen vollkommenen Gehorsam hat Er es jedem Menschen möglich gemacht, Gottes Gebote zu befolgen. Wenn wir uns Christus unterordnen, ist das Herz mit Seinem Herzen vereint, der Wille geht in Seinem Willen auf, der Verstand wird eins mit Seinem Verstand, die Gedanken werden in die Gefangenschaft zu Ihm gebracht; wir leben Sein Leben. *Das ist es, was es bedeutet, mit dem Gewand Seiner Gerechtigkeit bekleidet zu sein.* Wenn der Herr dann auf uns schaut, sieht er nicht das Feigenblattkleid, nicht die Nacktheit und Missgestalt der Sünde, sondern Sein eigenes Gewand der Gerechtigkeit, das in vollkommenem Gehorsam gegenüber dem Gesetz Jehovas besteht. [Hervorhebung hinzugefügt] [3]

Und das ist ein Geschenk; man kann es nicht selbst herstellen. Nun zu diesem Punkt: Hast du jemals umgeschaut, hast du jemals die Welt und die Zustände der Dinge und die Gemeinde und deine Mitbrüder betrachtet und dann auf dich selbst geschaut und gedacht: „*Wir werden nie bereit sein!? Wir können nichts richtig machen! Wir sind so kurz vor dem Kommen Christi. Wir haben zu wenig Zeit, um bereit zu sein, zu wenig Zeit, um es richtig zu machen!*" Hast du das jemals gedacht? Hast du jemals gedacht: *Wie können wir jemals bereit sein?*

Nun, wir können aufhören, uns Sorgen zu machen, denn es ist ein Geschenk. Die Gerechtigkeit des Herrn ist ein Geschenk und wir können dieses Geschenk jetzt haben, *wenn* wir glauben und es *annehmen* werden. Wenn Gott Selbst derjenige ist, der die Gabe zur Verfügung stellt, wenn Er derjenige ist, der das Gewand verleiht, das für uns geeignet ist für die Zeit des Gerichts und die Zeit der

Bedrängnis, wenn wir dann einfach an Seine große Liebe glauben, die Er zu uns hat, und dieses Geschenk annehmen und es zu unserer *Realität* machen, dann könnte Er morgen kommen, nicht wahr? Haben wir nicht in Jesus das perfekte Leben, nach dem Er sucht? Es ist dort. Es wartet nur darauf, dass wir es ergreifen, um es im Glauben zu empfangen. Perfekte Übereinstimmung mit dem Gesetz und der himmlischen Gemeinde. Vollkommene Übereinstimmung und Gehorsam gegenüber Ihm.

Sein Leben war mein Leben. Er war ich, und Er war perfekt. Er lebte ein perfektes Leben. Wenn also Gott käme und sagte: „Camron, Ich möchte ein perfektes Leben." Dann kann ich sagen: „Gott, in Jesus Christus habe ich ein perfektes Leben." Und ich kann darauf vorbereitet sein, dass Er kommt und mich nach Hause holt.

Siehst du, die Sache ist die, dass Gott nicht darauf wartet, dass wir Sein Gesetz halten. Versteh das richtig. *Gott wartet nicht darauf, dass wir Sein Gesetz halten.* Er würde ewig warten, weil Er weiß, was im Menschen ist. Er wartet darauf, dass wir glauben; dass wir aufhören, uns in meinem eigenen armen, kleinen, alten Selbst zu suhlen – dass wir da herauskommen.

Er kommt und sagt: „Warum glaubt du mir nicht? Hier ist ein perfektes Leben." Er hat es, es ist ein Geschenk. Er sagt: „Glaube mir einfach und ich kann kommen und dich nach Hause bringen. Ich habe es für dich vorbereitet, hier ist es. Es gehört dir. Nimm es. Ergreife es. Lebe es. Atme es. Willst du es nicht annehmen?" Es geht nicht darum, was wir tun, es geht darum, was wir glauben und *wie sehr* wir glauben.

Es sei denn, ihr werdet wie kleine Kinder – „Ja, Daddy, ich glaube dir." Das ist es, worauf Er wartet. Das ist es, was Er will. Das Leben von Christus wird Gott als mein wirkliches Leben zählen. Wir können mutig vor den Thron der Gnade treten. Wir können mutig vor das Gericht Gottes treten. Und wir können kühn in die letzten Szenen dieser Welt eintreten. Der schwierige Teil – der Teil der Angst und des Zitterns – wird der Teil sein, zu *glauben*. *Das* wird der schwierige Teil sein.

Wir *können* uns mit Flügeln wie ein Adler erheben und wie die Sonne über allem segeln, denn jetzt wissen wir, wo wir nicht verdammt sind und können frei an diesem Ort sein. Es braucht keine Klötze mehr an den Füßen zu geben, die uns vom Fliegen abhalten.

Wenn wir das glauben, können wir fliegen, Freunde! Unser geistlicher Weg kann so viel schneller sein, weil ich das habe, was Gott will, und das ist, was Er sieht. Wir haben keine Zeit, und es gibt keinen Grund mehr für uns, uns im Dreck zu suhlen. Steh auf. Ja, du kannst es nicht, aber Jesus kann es, und er hat es schon getan.

In Jesus haben wir ein vollkommenes Leben, eine vollkommene Übereinstimmung mit dem Gesetz Gottes; und ja, ich werde mich wiederholen, denn wir müssen es begreifen. Satan und die ganze Welt können sagen, was immer sie wollen; sie können dir vorwerfen, was immer sie wollen, wie Josua dort vor dem Verkläger der Brüder. Aber, was wirklich zählt, ist, was Gott denkt. Und Freunde, macht euch das klar – Er denkt an Jesus.

Für manche mag es anmaßend klingen, was ich erzählt habe, aber wir haben unsere Vortragsreihe noch nicht beendet. Bitte, glaubt es. Wenn es zu einfach klingt, wenn es zu leicht klingt, dann ist es nicht so einfach und so leicht, wie es wirklich ist. Wir sind in einer Welt der Philosophie, Theosophie und Theologie aufgewachsen. Wir müssen aus ihr ausbrechen. Es ist leichter und einfacher, als wir denken. Es ist wirklich so. Der schwierige Teil, und es wird das Schwierigste sein, was du jemals in deinem Leben tun wirst, ist zu *glauben*. Aber entsprechend deinem Glauben wird es dir zuteil werden. AMEN.

Kapitel 6

GOTTES ÜBERREICHE GNADE

Teil 5

Gerechtigkeit aus Glauben vereinfacht

10. July 2010

O gib mir Samuels Geist,
Einen süßen, ungetrübten Glauben,
Gehorsam und resigniert
Dir im Leben und im Tod,
Dass ich mit Kinderaugen lesen kann
Wahrheiten, die den Weisen verborgen sind.

WEISHEIT, wie die Welt sie auffasst, kann sehr wohl ein Klotz am Bein eines Vogels sein, der ihn am Fliegen hindert. Wir haben „Gerechtigkeit durch Glauben" studiert. Klang unsere letzte Betrachtung zu einfach, zu simpel? Manche sind vielleicht sogar versucht zu sagen: „Na ja, das klingt *anmaßend*. Da steckt doch sicher mehr dahinter als nur der Glaube. Da muss doch noch mehr sein." Oder andere mögen sagen: „Das klingt nach billiger Gnade." Aber in Römer 5 wird die Gnade Gottes als ein freies Geschenk beschrieben. Tatsache ist, wie wir schon betrachteten, dass wir nichts haben, womit wir sie kaufen könnten. Wir haben *nichts*. All unsere guten Taten sind wie ein schmutziges Kleidungsstück. Wir haben nichts, womit wir das kaufen könnten, was der Herr uns geben will – es ist ein Geschenk. Wir sind zum Hochzeitsmahl des Lammes eingeladen worden, und Gott hat das Gewand bereitgestellt – das Leben, das vor seinem Gesetz annehmbar sein wird.

Setzen wir unser Studium von Gottes wunderbarer Gnade fort, indem wir mit Markus 10,13-15 beginnen. Und das Folgende wollen wir gleich zu Beginn richtig verstehen:

> Und sie brachten Kindlein zu ihm, damit er sie anrühre; die Jünger aber schalten die, welche sie brachten. Da das Jesus sah, ward er unwillig und sprach zu ihnen: Lasset die Kindlein zu mir kommen, wehret es ihnen nicht; denn solcher ist das Reich Gottes! Wahrlich, ich sage euch: Wer das Reich Gottes nicht annimmt wie ein Kind, wird nicht hineinkommen!

Wenn wir die Dinge Gottes nicht wie ein kleines Kind annehmen, werden wir keinen Anteil am Himmelreich haben. Das ist es, was wir tun müssen. Wenn wir wieder über unsere früheren Betrachtungen gehen und uns kleine Fragen in den Sinn kommen wollen und wir versucht sind zu sagen: „Oh, *aber* ...!" Erinnert euch – es sei denn, ihr nehmt es an wie ein kleines Kind, so werdet ihr nicht in das Reich Gottes eingehen.

Wir wollen Gottes Wort auf die gleiche Weise empfangen, wie ein Kind das Wort des Vaters empfängt. Ein kleines Kind – es ist schwach, es ist hilflos, es ist abhängig von seinem Vater. Das ist der Punkt, an dem wir sein wollen. Und als wir durch unsere Studien gegangen sind, haben sie uns nicht an diesen Punkt gebracht? Wir haben das Gesetz kennengelernt. Wir, die wir dachten, wir seien gut, so reif, so weise, ziemlich fähig, herzlichen Dank, entdeckten, dass wir von unserem eigenen bösen Herzen getäuscht worden sind. Wir kamen zu der Erkenntnis, dass, obwohl wir dachten, wir seien reich, mit Gütern überhäuft und bräuchten nichts, die Realität ist, dass ich elend, arm, blind und nackt bin und ein elender Mensch, gefangen in diesem Körper des Todes.

Genau die Dinge, die wir tun wollen, können wir nicht tun. *Wir können sie nicht tun!* Und die Dinge, die wir nicht tun wollen, tun wir. Wir haben ein Herz, das sündigen würde und das unter einem Gesetz steht, das verurteilen würde. Und so wie Salomo ganz zerbrochen war vor dem Herrn, misstrauisch und ängstlich vor sich selbst, sagen wir: „Ich weiß nicht, wie ich hinausgehen soll, und ich weiß nicht, wie ich hineingehen soll; ich bin nur ein kleines Kind" (1. Könige 3,7). Das Wort Gottes hat uns zu dieser Erkenntnis gebracht: wir sind hilflos, wir sind schwach, wir sind abhängig von Gott. So ist es mein Gebet, dass wir uns jetzt an diesem Punkt befinden; dass wir, während wir diese Studie beginnen, schwach, hilflos und abhängig von Gott sind, zu seinen Füßen sitzen und auf jedes Wort hören, das aus Seinem Mund hervorgeht. Nicht davon wegnehmend, nicht hinzufügend, es einfach nur lesend, wie unser himmlischer Vater es sagt.

Diese Betrachtung trägt den Titel „*Gerechtigkeit durch Glauben – vereinfacht*". Bitte, hört gut zu. Ich werde sanft weiterführen, wie Kinder es tragen können. Da wir wie kleine Kinder sein sollen, mögen Kinder Geschichten, also werde ich euch eine Geschichte erzählen. Kommt zu 1. Mose 1,1-3.

> Im Anfang schuf Gott den Himmel und die Erde. Und die Erde war wüst und leer, und es lag Finsternis auf der Tiefe, und der Geist Gottes schwebte über den Wassern. Und Gott sprach: Es werde Licht! Und es ward Licht.

Am Anfang schuf Gott den Himmel und die Erde. Er kam auf diese Erde und er hatte einen Gedanken im Kopf. Denken wir, bevor wir sprechen? Das sollten wir. Gott „sprach" und was Er „sprach", war die Folge Seines Gedankens. In Seinem Geist hatte Er den Gedanken an eine Welt, eine schöne Welt, mit geschwungenen Bergen und sanften Tälern, fröhlich sprudelnden, plätschernden Bächen, üppigen Wiesen mit schönen, entzückenden Blumen, Wäldern mit hohen, prächtigen Bäumen, die sich mit ihren Gliedmaßen emporstrecken, als ob sie sich zum Lob Gottes ausstrecken, und den Vögeln, die zwischen ihren Ästen wohnen, und den Tieren, die in den Schatten am Boden wohnen, und den Fischen, die im Meer springen und fröhlich spielen. Dies war der Gedanke, den Er im Sinn hatte. Aber da war die Erde, und die Erde war ohne Gestalt und leer, und Finsternis war über dem Antlitz der Tiefe. War Er entmutigt? Nein, das war Er nicht, denn Er hatte diesen *Gedanken*. Er hatte in Seinem Geist diese *Vision* eines Endergebnisses.

Als Er dort ankam, und es herrschte nur Dunkelheit, dachte Er, und während Er dachte, *sprach* Er und sagte: „Es werde Licht" und was geschah? Da war Licht. Aber in dem Bild in Seinem Geist gab es auch lebende Kreaturen; und lebende Kreaturen brauchen Luft, um atmen zu können, um zu überleben. Diese Erde war leer; es gab dort keine Luft. War Er entmutigt? Nein. In dem Bild in Seinem Geist gab es Luft, und so folgten auf diesen Gedanken die Worte in Vers 6:

> Es soll ein Firmament entstehen inmitten der Wasser.

Und da war ein Firmament.

In Seiner Vorstellung gab es auch Land, aber an dieser Stelle war nur Wasser. Er war nicht entmutigt. Er hatte ein Bild im Kopf. Er hatte einen Gedanken. Er hatte ein *gewünschtes Ergebnis*. Und mit diesem gewünschten Ergebnis im Sinn „sagte" er (Vers 9):

> Es sammle sich das Wasser unter dem Himmel an einen Ort, daß man das Trockene sehe! Und es geschah also.

Aber es war auch ziemlich hässlich, denn es gab nur diese riesige Wasserfläche und dann gab es diese riesige Landfläche, aber es war nur Erde, hässliche braune Erde. Es war nicht das, was Er sich vorgestellt hatte. Was tat er also? Er „sagte" (Vers 11):

> Es lasse die Erde grünes Gras sprossen und Gewächs, das Samen trägt, fruchtbare Bäume, deren jeder seine besondere Art Früchte bringt, in welcher ihr Same sei auf Erden! Und es geschah also.

An jedem Tag, an dem Er auf die Erde kam, war es nicht ganz so, wie Er es sich vorgestellt hatte; aber anstatt entmutigt zu werden, sprach Er und es war; Er gebot und es ist geschehen. Gott hatte ein gewünschtes Ergebnis. Allem Anschein nach war es jedoch weit von diesem erhofften Ziel entfernt. Aber Er hatte einen Gedanken im Kopf, und dieser Gedanke brachte das *Wort* hervor, und als dieses Wort herauskam, „war es so". Der Gedanke brachte das Wort hervor, und das Wort *selbst* brachte genau das hervor, wovon es sprach. Psalm 33,6.9 sagt genau das. Wie wurden die Himmel gemacht?

> Die Himmel sind durch das Wort des HERRN gemacht und ihr ganzes Heer durch den Geist seines Mundes. ... Denn er sprach, und es geschah; er gebot, und es stand da!

Das „*Wort*" hat die Umsetzung gemacht. Als Gott es sagte, war es so. Jesaja 55,10-11:

> Denn gleichwie der Regen und der Schnee vom Himmel fällt und nicht wieder dahin zurückkehrt, er habe denn die Erde getränkt und befruchtet und zum Grünen gebracht, daß sie dem Sämann Samen und dem Hungrigen Brot gibt; also soll das Wort, das aus meinem Munde geht, auch sein: es soll nicht leer zu mir zurückkehren, sondern ausrichten, was mir gefällt, und durchführen, wozu ich es sende!

Gedanken erzeugen Worte, und Gottes Wort erzeugt die Sache selbst. Das Wort selbst wird die Sache vollbringen, die im Gedanken ist. Als Gott also auf die Erde kam und sie nicht dem gewünschten Ergebnis entsprach, sprach Er einfach das Wort und dieses Wort bewirkte, dass es so war. Ganz einfach, nicht wahr? Ist es so einfach? Es ist so einfach. Gottes Wort schafft und erzeugt das, was nicht da ist; und wenn wir wie kleine Kinder sein werden, werden wir das glauben. Wir werden nicht fragen: „Wie kann das sein? Ich weiß nicht, wie das sein kann, also werde ich es nicht glauben." Sondern wie ein kleines Kind – „Das sagt Papa, und so ist es". Haben wir das verstanden? Gott sprach und es war so.

Nun möchte ich dir eine Frage stellen. Was wäre, wenn die Erde gesagt hätte: „Nein, ich will nicht, dass du Licht aus meiner Dunkelheit bringst", und sie hätte sich Gott entgegengestellt? Glaubst du, dass das möglich gewesen wäre? Nun, du weißt, dass die Sonne ihr Gesicht vor Christus verbarg, als er am Kreuz auf Golgatha hing.

Gott kam und sagte: „Lass es Licht werden." (Aus dem Englischen, „*Let* there be light!", Anmerk. Übersetzung) Er sagte: „Lass!", was im Wesentlichen bedeutet: „Bitte widersetze dich nicht meinem Wort, dieses Licht zu erschaffen." Und die Erde empfing dieses Wort, und das Licht kam. Sie widersprach Ihm nicht und sagte: „Das glaube ich nicht. Schau, wie dunkel es ist. Es ist so schwarz, so tief, ich glaube nicht, dass es möglich ist." Sie sagte auch nicht: „Ich werde es tun! Ich bringe das Licht hervor. Ich brauche dich nicht, um es zu tun. Ich mache es selbst, herzlichen Dank." Nein, sie hat es *zugelassen*. Die Erde *ließ* das Licht aus ihrer Dunkelheit leuchten.

Und so war es an jedem Tag. Gott kam und sagte: „Lass …" Was hat Er getan? Er *sprach* zu seiner Schöpfung: „Lass …" Und wer sind *wir*? Wir sind Gottes Schöpfung. Sein Wort wird die Sache vollenden, aber wir müssen es *zulassen*.

Bis jetzt haben wir in unserer Studie gesehen, dass Gott ein Bild im Kopf hatte – die Gedanken über die Erschaffung dieser Erde. Mit diesem Bild im Kopf kam er auf die Erde und sprach seine Gedanken aus, und dieses Wort brachte das hervor, was Er im Sinn hatte. So erschafft Gott.

So sind auch *wir*: leer, Finsternis auf dem Grund unserer tiefen, elenden, jämmerlichen, armen, blinden und nackten Seelen; von der

Fußsohle bis zum Haupt nichts als Wunden und Striemen und frische Beulen (Offenbarung 3,17; Jesaja 1,6). Und wir sind kaum bekleidet mit dürftigen, schmutzigen Lumpen. Das ist nicht ganz das, was Gott im Sinn hatte, oder? Es ist nicht wie das, was der Mensch am Anfang war. Aber du siehst, dass Sein Werk unterbrochen wurde. Der Mensch sollte die gefallenen Engel ersetzen. Als Gott den Menschen schuf, war Gottes Schöpfung eigentlich noch nicht beendet, denn Sein kompletter Plan, Sein kompletter *Gedanke* war noch nicht verwirklicht – der Mensch sollte eine Zeit der Bewährung haben, bis er sich als tauglich erwies, den Platz der Engel einzunehmen. Das war das von Gott vorgesehene Ergebnis.

Ellen White beschreibt dies als Gottes Absicht für den Menschen in den folgenden Zitaten. Im ersten beschreibt sie die Traurigkeit, die den Himmel durchdrang, nachdem Satan und seine Anhänger aus dem Himmel vertrieben worden waren, und Gottes Plan, diesen Verlust zu kompensieren:

Spirit of Prophecy, Vol.1, p.23

> Die Engel im Himmel trauerten über das Schicksal derer, die ihre Gefährten in Glück und Seligkeit gewesen waren. Ihr Verlust war im Himmel zu spüren. Der Vater beriet sich mit Jesus in Bezug auf die sofortige Ausführung ihres Vorhabens, den Menschen zu schaffen, um die Erde zu bewohnen. Er würde den Menschen auf eine Bewährungsprobe stellen, um seine Treue zu testen, bevor er in die ewige Sicherheit entlassen werden könnte. Wenn er die Prüfung bestand, mit der Gott es für richtig hielt, ihn zu prüfen, sollte er schließlich den Engeln gleichgestellt werden.

In *God's Abounding Grace*, p.344, sagt uns Ellen White genau, was Gottes Absicht für den Menschen war:

> Gott schuf den Menschen zu Seiner eigenen Ehre, damit die menschliche Familie nach Prüfung und Bewährung mit der himmlischen Familie eins werden würde. Es war Gottes Absicht, den Himmel mit der menschlichen Familie wieder zu bevölkern, wenn sie sich gehorsam gegenüber jedem Seiner Worte zeigen würden.

Gott hatte sein Vorhaben noch nicht beendet. Er befand sich noch im *Prozess der Schöpfung*. Seine Erwartungen wurden noch nicht erfüllt, weil Satan kam und die Dinge unterbrach. Er nahm den Menschen beiseite und führte ihn in die Irre. Wurde Gott entmutigt? Nein. Gott sagte: „In Ordnung. Jetzt habe ich auf diese besondere Weise gearbeitet, doch jetzt werde ich einfach auf diese Weise weiterarbeiten, bis zu meinem gewünschten Ergebnis." Sein beabsichtigtes Ziel ist jedoch genau dasselbe.

Was ist dann *Erlösung*? Erlösung ist Schöpfung und Schöpfung ist Erlösung. Erlösung bedeutet einfach, dass Gott auf eine etwas andere Art und Weise arbeitet, als er ursprünglich gearbeitet hat. Es ist alles für genau das gleiche Ziel. Und Er wirkt durch dieselbe Kraft, weil das Evangelium die Kraft Gottes ist. Wie hat Gott am Anfang erschaffen? Mit Seiner Kraft, der Kraft *Seines Wortes*.

Als Adam fiel, lief er weg und versteckte sich. Was hat Gott getan? Er kam in der Morgenkühle in den Garten, genau wie an jedem anderen Tag – als ob nichts passiert wäre. Aber warum? Warum kam Gott in der Kühle des Tages in den Garten und fragte: „Wo bist du?", als wüsste Er nicht, was geschehen war? Es liegt daran, dass Er das „gewünschte Ziel" im Blick hatte. Das ist der Grund.

Hier stehen wir also heute. Wir sind in Sünde gefallen und wenn Er zu uns kommt, gehen wir weg und tun dasselbe – wir gehen weg und verstecken uns. Wir müssen uns Jeremia 29,11 zu Herzen nehmen:

> Denn ich weiß, was für Gedanken ich über euch habe, spricht der HERR, Gedanken des Friedens und nicht des Leides, euch eine Zukunft und eine Hoffnung zu geben.

Wenn Er zu uns kommt, hat Er etwas ganz anderes im Sinn als das, was wir denken. Wir denken: *Das war's, jetzt habe ich es kaputt gemacht, ich werde Ärger bekommen.* Aber nein, Seine Gedanken sind die des Friedens, und die von was? Dem guten Ende! Er sieht das Endergebnis! Und warum sieht Er das Endergebnis? Weil dieser Gedanke ein Wort hervorbringt, und dieses Wort wird genau das hervorbringen, was im Gedanken ist. Soweit Er also die Dinge sieht, ist das gewünschte Ziel bereits erreicht, weil Er weiß, dass Sein Wort es tun wird. Und es ist Seine Absicht, uns dieses erhoffte Ziel zu *geben*.

Gedanken erzeugen Worte. Wenn Gott zu uns in unserem sündigen Zustand kommt, sind seine Gedanken alle voll von diesem erhofften Ende. Was tut Er dann? Dasselbe wie damals, als Er auf die Erde kam und es war Finsternis auf dem Antlitz der Tiefe und Er hatte ein Bild von Licht in Seiner Vorstellung. Hier befinden wir uns in unserer Sündhaftigkeit und Gott kommt zu uns, aber Er hat ein Bild der Gerechtigkeit in Seinem Geist. Was tut Er also? Römer 23,25-26. Er tut genau dasselbe, was er bei der Schöpfung getan hat:

> ... Ihn hat Gott zum Sühnopfer verordnet, durch sein Blut, für alle, die glauben, zum Erweis seiner Gerechtigkeit, wegen der Nachsicht mit den Sünden, die zuvor geschehen waren unter göttlicher Geduld, zur Erweisung seiner Gerechtigkeit in der jetzigen Zeit, damit er selbst gerecht sei und zugleich den rechtfertige, der aus dem Glauben an Jesus ist.

Gott kommt zu uns, so wie Er auf die Erde kam, und Er sagt: „Gerechtigkeit". Und dann ist da was? *Gerechtigkeit!* Gott kam auf die Erde und sagte: „Es werde Licht, und es ward Licht." Wenn Gott also zu uns kommt und das Wort „Gerechtigkeit" spricht, ist genau dort, wo die Sünde im Überfluss war, Seine Gerechtigkeit. Glaubst du das? Glaubst du, dass es so einfach ist? Bitte, glaube es! Er kam auf die Erde und sagte: „Es werde Licht, und es ward Licht." Darüber streiten wir doch nicht mit Ihm darüber, oder? Aber wenn Gott zu mir – einem Sünder – kommt und sagt: „Gerechtigkeit", dann ertappen wir uns oft dabei, dass wir mit Ihm darüber diskutieren. Wir sagen: „Oh nein, ich verstehe nicht, wie das gehen kann." Aber Freunde, Gott hat es gesagt, und es ist so. Glaubt es! Diskutiert nicht, nur weil ihr es nicht versteht oder fühlt. Die gleiche Kraft der Erlösung ist die gleiche Kraft wie bei der Schöpfung. So einfach ist das! Aber das Problem ist, wirst du es so *akzeptieren? Das* ist die Frage. Und bei vielen ist genau das das Problem! Sie erlauben Gottes Wort nicht, das zu *bewirken,* was es sagt.

Die Frage, die wir dann beantworten wollen, ist diese: Wie *lasse* ich es geschehen? Gott hat erklärt, dass dort, wo Sünde war, Gerechtigkeit ist; und dieses Wort wird es tun, wenn wir es erlauben. Das Wort wird zwei Dinge tun. Erstens wird, wie wir zuvor studiert haben, das vollkommene Leben Christi an die Stelle meines sündigen Lebens treten; und zweitens wird Christus Sein Leben bereits jetzt durch mich leben.

Wenn Gott seine Gerechtigkeit verkündet, spricht Er sowohl von der *Zurechnung* als auch von der *Verleihung* der Gerechtigkeit. Die Vollkommenheit Christi tritt an die Stelle unserer vergangenen

Unvollkommenheit, aber nun wird Sein Gehorsam zu unserer eigenen praktischen Realität.

Also, was bedeutet es, es *zuzulassen*? Nun, es ist ganz einfach – *leiste keinen Widerstand dagegen*. Diskutiere nicht. *Erlaube* einfach, dass es so ist. Eigentlich ist eine Definition des Wortes „lassen" *„wie aus der Gefangenschaft entlassen"*. Gott will uns dieses Geschenk der Gerechtigkeit einfach geben; es ist da, es wartet nur darauf, über uns herauszusprudeln! Amos 5,24:

> Es soll aber das Recht daherfluten wie Wasser und die Gerechtigkeit wie ein unversiegbarer Strom!

Es wartet darauf zu uns zu kommen, wenn wir es zulassen – wenn wir uns ihm nicht widersetzen, sondern es geschehen *lassen*. Dann wird es sprudelnd in unsere Herzen kommen; es wird uns verschlingen und genau das vollbringen, was es möchte.

Aber lasst uns diese Frage auf eine andere Weise stellen: Wie stehe ich, ein sündiger Mensch, als gerechtes Wesen vor Gott? Darüber wollen wir nun meditieren. Was ist es, das Gott als Gerechtigkeit ansieht? Wenn ich das weiß, werde ich wissen, wie ich vor Ihm als gerecht dastehen kann.

Wir dachten immer, dass es für *uns* Gerechtigkeit bedeutet, die Zehn Gebote zu halten. Wir haben gelernt, dass das schmutzige Lumpen sind, dreckige Kleider. Wir könnten überrascht sein, was es ist, das Gott tatsächlich als Gerechtigkeit ansieht. Aber die Sache, die euch am meisten überraschen wird, ist, wie einfach es ist. Ich möchte, dass wir das jetzt verstehen, durch Gottes Gnade. Und ich bete, dass der Herr mir vergibt, wenn irgendeine meiner menschlichen Schwächen in diese Betrachtung hineinkommt und die Einfachheit davon verloren geht.

Wir wollen ein wenig Zeit in Römer 4 verbringen. Wenn wir glauben werden, dass jedes Wort Gottes rein ist, und nichts hinzufügen oder wegnehmen werden, werden wir in der Lage sein, Römer 4 genau so zu lesen, wie ein kleines Kind es tun würde, genau so, wie es da steht.

Zuerst die Verse 1-2:

> Was wollen wir nun von dem sagen, was unser Vater Abraham erlangt hat nach dem Fleisch Wenn Abraham aus Werken gerechtfertigt worden ist, hat er zwar Ruhm, aber nicht vor Gott.

Gerechtigkeit aus Glauben vereinfacht

Haben wir das in unseren Betrachtungen festgestellt? Die Rechtfertigung kommt nicht durch unser eigenes Wirken. Sie kommt durch den Glauben an diese Versöhnung, durch das Wirken Gottes in Jesus Christus in mir, als ich! Vers 3:

> Denn was sagt die Schrift? «Abraham aber glaubte Gott, und das wurde ihm zur Gerechtigkeit angerechnet.»

In diesem einen Vers, wenn wir ihn mit einem kindlichen Verstand betrachten, haben wir die gesamte Lehre der Gerechtigkeit durch den Glauben. „Abraham glaubte Gott, und es wurde ihm zur Gerechtigkeit angerechnet." Abraham glaubte Gott, und *was* wurde ihm als Gerechtigkeit angerechnet? Er glaubte! Sein Glaube wurde ihm angerechnet. *Der! D.E.R.!* Der – *sein Glaube an Gott* – wurde ihm als *Gerechtigkeit* angerechnet. Wer rechnete es als Gerechtigkeit an? Gott tat es. Gott betrachtete *seinen Glauben* an Ihn als Gerechtigkeit. Klingt das nicht zu einfach? Hat Gott einen Fehler gemacht? Alles, was Abraham tat, war Gott zu glauben! Er glaubte, was Gott gesagt hatte, und Gott rechnete ihm das als Gerechtigkeit an. Füge nichts hinzu. Nimm nichts davon weg. *So einfach ist das.*

Was war es, das er glaubte? Kommt zu 1. Mose 15,4-6, aber haltet den Finger in Römer 4. Was glaubte Abraham?

> Aber des HERRN Wort geschah zu ihm: Dieser soll nicht dein Erbe sein, sondern der von dir selbst kommen wird, der soll dein Erbe sein! Und er führte ihn hinaus und sprach: Siehe doch gen Himmel und zähle die Sterne, wenn du sie zählen kannst! Und er sprach zu ihm: Also soll dein Same werden! Und Abraham glaubte dem HERRN, und das rechnete er ihm zur Gerechtigkeit.

Gott sagte zu Abraham: „Sieh dir die Sterne an, nenne ihre Zahl, und so soll dein Same sein." Und Abraham glaubte Gott. Er sagte: „Amen." Was sagte Gott dann? Er sagte: „Du hast recht – du bist gerecht"! Seid ihr bereit zu glauben, dass Abraham so gerecht wurde? Klingt das zu einfach? Kehren wir zurück zu Römer 4, und wir werden es durchgehen. In diesem besonderen Kapitel wird dasselbe einige Male wiederholt. Wir lesen hier die Verse 4-10:

> Wer aber Werke verrichtet, dem wird der Lohn nicht als Gnade angerechnet, sondern nach Schuldigkeit; wer dagegen keine Werke verrichtet, sondern an den glaubt, der den Gottlosen

> rechtfertigt, dem wird sein Glaube als Gerechtigkeit angerechnet. Ebenso spricht auch David die Seligpreisung des Menschen aus, welchem Gott Gerechtigkeit anrechnet ohne Werke: «Selig sind die, welchen die Übertretungen vergeben und deren Sünden zugedeckt sind; selig ist der Mann, welchem der Herr die Sünde nicht zurechnet!» Gilt nun diese Seligpreisung den Beschnittenen oder auch den Unbeschnittenen? Wir sagen ja, daß dem Abraham der Glaube als Gerechtigkeit angerechnet worden sei. Wie wurde er ihm nun angerechnet? Als er beschnitten oder als er noch unbeschnitten war? Nicht als er beschnitten, sondern als er noch unbeschnitten war!

Wann wurde Abrahams Glaube ihm als Gerechtigkeit angerechnet? Als er ein Heide war; *bevor* er beschnitten wurde. *Wir denken oft, dass ich erst Mitglied der Kirche werden muss, bevor ich gerecht werden kann, bevor ich von Gott als gerecht angesehen werden kann. Ich muss dies tun und ich muss das tun und es gibt all diese Dinge, die ich tun muss.* Aber Abraham – er war *unbeschnitten*; er war ein Heide und Gott sagte: „Du bist gerecht."

Wie fühlst du dich? Nun, es spielt keine Rolle, wie du dich fühlst. Es spielt keine Rolle, ob du dich der Kirche zugehörig fühlst oder nicht, oder? Es spielt keine Rolle, ob du beschnitten bist oder nicht. Als er noch unbeschnitten war, wurde Abraham als gerecht angesehen. Und Vers 11:

> Und er empfing das Zeichen der Beschneidung als Siegel der Gerechtigkeit des Glaubens, welchen er schon vor der Beschneidung hatte; auf daß er ein Vater aller unbeschnittenen Gläubigen sei, damit auch ihnen die Gerechtigkeit zugerechnet werde;

Es kommt nicht durch Werke, wie es hier steht. Also auch hier in Vers 18:

> Er hat gegen alle Hoffnung auf Hoffnung hin geglaubt, daß er ein Vater vieler Völker werde, wie zu ihm gesagt worden war: «Also soll dein Same sein!»

Gott hatte es gesagt und er glaubte es. Und weil er es glaubte, hoffte er darauf. Er glaubte – er war überzeugt –, dass das, was Gott gesagt hatte, geschehen würde. Verse 19-22:

> Und er wurde nicht schwach im Glauben, so daß er seinen schon erstorbenen Leib in Betracht gezogen hätte, weil er schon hundertjährig war; auch nicht den erstorbenen Mutterleib der Sara. Er zweifelte nicht an der Verheißung Gottes durch Unglauben, sondern wurde stark durch den Glauben, indem er Gott die Ehre gab und völlig überzeugt war, daß Gott das, was er verheißen habe, auch zu tun vermöge. Darum wurde es ihm auch als Gerechtigkeit angerechnet.

Was wurde ihm als Gerechtigkeit angerechnet? Er glaubte, dass Gott Sein Wort halten würde und *das* wurde ihm als Gerechtigkeit angerechnet. Er sagte: „Gott, was du gesagt hast, ist richtig", und Gott sagte: „Damit hast du recht." Verse 23-25:

> Es ist aber nicht allein um seinetwillen geschrieben, daß es ihm zugerechnet worden ist, sondern auch um unsertwillen, denen es zugerechnet werden soll, wenn wir an den glauben, der unsren Herrn Jesus Christus von den Toten auferweckt hat, welcher um unserer Übertretungen willen dahingegeben und zu unserer Rechtfertigung auferweckt worden ist.

Haben wir das nicht studiert? Der Glaube an Den, der Jesus, unseren Herrn, von den Toten auferweckt hat? Diese VER-SÖHN-UNG (engl. AT-ONE-MENT, was soviel bedeutet wie Eins-Werdung, Anmerkung Übersetzung) mit Gott und den Menschen? Wie, wenn wir es glauben, uns Gott das als gerecht anrechnen wird? Erkennt ihr die Einfachheit des Ganzen? Wenn wir glauben, daß Sein Wort wahr ist, dann kann Gott das erhoffte Ende sehen, weil wir das Wort sich selbst erfüllen *lassen* werden. Gerechtigkeit kommt durch den Glauben an Gott. Es spielt keine Rolle, was Er sagt, wenn wir Ihm glauben, wird Er uns als gerecht ansehen. Er kam zu Abraham und sagte: „Du wirst Nachkommen haben, so zahlreich wie die Sterne am Himmel." Abraham glaubte Gott und das wurde ihm als Gerechtigkeit angerechnet. Was auch immer es ist, egal was es ist, was auch immer Er sagt, wenn wir es glauben werden, wird Gott sagen: „Du hast recht. *Du – hast – Recht.*"

Aber lasst uns sehen, ob wir das noch etwas vereinfachen können. Wenn Gott etwas sagt, hat Er dann Eecht? Ja, natürlich! Und wenn ich sage, dass es so ist, dass das, was Er gesagt hat, so ist, habe ich dann nicht auch Recht? Wenn Gott recht hat, wenn er es sagt, und ich sage: „Amen, lasse es geschehen, so sei es", habe ich dann nicht recht? Wäre ich dann nicht genauso im Recht wie Er? Denn ich stimme nur dem zu, was Er gesagt hat. Und wenn Er Recht hat und ich dasselbe sage, was Er gesagt hat, kann Er dann sagen, dass ich falsch liege? Wenn Gott also spricht und wir „Amen" sagen, dann sind wir in einer Situation, in der Gott selbst nicht sagen kann, dass wir falsch liegen. Und wenn wir dort angelangt sind, sind wir genau an der gleichen Stelle, an der Abraham war.

Gott sagt es, ich glaube es, ich stimme ihm zu, und Gott zählt es als Gerechtigkeit. Kannst du sehen, wie einfach das ist? Es braucht ein bisschen, um es zu begreifen, weil es fast zu einfach ist.

In Römer 5,1 heißt es:

> Da wir nun durch den Glauben gerechtfertigt sind, so haben wir Frieden mit Gott durch unsren Herrn Jesus Christus.

Wir haben Frieden mit Gott. Verknüpfe das mit Amos 3,3:

> Gehen auch zwei miteinander, ohne daß sie sich vereinigt haben?

Wenn Gott eine Sache sagt und wir zustimmen, dann haben wir Frieden mit Gott. Friede mit Gott ist Gerechtigkeit durch den Glauben an unseren Herrn Jesus Christus, wie wir untersucht haben. Und lasst uns das klarstellen – unser Glaube soll der Glaube *von* Jesus sein, denn wir haben gelernt, dass ich nichts richtig machen kann, ich kann nicht einmal *richtig glauben*. Ich muss den *Glauben von Jesus* haben und bewahren, und es ist der Glaube Jesu, der Gott glaubt. Wir werden das in unserer nächsten Studie untersuchen, aber hier betrachten wir die Einfachheit dessen, was Gott als Gerechtigkeit ansieht.

In Römer 4,17 befindet sich der Schlüssel zu diesem Verständnis:

> wie geschrieben steht: «Ich habe dich zum Vater vieler Völker gesetzt» vor dem Gott, dem er glaubte, welcher die Toten lebendig macht und dem ruft, was nicht ist, als wäre es da.

Gott bezeichnet die Dinge, die nicht sind, als ob sie es wären. Das ist die Art, wie Er die Dinge betrachtet. Er hat ein Ziel vor Augen, und so bezieht Er sich darauf und nennt es so, als ob es ist, auch wenn es nicht so aussieht. „Gott wertet die Dinge, die nicht sind, als ob sie wären. Er sieht das Ende vom Anfang an und betrachtet das

Ergebnis Seines Werkes, als ob es jetzt vollendet wäre" (*The Desire of Ages* S. 606).

Gott kam zu Abraham und sagte: „Dein Same wird sein wie die Sterne am Himmel." Aber, sah es so aus, dass es so sein könnte? Er war hundert Jahre alt, und der Schoß seiner Frau war tot. Es sah *nicht* so aus, als könnte es so sein. Aber Gott bezeichnete es so, als ob es so wäre, und Abraham glaubte ihm. Abraham glaubte, dass Gott die Dinge, die nicht sind, so bezeichnen kann, als ob sie es wären; denn Gott würde Sein Wort halten; und dieses Wort würde es hervorbringen. An dieser Stelle fangen die Dinge an, wirklich faszinierend zu werden.

Gibt es bei dir Sünden? Sind sie wie die Sterne am Himmel? Nun, wenn du in der Lage bist, sie zu zählen, was sagt dann Gott? Er bezeichnet das, was nicht ist, als ob es ist. Jesaja 1,18:

> Kommt doch, wir wollen miteinander rechten, spricht der HERR: Wenn eure Sünden wie Scharlach sind, sollen sie weiß werden wie der Schnee; wenn sie rot sind wie Purpur, sollen sie wie Wolle werden.

Das ist Sein Wort; und was sagst du dazu? „Amen!" Und der Herr sagt: „Du bist gerecht." Freunde, werdet ihr das glauben? Er kann die Dinge, die nicht sind, so heißen, als ob sie es wären. Wenn Gott also zu uns kommt und sagt: „Es gibt eine Sünde". Dann sagen wir: „Es ist Sünde." Und was dann? Sie sind weg! Wir glauben Ihm! Und Er betrachtet uns als gerecht.

Gott kam zu David und sagte: „Du hast gesündigt und du hast dieses Übel getan." David sagte: „Ich habe gesündigt." Weißt du, was das ist? Das ist ein *Bekenntnis*. Weißt du, was ein Bekenntnis ist? Der Grundgedanke des Bekenntnisses ist, dass man das Gleiche sagt – „Amen". Wenn Gott also sagt: „Das ist Sünde", und wir stimmen Ihm zu und bekennen es und sagen: „Ja, es ist Sünde", was ist dann? Wir sind einverstanden. Wir stimmen zu. Wir glauben Gott und Er rechnet es uns als Gerechtigkeit an. Klingt das zu einfach? 1. Johannes 1,9 formuliert es genau. Es könnte nicht einfacher sein:

> Wenn wir aber unsere Sünden bekennen, so ist er treu und gerecht, daß er uns die Sünden vergibt und uns reinigt von aller Ungerechtigkeit.

So einfach ist das. Gott sagt: „Es gibt eine Sünde." Wir sagen: „Ja, Herr. Es ist Sünde." Wir bekennen sie, er vergibt sie und sagt: „Du bist gerecht!"

Verstehen wir jetzt, was es bedeutet, zu *lassen*? Wenn wir Gott glauben, dann wird Gott uns als gerecht betrachten. Glauben heißt *lassen*, denn wenn wir *Seinem Wort glauben*, was immer es auch ist, dann werden wir es in uns wirken *lassen*. Wenn Gott sagt, dass dem so ist, auch wenn es allem Anschein nach nicht so ist, wenn wir Ihm glauben, wenn wir dem Wort glauben, das Er gesprochen hat, dann werden wir diesem Wort nicht widerstehen. Und dieses Wort wird wie eine Flut hereinströmen und Seine Arbeit tun, genau wie es das am Anfang getan hat. Wissen wir, wie es am Anfang gewirkt hat? Nein, wir wissen nicht, wie es funktionierte. Wie kann ein Wort etwas bewirken? Wie? Ich sage etwas, ich sage: „Stück Papier, geh da rüber", und es bleibt genau da, wo es ist. Ich kann es nicht verstehen, aber das ist es, was das Wort Gottes sagt. Gott spricht und das Wort vollbringt die Sache. Wenn ich also Gottes Wort annehme und Ihm glaube, dann *wird es die Sache bewirken*.

Was auch immer der Umstand ist, was auch immer die Verheißung ist, glaube es. Gott wird es vollbringen, und Er wird es als bereits geschehen betrachten.

So sehen wir wieder die Bedeutung der Worte Christi – wenn wir nicht wie kleine Kinder werden, können wir diese Dinge nicht verstehen, wir werden nicht in das Himmelreich kommen. Genau wie ein kleines Kind, Papa sagt, so ist es, und das Kind sagt: „Herr, du hast recht."

Diskutiert nicht mit ihm. Wenn du damit übereinstimmst, wirst du nicht mit Ihm argumentieren. Wenn wir das tun, wenn wir an dem Punkt sind, an dem wir, was immer Gott zu uns sagt, sagen: „Herr, es ist so!" und wir glauben es und stimmen ihm zu; dann kann Jesus sehr bald kommen! Kannst du das verstehen? Denn Gott sagt: „Gerechtigkeit!", und auch wenn du die Gerechtigkeit nicht siehst, wenn du es glaubst, *dann ist da Gerechtigkeit*. Worauf wartet Er? Er wartet auf *Gerechtigkeit*. Wenn Er Seinen gerechten Charakter perfekt in Seinem Volk wiedergegeben sieht, dann wird Er kommen und es nach Hause holen (*Christ's Object Lessons*, p.69).

Deshalb wartet Er darauf, dass wir *glauben*, denn wenn wir glauben, dann kann Er sagen: „Da gibt es Gerechtigkeit, und ich kann kommen und es nach Hause holen."

Warum ist Christus bisher nicht gekommen? Er sagte: „Ich komme bald." Offenbarung 22,12. Aber wo liegt das Problem? Der Mensch hat gesagt: „Mein Herr verzögert sein Kommen." Gott hat gesagt: „Ich komme bald" und der Mensch hat gesagt: „Nein, Er kommt nicht bald." Sie sagen Gott, dass Er ein Lügner ist, und deshalb wollen sie Ihn nicht schnell kommen lassen. Das ist der Grund, warum Er nicht gekommen ist; weil sie nicht *glauben* wollen, weil sie Sein Wort uns nicht bereit machen *lassen* wollen. In 1. Johannes 5,10 heißt es:

| Wer Gott nicht glaubt, hat ihn zum Lügner gemacht,

Wenn ich Gott zum Lügner mache, mache ich mich selbst zum wahren Lügner. Und du weißt, wie es heißt – dass Lügner nicht in den Himmel kommen können. Was wir also sein müssen, um in den Himmel zu kommen, sind *Gläubige*. Wir müssen gerecht sein, um in den Himmel zu kommen. Aber Gerechtigkeit kommt durch den Glauben. Wenn wir also in den Himmel kommen wollen, müssen wir einfach Gott glauben. Glaubt an das, was Er sagt, und Er wird es wirken, und Er wird es hervorbringen.

Er sagt: „Hier, in mir, ist ein Leben, das vor dem Gericht bestehen wird." Und wir sagen: „Amen!" Und es ist so! Er sagt: „Hier, in mir, ist ein Glaube, der die Zeit der Not ertragen wird." Und wir sagen: „Amen!" Und es ist so! Er sagt: „Hier, in mir, ist ein Charakter, der für die Ewigkeit taugt." Und wir sagen: „Amen!" Und es ist so! Das ganze Volk soll „Amen" sagen! Und wenn es das tut, können wir nach Hause in den Himmel gehen!

Möge Gott uns helfen, zu glauben. AMEN.

Kapitel 7

GOTTES ÜBERREICHE GNADE

Teil 6

Geheiligt durch Glauben

17. July 2010

DIESE Betrachtung trägt den Titel: *Geheiligt durch Glauben*. Es hört sich vielleicht nach einem etwas seltsamen Konzept an, vielleicht ein wenig paradox. Wir sind vertraut mit dem Ausdruck „gerechtfertigt durch Glauben", aber „*geheiligt* durch Glauben"? Vor ein paar Wochen haben wir untersucht, wie die Gerechtigkeit Christi an die Stelle meiner Ungerechtigkeit treten wird. Wir haben gesehen, wie es dazu kam, dass die zweite Person der Gottheit „wir" wurde. Er wurde ganz und gar unser eigenes Ich und lebte unser Leben.

Er hat unsere Sorgen ertragen, Er hat unsere Kämpfe erlebt, ist unseren Versuchungen begegnet. Er kennt unsere Tränen; Er hat auch geweint. Jene Schmerzen, die zu tief liegen, um in irgendein menschliches Ohr gehaucht zu werden; Er ist vertraut mit ihnen, denn Er hat sie zu den Seinen gemacht. Und wir haben gesehen, dass Er, als Er wir wurde, in allen Punkten versucht wurde, wie wir es sind. Als einer von uns, begegnete Er dem, dem wir begegnen: jeder Prüfung. Als Er diesen Prüfungen begegnete, sagte Er: „Ich kann von mir aus nichts tun, aber Gott, der in mir wohnt, der tut die Werke." Indem Gott in Ihm wohnte und durch Ihn wirkte, lebte Er ein vollkommenes Leben. Dieses Leben war unser Leben, denn Er war einer von uns. Da Er einer von uns war, zählt Gott das Leben, das Er lebte, als unser Leben, und wir stehen vor Gott, als ob wir nicht gesündigt hätten. Und diese ganze wunderbare Realität wird zu der unsrigen, indem wir sie einfach glauben.

Wie aufmerksam habt ihr diesen Vorträgen zugehört? Es mag sich so angehört haben, als würde ich genau das predigen, was von vielen Kanzeln der Siebenten-Tags-Adventisten widerhallt: dass, wenn diese Plagen ausgegossen werden und Hagelkörner so groß wie Zementsäcke vom Himmel regnen und dabei alle anderen Kopfschmerzen bekommen, die Gerechtigkeit Christi wie ein Regenschirm sein wird, und sie mich bedecken wird und ich im Regen singen werde. Und wenn Jesus kommt, wird er mit den Fingern schnipsen und ich werde in einem Augenblick verändert sein. Ich bitte Gott um Verzeihung, wenn jemand den Eindruck hatte, dass es das ist, was ich lehre.

Es wird eine Zeit kommen, in der Jesus aus der Mitte zwischen dem Vater und seinem Volk heraustreten wird. Die Heilige Schrift macht deutlich, dass unser Hohepriester aufhören wird, in unserem Namen zu vermitteln. Er wird aufhören, für die Menschen Fürsprache einzulegen. Er wird das Heiligtum verlassen, seine priesterlichen Gewänder ablegen und sich mit den Kleidern der Gerechtigkeit bekleiden. In dieser schrecklichen Zeit müssen die Heiligen vor einem heiligen Gott ohne einen Fürsprecher leben; sie müssen in der Lage sein, vor dem Gesetz Gottes ohne Verurteilung zu stehen. Diese Heiligen müssen rechtschaffen sein. Sie müssen einen Punkt im Leben erreicht haben, an dem sie, indem sie auf Jesus schauen, ihn in einem Spiegel betrachten, in dasselbe Bild verwandelt wurden; einen Punkt in ihrem Leben, an dem sie von Jesus „verschlungen" wurden. Das gleiche Leben, das Er an ihrer Stelle als sie selbst gelebt hat, und das an ihrer Stelle vor Gott stand – sie sind darin aufgewachsen; es ist in ihr eigenes Leben übergegangen. Sie werden den Punkt erreicht haben, an dem sie so vollkommen in Christus bleiben und Christus in ihnen, dass Gott in ihnen das Wollen und Tun nach Seinem Wohlgefallen wirkt und das Gesetz erfüllt ist.

In einer unserer früheren Betrachtungen habe ich angeführt, dass Gott nicht darauf wartet, dass wir seine Gebote halten, sondern dass er darauf wartet, dass wir *glauben*. Ich möchte einen solchen Satz wie den folgenden verdeutlichen: „Gott wartet darauf, dass wir glauben." Wenn wir in unseren Bibeln zu Lukas 18,8 blättern, finden wir hier eine Schriftstelle, die uns genau diesen Gedanken vor Augen führt:

> Ich sage euch, er wird ihnen Recht schaffen in Kürze! Doch wenn des Menschen Sohn kommt, wird er auch den Glauben finden auf Erden?

Diese Schriftstelle impliziert, dass der Menschensohn, wenn er kommt, nach etwas suchen wird. Wonach wird Er suchen? Lasst uns diesen Vers mit einem anderen verbinden. Lukas 13,6-9:

> Er sagte aber dieses Gleichnis: Es hatte jemand einen Feigenbaum, der war in seinem Weinberg gepflanzt; und er kam und suchte Frucht darauf und fand keine. Da sprach er zu dem Weingärtner: Siehe, ich komme nun schon drei Jahre und suche Frucht an diesem Feigenbaum und finde keine. Haue ihn ab! Was hindert er das Land? Er aber antwortete und sprach zu ihm: Herr, laß ihn noch dieses Jahr, bis ich um ihn gegraben und Dünger gelegt habe. Vielleicht bringt er noch Frucht; wenn nicht, so haue ihn darnach ab!

Wir sind mit diesem speziellen Gleichnis vertraut. Während es sich direkt auf die jüdische Nation bezieht, wissen wir, dass es mit den Juden genauso war wie mit uns – Gott sucht nach *Frucht*. Er hält Ausschau nach Gehorsam gegenüber seinen Forderungen. Aber an anderer Stelle in der Schrift lesen wir, dass Er nach Glauben Ausschau halten wird.

Wir haben noch zwei weitere Schriftstellen, die wir vergleichen können. Deuteronomium 8,3:

> Er demütigte dich und ließ dich hungern und speiste dich mit Manna, das weder du noch deine Väter gekannt hatten, um dir kundzutun, daß der Mensch nicht vom Brot allein lebt, sondern daß er von allem dem lebt, was aus dem Munde des HERRN geht.

Der Mensch soll durch jedes Wort leben, das aus dem Mund Gottes hervorgeht. Aber wie heißt es in Hebräer 10,38, dass der Mensch leben soll?

> «Mein Gerechter aber wird aus Glauben leben; zieht er sich aber aus Feigheit zurück, so wird meine Seele kein Wohlgefallen an ihm haben.»

Wir sollen nach jedem Wort leben, das aus dem Mund Gottes ausgeht, und doch sollen wir aus dem Glauben leben. Sind wir in der Lage, diese Texte in Einklang zu bringen? Wir sind mit diesen bestimmten Schriftstellen sehr vertraut. Oft haben wir uns die

Schrift angesehen, in der es heißt, dass wir nach jedem Wort Gottes leben sollen, und wir denken, dass das bedeutet, dass ich dies und jenes tun muss. Ich muss meine Ernährung ändern, ich muss meine Kleidung ändern, ich muss versuchen, die Zehn Gebote zu halten; und dann, wenn ich das alles richtig gemacht habe, wenn ich das alles perfekt mache, dann wird Gott mich lieben und er wird mich nach Hause holen, um bei ihm zu sein. Haben wir diese bestimmte Stelle in der Schrift auch so gelesen? Dann stellen wir fest, dass wir es nicht ganz richtig machen! Und wir denken: *„Nun, Heiligung ist eine lebenslange Arbeit, also werde ich mich nicht entmutigen lassen. Ich werde es weiter versuchen."*

Wenn die Heiligung ein lebenslanges Werk ist, haben wir dann ein Leben lang Zeit, um geheiligt zu werden? Haben wir ein Leben lang Zeit, um zu lernen, die Dinge richtig zu tun? Haben wir nicht gelernt, dass wir nichts richtig machen können? Wir denken, wir müssen dies tun, wir müssen jenes tun, wir müssen die Zehn Gebote halten, um gerettet zu werden. Ist es das, was du den Leuten erzählt hast? Hast du den Leuten gesagt, dass sie lange Kleider tragen müssen, um gerettet zu werden? Oder dass sie sich vegan ernähren müssen? Es kommt ein Tag, und er ist sehr bald da, an dem es diejenigen geben wird, die rufen werden: „Wir haben in deinem Namen geweissagt; wir haben in deinem Namen Teufel ausgetrieben; in deinem Namen haben wir viele wunderbare Werke getan. Und wir trugen lange Ärmel und bedeckten unsere Knöchel, und wir aßen kein Fleisch und tranken keine Kuhmilch, und wenn wir Eier aßen, dann nur von freilaufenden Hühnern." Was wird Jesus zu ihnen sagen? Was wird Jesus zu ihnen sagen? Er wird sagen: „Weichet von mir, die ihr Unrecht tut." Hast du jemals gedacht, dass du gerettet wirst, wenn du die Zehn Gebote hältst und sie strikt und perfekt befolgst und auch all die anderen Reformen, die es gibt, und dass du dann gerettet wirst? Hast du das jemals gedacht? Es gibt einen anschaulichen Satz in den *1895 General Conference Bulletins* von Alonzo T. Jones:

> Der Mensch, der versucht, das Leben zu suchen, indem er die Zehn Gebote hält und andere lehrt, das Leben zu erwarten, indem er die Zehn Gebote hält, das ist bereits schon der Dienst des Todes.[1]

Bevor wir weitergehen, möchte ich etwas sehr deutlich machen. Nicht in irgendeinem Punkt hebe ich das Gesetz Gottes auf. Keinem

Augenblick lang. Wenn wir in den Himmel kommen wollen, müssen wir zuerst einen Himmel auf Erden haben. Diese himmlische Gesellschaft hat Anforderungen. Es gibt Prinzipien, die ihre Ruhe regeln, und wir müssen hier in Übereinstimmung mit dieser Gesellschaft leben, bevor wir dorthin gehen können. *Bible Commentary*, Vol.6, S.1073 sagt uns, was Gottes Anforderungen sind:

> Gott verlangt zu dieser Zeit genau das, was er von dem heiligen Paar in Eden verlangte, nämlich vollkommenen Gehorsam gegenüber seinen Anforderungen. Sein Gesetz bleibt in allen Zeitaltern dasselbe. Der große Maßstab der Gerechtigkeit, der im Alten Testament präsentiert wird, wird im Neuen Testament nicht herabgesetzt. Es ist nicht das Werk des Evangeliums, die Ansprüche von Gottes heiligem Gesetz zu schmälern, sondern die Menschen dahin zu bringen, dass sie seine Gebote halten können.[2]

Das Gesetz steht. Wenn die Frucht nicht an diesem Baum ist, wird er abgehauen.

Viele von uns meinen, dass ein Leben im Glauben bedeutet, zu glauben, dass Gott alle unsere Bedürfnisse stillen wird, seien sie zeitlich, finanziell, geistlich oder worin sie auch immer bestehen. Wir denken auch, dass man glauben muss, dass Gott die Welt so sehr geliebt hat, dass er seinen eingeborenen Sohn gab. Zu glauben, dass das Wort Fleisch geworden ist und ein perfektes Leben gelebt hat, damit auch ich eines leben kann. Und wir denken, dass wir glauben sollen, dass ich Vergebung meiner Sünden habe, weil Jesus gestorben ist. Ich habe kürzlich einige Personen gefragt, was sie glauben, was Glaube ist, und das war die Definition, die sie gegeben haben.

Ich möchte euch gerne sagen, dass wir nicht wissen, was Glaube ist. Wenn du denkst, dass du weißt, was es ist, dann sagt die Bibel, dass wir es nicht wissen, wie wir es wissen sollten; da gibt es immer noch mehr, was wir lernen können. Ich lerne noch. Ich weiß es auch nicht so, wie ich es wissen sollte, aber ich möchte mit euch teilen, was ich herausgefunden habe. Im *Review and Herald*, 18. Oktober 1898, macht der Geist der Weissagung folgende Aussage:

> Die Kenntnis dessen, was die Schrift meint, wenn sie uns die Notwendigkeit der Kultivierung des Glaubens nahelegt, ist wesentlicher als jedes andere Wissen, das erworben werden kann.

Beachtet, was ausgedrückt wird. Es ist wesentlicher als jedes andere Wissen.

> Wir erleiden viel Ärger und Kummer wegen unseres Unglaubens und unserer Unwissenheit, wie man den Glauben ausübt. Wir müssen die Wolken des Unglaubens durchbrechen. Wir können keine gesunde christliche Erfahrung machen, wir können dem Evangelium nicht zur Erlösung gehorchen, bis die Wissenschaft des Glaubens nicht besser verstanden wird und bis mehr Glauben ausgeübt wird.³

Möchtest du dem Evangelium gehorchen, um gerettet zu werden? Dann müssen wir die *Wissenschaft des Glaubens* verstehen. Was ist die Wissenschaft des Glaubens und wie übe ich sie aus? Aber zunächst einmal, was hat der Glaube mit der Errettung zu tun? In unseren oben erwähnten Texten haben wir Glauben und Frucht, Glauben und Werke gesehen. Lasst uns zu Jakobus 2,20-24 gehen:

> Willst du aber erkennen, du eitler Mensch, daß der Glaube ohne Werke fruchtlos ist? Wurde nicht Abraham, unser Vater, durch Werke gerechtfertigt, als er seinen Sohn Isaak auf dem Altar darbrachte? Da siehst du doch, daß der Glaube zusammen mit seinen Werken wirksam war und daß der Glaube durch die Werke vollkommen wurde; und so erfüllte sich die Schrift, die da spricht: «Abraham hat Gott geglaubt, und das wurde ihm zur Gerechtigkeit gerechnet», und er ist «Freund Gottes» genannt worden. Da seht ihr, daß der Mensch durch Werke gerechtfertigt wird und nicht durch den Glauben allein.

Durch Werke wird der Mensch gerechtfertigt, nicht allein durch den Glauben. Verstehen wir, was diese Schriftstellen ausdrücken wollen? Damit Abraham als gerecht anerkannt werden konnte, musste sein Glaube etwas tun: Er musste wirksam werden. Vers 18:

> Da wird aber jemand sagen: Du hast Glauben, ich habe Werke. Zeige mir deinen Glauben ohne die Werke; ich aber will dir aus meinen Werken den Glauben zeigen!

Die Werke offenbaren, um welche Art von Glauben es sich handelt. Die Werke Abrahams offenbarten, dass er Gott glaubte. Wir werden durch Werke gerechtfertigt, nicht nur durch den Glauben, denn *die*

Werke bezeugen, um welche Art von Glauben es sich handelt. Ein guter Baum wird gute Früchte hervorbringen und ein schlechter Baum, schlechte Früchte. Durch das Auftreten von *echten Früchten*, wenn es sich um richtige Werke handelt, weiß Gott, dass *echter Glauben* vorhanden ist. Wahrer Glaube wird wirken. Wenn also der Menschensohn kommt, wonach wird er Ausschau halten? Glaube, der wirkt! Echten Glauben! Ihr seht also, Gott wartet darauf, dass wir glauben, und wenn wir glauben, wird es Frucht geben, und an dieser Frucht wird Er erkennen, dass wir glauben.

Was ist dann der Glaube? Wir kennen die Definition, die in Hebräer 11,1 gegeben wird:

> Es ist aber der Glaube ein Beharren auf dem, was man hofft, eine Überzeugung von Tatsachen, die man nicht sieht.

Im *Review and Herald*, 6. Dezember 1898, kommentiert Alonzo T. Jones:

> Es ist leider wahr, dass es viele Gemeindemitglieder gibt, die nicht wissen, was Glaube ist, obwohl der Herr dies in der Heiligen Schrift vollkommen klar gemacht hat. Sie wissen vielleicht sogar, was die Definition des Glaubens ist; aber sie wissen nicht, was die Sache ist; sie begreifen die Idee nicht, die in der Definition steckt.[4]

Was ist dann der Glaube? Wir kennen die Definition, aber was ist es, das ihn ausmacht? In der Bibel haben wir eine absolut tiefgründige Veranschaulichung von Glauben. Matthäus 8,5-10. Und ihr werdet feststellen, dass dies eine der klarsten Definitionen des Glaubens ist:

> Als er aber nach Kapernaum kam, trat ein Hauptmann zu ihm, bat ihn und sprach: Herr, mein Knecht liegt daheim gelähmt darnieder und ist furchtbar geplagt! Und Jesus spricht zu ihm: Ich will kommen und ihn heilen. Der Hauptmann antwortete und sprach: Herr, ich bin nicht wert, daß du unter mein Dach kommst, sondern sprich nur ein Wort, so wird mein Knecht gesund werden. Denn auch ich bin ein Mensch, der unter Vorgesetzten steht, und habe Kriegsknechte unter mir; und sage ich zu diesem: Gehe hin! so geht er; und zu einem andern: Komm her! so kommt er; und zu meinem Knechte: Tue das! so tut er's.

> Als Jesus das hörte, verwunderte er sich und sprach zu denen, die ihm nachfolgten: Wahrlich, ich sage euch, bei niemand in Israel habe ich so großen Glauben gefunden!

Das ist es, was Christus als Glauben bezeichnete. Das ist es, was Christus als *großen* Glauben bezeichnete. Der Hauptmann war ein Mann mit Autorität. Er hatte viele Soldaten unter seinem Kommando. Er pflegte zu ihnen zu sagen: „Tut dies!", und sie taten es. Das Wort, das er sprach, würde vollbracht werden. So sagte er zu Jesus: „Sprich nur das Wort." Was war es, von dem er glaubte, dass es seinen Diener heilen würde? *„Das Wort allein."* Der Zenturio glaubte, dass *das Wort allein* seinen Knecht heilen würde. Er glaubte, dass das Wort Christi das Wort Gottes sei und dass deshalb das Wort *selbst* die Sache bewirken würde. Und das ist es, was Christus GROSSEN Glauben nannte!

Was ist dann also Glaube? Im *Review and Herald*, 27. Dezember 1898, definiert Alonzo T. Jones den Glauben:

> Glaube ist die Erwartung, dass das Wort Gottes tut, was es sagt, und die Abhängigkeit von diesem Wort, dass es tut, was es sagt.[5]

Am Anfang war die Erde ohne Gestalt und leer, und Finsternis war auf dem Angesicht der Tiefe. Und Gott kam dahin und sprach: „Es werde Licht", und es ward Licht. Und in Psalmen 33,6.9 steht:

> Die Himmel sind durch das Wort des HERRN gemacht und ihr ganzes Heer durch den Geist seines Mundes. Denn er sprach, und es geschah; er gebot, und es stand da!

Er befahl und es stand da. Das Wort selbst brachte die eigentliche Sache selbst hervor. Deshalb ist Glaube die Erwartung, dass das Wort, das Gott gesprochen hat – das Wort *selbst* – genau das tun wird, was es sagt, und man sich dann auf dieses Wort verlässt, um genau das zu tun, was es sagt.

Wie kommt der Glaube? Der Glaube kommt durch das Hören und das Hören durch das Wort (Römer 10,17). Das Wort Gottes kommt also zu uns. Nimm zum Beispiel das Wort Gottes in Exodus 20 – die Zehn Gebote. Sie sind wahrscheinlich das beste Beispiel von allen. Diese Zehn Gebote kommen zu uns und normalerweise denken wir, dass wir hingehen und sie halten müssen. Nein. *Sie werden sich selbst halten*. Sie selbst werden die Erfüllung ihrer selbst in uns wirken. Das wird uns in Jesaja 55,10-11 gesagt:

> Denn gleichwie der Regen und der Schnee vom Himmel fällt und nicht wieder dahin zurückkehrt, er habe denn die Erde getränkt und befruchtet und zum Grünen gebracht, daß sie dem Sämann Samen und dem Hungrigen Brot gibt; also soll das Wort, das aus meinem Munde geht, auch sein: es soll nicht leer zu mir zurückkehren, sondern ausrichten, was mir gefällt, und durchführen, wozu ich es sende!

Das Wort selbst wird vollbringen, was es sagt. Wenn wir echten Glauben haben, dann werden wir erwarten, dass diese Zehn Gebote genau das tun, was sie sagen. Und wir werden uns darauf verlassen, dass sie es tun. Wir werden anfangen, die Zehn Gebote in einem ganz neuen Licht zu sehen. Anstelle von Geboten wie: Du sollst, du sollst nicht, werden wir sie als kostbare Verheißungen sehen. Wir werden sagen: „Herr, du hast es gesagt. Amen." Und es wird so sein.

Gehen wir zu Psalm 119,11:

> Ich habe dein Wort in meinem Herzen geborgen, auf daß ich nicht an dir sündige.

Dein Wort habe ich in meinem Herzen verborgen, damit ich dein Gesetz halten kann. So kam es, dass der Glaube mit Abrahams Werken zusammenwirkte. Gott hatte gesagt: „In deinem Samen sollen alle Völker der Erde gesegnet werden", und dann hatte er einen Sohn. Da kam das Wort Gottes zu Abraham und sprach: „Nimm nun deinen Sohn, deinen einzigen Sohn, und bringe ihn zum Opfer dar." Aber Gott hatte gesagt, dass aus diesem Sohn eine Vielzahl von Söhnen hervorgehen würde! Er hatte geglaubt, dass Gott ihm einen Sohn schenken würde, und zu diesem Zeitpunkt war er so gut wie tot, geschweige denn der Schoß seiner Frau. Und doch hatte Gott ihm einen Sohn geschenkt. Aber dieser Sohn war noch nicht so weit, dass er ein eigenes Kind hatte. Nun sagt Gott: „Geh und opfere ihn!" Wie konnte er jemals ein Vater vieler Völker sein? Aber Gott sagte, dass er ein Vater vieler Völker sein *würde*, also machte sich Abraham auf den Weg. Er glaubte, dass sich das Wort Gottes selbst erfüllen würde, egal was passiert. Siehst du, wie sich dieser Glaube in seinen Werken auswirkte? Genesis 22,5:

> Da sprach Abraham zu seinen Knechten: Bleibet ihr hier mit dem Esel, ich aber und der Knabe wollen dorthin gehen, und wenn wir angebetet haben, wollen wir wieder zu euch kommen.

Wer würde wieder zu ihnen kommen? „Ich und der Knabe (Isaak)". Abraham glaubte, dass Gott ihn auferwecken würde. Er glaubte, dass Gottes Wort wahr war, dass er ein Vater vieler Nationen sein würde und dass in Isaak der Segen liegen würde.

Jetzt lesen wir die Verse 10-12:

> Und Abraham streckte seine Hand aus und faßte das Messer, seinen Sohn zu schlachten. Da rief ihm der Engel des HERRN vom Himmel und sprach: Abraham! Abraham! Und er antwortete: Siehe, hier bin ich! Er sprach: Lege deine Hand nicht an den Knaben und tue ihm nichts; denn nun weiß ich, daß du Gott fürchtest und hast deinen einzigen Sohn nicht verschont um meinetwillen!

So wurde Abraham durch Werke gerechtfertigt, die im Glauben vollbracht wurden. Der Glaube wirkte mit seinen Werken, und durch diese Werke wurde sein Glaube vollkommen gemacht.

In *Christ's Object Lessons*, S. 60, lesen wir das Folgende:

> Niemand, der Gottes Wort annimmt, ist von Schwierigkeiten und Prüfungen ausgenommen; aber wenn Bedrängnis kommt, wird der wahre Christ nicht unruhig, misstrauisch oder verzagt. Obwohl wir den endgültigen Ausgang der Dinge nicht sehen oder den Zweck von Gottes Vorsehung erkennen können, sollen wir unser Vertrauen nicht verlieren. Indem wir uns an die zarte Barmherzigkeit des Herrn erinnern, sollten wir unsere Sorge auf Ihn werfen und mit Geduld auf Seine Rettung warten.
>
> Durch Konflikte wird das geistliche Leben gestärkt. Gut ertragene Prüfungen entwickeln Standhaftigkeit des Charakters und wertvolle geistliche Gnaden. Die vollkommene Frucht des Glaubens, der Sanftmut und der Liebe reift oft am besten inmitten von Sturmwolken und Dunkelheit.
>
> „Der Landmann wartet auf die kostbare Frucht der Erde und hat lange Geduld auf sie, bis er den Frühregen und den Spätregen

> empfängt." Jakobus 5,7. *So soll der Christ mit Geduld auf die Frucht des Wortes Gottes in seinem Leben warten.* Oft, wenn wir um die Gnaden des Geistes beten, arbeitet Gott, um unsere Gebete zu beantworten, indem er uns in Umstände bringt, die diese Früchte entwickeln; aber wir verstehen seine Absicht nicht und wundern uns und sind bestürzt. Doch niemand kann diese Gnaden entwickeln, außer durch den Prozess des Wachstums und des Fruchtbringens. *Unser Teil ist es, Gottes Wort zu empfangen und es festzuhalten, indem wir uns seiner Kontrolle völlig hingeben, und sein Zweck in uns wird erfüllt werden.* [Hervorhebung hinzugefügt][6]

Bekommen wir eine Vorstellung davon, was Glaube ist? Der Glaube wirkt, durch das Halten an das lebendige Wort!

Ein letzter Gedanke. Epheser 4,5:

> Ein Herr, ein Glaube, eine Taufe.

Es gibt nur einen Glauben. Wisst ihr, welcher es ist? Offenbarung 14,12:

> Hier ist die Standhaftigkeit der Heiligen, welche die Gebote Gottes und den Glauben von Jesus bewahren.

Der einzige echte Glaube ist der Glaube von Jesus; der Glaube, der von Jesus ist, der in Jesus ist. Wenn wir uns Apostelgeschichte 26,13-18 ansehen, was ist es, das Sein Glaube bewirken wird? Hier berichtet der Apostel Paulus von seiner ersten Erfahrung mit Christus, und beachtet seinen Auftrag:

> … Sah ich mitten am Tage auf dem Wege, o König, vom Himmel her ein Licht, heller als der Sonne Glanz, welches mich und meine Reisegefährten umleuchtete. Und da wir alle zur Erde fielen, hörte ich eine Stimme in hebräischer Sprache zu mir sagen: Saul, Saul! was verfolgst du mich? Es wird dir schwer werden, gegen den Stachel auszuschlagen! Ich aber sprach: Wer bist du, Herr? Der Herr aber sprach: Ich bin Jesus, den du verfolgst! Aber steh auf und tritt auf deine Füße! Denn dazu bin ich dir erschienen, dich zu verordnen zum Diener und Zeugen dessen, was du von mir gesehen hast und was ich dir noch offenbaren werde, und ich will dich erretten von dem Volk und von den Heiden, unter

> welche ich dich sende, um ihnen die Augen zu öffnen, damit sie sich bekehren von der Finsternis zum Licht und von der Gewalt des Satans zu Gott, auf daß sie Vergebung der Sünden und ein Erbteil *unter den Geheiligten empfangen durch den Glauben an mich!* (Hervorhebung hinzugefügt)

Wollen wir ein Erbe unter den Heiligen haben? Dann müssen wir durch den Glauben, der in Jesus ist, geheiligt werden. Wenn es in Ihm ist, dann ist es Sein – es ist der Glaube, den Er ausgeübt hat. Was ist Glaube? Zu glauben, dass Gottes Wort erfüllen wird, was es sagt.

Wir wenden uns Matthäus 4,2-6 zu und lesen von Christus in der Wüste:

> Und als er vierzig Tage und vierzig Nächte gefastet hatte, hungerte ihn hernach. Und der Versucher trat zu ihm und sprach: Bist du Gottes Sohn, so sprich, daß diese Steine Brot werden! Er aber antwortete und sprach: *Es steht geschrieben:* «Der Mensch lebt nicht vom Brot allein, sondern von einem jeden Wort, das durch den Mund Gottes ausgeht.» Darauf nimmt ihn der Teufel mit sich in die heilige Stadt und stellt ihn auf die Zinne des Tempels und spricht zu ihm: Bist du Gottes Sohn, so wirf dich hinab; denn es steht geschrieben: «Er wird seinen Engeln deinethalben Befehl geben, und sie werden dich auf den Händen tragen, damit du deinen Fuß nicht etwa an einen Stein stoßest.» (Hervorhebung hinzugefügt)

Wurde das geschrieben? Nein. Die Schrift sagt: „dich zu bewahren auf allen deinen Wegen". Psalm 91,11-12.

Lesen wir weiter in Matthäus 4,7-10:

> Da sprach Jesus zu ihm: *Wiederum steht geschrieben:* «Du sollst den Herrn, deinen Gott, nicht versuchen.» Wiederum nimmt ihn der Teufel mit auf einen sehr hohen Berg und zeigt ihm alle Reiche der Welt und ihre Herrlichkeit und spricht zu ihm: Dieses alles will ich dir geben, wenn du niederfällst und mich anbetest. Da spricht Jesus zu ihm: Hebe dich weg von mir, Satan! *Denn es steht geschrieben:* «Du sollst den Herrn, deinen Gott, anbeten und ihm allein dienen!» (Hervorhebung hinzugefügt)

Christus sagte in Psalm 40,8:

> Deinen Willen zu tun, mein Gott, begehre ich, und dein Gesetz ist in meinem Herzen.

Und dann in Psalm 119,11:

> Ich habe dein Wort in meinem Herzen geborgen, auf daß ich nicht an dir sündige.

The Desire of Ages, S.120:

> Jesus begegnete Satan mit den Worten der Heiligen Schrift. „Es steht geschrieben", sagte Er. In jeder Versuchung war die Waffe Seiner Kriegsführung das Wort Gottes. Satan verlangte von Christus ein Wunder als Zeichen seiner Göttlichkeit. Aber das, was größer als alle Wunder ist, ein festes Vertrauen auf ein „So spricht der Herr", war ein Zeichen, das nicht angefochten werden konnte. Solange Christus an dieser Position festhielt, konnte der Versucher keinen Vorteil erlangen.[7]

Wenn Christus kommt, wird Er schauen, ob wir Seiner göttlichen Natur teilhaftig geworden sind. Was ist das beste Zeichen dafür, dass wir das getan haben? Durch „ein festes Vertrauen auf ein ‚So spricht der Herr'". „Solange Christus an dieser Position festhielt, konnte der Versucher keinen Vorteil erlangen."

Christus verließ sich darauf, dass sich das *Wort* erfüllen würde. Er vertraute darauf, dass das, was Gott gesagt hatte, er auch tun würde. Lasst uns das nun in unser Verständnis einbetten.

Johannes 1,1-3.14:

> Im Anfang war das Wort, und das Wort war bei Gott, und das Wort war Gott. Dieses war im Anfang bei Gott. Alles ist durch dasselbe entstanden; und ohne dasselbe ist auch nicht eines entstanden, was entstanden ist.... Und das Wort ward Fleisch und wohnte unter uns; und wir sahen seine Herrlichkeit, eine Herrlichkeit als des Eingeborenen vom Vater, voller Gnade und Wahrheit.

Christus war das Wort. In *The Desire of Ages*, S. 20:

> Er [CHRISTUS] war das Wort Gottes, – Gottes Gedanken hörbar gemacht.[8]

Dieses Wort ist Fleisch geworden. Er ist Fleisch geworden, um den Tod zu erleiden. „Er wurde für uns, die wir keine Sünde kannten, zur Sünde gemacht, damit wir in ihm zur Gerechtigkeit Gottes gemacht würden." 2. Korinther 5,21. Als Mensch trug er, was wir zu tragen haben. Nun möchte ich euch aus *The Desire of Ages*, S. 753 vorlesen, um Seinen Glauben zu demonstrieren:

> Auf Christus als unserem Stellvertreter und Bürgen wurde die Schuld von uns allen gelegt. Er wurde als Übertreter angesehen, damit Er uns von der Verdammung des Gesetzes erlösen könne. Die Schuld eines jeden Nachkommen Adams drückte auf Sein Herz. Der Zorn Gottes gegen die Sünde, die schreckliche Manifestation Seines Unmutes wegen der Ungerechtigkeit, erfüllte die Seele Seines Sohnes mit Entsetzen. Sein ganzes Leben lang hatte Christus einer gefallenen Welt die gute Nachricht von der Barmherzigkeit und verzeihenden Liebe des Vaters verkündet. Die Erlösung für den größten aller Sünder war Sein Motto. Aber jetzt, mit der schrecklichen Last der Schuld, die er trägt, kann er das versöhnende Gesicht des Vaters nicht sehen. Das Zurückziehen des göttlichen Antlitzes vom Heiland in dieser Stunde höchster Qual durchbohrte Sein Herz mit einem Kummer, den der Mensch nie ganz verstehen kann. So groß war diese Qual, dass Sein körperlicher Schmerz kaum zu spüren war.
>
> Satan zerrte mit seinen heftigen Versuchungen am Herzen Jesu. Der Heiland konnte nicht durch die Pforten des Grabes sehen. Die Hoffnung offenbarte Ihm nicht, dass Er als Überwinder aus dem Grab hervorgehen würde, oder erzählte Ihm von der Annahme des Opfers durch den Vater. Er fürchtete, dass die Sünde Gott so sehr beleidigte, dass Ihre Trennung auf ewig sein sollte. Christus fühlte die Angst, die der Sünder fühlen wird, wenn die Barmherzigkeit nicht mehr für das schuldige Geschlecht eintreten wird. Es war das Gefühl der Sünde, die den Zorn des Vaters auf Ihn als den Stellvertreter der Menschen brachte, das den Kelch, den Er trank, so bitter machte und das Herz des Sohnes Gottes brach.[9]

Es war so schwarz und so dunkel; es heißt dort: „Er konnte nicht durch die Pforten des Grabes sehen." Allem Anschein nach war es das – fertig. *The Desire of Ages*, S. 756:

> Plötzlich lichtete sich die Finsternis am Kreuz, und in klaren, trompetenartigen Tönen, die in der ganzen Schöpfung wiederzuhallen schienen, rief Jesus: „Es ist vollbracht." „Vater, in Deine Hände befehle ich meinen Geist." Ein Licht umgab das Kreuz, und das Antlitz des Erlösers erstrahlte in einer Herrlichkeit wie die Sonne. Dann beugte Er sein Haupt auf seine Brust und starb.[10]

Was war es, das ihn befähigte, mit solchem Vertrauen vorzugehen? Psalmen 16,8-10:

> Ich habe den HERRN allezeit vor Augen; weil er mir zur Rechten ist, wanke ich nicht. Darum freut sich mein Herz, und meine Seele frohlockt; auch mein Fleisch wird sicher ruhen; denn du wirst meine Seele nicht dem Totenreich überlassen und wirst nicht zugeben, daß dein Heiliger die Verwesung sehe.

Wenn du sonst nichts aus dieser Studie mitnimmst, möchte ich, dass du aufmerksam zuhörst und Folgendes behältst. Nimm es mit nach Hause und vergiss es nicht. Wie war es möglich, dass Christus sich in die Hände des Vaters hingeben konnte? Wie kam es, dass, egal wie dunkel die Bösartigkeit der Sünde war, wie schrecklich die Last der Schuld, wie unmöglich es schien, dass es irgendeinen Ausweg gab, wie konnte Er siegen? *Er glaubte, dass Gott Sein Wort halten würde.* Durch den Glauben war Christus siegreich! „Und dies ist der Sieg, der die Welt überwindet, nämlich unser Glaube." 1. Johannes 5,4. Ist dein Glaube der Glaube von Jesus?

Gibt es Erfahrungen in deinem Leben, in denen die Bösartigkeit der Sünde so schwarz, so dunkel ist? In denen es unmöglich scheint, dass du jemals von Gott angenommen werden kannst? In denen das Gewicht der Schuld dich zu Boden drückt? Und es so scheint, als ob du keine Chance auf das ewige Leben hast. Wir denken: Gottes Vergebung ist nichts für mich. Kennst du diese Erfahrungen? Erinnere dich an Jesus am Kreuz. Erinnere dich an das Wort Selbst, das glaubte, dass Gott Sein Wort halten würde!

Wenn du den Glauben Jesus hast, wirst du nicht untätig sein; du wirst nicht warten, bis du spürst, dass du wieder heil gemacht worden bist. Du wirst Seinem Wort glauben. Du wirst deinen Willen auf die Seite von Christus stellen. Du wirst Ihm dienen wollen und im Handeln nach Seinem Wort wirst du Kraft erhalten. Von Christus steht in *The Desire of Ages*, S. 73, geschrieben, dass:

| Er erwartete viel; deshalb unternahm Er viel.[11]

Gott sagt, dass er Sein Werk der Gerechtigkeit abschließen wird (Römer 9,28). Wusstest du, dass das Sein Wort ist? Wirst du es glauben und es annehmen und dieses Wort wirken lassen? Ja, Gott sucht nach Frucht. Es gibt viele Standards, denen wir gerecht werden müssen – bis hin zu den kleinsten Details unseres Lebens. Aber wenn wir nie das Wort Gottes studieren, wenn wir nicht wissen, was es sagt, wird es nie funktionieren, und wir werden es nie tun.

Wenn wir dann anfangen, diesen Glauben auszuüben und diese Frucht hervorgebracht wird und wenn dann jemand zu dir kommt und sagt: „Warum tust du das?" Und: „Warum tust du dies?" Was wird dann deine Antwort sein? Sie wird nicht nur lauten: „Das ist es, was das Wort sagt", sondern: *„Das ist es, was das Wort tut!"* Und was für eine Gelegenheit wirst du dadurch haben, das Evangelium zu predigen.

Wenn wir den Punkt erreichen, an dem unser Glaube und unser Vertrauen in Gott so stark ist, dass es egal ist, was Er sagt, egal wie unmöglich es scheint, dann wird darin die Gerechtigkeit Gottes offenbart werden. Und Christus wird Sein Ebenbild in uns sehen, weil jedes Wort, das aus Seinem Mund geht, durch uns lebendig sein wird. Dann wird Er kommen, und wir können nach Hause gehen. Möge der Herr uns helfen, die Wissenschaft des Glaubens zu verstehen. AMEN.

Kapitel 8

WARUM DER HEILIGTUMSDIENST DEN ISRAELITEN GEGEBEN WORDEN WAR

Teil 1

11. Dezember 2010

Wann werde ich diesen glücklichen
Ort erreichen und für immer gesegnet sein?
Wann werde ich das Angesicht meines
Vaters sehen und in Seinem Königreich ruhen?
Wann werde ich das Lied von Mose und dem Lamm singen?

IN dieser Betrachtung wollen wir uns mit dem *Wann* beschäftigen. Wann werden wir? Wann können wir?

Ich möchte einige biblische Geschichten untersuchen und sehen, was wir für unsere Warnung – für unser Lernen – herauslesen können, über wen das Ende der Welt gekommen ist. Wir können in 1. Mose 12 damit beginnen und von Abrahams Erfahrung lesen; und dieses spezielle Thema ist eines, das mich wirklich begeistert, weil ich daraus Ermutigung und gleichzeitig starke Ermahnungen und Warnungen bekomme. 1. Mose 12,1-5:

> Und der HERR sprach zu Abraham: Geh aus von deinem Land und von deiner Verwandtschaft und von deines Vaters Hause in das Land, das ich dir zeigen will! So will ich dich zu einem großen Volke machen und dich segnen und dir einen großen Namen machen, und du sollst ein Segen sein. Ich will segnen, die dich segnen, und verfluchen, die dir fluchen; und durch dich sollen alle Geschlechter auf Erden gesegnet werden! Da ging Abraham, wie der HERR zu ihm gesagt hatte, und Lot ging mit ihm; Abraham aber war fünfundsiebzig Jahre alt, da er von Haran auszog. Und Abraham nahm sein Weib Sarai und Lot, seines Bruders Sohn,

> samt aller ihrer Habe, die sie erworben, und den Seelen, die sie in Haran gewonnen hatten; und sie zogen aus, um ins Land Kanaan zu gehen.

Dann in Vers 10:

> Da aber Hungersnot im Lande herrschte, reiste Abraham nach Ägypten hinab, um sich daselbst aufzuhalten; denn die Hungersnot lastete auf dem Land.

Und nun in 1. Mose 13,1-15:

> Und Abraham zog mit seinem Weib und mit allem, was er hatte, auch mit Lot, von Ägypten hinauf in das südliche Kanaan. Und Abraham war sehr reich an Vieh, Silber und Gold. Und er kam auf seinen Nomadenzügen von Süden her bis nach Bethel, bis zu dem Ort, da sein Zelt zuerst gestanden hatte, zwischen Bethel und Ai, an die Stätte des Altars, welchen er in der ersten Zeit gemacht hatte; und Abraham rief daselbst den Namen des HERRN an. Aber auch Lot, der mit Abraham ging, hatte Schafe, Rinder und Zelte. Und das Land mochte es nicht ertragen, daß sie beieinander wohnten; denn ihre Habe war groß, und sie konnten nicht beieinander bleiben. Und es entstand Streit zwischen den Hirten über Abrahams Vieh und den Hirten über Lots Vieh; auch wohnten zu der Zeit die Kanaaniter und Pheresiter im Lande. Da sprach Abraham zu Lot: Es soll doch nicht Zank sein zwischen mir und dir, zwischen meinen Hirten und deinen Hirten! Denn wir sind Brüder. Steht dir nicht das ganze Land offen? Trenne dich von mir! Willst du zur Linken, so gehe ich zur Rechten; und willst du zur Rechten, so gehe ich zur Linken. Da hob Lot seine Augen auf und besah die ganze Jordanaue; denn sie war allenthalben bewässert, wie ein Garten des HERRN, wie Ägyptenland, bis nach Zoar hinab, ehe der HERR Sodom und Gomorra verderbte. Darum erwählte sich Lot die ganze Jordanaue und zog gegen Osten. Also trennte sich ein Bruder von dem andern. Abraham wohnte im Lande Kanaan und Lot in den Städten der Aue und zeltete bis nach Sodom hin. Aber die Leute zu Sodom waren schlecht und sündigten sehr wider den HERRN. Der HERR aber sprach zu Abram, nachdem sich Lot von ihm getrennt hatte: Hebe doch deine Augen auf und

> schaue von dem Orte, da du wohnst, nach Norden, Süden, Osten und Westen! Denn das ganze Land, das du siehst, will ich dir und deinem Samen geben auf ewig. Und ich will deinen Samen machen wie den Staub auf Erden; wenn ein Mensch den Staub auf Erden zählen kann, so soll man auch deinen Samen zählen.

Hier gibt es etwas Interessantes zu beobachten. Gott hatte gesagt: „Zieh weg von deiner Verwandtschaft, und ich will dir einen Ort zeigen, der dein Erbe sein soll." Als Abraham Haran verließ, ging sein Neffe Lot mit ihm. Lot war einer seiner Verwandten. Abraham zog mit seinen Verwandten hinunter nach Kanaan und dann weiter hinunter nach Ägypten und daraufhin zurück nach Kanaan. Gott hatte gesagt, dass, wenn er aus seiner *Verwandtschaft* herauskommen sollte, Er ihm sein Erbe zeigen würde. Und so, *nachdem* Lot von Abraham getrennt war, zeigte Gott ihm sein Erbe. Er sagte: „Hebe deine Augen auf und sieh aus dem Ort hinaus und nach Norden und nach Süden und nach Osten und nach Westen, und alles Land, das du siehst, will ich dir und deinem Samen geben."

Verse 16-18:

> Und ich will deinen Samen machen wie den Staub auf Erden; wenn ein Mensch den Staub auf Erden zählen kann, so soll man auch deinen Samen zählen. Mache dich auf, durchziehe das Land seiner Länge und Breite nach! Denn dir will ich es geben. Da brach Abraham auf, kam und wohnte bei den Eichen Mamres zu Hebron und baute daselbst dem HERRN einen Altar.

Gott hatte versprochen, Abraham ein Erbe zu geben. Er hatte versprochen, ihm Land zu geben. Und das ist an dieser Stelle so wunderbar, denn obwohl er auf seinem Erbe stand, sagte er zu Lot: „Du gehst diesen Weg oder den anderen Weg – ich mache mir keine Sorgen, welchen Weg du gehst. Wenn du diesen Weg gehst, werde ich den anderen Weg gehen, aber wenn du *diesen* Weg gehst, werde ich den entgegengesetzten Weg gehen." Da kam Gott zu ihm und sagte: „Schau nach Norden, schau nach Süden, schau nach Westen und schau genau in die Richtung, in die Lot gerade gegangen ist – ich will dir *alles* geben. Es ist alles dein Erbe. Im Norden, im Süden, im Osten, im Westen. Durchwandere das Land in seiner Länge und in seiner Breite, denn Ich will es dir ganz geben." Wie weit reicht der Osten? Wie weit geht der Westen? Diese Verheißung von Land, die

Abraham gemacht wurde, war die Verheißung von mehr als nur dem Land Kanaan – es war die Länge und Breite der gesamten Erde.

Beachtet, dass die Verheißung nicht nur Abraham galt: „Das Land, das du siehst, dir will ich es geben *und* deinem Samen."

Gehen wir zu Apostelgeschichte 7,2-5. Hier erzählt der Märtyrer Stephanus die gleiche Geschichte, die wir gerade gelesen haben, aber in einer verkürzten Version:

> Er aber sprach: Ihr Männer, Brüder und Väter, höret! Der Gott der Herrlichkeit erschien unserm Vater Abraham, als er in Mesopotamien war, bevor er in Haran wohnte, und sprach zu ihm: «Gehe hinweg aus deinem Lande und deiner Verwandtschaft und ziehe in das Land, das ich dir zeigen werde!» Da ging er hinweg aus dem Lande der Chaldäer und wohnte in Haran. Und von dort, nach dem Tode seines Vaters, führte er ihn herüber in dieses Land, welches ihr jetzt bewohnet. Und er gab ihm kein Erbteil darin, auch nicht einen Fuß breit, und verhieß, es ihm und seinem Samen nach ihm zum Eigentum zu geben, obwohl er kein Kind hatte.

Abraham reiste in das Land, das Gott ihm verheißen hatte, und doch setzte er nicht einmal seinen Fuß auf sein Erbe. Es war nicht das Land, um das Israel heute kämpft. Das Land Palästina war nicht das Gelobte Land, wie so viele Christen heute denken. Das kann man sehr deutlich aus der Heiligen Schrift herausarbeiten, aber wir wollen uns jetzt nur einen kurzen Überblick verschaffen.

Gottes Verheißung war, dass das Land Abraham *und* seinem Samen gegeben werden würde. Kommt nun zu Galater 3,16 – sein *Same* würde dieses Land erhalten:

> Nun aber sind die Verheißungen dem Abraham und seinem Samen zugesprochen worden. Es heißt nicht: «und den Samen», als von vielen, sondern als von einem: «und deinem Samen», welcher ist Christus.

Die gleiche Verheißung, die Abraham gegeben wurde, wurde auch Jesus Christus gegeben; so dass er Selbst das verheißene Land erhalten würde.

Abraham suchte nach einer Stadt, deren Baumeister und Erbauer Gott ist (Hebräer 11,10). Als David König eines Reiches war, das reicher und mächtiger war als jedes andere in der Welt zu dieser Zeit, betete er vor dem Herrn und sagte: „Wir sind Fremdlinge und Einwanderer, wie es alle unsere Väter waren" (1. Chronik 29,15). Diejenigen, die dem Glauben Abrahams angehörten, schauten nicht auf das Land Palästina als ihr Erbe – sie schauten auf das Erbe Jesu Christi. In Hebräer 2,5-9 ist von Seinem Erbe die Rede:

> Denn nicht Engeln hat er die zukünftige Welt, von der wir reden, unterstellt. Es bezeugt aber einer irgendwo und spricht: «Was ist der Mensch, daß du seiner gedenkst, oder des Menschen Sohn, daß du zu ihm siehst? Du hast ihn ein wenig niedriger gemacht als die Engel, mit Herrlichkeit und Ehre hast du ihn gekrönt; alles hast du unter seine Füße getan.» Indem er ihm aber alles unterwarf, ließ er ihm nichts ununterworfen; jetzt aber sehen wir, daß ihm noch nicht alles unterworfen ist; den aber, der ein wenig unter die Engel erniedrigt worden ist, Jesus, sehen wir wegen des Todesleidens mit Herrlichkeit und Ehre gekrönt, damit er durch Gottes Gnade für jedermann den Tod schmeckte.

Das Erbe, das Christus gegeben werden wird, ist die neu gemachte Welt. Die Verheißung war, dass diese Welt dem Menschen gegeben werden würde, und wer ist *der* Mensch? Der Mensch Jesus Christus.

Lesen wir Galater 3,29. Es würde ihm und seinem „Samen" gegeben werden:

> Gehört ihr aber Christus an, so seid ihr Abrahams Same und nach der Verheißung Erben.

In Apostelgeschichte 7,6-7 sehen wir, dass Stephanus verstanden hat, was wir gerade studieren:

> Gott sprach aber also: «Sein Same wird Fremdling sein in einem fremden Lande, und man wird ihn dienstbar machen und übel behandeln, vierhundert Jahre lang. Und das Volk, dem sie dienen werden, will ich richten, sprach Gott; und darnach werden sie ausziehen und mir dienen an diesem Ort.»

Dann in den Versen 17-20:

> Als aber die Zeit der Verheißung nahte, welche Gott dem Abraham zugesagt hatte, wuchs das Volk und mehrte sich in

Ägypten, bis ein anderer König über Ägypten aufkam, der Joseph nicht kannte. Dieser handelte arglistig gegen unser Geschlecht und zwang die Väter, ihre Kinder auszusetzen, damit sie nicht am Leben blieben. In dieser Zeit wurde Mose geboren, der war Gott angenehm; und er wurde drei Monate lang im Hause seines Vaters ernährt.

Die Zeit der Verheißung rückte näher – die Verheißung an Abraham, dass Gott die Erde erneuern und es ein ewiges Erbe geben würde, welches ein Volk erhalten würde, das ewiges Leben haben würde. Am Ende dieser 400 Jahre würde Gott die Israeliten aus Ägypten zurückholen, und es war Seine Absicht, dass sie in *das* Gelobte Land einziehen würden.

Wenn wir das Lied des Mose sorgfältig lesen, stellen wir fest, dass dies in der Tat Gottes Absicht war. Exodus 15,13-18.

Hier ist ein Teil des Liedes, das die Israeliten sangen, nachdem sie das Rote Meer durchquert hatten:

Du leitest in deiner Gnade das Volk, das du erlöst hast, und bringst sie durch deine Kraft zur Wohnung deines Heiligtums. Wenn das die Völker hören, so erzittern sie, Angst kommt die Philister an; es erschrecken die Fürsten Edoms, Zittern befällt die Gewaltigen Moabs; alle Einwohner Kanaans werden verzagt. Laß durch deinen großen Arm Schrecken und Furcht über sie fallen, daß sie erstarren wie Steine, bis dein Volk, HERR, hindurchziehe, bis dein Volk hindurchziehe, das du erworben hast! *Bring sie hinein und pflanze sie auf den Berg deines Erbteils, an den Ort, den du, HERR, zu deiner Wohnung gemacht hast, zu dem Heiligtum, o HERR, welches deine Hände bereitet haben! Der HERR wird herrschen immer und ewig!* (Hervorhebung hinzugefügt)

Wer? Das Volk, das das Rote Meer durchquert hat. Gott würde sie herbringen und sie auf dem Berg Seines Erbes einpflanzen. Wessen Erbe? *Gottes* Erbe – das Erbe von Jesus Christus.

Und in welchem Heiligtum würden sie Ihm dienen? In dem irdischen, das mit den Händen von Menschen gemacht wurde? Nein. In dem Heiligtum, das der Herr aufgerichtet hat und nicht der Mensch (Hebräer 8,2; 9,11.24). Das war die Verheißung, die Gott Abraham gab: dass sie in der vierten Generation aus ihrer

Gefangenschaft herauskommen würden, Abraham mit Isaak, Jakob, Josef und seinen Brüdern von den Toten auferstehen würde und die Erde neu gemacht würde.

Schauen wir uns Offenbarung 15,2-3 an. Wir versuchen zu verstehen, wie relevant dies für uns heute ist. Die Israeliten hatten direkt vor sich eine sehr wertvolle Gelegenheit. Es gibt ein anderes Volk, das das gleiche Lied singen wird:

> Und ich sah etwas wie ein gläsernes Meer, mit Feuer vermischt; und die, welche als Überwinder hervorgegangen waren über das Tier und über sein Bild und über die Zahl seines Namens, standen an dem gläsernen Meere und hatten Harfen Gottes. Und sie singen das Lied Moses, des Knechtes Gottes, und des Lammes und sprechen: Groß und wunderbar sind deine Werke, o Herr, Gott, Allmächtiger! Gerecht und wahrhaft sind deine Wege, du König der Völker!

Dies ist das Volk, das in das Erbe einziehen wird. Dies ist das Volk, das den ewigen Besitz erhalten wird; und ein ewiger Besitz kann nur von einem Volk besessen werden, das *ewiges Leben* hat. Sie singen das gleiche Lied, das Mose am Ufer des Roten Meeres gesungen hat. Die Parallelen sind genau dieselben.

Warum haben die Israeliten nie die Erfüllung der Verheißung erhalten? Das ist etwas zum Nachdenken für uns heute, denn wenn sie es damals nicht erhalten haben, was könnte uns daran hindern, es selbst zu erhalten? 1. Korinther 10,11 zeigt uns, dass wir ihre Erlebnisse betrachten müssen:

> Das alles, was jenen widerfuhr, ist ein Vorbild und wurde zur Warnung geschrieben für uns, auf welche das Ende der Zeitalter gekommen ist.

Wir denken, dass das Ende der Welt das ist, was auf uns zukommt, und so glauben wir nicht, dass die Erfahrung der Israeliten, in dieser Hinsicht, für uns heute relevant ist. Aber in Gottes ursprünglichem Plan *wäre* das Ende der Welt über sie gekommen. Vers 12 ist sehr relevant:

> Darum, wer sich dünkt, er stehe, der sehe wohl zu, daß er nicht falle!

Warum sind sie nicht hineingegangen? Welche Ermahnung gibt es darin für uns? Hebräer 3,16-19:

> Welche wurden denn verbittert, als sie es hörten? Waren es denn nicht alle, die unter Mose aus Ägypten ausgezogen waren? Welchen zürnte er aber vierzig Jahre lang? Waren es nicht die, welche gesündigt hatten, deren Leiber in der Wüste fielen? Welchen schwur er aber, daß sie nicht in seine Ruhe eingehen sollten, als nur denen, die ungehorsam gewesen waren? Und wir sehen, daß sie nicht eingehen konnten wegen des Unglaubens.

Das ist unsere Ermahnung heute. Wenn sie wegen ihres Unglaubens nicht hineingehen konnten, dann können wir nicht hineingehen, wenn *wir* nicht glauben. War ihre Erfahrung eine andere als unsere? Sie wurden im Roten Meer getauft. Sie aßen von dem Brot vom Himmel – Jesus sagt: „Ich bin das Brot, das vom Himmel herabgekommen ist." Sie tranken von dem geistlichen Felsen, der Christus war – Er hatte gesagt: „Ich will mich auf den Felsen stellen, und ihr werdet ihn schlagen." (1. Korinther 10,4.) Sie tranken von dem Leben spendenden Wasser, das aus der Seite Jesu Christi floss. Dieser zertrümmerte Fels der Zeitalter, der für das Leben der Welt gegeben wurde. Sie ließen sich taufen und nahmen an den Ordnungen Gottes teil. Sie zeugten vom Tod des Herrn, bis Er kommt; und es sollte eine sehr kurze Zeit sein, bis Er wiedergekommen sein würde.

Sie waren, um eine Parallele zu unserem heutigen Tag zu ziehen, die Generation, die nicht vergehen würde, bis all diese Dinge erfüllt sein würden. Aber – und das ist eine Aussage mit großer Bedeutung – sie konnten nicht eintreten wegen ihres Unglaubens.

In Exodus 16 finden wir etwas sehr Interessantes. In der Tat, eine weitere Parallele zu unserer Zeit, die du vielleicht vorher nicht bedacht hast. Sie konnten nicht hineingehen, weil sie ein bestimmtes Defizit hatten, und dieses besondere Defizit war der Mangel an Glauben. In Exodus 16,3-5 wird aufgezeigt, wie es dazu kam, dass sie darin versagten zu glauben:

> Und die Kinder Israel sprachen zu ihnen: Wären wir doch durch des HERRN Hand in Ägypten gestorben, als wir bei den Fleischtöpfen saßen und Brot die Fülle zu essen hatten. Denn ihr habt uns darum in diese Wüste ausgeführt, daß ihr diese ganze

> Gemeinde Hungers sterben lasset! Da sprach der HERR zu Mose: Siehe, ich will euch Brot vom Himmel regnen lassen; dann soll das Volk hinausgehen und täglich sammeln, was es bedarf, damit ich erfahre, ob es in meinem Gesetze wandeln wird oder nicht. Am sechsten Tage aber sollen sie zubereiten, was sie eingebracht haben, und zwar doppelt so viel als sie täglich sammeln.

Was ist das? Das ist ein *Test*. Wofür ist es ein Test? Es ist ein Test für den Sabbat. Bevor sie das Erbe empfangen konnten, mussten sie am Sabbat geprüft werden; denn wenn sie den Sabbat halten konnten, würde Gott wissen, ob sie in *allen* seinen Gesetzen wandeln würden oder nicht. Das ist eine auffällige Parallele für uns heute. *Der Sabbat war Gottes Test, um zu sehen, ob sie glauben würden oder nicht.* In Hebräer 3 lesen wir, dass ihr Herz nicht aufrichtig gegenüber Ihm war. Es gab welche, die am Sabbat hinausgingen und versuchten, Manna zu sammeln, aber es war keines da. Diejenigen, die ungehorsam waren und am sechsten Tag nicht doppelt so viel sammelten, mussten hungern.

Die Verheißung eines Erbes war nach Hebräer 3 und 4 die Verheißung von Ruhe – von Gottes Ruhe. Was für eine Art von Ruhe ist das? Hast du sie erfahren? Hast du? Jesaja 57,20-21:

> Aber die Gottlosen sind wie das aufgeregte Meer, welches nicht ruhig sein kann, dessen Wellen Kot und Unrat auswerfen. Keinen Frieden, spricht mein Gott, gibt es für die Gottlosen!

Wenn du in die Ruhe Gottes eintreten willst, darfst du keine *Boshaftigkeit* haben; denn es gibt keinen Frieden für die Gottlosen. Die Verheißung Gottes war die Verheißung des *Friedens*. Und der Friede kommt durch was? Was sind die Auswirkungen der Gerechtigkeit? Frieden, Ruhe, Gelassenheit (Jesaja 32,17). Die Verheißung Gottes war die Verheißung der *Gerechtigkeit*. Das verheißene Land zu Abrahams Zeiten konnte nicht in Besitz genommen werden, weil die Amoriter ihren Kelch der Missetat noch nicht gefüllt hatten; es war ein Land, das zu dieser Zeit noch ungerechte Menschen hatte. Also mussten die Bewohner der Erde ihren Kelch der Schuld auffüllen; ihre Bewährungszeit musste zu Ende gehen und *dann* konnte sie neu gemacht werden. Ein ewiges Erbe kann nur von denjenigen besessen werden, die ewiges Leben haben, und nur die Gerechten werden ewiges Leben haben. Die

Verheißung war also die Verheißung der *Gerechtigkeit*, die *durch den Annehmen* – durch den Glauben – kommen würde.

In Hebräer 11,7 ist von Noah die Rede, von dem Erbe, das Gott denen versprochen hatte, die dem Glauben Abrahams angehörten:

> Durch Glauben baute Noah, als er betreffs dessen, was man noch nicht sah, eine Weissagung empfangen hatte, in ehrerbietiger Scheu eine Arche zur Rettung seines Hauses; durch ihn verurteilte er die Welt und wurde ein Erbe der Glaubensgerechtigkeit.

Dies ist die Verheißung der Ruhe Gottes, die Verheißung der Gerechtigkeit.

In Römer 3,22 steht:

> Nämlich die *Gerechtigkeit Gottes, veranlaßt durch den Glauben an Jesus Christus,* für alle, die da *glauben.* (Hervorhebung hinzugefügt)

Der Sabbat war ein Test, um zu sehen, ob sie diese Gerechtigkeit empfangen konnten oder nicht; um zu sehen, ob sie in diese Ruhe einkehren konnten.

Wir wollen uns nun in Hebräer 4,1-11 diese Ruhe ansehen und was der Sabbat mit der verheißenen Ruhe, dem verheißenen Erbe zu tun hat:

> So laßt uns nun fürchten, daß nicht etwa, während doch eine Verheißung zum Eingang in seine Ruhe hinterlassen ist, jemand von euch als zu spät gekommen erscheine! Denn auch uns ist die gute Botschaft verkündigt worden, gleichwie jenen; aber das Wort der Predigt half jenen nicht, weil es durch die Hörer nicht mit dem Glauben verbunden wurde. Denn wir, die wir gläubig geworden sind, gehen in die Ruhe ein, wie er gesagt hat: «Daß ich schwur in meinem Zorn, sie sollen nicht in meine Ruhe eingehen». Und doch waren die Werke seit Grundlegung der Welt beendigt; denn er hat irgendwo von dem siebenten Tag also gesprochen: «Und Gott ruhte am siebenten Tag von allen seinen Werken», und in dieser Stelle wiederum: «Sie sollen nicht in meine Ruhe eingehen!» Da nun noch vorbehalten bleibt, daß etliche in sie eingehen sollen, und die, welchen zuerst die gute Botschaft verkündigt worden ist, wegen ihres Ungehorsams nicht

eingegangen sind, so bestimmt er wiederum einen Tag, ein «Heute», indem er nach so langer Zeit durch David sagt, wie schon angeführt: «Heute, wenn ihr seine Stimme hören werdet, so verstocket eure Herzen nicht!» Denn hätte Josua sie zur Ruhe gebracht, so würde nicht hernach von einem anderen Tage gesprochen. Also bleibt dem Volke Gottes noch eine Sabbatruhe vorbehalten; denn wer in seine Ruhe eingegangen ist, der ruht auch selbst von seinen Werken, gleichwie Gott von den seinigen. So wollen wir uns denn befleißigen, in jene Ruhe einzugehen, damit nicht jemand als gleiches Beispiel des Unglaubens zu Fall komme.

Der Sabbat und die Gerechtigkeit durch den Glauben – wie hängen sie miteinander zusammen? Viele Christen sind heute sehr verwirrt und sehr nachlässig in Bezug auf den Sabbat. Der Grund dafür ist ein falsches Verständnis von Gerechtigkeit durch den Glauben. Sie sagen: „Oh, Rechtschaffenheit kommt durch den Glauben. Es ist wie ein Regenschirm und ich kann davonkommen, womit auch immer ich will." Das ist es, was heute in den Kirchen gelehrt wird. Sie sagen: „Ich habe nichts zu tun. Alles, was ich tun muss, mein einziger Teil ist, einfach zu glauben und dann wird diese Gerechtigkeit mein sein." Und so machen sie in ihrem eigenen Leben weiter und meinen, sie hätten diese Versicherung, diesen Schutz, und es sei egal, was sie tun.

Es ist interessant zu sehen, wie sie sehr darauf bedacht sind, *nicht* nach den christlichen Maßstäben zu leben, und sie achten sehr darauf, *nicht* die Prinzipien eines reformierten Lebens zu übernehmen. Sie hüten sich sehr davor, dies zu tun und jenes *nicht* zu tun, weil sie sagen: „Das sind Werke und wir haben nichts mit Werken zu tun – wir sind durch Glauben gerettet und nicht durch Werke."

Aber Gerechtigkeit durch Glauben ist *rechtes Handeln* durch Glauben. Echter Glaube wird *wirken*. Er wird eine Ernte hervorbringen, die Gott wohlgefällig ist; eine Ernte mit viel Frucht. Ja, der Glaube von Jesus, indem wir an sein Blut glauben, das uns von Sünden reinigt, wird uns rechtfertigen, aber das *Leben* ist im Blut. Es ist das Leben Christi, das uns rettet, wie die Heilige Schrift sagt (Römer 5,10), nicht nur Sein Tod, da dieser uns nur mit Gott versöhnt. Das Leben, der heiligende Einfluss von Jesu Leben, ist die Gerechtigkeit durch den Glauben. Die beiden sind eins. Du kannst nicht sagen: „Ich bin gerechtfertigt", ohne an dem Prozess der Heiligung teilzuhaben; und du kannst nicht geheiligt werden, wenn du nicht gerechtfertigt worden bist. Wie effektiv wird ein „Regenschirm" sein, der nur aus gesetzlicher Rechtfertigung besteht – was viele Christen annehmen, dass die Gerechtigkeit Christi ist –, wenn Christus aus dem Heiligtum heraustritt? Ein Regenschirm wird nicht das Gewicht eines siebzig Pfund schweren Eisklotzes halten können. In der Tat wird es keinen Regenschirm mehr geben, weil Christus Seine Fürsprache für sie beendet haben wird.

Aber so sehr dieser Glaube an Christus in uns das rechte Tun Gottes wirken wird, es gibt eine Arbeit, die *wir* tun müssen, und das ist der Punkt, an dem viele Menschen durcheinander kommen. Die Leute sind der Meinung: *Ich habe die Zehn Gebote – ich muss hingehen und sie tun.* Du hältst sie, du musst sie tun, es ist Sein Standard. Aber du kannst es nicht in deiner eigenen Kraft tun – das ist das Problem. Die Leute nehmen die Zehn Gebote und die Prinzipien eines reformierten Lebens und sagen: „Seht her, ich habe das und das getan und mir geht es gut", und sie werden Pharisäer. Wir verstehen nicht, worin unsere Arbeit eigentlich besteht. Wir haben eine Aufgabe zu erfüllen, und ja, wir sollen sie sogar am Sabbat erfüllen. Worin besteht sie? Hebräer 4,10-11:

> Denn wer in seine Ruhe eingegangen ist, der ruht auch selbst von seinen Werken, gleichwie Gott von den seinigen. So wollen wir uns denn befleißigen, in jene Ruhe einzugehen, damit nicht jemand als gleiches Beispiel des Unglaubens zu Fall komme.

Worin besteht unsere Aufgabe? Unsere Aufgabe ist es, von unseren *eigenen* Werken abzulassen. Wir sollen uns anstrengen, um aufzuhören, unser eigenes Ding zu machen.

Schauen wir uns Jesaja 58,13-14 an. Gott hörte am Sabbat auf, seine Arbeit zu tun, und so sollen auch wir in dieselbe Ruhe eintreten:

> Wenn du am Sabbat deinen Fuß zurückhältst, daß du nicht tust, was dich gelüstet an meinem heiligen Tage; wenn du den Sabbat deine Lust nennst und den heiligen Tag des HERRN ehrenwert; wenn du ihn ehrst, also daß du nicht *deine* Wege gehst und nicht *dein* Vergnügen suchst, noch *eitle* Worte redest; alsdann wirst du an dem HERRN deine Lust haben; und ich will dich über die Höhen des Landes führen und dich speisen mit dem Erbe deines Vaters Jakob! Ja, der Mund des HERRN hat es verheißen. (Hervorhebung hinzugefügt)

„Das Erbe deines Vaters Jakob": Was ist das? Das ist das Erbe der *Gerechtigkeit*. Unsere Aufgabe, unser Werk, ist es, von unserem eigenen Vergnügen abzulassen, aufzuhören, unsere eigenen Wege zu gehen oder unsere eigenen Worte zu sprechen.

Ich werde dir eine sehr einfache Frage stellen: Hast du es jemals als sehr mühsam empfunden, deinen Mund zu halten, wenn du weißt, dass du nicht sprechen solltest? Das ist mühsam. Es ist mühsam für uns, nicht unser eigenes Ding zu machen – extrem mühsam! In der Tat ist es eines der mühsamsten Dinge, die du jemals tun kannst. Ellen White schreibt, dass das „Ich" eine schwer zu tötende Persönlichkeit ist, dennoch muss es sterben (*Manuscript Releases*, Vol.21, S. 368). Dann sagt sie, dass wir es unterdrücken können, aber bei der geringsten Gelegenheit taucht es wieder auf. Das ist unsere Aufgabe, und unsere Ruhe finden wir darin, nicht unsere eigenen Werke zu tun, nicht zu versuchen, unser eigenes Ding zu machen.

Die Israeliten haben es nicht geschafft, dieses Prinzip zu verstehen. Sie wurden am Sabbat geprüft und es wurde festgestellt, dass sie den Sabbat nicht halten konnten. In ihrer Generation hätten sie in die neu gemachte Erde eintreten sollen. Und es ist interessant festzustellen, dass die adventistischen Pioniere von 1888 ebenfalls hätten eingehen sollen. Wenn sie die Botschaft von der Gerechtigkeit durch den Glauben angenommen hätten, hätten sie innerhalb weniger Jahre im Reich Gottes sein sollen. Aber auch sie sind nicht eingegangen. Warum nicht? Wegen des Unglaubens. Seid ihr schon hineingegangen? Wir sind es nicht. Warum nicht? Es ist interessant, dass die Israeliten bis an die Grenzen des verheißenen Landes kamen und weil sie nicht glauben wollten, führte Gott sie den langen Weg herum. Bist du in deinem Leben schon einmal wegen Unglaubens den weiten Weg herumgegangen? Gott musste sie dort treffen, wo sie sich befanden. Wir sind nun mehr als 120 Jahre über das Jahr 1888 hinaus. Wir sind schon dreimal länger durch die Wüste der Sünde gewandert als die alten Israeliten. Sind wir in unserem eigenen Leben wie ein aufgewühltes Meer? Oder erlangen wir schon das Erbe des Friedens und der Ruhe?

Gehen wir zu Galater 3,19. Was ist es, das unseren Frieden oft zerstört?

> Wozu nun das Gesetz? Der Übertretungen wegen wurde es hinzugefügt, bis der Same käme, dem die Verheißung gilt, und es ist durch Engel übermittelt worden in die Hand eines Mittlers.

Die Israeliten kamen zum Berg Sinai und dort donnerten vom Berg die verurteilenden Töne des Gesetzes. Warum? Nun, das Gesetz wurde *„hinzugefügt"*. Ursprünglich hatte Gott nicht die Absicht, das Gesetz zu ihnen zu sprechen. Es wurde wegen der Übertretungen hinzugefügt. Was war die Übertretung? Lasst uns das in Exodus 19,3-9 nachlesen:

> Und Mose stieg hinauf zu Gott; denn der HERR rief ihm vom Berge und sprach: Also sollst du zum Hause Jakobs sagen und den Kindern Israel verkündigen: Ihr habt gesehen, was ich den Ägyptern getan, und wie ich euch auf Adlersflügeln getragen und euch zu mir gebracht habe. Werdet ihr nun meiner Stimme Gehör schenken und gehorchen und meinen Bund bewahren, so sollt ihr vor allen Völkern mein besonderes Eigentum sein; denn die ganze Erde ist mein; ihr aber sollt mir ein Königreich von Priestern und ein heiliges Volk sein! Das sind die Worte, die du den Kindern Israel sagen sollst. Mose kam und berief die Ältesten des Volkes und legte ihnen alle diese Worte vor, die der HERR geboten hatte. Da antwortete das ganze Volk miteinander und sprach: *Alles, was der HERR gesagt hat, das wollen wir tun!* Und Mose überbrachte dem HERRN die Antwort des Volkes. Da sprach der HERR zu Mose: Siehe, ich will in einer dicken Wolke zu dir kommen, daß das Volk meine Worte höre, die ich mit dir rede, und auch dir ewiglich glaube. Und Mose verkündigte dem HERRN die Rede des Volkes. (Hervorhebung hinzugefügt)

Gott hatte einen Bund mit den Vätern Israels geschlossen; einen Bund mit Abraham, dass er Gerechtigkeit empfangen würde, dass, wenn er Gott glauben würde, dann würde Gott ihm Seine Gerechtigkeit geben. Hier, am Fuße des Berges Sinai, wollte Gott denselben Bund mit Abrahams Nachkommen erneuern. Betrachte noch einmal die Verse 5 und 6:

> Werdet ihr nun meiner Stimme Gehör schenken und gehorchen und meinen Bund bewahren, so sollt ihr vor allen Völkern mein besonderes Eigentum sein; denn die ganze Erde ist mein; ihr aber sollt mir ein Königreich von Priestern und ein heiliges Volk sein!

Aber das Gesetz kam herein. Warum? Wegen der Übertretung. Was war ihre Übertretung? Vers 8:

> Da antwortete das ganze Volk miteinander und sprach: Alles, was der HERR gesagt hat, *das wollen wir tun!*

Großer Fehler! Das war nicht das, was sie hätten sagen sollen. Die Ruhe, die Gott ihnen geben wollte, war Seine Ruhe – die Ruhe von ihren eigenen Werken. Aber stattdessen sagten sie: „Wir werden es tun!" und so musste Gott ihnen ein Gesetz geben, einen Lehrmeister, einen Aufgabenmeister, um ihnen zu zeigen – Nein, ihr müsst von *euren* Werken ruhen. Dann gab er ihnen ein Heiligtum – ein Abbild des Originals, einen Schatten. Und du erinnerst dich, dass Mose einen Schleier über sein Gesicht legen musste, wenn er mit dem Volk sprechen wollte. Wenn er mit Gott sprach, war es von Angesicht zu Angesicht, aber das Volk konnte nicht mit der Herrlichkeit Gottes umgehen, die von Mose' Gesicht ausstrahlte. Über ihren Herzen lag ein Schleier des Unglaubens und wegen dieses Unglaubens gab Gott ihnen das Heiligtumssystem, das levitische System. Auf diese Weise wollte *Er* sie lehren, dass Er für *sie* Opfer bringen würde. Aber stattdessen wurden sie ganz hochmütig und dachten, dass *sie* für *Ihn* Opfer bringen könnten.

Gott versprach, dass *Er* in ihnen wirken würde, zu wollen und zu tun, was Er für richtig hält. Er würde Seine Verheißung des rechten Handelns erfüllen. Sie konnten es nicht tun. Er bat sie, von ihren *eigenen* Werken abzulassen.

Die Israeliten machten denselben Fehler, den wir heute machen. Warum haben wir keinen Frieden? Warum haben wir keine Ruhe? Weil das Gesetz *wegen* unserer Übertretungen hinzugefügt wurde. Wir sagen: „Ich werde es tun! Ich werde es tun!" Ein großer Fehler.

In unseren Tagen nehmen wir die Prinzipien eines reformierten Lebens auf und wir bemühen uns, dem christlichen Standard gerecht zu werden; und es ist wahr, dass dies Dinge sind, die wir tun sollten. Aber wir sollen uns bei der Umsetzung dieser Dinge nicht auf *uns selbst* verlassen. Wir sollen uns nicht auf uns selbst stützen und denken, ich bin in Ordnung, weil ich dies und jenes tue und deshalb geht es mir gut. Ja, wir müssen uns anstrengen, aber unsere Anstrengung besteht darin, von *meinen eigenen* Werken abzulassen und Gott seinen Willen in uns und in unserem Leben wirken zu lassen.

Die Israeliten sind wegen ihres Unglaubens nicht hineingegangen. Gott kam zu ihnen und sagte: „Ihr könnt es nicht tun." Er versuchte, ihnen das zu vermitteln. Er brachte sie in diese festgefahrene

Situation am Schilfmeer, wo all die Feinde ihrer Vergangenheit sie verfolgten. Sie konnten nichts tun. *Er* erlöste sie. Sie schrien zu Gott und Er rettete sie. Der Pharao und seine Heerscharen wurden im Meer weggespült. Verfolgen die Sünden deines Lebens dich wie die Heere Ägyptens? Hast du jemals versucht, dich aus einer Situation zu befreien und festgestellt, dass du alles nur noch schlimmer machst? Dann mühe dich nicht damit ab, es selbst in Ordnung zu bringen.

Die Israeliten kamen zu den bitteren Wassern von Marah. Ist auch in deinem Leben Bitterkeit vorhanden? Findest du, dass genau hier, am Rande der Ewigkeit, Wurzeln der Bitterkeit in deinem Herzen aufkeimen, dich überrumpeln und deinen Frieden zerstören? Gott hat das Bittere süß gemacht.

Die Israeliten waren um ihr Leben verzweifelt, als sie keine Nahrung hatten; sie konnten sich nicht selbst versorgen. Sehnt sich deine Seele nach etwas Besserem, als diese Welt es zu bieten hat? Warst du in der Lage, dich selbst zu sättigen? Sie schrien zu Gott und Er gab ihnen Brot vom Himmel.

Sie gingen zugrunde aus Mangel an dem Wasser, das zum Leben notwendig ist. Hungerst und dürstest du nach der Gerechtigkeit, oder hast du aus der zerbrochenen Zisterne deiner eigenen Gerechtigkeit getrunken? Jesus steht da und sagt: „Wenn jemand dürstet, so komme er zu mir und trinke."

Die Israeliten gingen durch all diese lehrreichen Erfahrungen, aber sie wollten nicht glauben. Sie wollten nicht glauben, dass *sie es nicht konnten*, und sie wollten nicht glauben, dass *Gott es konnte*. Und wenn sie nach all dem immer noch untergingen, dann sollten wir uns davor fürchten, dass auch wir zu kurz kommen könnten.

Unser Gebet muss lauten:

> „Oh Herr, du großer Gott und Schöpfer des Universums, der Mächtige, der über alles regiert, ich zittere und bebe sehr vor meinem eigenen Herzen. Ja, oh Herr, wie sehr liebe ich Dein Gesetz, es ist meine Meditation den ganzen Tag, aber ich bin so besorgt, dass man mich finden wird, wie ich versuche, Deinen Willen in meiner eigenen Kraft zu erfüllen. Ja, Herr, mag meine Nachahmung noch so vollkommen sein, mein Abbild noch so genau, wenn du es nicht bist, der das Haus baut, so weiß ich doch,

> dass es an jenem Tag wie Stoppeln verbrannt werden wird. Und ich fürchte so sehr, dass mein trügerisches Herz mich dazu bringt, mich dessen zu rühmen, was Du an mir tust, dass ich die Ehre des Gehorsams für mich in Anspruch nehme und mir zuschreibe, und dass mein Herz sich in Eitelkeit erhebt. Wahrlich, Herr, es muss geschehen, dass ich vor mir selbst gerettet werde. Doch ich rühme mich Deiner Weisheit, ich rühme mich Deiner Vollkommenheit, und ich strebe nach Deinem Ebenbild, und Du hast mich berufen, so zu sein wie Du Selbst- heilig, harmlos, unbefleckt, so kann ich doch nicht, es sei denn, Du willst es, und ich glaube, dass Du es willst. Ich glaube, oh Herr, dass Du in mir wirken kannst, ja und wirst, zu wollen und zu tun nach Deinem Wohlgefallen, dass ich das Zeugnis Henochs habe, dass ich das Erbe Abrahams habe und dass ich die Gerechtigkeit Jesu Christi habe. Ich glaube, dass das Blut Jesu Christi mich von aller Sünde reinigt – dass das Leben, das im Blut ist, mein Herz reinigen und meinen Charakter vervollkommnen wird – und dass dieses Blut, dieses Leben, mir zu eigen werden soll, damit ich ein Erbe erhalte unter denen, die geheiligt sind durch den Glauben, der in Jesus ist."

Das soll das Gebet unseres Herzens sein. Das ist das Gebet eines Menschen, der sich bemüht, in die Ruhe einzugehen. Und ein solches Gebet wird Gott nie und nimmer abweisen.

In *Selected Messages*, Vol.1 S. 337, steht folgendes:

> Wir werden uns oft zu den Füßen Jesu beugen müssen, um zu weinen, wegen unserer Unzulänglichkeiten und Fehler; aber wir sollen nicht entmutigt sein...

Ja. Du wirst viele Male feststellen, dass das Selbst versucht, die Werke zu tun, das Selbst versucht, sich in den Werken zu verherrlichen, aber, und ja, wir werden uns oft niederbeugen und weinen müssen, aber wir sollen nicht entmutigt sein.

> ... wir sollen inbrünstiger beten, *vollständiger glauben* und mit mehr Standhaftigkeit versuchen, in das Gleichnis unseres Herrn hineinzuwachsen. Wenn wir unserer eigenen Kraft misstrauen, sollen wir der Kraft unseres Erlösers vertrauen und Gott preisen,

der die Gesundheit unseres Antlitzes und unser Gott ist. [Hervorhebung hinzugefügt][1]

Gerechtigkeit durch Glauben – wir haben einen Teil, aber unser Teil ist es, uns zu bemühen, von unseren eigenen Werken abzulassen und wieder zu versuchen, mehr zu glauben.

Möge der Herr uns helfen, Seine wundervolle Lehre zu erkennen, die wie der Tau fällt und mehr als nur Worte auf einer Seite sind, nicht nur eine Theorie, wie sie von so vielen der Kirchen heute gelehrt wird, sondern dass sie für uns eine praktische Realität werden und sind. Möge der Herr uns zu diesem Ziel segnen. AMEN.

Kapitel 9

WARUM DER HEILIGTUMSDIENST DEN ISRAELITEN GEGEBEN WORDEN WAR

Teil 2

18. Dezember 2010

DIESE Lektion ist eine Fortsetzung dessen, was wir beim letzten Mal studiert haben. In Hebräer 4,1-2 finden wir eine äußerst kurze Zusammenfassung dessen, was wir studiert haben:

> So laßt uns nun fürchten, daß nicht etwa, während doch eine Verheißung zum Eingang in seine Ruhe hinterlassen ist, jemand von euch als zu spät gekommen erscheine! Denn auch uns ist die gute Botschaft verkündigt worden, gleichwie jenen; aber das Wort der Predigt half jenen nicht, *weil es durch die Hörer nicht mit dem Glauben verbunden wurde.* (Hervorhebung hinzugefügt)

Lasst uns noch einmal das Lied lesen, das die Israeliten sangen, nachdem sie das Rote Meer durchquert hatten. Wir haben letzte Woche durch das Verbinden von Schriftstelle mit Schriftstelle gesehen, dass ihnen damals ein sehr kostbares Vorrecht geboten wurde. Exodus 15,13-18:

> Du leitest in deiner Gnade das Volk, das du erlöst hast, und bringst sie durch deine Kraft zur Wohnung deines Heiligtums. Wenn das die Völker hören, so erzittern sie, Angst kommt die Philister an; es erschrecken die Fürsten Edoms, Zittern befällt die Gewaltigen Moabs; alle Einwohner Kanaans werden verzagt. Laß durch deinen großen Arm Schrecken und Furcht über sie fallen, daß sie erstarren wie Steine, bis dein Volk, HERR, hindurchziehe, bis dein Volk hindurchziehe, das du erworben hast! Bring sie hinein und pflanze sie auf den Berg deines Erbteils, an den Ort, den du, HERR, zu deiner Wohnung gemacht hast, zu dem

Heiligtum, o HERR, welches deine Hände bereitet haben! Der HERR wird herrschen immer und ewig!

Die Verse 17 und 18 verdeutlichen uns sehr eindrucksvoll das Vorrecht und die Chance Israels. Gottes Verheißung an Abraham lautete, dass er in der vierten Generation eine ewige Behausung erben würde. Gott sagte, er würde es in dieser Generation erfüllen. Durch die Werke, die Gott in Ägypten tat, wurde sein Name auf der ganzen Erde verkündet. Und als die Israeliten aus Ägypten auszogen, war es Gottes Absicht, dieses Lied zu erfüllen – dass genau das Volk, das das Schilfmeer durchquert hatte, in den Berg von Gottes Erbe gepflanzt werden würde.

Wie wir letzte Woche gesehen haben, galt die Verheißung an Abraham ihm und seinem Samen, und sein Same war Jesus Christus (Galater 3,16). Das Erbe von Christus ist die neu gemachte Erde. Als die Israeliten aus Ägypten herauskamen, sollten sie durch das Rote Meer in die neue Welt ziehen. Und wie es in Offenbarung 21,2-3 heißt, würde die himmlische Stadt, in der Gottes Wohnung ist, herabkommen und für immer auf dieser Erde bleiben. So hieß es von den Israeliten, wenn sie diese Verheißung erhalten hätten, würden sie Gott an dem Ort dienen, „den du dir gemacht hast, um darin zu wohnen, in dem Heiligtum, Herr, das deine Hände errichtet haben."

In unserer letzten Studie haben wir die Parallelen zwischen ihrer Erfahrung und unserer heutigen Erfahrung gesehen; dass die Israeliten sogar in der Sabbatfrage geprüft wurden und wenn sie in der Lage waren, den Sabbat zu halten, dann wusste Gott, dass sie für eine heilige und ewige Behausung geeignet sein würden. Aber, wie wir gesehen haben, konnten sie wegen ihres Unglaubens nicht hineingehen. Sie kamen zum Berg Sinai und Gott versuchte, dasselbe Versprechen zu erneuern, das er Abraham gegeben hatte – dass er in Ihm wirken und wandeln und Ihn mit Seiner eigenen Gerechtigkeit versorgen würde – aber anstatt Ihm für Sein Versprechen zu danken und Ihm zu erlauben, es zu erfüllen, antworteten sie: „Alles, was der Herr gesagt hat, werden wir tun." Ein großer Fehler. *„Wir* werden es tun", war das, was sie sagten.

Gehen wir zu Matthäus 7,22-23. Worin bestand ihr Irrtum? Diese Dinge sind zu unserer Ermahnung geschrieben und wir wollen heute ermahnt werden:

> Viele werden an jenem Tage zu mir sagen: Herr, Herr, haben wir nicht in deinem Namen geweissagt und in deinem Namen Dämonen ausgetrieben und in deinem Namen viele Taten vollbracht? Und dann werde ich ihnen bezeugen: Ich habe euch nie gekannt; weichet von mir, ihr Übeltäter!

Aber sie vollbrachten wunderbare Werke! In Seinem Namen taten sie dies und in Seinem Namen taten sie das – all diese wunderbaren Werke! Und doch sagt Er: „Weichet von mir, die ihr Böses tut." Was war das Problem? Das Problem waren *wir*. Wir haben es getan. Wir werden es tun. *Das* war das Problem.

Gott hatte versucht, die Israeliten dasselbe zu lehren, was Er Abraham lehrte. Er kam zu ihm und sagte: „Du wirst einen Sohn haben." Aber wie konnten sie einen Sohn haben – seine Frau war unfruchtbar? Und sie waren sehr alt geworden. Wie konnte er jemals einen Sohn haben? Wie könnte Gottes Wort jemals erfüllt werden? *Wir müssen etwas tun*, dachten sie, und Abrahams Frau gab ihm ihre Magd. Sie gebar einen Sohn aber das brachte keine wirkliche Freude ins Haus. Stattdessen brachte es Bitterkeit und Eifersucht.

Dann kam Gott zu Abraham und sagte wieder: „Du wirst einen Sohn bekommen;" aber Abraham reagierte in etwa so – „Ich habe gerade einen Sohn bekommen!" Das war nicht das, was Gott als Abrahams Sohn ansah. Als Abraham gebeten wurde, Isaak zu nehmen und ihn zu opfern, sagte Gott: „Nimm nun deinen Sohn, deinen *einzigen* Sohn." Der Sohn, der durch sein eigenes Wirken gezeugt wurde, wurde von Gott abgelehnt. Abraham hatte gedacht, er müsse etwas tun; er dachte, seine eigenen Werke seien nötig, um die Verheißung Gottes zu bewirken. So war es mit den Israeliten, und auch mit denen, von denen wir vorhin gelesen haben, die Christus ihren Herrn nannten – sie sagen: „Wir haben dies und das getan, und all diese wunderbaren Werke. *Wir* haben sie getan." Aber Gott hätte sie getan, wenn sie es Ihm erlaubt hätten.

Am Berg Sinai, sobald die Israeliten diese Verpflichtung eingegangen waren, trat das Gesetz ein. Es wurde wegen ihrer Übertretung hinzugefügt, als sie sagten, dass sie sich selbst heilig machen würden. Sie haben versagt. Letztes Mal haben wir gesehen, was unsere Aufgabe ist und dass unsere Aufgabe darin besteht, von unseren eigenen Werken abzulassen. Israel hatte den Punkt nicht verstanden. Gott hatte sie auf ihrer Wüstenwanderung durch verschiedene

Erfahrungen geführt, um ihnen ihre Unfähigkeit zu zeigen, sich von der Sünde zu befreien. Er führte sie in die Enge des Roten Meeres und sperrte sie in einer Sackgasse ein. Hinter ihnen waren die Feinde – der Pharao und seine Truppen; und vor ihnen – das Rote Meer. Sie konnten nichts tun, um sich zu retten. Nichts! Gott erlöste sie. Er öffnete das Rote Meer und sie zogen hindurch. Dann kamen sie zu den Wassern von Meribah und sie waren wirklich, wirklich durstig, aber das Wasser war bitter – Gott machte es süß. Sie zogen weiter und dann ging ihnen die Nahrung aus – Gott ließ Brot für sie vom Himmel regnen. Sie brauchten Wasser und aus einem trockenen, steinigen Felsen mitten in der Wüste goss Gott das Wasser des Lebens aus. Sie konnten nicht das Geringste tun, um sich mit dem Lebensnotwendigen zu versorgen. Gott wollte sie lehren, dass sie sich nicht selbst mit dem Notwendigen für das *ewige Leben* versorgen konnten. Er wollte sie auf den Berg Seines Erbes setzen, an den Ort Seines Heiligtums; aber Er ist wie ein verzehrendes Feuer. Um in dieser rechtschaffenen Wohnstätte zu wohnen, mussten sie dafür geeignet sein – sie brauchten Seine Gerechtigkeit, die dadurch kam, dass sie Ihm vertrauten, dass Er alle ihre Bedürfnisse versorgen würde.

Die Israeliten sollten „eine herrliche Gemeinde sein, die weder Flecken noch Runzeln noch dergleichen hat, sondern heilig und ohne Makel". Epheser 5,27. Konnten sie das für sich selbst erreichen? Nun, sie *dachten*, sie könnten es. „Ja! Alles, was Du gesagt hast – wir werden es tun!" Doch immer wieder verfehlten sie das Ziel. Gott hatte versucht, ihnen die Vergeblichkeit des Vertrauens auf sich selbst zu zeigen, aber wie Abraham dachten sie, sie müssten etwas tun, um sich zu retten.

Die Verheißung an Abraham war, dass der Erlöser durch seine Linie kommen würde. „In dir", sagte Gott, „sollen alle Völker der Erde gesegnet werden." Aber er hatte kein Kind, und wenn er nicht ein Kind hatte, das weitere Kinder zeugte, würde der Retter nie geboren werden. Und so sagte er: „Wie kann ich gerettet werden? Wie kann dieser Befreier und Erlöser von meinen Sünden jemals geboren werden, wenn ich kein Kind habe? Ich muss etwas tun, um mich zu retten." Also manipulierte er die Umstände. Und was haben wir als Konsequenz heute? Weil er dachte, er könne seine eigene Rettung bewirken, haben wir einen Konflikt im Nahen Osten zwischen den Juden und den Arabern, der einen dritten Weltkrieg vorantreibt.

Abraham hat schließlich die Lektion gelernt, und Isaak wurde geboren.

Aber die Israeliten haben es nie gelernt. Sie haben nie gelernt, was wir aus Jesaja 64,6 verstehen müssen. Verstehen wir es heute?

> Wir sind allesamt geworden wie Unreine und alle unsere Gerechtigkeiten [DAS HALTEN DER GEBOTE] sind wie schmutzige Lumpen; wir sind alle verwelkt wie die Blätter, und unsere Sünden führen uns dahin wie der Wind.

Und weil unser eigenes Halten der Gebote wie ein schmutziger Lumpen ist, muss Gott uns mit Seinem eigenen rechten Tun versorgen. Jesaja 54,17:

> Keiner Waffe, die wider dich geschmiedet ist, wird es gelingen; und alle Zungen, die sich wider dich vor Gericht erheben, wirst du Lügen strafen. Das ist das Erbteil der Knechte des HERRN und *ihre Gerechtigkeit, die ihnen von mir zuteil wird,* spricht der HERR. (Hervorhebung hinzugefügt)

Kehren wir zurück zu Hebräer 3,17-19:

> Welchen zürnte er [GOTT] aber vierzig Jahre lang? Waren es nicht die, welche gesündigt hatten, deren Leiber in der Wüste fielen? Welchen schwur er aber, daß sie nicht in seine Ruhe eingehen sollten, als nur denen, die ungehorsam gewesen waren? Und wir sehen, daß sie nicht eingehen konnten wegen des Unglaubens. (Hervorhebung hinzugefügt)

Sie konnten nicht hineingehen, wegen ihres Unglaubens. Sie wollten nicht glauben, dass sie es *nicht konnten*, und sie wollten nicht glauben, dass Gott es *konnte*.

Kapitel 4,9-11:

> Also bleibt dem Volke Gottes noch eine Sabbatruhe vorbehalten; denn wer in seine Ruhe eingegangen ist, der ruht auch selbst von seinen Werken, gleichwie Gott von den seinigen. So wollen wir uns denn befleißigen, in jene Ruhe einzugehen, damit nicht jemand als gleiches Beispiel des Unglaubens zu Fall komme.

Weil sie damals nicht hineingegangen sind, haben wir heute die Möglichkeit.

In unserer letzten Studie haben wir gesehen, worin unsere Arbeit besteht. Unsere Arbeit ist *nicht*, unsere eigenen Werke zu tun. Das Selbst will sich ständig erheben und sagen: „Ich werde es tun! Nimm mich! Ich kann es tun!" Und die Geschichte vom kleinen roten Kombüsenwagen wurde mir immer eingebläut: „Ich glaube, ich kann es! Ich glaube, ich kann es!" FALSCH! Ich *kann* alle Dinge *in* Christus tun, aber in meiner eigenen Kraft – *vergiss es*! Wir werden nur geradewegs auf unser Gesicht fallen. Von unseren eigenen Werken abzulassen ist der Ort, wo die wahre Ruhe zu finden ist. Hebräer 4,1-2:

> So laßt uns nun fürchten, daß nicht etwa, während doch eine Verheißung zum Eingang in seine Ruhe hinterlassen ist, jemand von euch als zu spät gekommen erscheine! Denn auch uns ist die gute Botschaft verkündigt worden, gleichwie jenen; aber das Wort der Predigt half jenen nicht, weil es durch die Hörer nicht mit dem Glauben verbunden wurde.

Das ist unsere Ermahnung für heute. Das Evangelium wurde ihnen gepredigt. Glaubst du das? Oder meinst du, sie standen unter einer anderen Dispensation? Das denken viele Christen heute. Aber nein. Die Heilige Schrift sagt, dass das gleiche Evangelium, das ihnen gepredigt wurde, auch uns gepredigt wird.

Was ist das Evangelium? Römer 1,16 erklärt uns, was das Evangelium ist:

> Denn ich schäme mich des Evangeliums nicht; denn es ist Gottes Kraft zur Rettung für jeden, der glaubt, zuerst für den Juden, dann auch für den Griechen;

Das Evangelium von Christus ist die Kraft Gottes zur Tauglichkeit für das himmlische Kanaan, – zur *„Errettung"*. Dieses Evangelium wurde den Israeliten gepredigt.

Sie empfingen Brot vom Himmel, das himmlische Manna. Und in Johannes 6,32-35 kannst du lesen, wo Christus sagt:

> Da sprach Jesus zu ihnen: Wahrlich, wahrlich, ich sage euch, nicht Mose hat euch das Brot vom Himmel gegeben, sondern mein Vater gibt euch das wahre Brot vom Himmel. Denn das Brot Gottes ist derjenige, welcher vom Himmel herabkommt und der

> Welt Leben gibt. Da sprachen sie zu ihm: Herr, gib uns allezeit dieses Brot! Jesus aber sprach zu ihnen: *Ich bin das Brot des Lebens; wer zu mir kommt, den wird nicht hungern; und wer an mich glaubt, den wird nimmermehr dürsten.* (Hervorhebung hinzugefügt)

Gott gab den Israeliten Brot vom Himmel. In ihrem verzweifelten Bedürfnis nach Nahrung wurde ihnen das Leben von Jesus angeboten.

Dann brauchten sie Wasser. Kommt zu Exodus 17,1-7, beginnend bei Vers 7:

> Da hieß man den Ort Massa und Meriba, wegen des Zanks der Kinder Israel, und daß sie den HERRN versucht und gesagt hatten: Ist der HERR mitten unter uns oder nicht?

Dies war ihre Frage. „Wir sind hier am Verdursten. Ist der Herr unter uns oder nicht?" Nun die Verse 1-6:

> Und die ganze Gemeinde der Kinder Israel zog aus der Wüste Sin ihre Tagereisen, nach dem Befehl des HERRN, und lagerte sich in Raphidim; da hatte das Volk kein Wasser zu trinken. Darum zankten sie mit Mose und sprachen: Gebt uns Wasser, daß wir trinken! Mose sprach zu ihnen: Was zankt ihr mit mir? Warum versucht ihr den HERRN? Als nun das Volk daselbst nach Wasser dürstete, murrten sie wider Mose und sprachen: Warum hast du uns aus Ägypten heraufgeführt, daß du uns und unsere Kinder und unser Vieh vor Durst sterben lässest? Mose schrie zum HERRN und sprach: Was soll ich mit diesem Volke tun? Es fehlt wenig, sie werden mich noch steinigen! Der HERR sprach zu Mose: Gehe hin vor das Volk und nimm etliche Älteste von Israel mit dir und nimm den Stab, mit dem du den Fluß schlugest, in deine Hand und gehe hin. Siehe, *ich will daselbst vor dir auf einem Felsen in Horeb stehen*; da sollst du den Felsen schlagen, so wird Wasser herauslaufen, daß das Volk trinke. Mose tat also vor den Ältesten Israels. (Hervorhebung hinzugefügt)

Was geschah damals? Jesus wurde zerschlagen. Er sagt: „Ich will mich auf den Felsen stellen, und du sollst ihn zerschlagen." Wasser und Blut flossen aus der Seite von Jesus Christus, als er am Kreuz hing. Hier wurde Jesus Christus für die Bedürfnisse des Volkes geschlagen – für die Nahrung des ewigen Lebens, für die Gerechtigkeit. Die Israeliten hatten gesagt: „Ist der Herr unter uns oder nicht?" Ein Feuersteinfelsen mitten in der Wüste, der genug Wasser ausschüttet, um Millionen von Menschen und all ihr Vieh und ihre Schafe zu ernähren – der Herr *war* unter ihnen. Aber was für ein Herr befand sich unter ihnen?

Wir wollen zu den Schriften des Apostels Paulus kommen, um etwas sehr Interessantes zu erkennen. Wir wollen sehen, wie das Evangelium von Christus den Israeliten gepredigt wurde. Kommt zu Galater 1,6-9:

> Mich wundert, daß ihr so schnell übergehet von dem, der euch durch Christi Gnade berufen hat, zu einem anderen Evangelium, so es doch kein anderes gibt; nur sind etliche da, die euch verwirren und das Evangelium Christi verdrehen wollen. Aber wenn auch wir oder ein Engel vom Himmel euch etwas anderes als Evangelium predigen würde außer dem, was wir euch verkündigt haben, der sei verflucht! Wie wir zuvor gesagt haben, so sage ich auch jetzt wiederum: Wenn jemand euch etwas anderes als Evangelium predigt außer dem, das ihr empfangen habt, der sei verflucht!

Der Apostel Paulus hat das Evangelium gepredigt; aber woher hat er das Evangelium gepredigt? Aus der Bibel? Aus dem *Alten Testament.* Aus den Schriften des Alten Testaments hat er das Evangelium gepredigt. Wisst ihr, was die Beröer taten, als er unter ihnen predigte? Sie gingen nach Hause und forschten täglich in der Schrift, ob diese Dinge so waren.

Was war das Evangelium von Christus, das er aus dem Alten Testament predigte?

Galater 3,1-11:

> O ihr unverständigen Galater, wer hat euch bezaubert, der Wahrheit nicht zu gehorchen, euch, denen *Jesus Christus als unter euch gekreuzigt vor die Augen gemalt worden war?* Das allein will ich von euch lernen: Habt ihr den Geist durch Gesetzeswerke empfangen oder durch die Predigt vom Glauben? Seid ihr so unverständig? Im Geiste habt ihr angefangen und wollt nun im

> Fleisch vollenden? So viel habt ihr umsonst erlitten? Wenn es wirklich umsonst ist! Der euch nun den Geist darreicht und Kräfte in euch wirken läßt, tut er es durch Gesetzeswerke oder durch die Predigt vom Glauben? Gleichwie «Abraham Gott geglaubt hat und es ihm zur Gerechtigkeit gerechnet wurde», so erkennet auch, daß die aus dem Glauben Gerechten Abrahams Kinder sind. Da es nun die Schrift voraussah, daß Gott die Heiden aus Glauben rechtfertigen würde, *hat sie dem Abraham zum voraus das Evangelium verkündigt:* «In dir sollen alle Völker gesegnet werden.» So werden nun die, welche aus dem Glauben sind, gesegnet mit dem gläubigen Abraham. Denn alle, die aus Gesetzeswerken sind, die sind unter dem Fluch; denn es steht geschrieben: «Verflucht ist jeder, der nicht bleibt in allem, was im Buche des Gesetzes geschrieben steht, es zu tun.» Daß aber im Gesetz niemand vor Gott gerechtfertigt wird, ist offenbar; denn *«der Gerechte wird aus Glauben leben.»* (Hervorhebung hinzugefügt)

Der Apostel hat sein Evangelium aus dem Alten Testament bezogen; denn dieses Evangelium wurde den Israeliten in der Wüste gepredigt. Christus wurde ihnen „offenbar vor Augen gestellt, gekreuzigt unter" ihnen, um sie zu lehren, dass sie durch die Werke des Gesetzes nicht gerechtfertigt werden konnten. Nur durch den Glauben konnten die, die gerechtfertigt sind, leben. Die Israeliten hatten alles vor sich, aber sie gingen nicht hinein, weil sie nicht glaubten. Es fehlte ihnen an Glauben, also warf Gott sie hinaus und vergaß sie. Oder? Hat Er? Nein, hat Er nicht. Er hat sie nicht einfach so weggeworfen. Er dachte: „OK, ich werde euch in eine Schule stecken; ich werde euch eine *Institution* geben, von der ihr lernen könnt. Also gab er ihnen das irdische Heiligtum, das ein Schatten dessen war, was im Himmel war.

In Exodus 34,29-35 sehen wir diesen Mangel an Glauben sehr deutlich:

> Als nun Mose vom Berge Sinai hinabstieg und die beiden Tafeln des Zeugnisses in der Hand hielt, als er vom Berge herabstieg, da wußte er nicht, daß die Haut seines Angesichts strahlte davon, daß er mit Ihm geredet hatte. Und Aaron und alle Kinder Israel sahen Mose, und siehe, die Haut seines Angesichtes strahlte; da fürchteten sie sich, ihm zu nahen. Aber Mose rief sie; da wandten sie sich zu ihm, Aaron und alle Obersten der Gemeinde; und

> Mose redete mit ihnen. Darnach traten alle Kinder Israel näher zu ihm. Und er befahl ihnen alles, was der HERR mit ihm auf dem Berge Sinai geredet hatte. Als nun Mose aufhörte mit ihnen zu reden, legte er eine Decke auf sein Angesicht. Und wenn Mose hineinging vor den HERRN, mit ihm zu reden, tat er die Decke ab, bis er wieder herausging. Und er ging heraus und redete mit den Kindern Israel, was ihm befohlen war. Und die Kinder Israel sahen das Angesicht Moses, daß die Haut desselben strahlte, und Mose tat die Decke wieder auf sein Angesicht, bis er wieder hineinging, mit Ihm zu reden.

Mose redete mit Gott von Angesicht zu Angesicht wie mit einem Freund, aber das Volk hatte nicht den Glauben. Es lag ein Schleier auf ihren Herzen. Der Schleier, den Mose auf sein Gesicht legen musste, war um ihretwillen; denn wenn er keinen Schleier auf sein Gesicht gelegt hätte, hätte jeder Einzelne von ihnen einen Schleier auf sein Gesicht legen müssen. Ihre Herzen waren durch den Unglauben verschleiert. Die schlichten, einfachen Dinge Gottes, die er ihnen die ganze Zeit zu lehren versucht hatte, wurden nicht verstanden; also musste Gott ihnen etwas geben, das sie sehen konnten, in der Hoffnung, dass sie dadurch die Dinge erkennen würden, die nicht sichtbar waren. Aber haben sie sie erkannt?

Erkennen wir sie heute in den Lernerfahrungen, die der Herr uns zu machen erlaubt? 2. Korinther 3,13-15:

> Und tun nicht wie Mose, der eine Decke auf sein Angesicht legte, damit die Kinder Israel nicht auf das Ende dessen, was aufhören sollte, schauen möchten. Aber ihre Sinne wurden verhärtet; denn bis zum heutigen Tage bleibt dieselbe Decke beim Lesen des Alten Testamentes, so daß sie nicht entdecken, daß es in Christus aufhört; sondern bis zum heutigen Tage, so oft Mose gelesen wird, liegt die Decke auf ihrem Herzen.

Obwohl Gott den Hebräern das Heiligtumssystem gab, haben sie den Sinn nie verstanden. Durch dieses System hatten sie immer noch die gleiche Gelegenheit, in die Ruhe einzugehen; aber sie taten es nicht. Sie waren geblendet. Es lag ein Schleier über ihrem Verstand und ihren Herzen. Sie konnten das Ende dessen, was vor ihnen lag, nicht sehen. Sie konnten die Realität, die der Typus darstellte, nicht begreifen. Das Brot vom Himmel war nur etwas, das sie essen konnten, und sie hielten es für selbstverständlich, dass es jeden Tag da sein würde. Das Wasser aus dem Felsen war anfangs ziemlich aufregend. Es stillte ihren Durst, aber dann, ach, was soll's, es floss und floss und wurde zur Normalität. Sie haben seine Bedeutung nicht begriffen.

Das Heiligtumssystem wurde als ein Schatten gegeben, wegen des Schattens auf ihren eigenen Herzen. Aber ein Schatten wird in Form der Gestalt der Realität geworfen. Trotz ihres anfänglichen Unglaubens hat Gott sie nicht aufgegeben. Er gab ihnen nicht nur das Heiligtumssystem, sondern Er gab ihnen sogar eine komplette Wirtschaftsordnung. Ihr ganzes Leben wurde so geregelt, dass sie ständig visuelle und praktische Beispiele für das Unsichtbare erhielten.

Das Sündopfer, das geschlachtet wurde, sollte sie ständig lehren, dass der Lohn der Sünde der Tod ist. Das Blut des unschuldigen Opfers, das auf den Altar gegossen wurde, sollte sie über das Blut Christi belehren, das für die Sünden der Welt vergossen wurde. Das Blut, das aus dem Opfer floss und dann siebenmal vor dem Vorhang besprengt wurde, symbolisierte die *Zurechnung* der Gerechtigkeit Christi – unsere Rechtfertigung. Das Fleisch einiger dieser Opfer wurde gegessen, wie das Brot vom Himmel gegessen wurde. Das Fleisch von Christus wurde für das Leben der Welt gegeben. Das Essen des Brotes in der Wüste, oder das Fleisch des Opfertiers, repräsentierte die *Vermittlung* der Gerechtigkeit Christi – unsere Heiligung. Da war das eherne Waschbecken für die Waschung – die Abwaschung des vergangenen Lebens unserer eigenen Werke durch die Taufe in den Tod und die Auferstehung Jesu. Dann war da der Tisch mit den Schaubroten an heiliger Stätte. Dort waren die sieben Leuchter, welche die sieben Geister Gottes darstellten, die Vollkommenheit des Heiligen Geistes, der nach Johannes 16,15 von den Dingen Jesu nimmt und sie uns zeigt. Und da war das Kleid der Priester – eine totale und vollständige Bedeckung vom Hals bis zu den Füßen, die so die Gerechtigkeit Jesu Christi repräsentierte, um die Schande unserer elenden, jämmerlichen, armen, blinden und nackten Seelen zu bedecken.

Jede Verordnung des Heiligtums und die gesamte Wirtschaftsordnung sollte die Israeliten über diese Realitäten belehren, die in ihrem eigenen Leben eine Realität gewesen wären, *wenn* sie im Glauben daran festgehalten hätten. Jeder einzelne Aspekt ihres Lebens war reglementiert. Bis in die kleinsten Einzelheiten waren sie ständig von Darstellungen dessen umgeben, was Gott für sie getan hatte und tun würde, wenn sie *hinter den Schleier* blickten. Gott wollte sie lehren, dass *Er* Opfer für *sie* bringt; aber stattdessen sagten sie: „*Wir* werden es tun." Und Tag für Tag, Jahr für Jahr, schlachteten sie ihre Opfer und dachten, *sie* würden für Ihn Opfer bringen. Sie dachten, dass Er mit ihnen zufrieden war wegen ihrer wunderbaren Werke. Aber sie haben es nicht verstanden. Verstehen wir heute auch etwas nicht? Die Realität ist, dass wir nicht anders sind als sie. Es ist ganz natürlich für uns zu sagen: „Alles, was der Herr gesagt hat, werde ich tun."

Gott verlangt tatsächlich Werke. Es gibt Veränderungen, die stattfinden müssen – Veränderungen, die in unserem ganzen Leben gemacht werden müssen – aber diese Werke müssen *mit* dem Glauben vermischt werden. Der Glaube soll mit unseren Werken verbunden werden. Alles, was wir tun, soll mit den Dingen Gottes verbunden sein. Das Gesehene soll untrennbar mit dem Ungesehenen verbunden sein.

Ich möchte mit euch teilen, wie ein Bruder diese Beziehung zwischen unserem praktischen Leben und einem Glauben beschrieben hat, der über das Sichtbare hinausschaut:

> „Gott hat es so geplant, dass alles um uns herum uns Botschaften von Ihm sendet, so dass alles, wohin wir schauen, von Ihm spricht. Ist es nicht das, womit es gleichgesetzt wird – jemand, der aus dem Schlaf erwacht? Wenn wir aufwachen und sagen würden: Herr, darf ich Teil der Auferstehung sein? Dann schaust du vielleicht aus deinem Fenster und siehst die Sonne aufgehen und dein Verstand würde denken: „Aber der Weg der Gerechten ist wie ein strahlendes Licht, das immer mehr leuchtet bis zum vollkommenen Tag" (Sprüche 4,18). Wenn du das siehst, würdest du sagen: „Herr, bitte lass mich in Deinem Charakter leuchten, solange ich lebe." Du wirst vielleicht denken, dass du in deinem Haus bist und es nicht eingestürzt ist und dass der weise Mann sein Haus auf den Felsen gebaut hat und es nicht eingestürzt ist. Dann denkst du vielleicht: Herr, hilf mir, mein Haus auf den Felsen zu bauen. Dann springst du aus dem Bett, ziehst dich an und sagst: Herr, bitte kleide mich in deine Gerechtigkeit, bitte gib mir das Gewand des Heils, damit ich hinausgehen kann und

niemand meine Schande sieht. Während du diese Gedanken hast und dich anziehst, würdest du die Tür öffnen und denken: Herr, hilf mir, meine Tür zu öffnen, wenn Du an mein Herz klopfst, denn Du stehst vor der Tür und klopfst an. Dann, wenn du die Tür öffnest, würdest du sagen: Herr, ich öffne dir heute Morgen mein Herz, bitte komm herein. Und du würdest dich aus deinem Zimmer wagen, um zu frühstücken, und du würdest das Brot nehmen und sagen: Gib mir Dein Brot, das Brot des Lebens heute Morgen, gib mir die Nahrung, dass ich durch jedes Wort, das aus Deinem Mund kommt, leben kann. Wenn du dein Brot hinlegst, würdest du vielleicht Öl darauf geben und sagen: Herr, gib mir das Öl Deines Heiligen Geistes. Dann würdest du das Salz nehmen, um es auf dein Brot zu streuen, und du würdest sagen: Herr, lass mich heute Morgen das Salz der Erde sein. Wenn wir verstehen würden, was Gott versucht, uns mitzuteilen, würden wir die erstaunlichste Andachtszeit am Morgen haben. Wir würden ständig auf das Physische schauen und an das Unsichtbare denken. Das ist es, was die Heilige Schrift sagt: Die sichtbaren Dinge erklären das Unsichtbare." Paul Godfrey, Predigt: *Das Hochzeitsmahl des Lammes*.

Das ist eine so praktische Beschreibung dessen, wie unser Leben sein sollte, wenn wir unseren täglichen Pflichten nachgehen. Ist unser Leben so? Leben wir ein reformiertes Leben, um Gott mit uns glücklich zu machen, oder leben wir es, damit wir mit Gott glücklich sein können? Was ist unser Beweggrund? Weil ich es *muss*? Weil ich denke, dass, wenn ich dies tue, Gott mich lieben wird und ich an dem Tag sagen kann: „Schau! Schau, ich habe dies und das getan!"? All diese kleinen Anforderungen Gottes sind für genau denselben Zweck wie früher, wo wir ständige visuelle Erinnerungen an Seine Rettung haben konnten.

Wenn wir glauben, werden wir uns über jeden Lichtstrahl freuen, der uns entgegenkommt. Jede Bedingung Gottes wird geschätzt und willkommen geheißen werden; nicht unbedingt wegen der Sache selbst, sondern wegen der unsichtbaren Realität davon – wegen dem, was sie verkörpert. Gott gab den Israeliten eine wunderbare Ordnung für das Zusammenleben, und seither haben sich die Nationen immer wieder Stücke davon herausgepickt. Das Römische Reich war im Kampf so erfolgreich, weil es die Israeliten in der

Wüste in den Formationen seiner Armeen und Lager in der Kriegsführung nachahmte.

Aber wenn du es schwer findest zu glauben, schwer für deinen Glauben, über das, was du siehst, hinaus zu dringen – werde ich dir sagen, dass es *das* Schwierigste ist, was du jemals tun wirst, und dass du dich manchmal fühlen wirst, als ob dein eigenes Lebensblut ausgesaugt wird – selbst dann, lass deinen Glauben die Realität erfassen. Ich möchte mit einem wirklich kraftvollen Gedanken schließen. Philipper 3,8-11. Hier sagt der Apostel Paulus:

> Ja ich achte nun auch alles für Schaden gegenüber der alles übertreffenden Erkenntnis Christi Jesu, meines Herrn, um dessentwillen ich alles eingebüßt habe, und ich achte es für Unrat, damit ich Christus gewinne und in ihm erfunden werde, daß ich nicht meine eigene Gerechtigkeit (die aus dem Gesetz) habe, sondern die, welche durch den Glauben an Christus erlangt wird , die Gerechtigkeit aus Gott auf Grund des Glaubens, zu erkennen ihn und die Kraft seiner Auferstehung und die Gemeinschaft seiner Leiden, daß ich seinem Tode ähnlich werde, ob ich vielleicht zur Auferstehung aus den Toten gelangen möchte.

Paulus hielt alles für einen Verlust. Sein Gebet war, dass er Christus und die Gemeinschaft Seiner Leiden erkennen würde. Die Gemeinschaft von wessen Leiden? Die Leiden von Jesus. Hattest du jemals das Gefühl, dass es dir weh tut, deinen eigenen Weg aufzugeben, wenn Gott etwas von dir verlangt? Laß den Glauben das *Unsichtbare* fassen. Wessen Leiden sind es in Wirklichkeit? Es sind nicht deine Leiden. Was du empfindest, ist der Schatten der Gefühle von Jesus. Deine Erfahrungen sind die Erfahrungen von Jesus Christus. Wirst du dich in deinem eigenen kleinen Selbst verfangen oder wirst du deinen Glauben an dieser Realität festhalten lassen? Empfindest du jemals Verurteilung für Sünde? Die Schuld und das Leid eines schuldigen Herzens? Jesus hat unsere Sünden zu Seinen eigenen gemacht. Wenn du dich also so unwürdig fühlst und das Gefühl hast, dass du nicht vor den Thron Gottes kommen und um seine Vergebung bitten kannst, dann erinnere dich an diese Realität.

Die Realität war, dass Christus, als Er am Kreuz hing, in den Psalmen sagt: „Ich bin ein Wurm und kein Mensch" (Psalm 22,6); „Meine Sünden sind mehr als die Haare auf meinem Kopf" (Psalm 40,12);

„Mein Gott, mein Gott, warum hast du mich verlassen?" (Psalm 22,1). Aber dann rief Er aus: „Vater, in Deine Hände befehle ich meinen Geist" (Lukas 23,46). Wie konnte Er so etwas sagen? Wie konnte er sagen: „In Deine Hände befehle ich meinen Geist", wenn Er sich so beklagenswert fühlte? In der Tat, wie konnte Er es *wagen*, so etwas zu sagen? Er war nackt. *Nackt!* Gott würde Ihn nicht nackt annehmen, oder?

Lasst uns zu Psalm 69,1-3 kommen. Ich liebe diese Schriftstelle. Wenn du mit seelischem Leid kämpfst und das Gefühl hast, dass du in deinen eigenen Sorgen ertrinkst:

> O Gott, hilf mir; denn das Wasser geht mir bis an die Seele! Ich versinke in tiefem Schlamm und habe keinen Stand, ich bin in tiefes Wasser geraten, und die Flut will mich überströmen; ich bin müde von meinem Schreien, meine Kehle ist vertrocknet, ich habe mir die Augen ausgeweint im Harren auf meinen Gott.

Wer spricht hier? Lesen wir Vers 21:

> Und sie taten Galle in meine Speise und tränkten mich mit Essig in meinem Durst.

Und Vers 20:

> Die Schmach hat mir das Herz gebrochen, daß ich krank geworden bin; ich wartete auf Mitleid, aber da war keines, und auf Tröster, aber ich fand sie nicht.

„Rette mich, o Gott, denn das Wasser ist in meine Seele eingedrungen?" Dies ist Jesus Christus. Verse 4-5:

> Derer, die mich ohne Ursache hassen, sind mehr als Haare auf meinem Haupt; meine Feinde, die mich mit Lügen vernichten wollen, sind stark; was ich nicht geraubt habe, das soll ich erstatten! O Gott, du kennst meine Torheit, und meine Schulden sind dir nicht verborgen.

Wer spricht da? Das ist Jesus. Dort – nackt, sich beklagenswert fühlend und total sündig. Er sagt in Vers 13:

> Ich aber bete, HERR, zu dir zur angenehmen Zeit; antworte mir, o Gott, nach deiner großen Gnade mit deinem wahren Heil!

Wann? In einer „angenehmen Zeit". Als Er am Tiefpunkt war und nichts tun konnte. Das war die „angenehme Zeit". Hast du jemals Erfahrungen in deinem Leben gemacht, wo du deine Vergangenheit betrachtest und feststellst, dass du nichts richtig gemacht hast und du erkennst, dass du nichts richtig machen kannst, wenn Er dir nicht hilft? Das ist der Punkt, an dem wir Frieden mit Gott finden. Genau dort. Gott versuchte, den Israeliten durch das zeremonielle System beizubringen, dass *sie sich* in Gottes Augen nicht annehmbar machen konnten. Alles deutete darauf hin, dass Gott nur dann mit ihnen zufrieden sein würde, wenn sie an Jesus Christus glaubten und danach handelten.

Psalm 51,16-17:

> Denn du begehrst kein Opfer, sonst wollte ich es dir geben; Brandopfer gefallen dir nicht. Die Gott wohlgefälligen Opfer sind ein zerbrochener Geist; ein zerbrochenes und zerschlagenes Herz wirst du, o Gott, nicht verachten.

Gott wird ein zerbrochenes und zerknirschtes Herz nicht verschmähen. Wenn du aufwachst und merkst, dass du in deinem eigenen Leben dasselbe getan hast wie die Israeliten und den Sinn und damit den Segen verpasst hast, und du ganz zerbrochen am Fuß des Kreuzes niederfällst, dann gibt es einen Trost – Gott wird dich nicht verachten. Gott findet keine Freude an den *Formen* des Dienstes; an der *Form*, sich zu bedecken; an der *Form*, richtig zu essen; sogar an der *Form*, Sein Gesetz zu halten! Das ist nicht, woran Er Seine Freude findet. Woran Er Freude hat, ist das Opfer eines zerbrochenen Geistes.

Aber wessen Opfer ist es, an dem Er Gefallen findet? Habt ihr es dort in Vers 17 bemerkt: „Die Opfer *Gottes* sind ein zerbrochener Geist." Seine eigenen Opfer sind das, was für Ihn annehmbar ist. Das Wort Jesus Christus, das von Anfang an war, war bei Gott und war Gott, und Er wurde in der Ähnlichkeit deines und meines sündigen Fleisches gemacht. Er nahm unsere Erfahrungen auf sich, und Er musste ein Opfer bringen, um gehorsam zu sein. Das ist das Opfer Gottes, das annehmbar ist. Wenn du in deinem Leben zu Opfern aufgerufen wirst, woran soll sich dein Glaube dann festhalten? An deinem eigenen Opfer? Nein. Das Opfer von Christus! Denn Er war in deiner Erfahrung; Er war derjenige, der das Opfer in dir brachte. Wenn du also dazu aufgerufen wirst, ein Opfer zu bringen, verheddere dich nicht in den Schwierigkeiten, dass du das Opfer bringen musst – es ist *Sein* Opfer. Wir kennen Sein Gebet; Er musste es dreimal beten: „Nicht mein Wille, sondern der Deine geschehe."

Hebräer 5,7-9. Wir haben es schon oft gelesen, aber vermissen wir es auch?

> Und er hat in den Tagen seines Fleisches Bitten und Flehen mit starkem Geschrei und Tränen dem dargebracht, der ihn vom Tode retten konnte, und ist auch erhört und befreit worden von dem Zagen. Und wiewohl er Sohn war, hat er doch an dem, was er litt, den Gehorsam gelernt; und so zur Vollendung gelangt, ist er allen, die ihm gehorchen, der Urheber ewigen Heils geworden.

Er wurde zu was? Zum *Autor*. Freunde, wir lesen nur das Buch; in unseren Erfahrungen schauen wir auf den Typus; wir nehmen nur *teil* an dem, was Er erlitten hat. Willst du das glauben? Willst du glauben, dass sogar deine Selbstverleugnung, deine schmerzhaften Opfer, nur ein Schatten der Leiden Jesu sind? Was du durchmachst, was du durchmachen musst, ist wie das *Lesen eines Buches*. Es ist ein Schatten Seiner Leiden. Wenn wir in unsere Leiden hineingehen, was für eine Freude! denn wir schauen nicht auf das Sichtbare, sondern wir schauen auf das Unsichtbare. Wir schauen nicht nur auf das Unsichtbare, sondern wir *fühlen* das Unsichtbare. Unser Hoherpriester ist berührt von dem Gefühl unserer Schwächen. Wenn das Wort Gottes deinen Weg kreuzt, preise den Herrn für den Schmerz! Was für eine Freude, wenn das Wort deinen Weg quert. Welch eine Freude, wenn die Forderungen Gottes den Maßstab anheben und uns zu einem höheren und heiligeren Leben aufrufen. Mehr Selbstverleugnung; mehr Lebensblut, das ausgesaugt werden muss. Aber es ist nicht meins, es ist Seines!

Ich liebe das Zitat aus *The Desire of Ages,* S. 224:

> Und von allen Gaben, die der Himmel den Menschen schenken kann, ist die Gemeinschaft mit Christus in seinen Leiden das wertvollste Vertrauen und die höchste Ehre.[1]

Welche Ruhe kann unsere sein, wenn wir glauben? Die Ruhe und der Friede, der kommt, wenn wir aufhören, Gott durch unsere eigenen Anstrengungen gefallen zu wollen. Wie man sagt: „Lass los und lass

Gott." Wenn du aufgerufen bist, ein Opfer zu bringen, dann ist es nicht dein Opfer; es ist das Opfer Jesu. Und stell dir vor – wenn du loslässt und Gott lässt, lässt du Ihn in dir arbeiten, um zu wollen und zu tun; dann gibt es nichts, worüber du dir Sorgen machen musst, absolut nichts. Wenn du von deinen eigenen Werken ablässt und es Gott ist, der in dir wirkt, um zu wollen und zu tun, dann kannst du ehrlich sagen: „Ich habe es nicht getan." Und wenn du es nicht getan hast, dann brauchst du dir keine Sorgen darüber zu machen, was die Leute denken oder sagen könnten oder was auch immer sie in der Folge tun – Gott wird sich darum kümmern. Außerdem wird es nur eine weitere Gelegenheit sein, in der Verfolgung mit Christus Gemeinschaft zu haben, um Seiner guten Taten willen. Klingt gut, nicht wahr? Höre auf zu träumen. Erwache in der Realität. Laß deinen Glauben an etwas Praktischem festhalten. Möge Gott uns helfen, dies zu tun, ist mein Gebet. AMEN.

Kapitel 10

DIE DAS EVANGELIUM UMGEBENDE VERWIRRUNG BESEITIGEN

26. März 2011

AUS *God's Amazing Grace*, S. 259 stammt die folgende Aussage:

> Wenn dich Anfechtungen überfallen, wie es sicher der Fall sein wird, wenn Sorge und Ratlosigkeit dich umgeben, wenn du verzweifelt und entmutigt bist und fast der Verzweiflung nachgibst, dann schau, o schau dorthin, wo du mit dem Auge des Glaubens zuletzt das Licht gesehen hast; und die Finsternis, die dich umgibt, wird durch den hellen Schein Seiner Herrlichkeit vertrieben werden.[1]

Wirst du in dieser Welt von Versuchungen bedrängt? Bist du von Sorgen und Ratlosigkeit umgeben? Kämpfst du mit Entmutigung und Verzweiflung? Und kommst du manchmal an den Punkt, an du fast aufgeben möchtest? Dann schau, oh schau, dorthin, wo du zuletzt das Licht gesehen hast! Der Prophet Jeremia beschreibt die Freude, die er empfand, als er zum ersten Mal kostbares Licht entdeckte. Jeremia 15,16:

> Fand ich deine Worte, so verschlang ich sie; deine Worte sind zur Freude und Wonne meines Herzens geworden, weil ich nach deinem Namen genannt bin, HERR, Gott der Heerscharen!

Das Wort Gottes, das zu uns in unserer Dunkelheit kommt, bringt Licht und Freude und lässt unser Herz jubeln! Es spendet uns Mut und Trost. In diesem Wort finden wir die Antworten, die wir brauchen.

In Offenbarung 10,9-10 fand der geliebte Jünger Johannes Freude am Wort Gottes, aber beachtet, was darauf folgte:

> Und ich ging zu dem Engel und sprach zu ihm: Gib mir das Büchlein! Und er spricht zu mir: Nimm und verschlinge es; und

> es wird dir im Bauche Bitterkeit verursachen, in deinem Munde aber wird es süß sein wie Honig! Und ich nahm das Büchlein aus der Hand des Engels und verschlang es; und es war in meinem Munde süß wie Honig. Als ich es aber verschlungen hatte, wurde es mir bitter im Leibe.

Diese besondere Schriftstelle ist eine Prophezeiung auf die große Enttäuschung des Jahres 1844. Diejenigen, die das baldige Kommen ihres Erlösers verkündeten, waren von großer Freude und ernsthafter Erwartung erfüllt, doch sie wurden bitter enttäuscht, als Er nicht kam. Ebenso werden diejenigen, die in die letzte große Szene der Erdgeschichte hineingehen werden, eine bittere Erfahrung machen. Die Ausgießung des Heiligen Geistes wird sie befähigen, die Botschaft des dritten Engels zu verkünden, und sie wird die Aufmerksamkeit der Welt auf sich ziehen; aber wenn sich die Verfolgung gegen sie erhebt, werden viele versucht sein, zu sagen: „Ach, hätte ich doch geschwiegen!" Das Wort war ihnen sehr kostbar, doch wenn sie den Konsequenzen ihrer Verkündigung begegnen, empfinden sie es als eine bittere Erfahrung.

Wie Jeremia in Kapitel 20, Vers 9 sagt:

> Sagte ich mir: «Ich will ihn nicht mehr erwähnen und nicht mehr in seinem Namen reden!»

Ich liebe diese Wahrheit, aber oh, sie bringt so viel Schmerz. So viele Herausforderungen ergeben sich aus dieser Wahrheit, dass ich wünschte, ich könnte einfach meinen Mund schließen und nichts sagen. Ich werde Ihn nicht erwähnen und auch nicht mehr in Seinem Namen sprechen.

> dann brannte es in meinem Herzen, als wäre ein Feuer in meinen Gebeinen eingeschlossen; ich suchte es auszuhalten, aber ich konnte nicht.

Ich konnte meinen Mund nicht geschlossen halten. Diese kostbare Wahrheit, obwohl sie so viele schmerzhafte Konsequenzen mit sich bringt, ist zu bedeutsam für mich. Sie hat so viel für mich getan. Und wenn ich zulasse, dass die negativen Reaktionen mich davon abhalten, dieses kostbare Licht mit anderen zu teilen, wird das Licht schwächer und ich habe Mühe, meinen Weg zu finden; ich muss also dorthin zurückkehren, wo ich das Licht zuletzt gesehen habe. Wir sind so anfällig dafür, wie Hörer auf steinigem Boden zu sein, wenn wir das Wort Gottes empfangen. Es ist bedeutungsvoll für uns, aber aufgrund von Verfolgung und Missverständnissen verlieren wir den Halt daran. Und in der Zeit der Versuchung scheint die Sonne und wir verschrumpeln und sterben.

Heute Morgen möchte ich dorthin zurückkehren, wo ich das Licht zuletzt gesehen habe. Und vielleicht war der gleiche Punkt, an dem ich das Licht zuletzt gesehen habe, auch der, an dem ihr das Licht zuletzt gesehen habt. Es ist das Licht des vierten Engels der Offenbarung – die Botschaft der Gerechtigkeit durch den Glauben.

Doch es steht geschrieben, dass diejenigen, die hinausgehen und diese Botschaft verkünden werden, sehr leidvolle Erfahrungen machen werden. Sie werden missverstanden werden. Die Botschaft wird bekämpft werden. Und ich glaube, dass es auch ein bisschen Verwirrung unter Gottes Volk geben wird; wo ein Prediger die Botschaft aus einem Blickwinkel betrachtet und ein anderer Prediger sie aus einem anderen Blickwinkel betrachtet, und obwohl sie dasselbe sagen, kann es so aussehen, als ob es einen Widerspruch gibt.

Wir wollen Samuels Ohr; wir wollen Samuels Herz; wir wollen Samuels Verstand, der offen ist für das Wort Gottes, egal aus welchem Winkel es kommt. Wenn es die Wahrheit ist, müssen wir sie ergreifen und sie uns zu eigen machen!

Die Botschaft von der Gerechtigkeit durch den Glauben ist für viele Christen eine große Quelle der Verwirrung gewesen! Wir sind sehr geneigt, die Gerechtigkeit durch den Glauben in zwei völlig verschiedene Themen zu trennen: das eine ist das Thema der *Rechtfertigung* und das andere das Thema der *Heiligung*. Und weil diese einfache Botschaft in zwei Abschnitte aufgeteilt ist, schafft sie noch größere Voraussetzungen für die Verwirrung unseres Verstandes.

Viele Christen denken, dass Rechtfertigung etwas ist, das wir jetzt erfahren können, aber Heiligung ist etwas, das Christus uns geben wird, wenn er in den Wolken des Himmels kommt. Es gibt viele Siebenten-Tags-Adventisten, die das Gleiche glauben, dass die Gerechtigkeit, die durch den Glauben kommt, nichts weiter als ein *Regenschirm* ist. Du kannst dein Leben leben, wie du willst, und dann, wenn Christus kommt, wird Er mit den Fingern schnippen und dich in einem Augenblick, im Handumdrehen, verändern; und den

Himmel, den du einst gehasst hast, wirst du jetzt lieben; und die Musik des Himmels, die du einst gehasst hast, plötzlich wirst du sie lieben.

Aber Freunde, Gott zwingt den Willen nicht. Und so gibt es andere, die lehren, dass es einen Prozess der Heiligung gibt; dass es die Arbeit eines Lebens ist, ein Prozess des Lernens, die Dinge des Himmels zu lieben und die Dinge dieser Erde zu hassen.

Als die Botschaft von 1888 gegeben wurde, war sie wie Speise zur rechten Zeit (Matthäus 24,45). Ich möchte euch aus den *General Conference Bulletins von 1893* ein kleines Zeugnis vorlesen, das Alonzo T. Jones gab. Es bezieht sich speziell auf die Botschaft von 1888. Er teilte dieses Zeugnis mit den Amtsträgern, die in der Versammlung saßen:

> Eine Schwester erzählte mir vor nicht allzu langer Zeit, dass sie vor dieser Zeit, vor vier Jahren, nur über ihre Situation geklagt und sich gefragt hatte, wie in aller Welt jemals die Zeit für die Wiederkunft des Herrn kommen würde, wenn er darauf warten müsste, dass sein Volk sich bereit macht, ihm zu begegnen.

Hast du dich jemals in der gleichen Situation empfunden: wo du auf dich selbst schaust, und du schaust auf die Gemeinde, und du denkst, *wir werden niemals bereit sein!* Wenn die Heiligung das Werk eines ganzen Lebens ist und Jesus in wenigen Jahren kommt, welche Hoffnung haben wir dann noch?

> Denn sie sagte, so wie sie es gemacht hatte – und sie hatte so hart gearbeitet wie kein anderer auf dieser Welt, dachte sie –, erkannte sie, dass sie nicht schnell genug vorankam, um den Herrn in irgendeiner halbwegs akzeptablen Zeit zu sich zu holen, und sie konnte nicht begreifen, wie der Herr kommen konnte.

Oh, Er wird kommen! Aber ich werde brennen, weil ich nicht bereit bin! Sind das nicht die Schlussfolgerungen, zu denen wir gezwungen sind, wenn wir uns auf uns selbst konzentrieren und nicht auf das Wort Gottes?

> Sie war darüber beunruhigt, aber sie sagte, als die Leute aus Minneapolis nach Hause kamen und sie sagten: „Warum, die Gerechtigkeit des Herrn ist ein Geschenk; wir können die

> Gerechtigkeit Christi als ein Geschenk haben, und wir können sie jetzt haben." „Oh", sagte sie, „das machte mich froh; das brachte Licht, denn dann konnte ich sehen, wie der Herr ziemlich bald kommen konnte. Wenn Er selbst uns das Gewand, die Kleidung, den Charakter gibt, die für uns für das Gericht und für die Zeit der Trübsal geeignet sind, dann konnte ich verstehen, wie Er so bald kommen konnte, wie Er es wollte." „Und", sagte sie, „es hat mich froh gemacht, und ich bin seither immer fröhlich gewesen." Brüder, ich bin auch froh darüber, die ganze Zeit.[2]

Licht! Kostbares Licht! Aber was war die Antwort, die sie aus dieser kostbaren Botschaft der Gerechtigkeit durch den Glauben gewann? Dass „Er selbst uns das Gewand gibt, die Kleidung, den Charakter, die für uns für das Gericht und für die Zeit der Not geeignet sind! Ich konnte dann verstehen, wie Er kommen konnte, so bald wie Er es wollte." Das schöne Gleichnis Jesu, in dem der König ein Hochzeitsmahl abhielt, vermittelt diese höchst wertvolle Botschaft. Zur Zeit Jesu sorgte der Herr des Festmahls für die Bekleidung der Gäste!

Heute sind wir zum Hochzeitsmahl des Lammes eingeladen, und Gott Selbst hat das Gewand bereitgestellt. Viele Menschen sind durch die Botschaften von 1888 verunsichert worden. Viele werden entweder in die eine oder in die andere Richtung schwanken. Es gibt diejenigen, die darauf schauen und sagen: „Nun, wenn Er das Gewand gibt, dann muss ich nur an Jesus glauben und Er wird mich bedecken, egal was passiert." Dann gibt es andere, die sagen: „Wir müssen das Gewand anziehen; wir haben eine Rolle zu spielen." Und es gibt diesen ständigen Kampf zwischen denen, die die Lehre der Rechtfertigung zu allem machen, und denen, die alles zur Lehre der Heiligung machen.

Die Menschen sind verwirrt und fragen sich: „Muss ich etwas tun oder nicht?" Das ist die Frage. Wenn ich etwas tun muss, *was* muss ich dann tun? Muss ich die Art und Weise ändern, wie ich mich kleide? Oder muss ich die Art und Weise ändern, wie ich esse? Muss ich mich vegetarisch ernähren, oder nicht? Andere sagen: „Nein, du musst nichts von alledem tun!"

Schauen wir uns diese Stelle hier in Apostelgeschichte 16,29-30 an. Der Apostel Paulus wurde ins Gefängnis geworfen. Da gab es ein Erdbeben, und die Türen des Gefängnisses wurden geöffnet.

Der Kerkermeister wollte sich gerade umbringen, weil er dachte, sie seien entkommen:

> Da forderte er ein Licht, sprang hinein und fiel zitternd vor Paulus und Silas nieder. Und er führte sie heraus und sprach: Ihr Herren, was muß ich tun, um gerettet zu werden?

Dies ist die Frage vieler Seelen seit vielen Generationen; und besonders seit dem 11. September 2001. „Was muss ich tun, um gerettet zu werden?" Der Apostel antwortet in Vers 31:

> Sie aber sprachen: Glaube an den Herrn Jesus, so wirst du gerettet werden, du und dein Haus!

Das moderne Christentum sagt also: „Glaube an den Herrn Jesus Christus und du wirst gerettet werden! Alles, was du tun musst, ist zu glauben!" Für sie ist es so einfach; aber für uns sollte es noch einfacher sein. Und ich bete, dass wir durch Gottes Gnade erkennen werden, wie einfach es wirklich ist.

War der Apostel Paulus ein Diener Gottes? Waren seine Worte von Gott? Was muss ich dann tun, um gerettet zu werden? Ich muss an den Herrn Jesus Christus glauben!

Aber dann sagen andere: „Ah hmmm! Hmmm. Nee. Wir müssen auch etwas tun – da gibt es diese Arbeit, die wir machen müssen." Und so geht das Problem weiter... Sie sagen: „Man kann nicht nur glauben, man muss auch etwas tun!"

Die Heilige Schrift sagt, dass wir durch Hoffnung gerettet werden (Römer 8,24). Diese Hoffnung wird in Galater 5,5 als die Hoffnung auf Gerechtigkeit beschrieben, die durch den Glauben kommt. Was ist Gerechtigkeit? Im Wörterbuch wird Gerechtigkeit definiert als: *moralisch aufrichtig, ohne Schuld oder Sünde*. In *Christ's Object Lessons*, S. 312, schreibt Ellen White: „Gerechtigkeit ist richtiges Handeln".

Wenn wir also von „Gerechtigkeit durch Glauben" sprechen, wovon sprechen wir dann in Wirklichkeit? *Richtigem Handeln* durch den Glauben. Wir könnten versucht sein, diese wenigen Worte vorschnell zu übergehen, aber sie sind eigentlich ziemlich aufschlussreich. Ich habe einmal jemanden sagen hören: „Wenn Gerechtigkeit aus Glauben so wichtig ist und das die zentrale Wahrheit ist, warum reden dann all diese Leute ständig über Essen und die Art, wie sie sich kleiden und all das?" Nun, es ist *das richtige Handeln* durch den

Glauben. Allerdings kann ich ihm seine Irritation nicht verübeln. Die meisten Christen, die Werke zu einer großen Sache machen, schieben den Glauben im Allgemeinen zur Seite und reden viel mehr über Essen und Kleidung, als sie sollten.

In dieser Studie hoffe und bete ich, dass wir zu einem klareren Verständnis von Rechtfertigung und Heiligung kommen können. Es gibt tatsächlich eine ausgewogene Harmonie zwischen diesen beiden scheinbar verworrenen Themen.

Was die Rechtfertigung betrifft, kommen wir zu Römer 5,15-19:

> Aber es verhält sich mit dem Sündenfall nicht wie mit der Gnadengabe...

Klingt das nicht vertraut nach einer anderen Bibelstelle, die wir oft benutzen? „Wir sind gerettet aus Gnade, nicht aus Werken, damit sich nicht jemand rühme, es ist eine Gabe Gottes" (Epheser 2,8).

> Denn wenn durch des einen Sündenfall die vielen gestorben sind, wieviel mehr ist die Gnade Gottes und das Gnadengeschenk durch den einen Menschen Jesus Christus den vielen reichlich zuteil geworden. Und es verhält sich mit der Sünde durch den einen nicht wie mit dem Geschenk. Denn das Urteil wurde wegen des einen zur Verurteilung; die Gnadengabe aber wird trotz vieler Sündenfälle zur Rechtfertigung. Denn wenn infolge des Sündenfalles des einen der Tod zur Herrschaft kam durch den einen, wieviel mehr werden die, welche den Überfluß der Gnade und der Gabe der Gerechtigkeit empfangen, im Leben herrschen durch den Einen, Jesus Christus! Also: wie der Sündenfall des einen zur Verurteilung aller Menschen führte, so führt auch das gerechte Tun des Einen alle Menschen zur lebenbringenden Rechtfertigung. Denn gleichwie durch den Ungehorsam des einen Menschen die vielen zu Sündern gemacht worden sind, so werden auch durch den Gehorsam des Einen die vielen zu Gerechten gemacht.

Gerechtfertigt werden heißt: für gerecht erklärt werden; das ist es, was Rechtfertigung eigentlich bedeutet. Und sie ist ein Geschenk! *„Der Gehorsam des einen Menschen"*, wie heißt es da weiter? *„kam auf alle Menschen"*, so dass alle, die gerechtfertigt werden wollen, den Gehorsam Jesu Christi haben.

Diese Realität ist sehr schön beschrieben in *Steps to Christ*, S. 62. Sie ist eine große Quelle der Hoffnung für uns, denn so sehr wir uns auch bemühen, gehorsam zu sein, wir fallen jedes Mal auf die Nase. Und selbst wenn ich von heute an alles richtig machen könnte, was ist mit gestern? Was ist mit Vorgestern?

Das Gesetz Gottes will nicht ein partielles Leben der Vollkommenheit. Es verlangt ein ganzes Leben in Übereinstimmung vom Mutterleib an bis zum Ende des Lebens. Wenn wir uns selbst betrachten und auf unsere Vergangenheit schauen, welche Hoffnung haben wir dann? Nun, preist den Herrn; wir haben die Hoffnung auf Rechtfertigung!

Steps to Christ. S. 62:

> Da wir sündig und unheilig sind, können wir das heilige Gesetz nicht perfekt befolgen.

Ist das die Wahrheit? Hast du es versucht?

> Wir haben keine Gerechtigkeit aus eigener Kraft, mit der wir den Ansprüchen des Gesetzes Gottes gerecht werden könnten. Aber Christus hat für uns einen Ausweg geschaffen. Er lebte auf der Erde inmitten von Prüfungen und Versuchungen, wie wir sie zu bestehen haben. Er lebte ein sündloses Leben. Er starb für uns, und jetzt bietet Er uns an, unsere Sünden zu nehmen und uns Seine Gerechtigkeit zu geben.

Das kostenlose Geschenk der Gerechtigkeit – das ist Rechtfertigung!

> Wenn du dich Ihm hingibst und Ihn als deinen Retter annimmst, dann wirst du, so sündig dein Leben auch gewesen sein mag, um Seinetwillen für gerecht erklärt. Der Charakter Christi tritt an die Stelle deines Charakters, und du wirst vor Gott so angenommen, als hättest du nicht gesündigt.[3]

Amen, Freunde. Amen! Denn wenn ich auf mein bisheriges Leben schaue, bin ich *nicht* ermutigt. Und mir wird gesagt, dass ich mutig vor den Thron der Gnade treten soll, um Hilfe zu finden, aber wie kann ich mutig vor den Thron Gottes treten, wenn ich so heruntergekommen bin? Ich stinke, wie David in den Psalmen sagt, wegen meiner Torheit; ich stinke und die Leute wollen nicht in meine Nähe kommen (Psalm 38).

Würde der heilige Gott mir nahe kommen wollen? Nun, Er tat es! Er sandte Seinen eingeborenen Sohn, um mir so nahe zu kommen, dass Er meinen Erfahrungen begegnen und in ihnen allen gehorsam sein konnte. So kann ich heute in völliger Vollkommenheit vor Gott stehen, weil dieser Austausch stattgefunden hat, bei dem Christus meine Sündhaftigkeit auf Sich genommen hat und Er mir Seine Gerechtigkeit *gegeben* hat.

Ein Großteil des Christentums heute möchte genau dort stehen bleiben! Und warum nicht? Ist es nicht wunderschön? Ich habe es versucht und ich habe es versucht und ich habe es versucht und ich bin einfach auf die Nase gefallen. Dann kann ich zu Jesus kommen und ich kann vor Gott stehen, als hätte ich nie gesündigt. Wirklich, das ist so wundervoll, nicht wahr? Ich begehe eine Übertretung und möchte nur noch meinen Kopf in den Sand stecken; und dann kommen die Worte: „Schau auf Jesus, er ist für deine Sünden gestorben."

Oh! Amen! Halleluja! Gelobt sei der Herr! Jesus ist für meine Sünden gestorben! Und was passiert dann? Nun, ich werde hingehen und ich sündige wieder. Und ich lasse den Kopf hängen und dann kommen diese kostbaren Worte zu mir: „Jesus ist für dich gestorben!" Oh, was für eine Erleichterung! Welch ein Trost! Dann gehe ich hin und falle wieder auf mein Gesicht. Und immer wieder kommt diese beständige Hoffnung zu mir: Jesus bedeckt dich. Sein Leben, Sein Gehorsam wird an die Stelle deiner Verfehlungen treten.

Aber Freunde, wenn ihr dieses Opfer wirklich zu schätzen wisst, werdet ihr den Punkt erreichen, an dem ihr das nächste Mal, wenn ihr auf euer Gesicht fallt und dieses Wort Gottes zu euch kommt und sagt: „Seht auf Jesus, Er ist für eure Sünden gestorben", dann werdet ihr denken: *„Oh nein, nicht schon wieder. Ich setze Ihn immer wieder diesem Schmerz, diesem Leiden aus. Dieses unschuldige Opfer! Ich will nicht weiter sündigen!"*

Und an diesem Punkt muss eine Änderung im Leben eintreten. Wenn du keine wirkliche Wertschätzung dafür hast, was zu deiner Rechtfertigung notwendig ist, kannst du sehr sicher sein, dass du niemals Heiligung erfahren wirst. Rechtfertigung und Heiligung werden Hand in Hand gehen. Diejenigen, die beim Kreuz aufhören wollen, werden es nie schaffen. Es ist keine wahre Rechtfertigung, wenn es in der Folge keine Veränderung im Leben gibt.

Wir sündigen. Jesus steht an unserer Stelle vor dem Tod. Er stirbt. Er erleidet den Schmerz eines ewigen Todes, Freunde. Das ist der Lohn der Sünde. Nicht nur ein paar Minuten Todeskampf und dann ins Grab gehen, sondern das Gefühl der ewigen Verdammnis. Du hörst Geschichten über die Hölle. Nun, Jesus ist in der Hölle gewesen. Und jedes Mal, wenn wir sündigen, schicken wir Ihn dorthin. In *Desire of Ages*, S. 300, heißt es: „Durch jede Sünde wird Christus von neuem verwundet."

Wir brauchen Jesus. Wer ist Er? Was bedeutet „Jesus": „denn Er wird Sein Volk *in* seinen Sünden erlösen?" Ist es das, was der Engel zu Maria sagte? Nein. Aber das ist es, was sie einem sagen, oder? Nein, nein. Lies selbst in der Bibel. Da steht: „Denn Er wird Sein Volk *von* seinen Sünden erlösen." Wenn es in unserem Leben keine Veränderung gibt, ist das ein Beweis dafür, dass wir Jesus nicht kennen, denn Er wird uns *von* unseren Sünden erretten.

Wir brauchen eine Rechtfertigung, die *wirksam* ist. Was bedeutet das? Das bedeutet, wir brauchen eine Rechtfertigung, die eine *Auswirkung* haben wird, die tatsächlich eine *Herzensreaktion* hervorrufen wird. Und sie wird den Einfluss haben, um uns zur Heiligung zu führen.

Wenn alles, was ich tue, nur darin besteht, zu Jesus zu laufen, um ein kleines Pflaster auf meine Schramme zu bekommen, bin ich nicht wirklich gerechtfertigt. Ich stehe nicht vor Gott, als ob ich nicht gesündigt hätte. Ich muss mich *auf* die Heiligung einlassen. Ich muss mich an einer Reformation meines Lebens beteiligen.

Gott ändert nicht den Charakter, wenn Er kommt, auch wenn wir vielleicht gerne denken, dass Er das tut. Ich wuchs in dem Glauben auf, dass Er es tut. Ich war sehr stolz darauf, ein Siebenten-Tags-Adventist zu sein, weil mein Name im Buch der Kirche stand; und weil mein Name in dem Buch stand, dachte ich, mein Name stünde in den Büchern des Himmels und deshalb würde mich Jesus, wenn er kommt, dorthin bringen.

Dann sagte eines Tages ein Freund zu mir: „Camron, es gibt keine schnellen Autos im Himmel. Camron, es gibt keinen Rock'n'Roll im Himmel. Gott verändert dich nicht im Handumdrehen. Gott zwingt einem nicht den Willen auf." Von diesem Tag an änderte sich mein Leben. Ich ging nach Hause und fragte: „Herr, was muss ich tun, um gerettet zu werden?" Und wie Er zu dem reichen jungen

Herrscher sagte: „Verkaufe alles, was du hast, nimm dein Kreuz auf dich und folge Mir nach." Ich schaute auf meinen neuen Fernseher und DVD-Player, schaute auf meine Playstation. Ich legte die Bibel beiseite und schaltete den Fernseher ein. Aber letztendlich konnte ich meine Überzeugung nicht zum Schweigen bringen.

Was wir heute brauchen, ist eine intelligente Religion. Nicht eine emotionale Religion. Nicht eine Pflaster-Religion. Wir brauchen eine Lösung! Ich will nicht ständig sündigen. Ich möchte nicht ständig mit der Überzeugung der Sünde und einem schlechten Gewissen umgehen müssen. Gott will das für uns auch nicht! Deshalb hat er den Prozess der Heiligung bereitgestellt – einen Weg, durch den wir mit dem Sündigen aufhören können.

In Philipper 2,12 wird unsere Arbeit beschrieben:

> Darum, meine Geliebten, wie ihr allezeit gehorsam gewesen seid, nicht allein in meiner Gegenwart, sondern jetzt noch vielmehr in meiner Abwesenheit, vollendet eure Rettung mit Furcht und Zittern;

Freunde, wir haben tatsächlich etwas zu tun! Wir haben tatsächlich eine Errettung zu vollbringen! Und ja, es ist mit *Furcht und Zittern*, besonders jetzt, denn diese Erde hat nicht mehr lange Zeit und wir haben keine ganze Lebensspanne Zeit, in der wir geheiligt werden können.

Wenn wir uns selbst im Gegensatz zum Gesetz Gottes betrachten, welche Hoffnung haben wir dann noch? Dann sehen wir Jesus, der für uns am Kreuz stirbt. Aber wenn wir Ihn dort anschauen, sehen wir oft nicht das, was wir sehen müssen; wir sehen nicht das, was uns in der Art und Weise berühren wird, wie es nötig wäre.

Das Gesetz Gottes verlangt vollkommene Gerechtigkeit. Wenn ich das nicht erreiche, sagt das Gesetz: „Dieses Leben gehört mir. Du musst sterben!" Von wem verlangt es, dass er stirbt? Es verlangt, dass ich, *der Sünder*, sterben muss! Und dort am Kreuz ist mein Stellvertreter und Bürge, der an meiner Stelle stirbt.

Aber haben wir hier einen Zusammenhang hergestellt? Dieses Gesetz fordert *mein* Leben. Was macht Er (Jesus) da drüben? Wie kann Jesus Christus die Forderungen des Gesetzes erfüllen, wenn dieses Gesetz *mein* Leben fordert? Dieses Gesetz ist perfekt, es ist Gerechtigkeit, es ist die Wahrheit, und ich bin derjenige, der

Die das Evangelium umgebende Verwirrung Beseitigen

gesündigt hat; und dieses Gesetz verlangt das Leben *genau desjenigen*, der gesündigt hat!

Ein Bruder sagte mir einmal, warum so viele Muslime das *moderne* christliche Evangelium nicht annehmen. Es liegt daran, dass sie nicht verstehen, wie es Sinn ergibt, dass jemand, der völlig unabhängig von dem Erlebnis ist, an der Stelle eines anderen sterben kann. Das ist so, als ob jemand anderes den Preis von seinem eigenen Bankkonto bezahlen kann, obwohl es die ursprüngliche Person war, welche die Rechnung von ihrem eigenen Konto bezahlen musste. So lehnen viele Muslime heute das Sühnemodell ab, das das moderne Christentum lehrt.

Da ist Jesus, der in meinem Namen stirbt. Was ist daran wirkungsvoll? Lasst uns den ersten Teil von Hebräer 7,26 lesen:

> Denn ein solcher Hohepriester ist uns geworden.

Von welchem Hohepriester ist hier die Rede? Es ist die Rede von Jesus Christus. Und dieser Hohepriester – Jesus Christus – sagt in der einfachen Lesung des Wortes Gottes, dass *Er wir* wurde.

In Römer 5,8-11 haben wir eine Ergänzung. Die Rede ist von diesem Hohenpriester:

> Gott aber beweist seine Liebe gegen uns damit, daß Christus für uns gestorben ist, als wir noch Sünder waren. Wieviel mehr werden wir nun, nachdem wir durch sein Blut gerechtfertigt worden sind, durch ihn vor dem Zorngericht errettet werden! Denn, wenn wir, als wir noch Feinde waren, mit Gott versöhnt worden sind durch den Tod seines Sohnes, wieviel mehr werden wir als Versöhnte gerettet werden durch sein Leben!

Lasst uns hier für einen Moment innehalten. Versöhnung war das Werk, das am Kreuz vollbracht wurde. Aber nach dem, was wir gerade gelesen haben, rettet uns dieses Werk der Versöhnung? Nein. „Wenn wir, als wir noch Feinde waren, durch den Tod seines Sohnes mit Gott versöhnt wurden, so werden wir, da wir versöhnt sind, erst recht *durch sein Leben gerettet* werden."

Nun, *das* hat das Potenzial, vielen Christen heute einen Strich durch die Rechnung zu machen. Sie sagen: „Oh. Nein. Wir werden durch Seinen Tod gerettet!" Nein. Die Bibel sagt, dass wir *durch Sein Leben* gerettet werden. Lasst uns weiter lesen:

> Aber nicht nur das, sondern wir rühmen uns auch Gottes durch unsren Herrn Jesus Christus, durch welchen wir nun die Versöhnung empfangen haben.

Die Versöhnung.

VER-SÖHN-UNG (engl. AT-ONE-MENT)

Wir können es in drei Abschnitte unterteilen.

1. VER – bedeutet: im Zustand oder Position von.

2. SÖHN – bedeutet: perfekt in der Sohnschaft verbunden.

3. UNG – bedeutet: in einem Zustand von.

Wenn man diese Worte zusammenfügt, erhält man *Versöhnung*. Man hat den Menschen und Gott in einer vollkommenen Einheit an diesem Punkt, zu dieser Zeit; in einem Zustand der totalen *Einheit*. Und deshalb haben wir einen Erlöser, der *eins* mit uns wurde. Und wenn also das Gesetz Gottes zu mir kommt und sagt: „Ich verlange dieses Leben", dann kann Jesus Christus an meiner Stelle stehen. Und warum? Wegen dieser Einheit kann Er vom Gesetz angeschaut werden und es wird „mich" sehen.

In Jeremia 3,14 spricht Gott:

> Kehret wieder, ihr abtrünnigen Kinder, spricht der HERR; denn Ich bin euer Herr!

Was ist eine Ehe? Eine Ehe ist eine unvollkommene Darstellung dieser Verbindung. In *Patriarchs and Prophets*, S. 46 ist die Rede davon, dass Adam Eva gegeben wurde:

> Ein Teil des Menschen, Bein von seinem Bein und Fleisch von seinem Fleisch, war sie sein zweites Ich.[4]

„Sie war sein zweites Ich", und das ist eine *unvollkommene* Darstellung. Das Gesetz kommt und sagt: „Ich verlange das Leben dieses Sünders." Aber weil Jesus so geworden ist wie *wir*, und das Gesetz *unser* Leben fordert, sagt er: „Hier bin Ich!"

Ist das nicht der Grund, warum Er in Psalm 69 sagt: „Meine Sünden sind nicht verborgen vor dir?" Warum sagt Er: „Meine Sünden sind mehr als die Haare auf meinem Kopf"? Weil Er ein Sühnopfer leistete. Er ist direkt in unsere Erfahrung hineingegangen.

Nein, Er hat nicht gesündigt. In Seinem Mund war keine Falschheit zu finden. Aber *wir* haben gesündigt! Weil Er also zu uns wurde und wir wegen unserer Sünden sterben mussten, musste auch Er sterben! Aber da Er zu uns wurde, und wir deshalb mit Ihm starben, was geschah dann? Er ist wieder auferstanden. Und weil Er auferstanden ist, sind wir auferstanden! Um in welcher Art von Leben zu wandeln? „Zu wandeln in einem erneuerten Leben" (Römer 6,4). Es gibt also ein neues Leben. Aber wessen Leben ist es?

Kommt zu Galater 2,19-20:

> Ich bin mit Christus gekreuzigt. Und nicht mehr lebe ich, sondern Christus lebt in mir;

Erkennst du, was wie ein Paradoxon erscheinen mag? Ich lebe, aber ich lebe nicht. Hier ist ein Leben und dieses Leben ist mein Leben. Aber es ist nicht mein Leben. Es ist das Leben von Christus!

> Sondern Christus lebt in mir; und das Leben, das ich jetzt im Fleisch lebe, lebe ich durch den Glauben an den Sohn Gottes, der mich geliebt und sich selbst für mich hingegeben hat.

So wie Er mit mir eins wurde und an meiner Erfahrung teilhatte, so werde ich an Seiner teilhaben. Dennoch sind die *Persönlichkeiten* nicht verloren gegangen. Jesus Christus ist immer noch Seine eigene Person, und ich bin immer noch ich. Ich habe immer noch mein Leben und Er hat Sein Leben. Aber Sein Leben ist *mein* Leben. Genauso wie vorher mein Leben der Sünde *Sein* Leben war, und Er nahm es mit ins Grab.

Christus hat den Preis der Sünde für uns von Seinem Konto bezahlt. Doch welcher Name stand auf Seinem Konto? Es war mein Name, denn es war mein Konto. Er hat Sein Konto zu demselben Konto gemacht. Bildlich gesprochen, gab es keinen Geldtransfer. Er kam direkt in unser eigenes Leben. Er wurde wie wir, und wie wir bezahlte Er den Preis der Sünde.

Viele Christen heutzutage haben ein Problem. Und ich muss gestehen, dass ich viele Jahre lang das gleiche Problem hatte. Ich sah Jesus vor zweitausend Jahren; dort drüben – gaaanz weit drüben! Weit, weit weg von mir. Er war dort drüben und widerstand der Sünde, wies den Teufel zurecht und machte alles richtig. Und dann schaute ich auf mich und mein Leben und dachte: „Nun, die Schrift sagt, dass Er, obwohl Er in demselben sündigen Fleisch wie ich kam, alles überwunden hat; aber ich überwinde nicht wie Er!

Das Problem besteht darin, dass Er zu weit weg ist! Vor zweitausend Jahren ist zu weit weg! „Da drüben" ist zu weit weg! Ich kann mich nicht damit abfinden, Seinen Tod nur als etwas zu betrachten, auf das ich mich jedes Mal berufen kann, wenn ich ein Pflaster für meine Beule oder Balsam für meinen blauen Fleck brauche. Das ist nicht ausreichend für mich – es ist nicht genug!

Es ist das Gleiche, wenn wir an Jesus als ein Vorbild denken. Auch *das* ist zu weit weg. In der Tat *ist* Er ein vollkommenes Vorbild und wir *sollten* in Seinen Schritten folgen; aber, der Herr muss „sein Werk in Gerechtigkeit verkürzen" (Römer 9,28). Wir müssen schnell lernen! Und hier ist eine wirksame Rechtfertigung! Jesus Christus wurde wir! Und da nahm Er die Fehler meines Lebens auf sich, so dass, wenn ich vor Gott selbst stehe, Er den vollkommenen Gehorsam Seines Sohnes sieht und nicht meine schändlichen Taten.

Aber viel mehr als das: Er, der *wir* geworden ist, ist auferstanden; und deshalb, obwohl „ich mit Christus gekreuzigt bin, obwohl ich lebe, lebe doch nicht ich." Ich habe ein neues Leben, aber es bin *nicht ich*, der dieses Leben lebt.

In Jesus bin ich tot und begraben; aber ich atme noch und mein Herz pumpt noch. Ich habe immer noch ein Leben zum Leben! Aber hier ist der interessante Punkt. Ich bin mit Jesus gestorben, weil er sein Leben mit meinem sündigen Leben vereinigt hat, und nun gibt es da ein vollkommenes Leben, das vor Gott steht, und dieses Leben ist das Leben Christi. Aber, weil Er sich mit mir vereinigt hat, ist dieses Leben auch mein Leben. Und wenn wir uns daran erinnern, dass das Gesetz vom Einzelnen Vollkommenheit verlangt, dann sehen wir, dass das perfekte Leben, das Gott sieht, eigentlich unser eigenes Leben ist. *Ein perfektes Leben, das ganz uns gehört!*

Und wenn das Gesetz erfüllt und eingehalten wird, dann hat dieses Leben nicht erst begonnen, als ich getauft wurde. Es ist ein vollkommenes Leben von dem Tag an, an dem ich geboren wurde, bis in alle Ewigkeit – eine vollkommene Existenz.

Jesus Christus ist *wir* geworden. Was wir in der Heiligen Schrift vor zweitausend Jahren sehen, ist dein Leben, es ist mein Leben. Lasst uns weitergehen und Hebräer 5,7-9 lesen:

> Und er hat in den Tagen seines Fleisches...

Wessen Fleisch? Meines Fleisches, denn Er wurde wir.

> Und er hat in den Tagen seines Fleisches Bitten und Flehen mit starkem Geschrei und Tränen dem dargebracht, der ihn vom Tode retten konnte, und ist auch erhört und befreit worden von dem Zagen. Und wiewohl er Sohn war, hat er doch an dem, was er litt, den Gehorsam gelernt; und so zur Vollendung gelangt, ist er allen, die ihm gehorchen, der Urheber ewigen Heils geworden.

Was war Seine Erfahrung? Meinst du, dass das Leben nach der Taufe leicht sein wird, weil Er nun „in mir lebt"? Nein. Er musste „Gebete und Flehen mit lautem Ausrufen und unter Tränen" darbringen, an wen? „An den, der Ihn vom Tode erretten konnte." Ist das nicht ein Retter wie *wir* ihn kennen? Er konnte nicht einmal sich Selbst retten. Er musste sich auf den Vater verlassen, um gerettet zu werden.

Hebräer 5,1-2

> Denn jeder aus Menschen genommene Hohepriester wird für Menschen eingesetzt, zum Dienst vor Gott, um sowohl Gaben darzubringen, als auch Opfer für Sünden. Ein solcher kann Nachsicht üben mit den Unwissenden und Irrenden, da er auch selbst mit Schwachheit behaftet ist;

Dies ist unser Hohepriester. Er ist mit Schwachheit behaftet. Bist auch du mit Schwachheit behaftet?

Hebräer 4,15:

> Denn wir haben nicht einen Hohenpriester, der kein Mitleid haben könnte mit unsren Schwachheiten, sondern der in allem gleich wie wir versucht worden ist, doch ohne Sünde.

Er ist berührt von den Gefühlen unserer Schwächen. Wie kann Er mit den Gefühlen unserer Schwächen berührt werden? Wie kann Er berührt werden, wenn Er nicht in der gleichen Position ist und die gleiche Erfahrung macht? Und wie kann Er die Schwächen fühlen, wenn Er nicht so ist, wie ich und dort, wo ich bin?

Vers 16:

> So lasset uns nun mit Freimütigkeit hinzutreten zum Thron der Gnade, damit wir Barmherzigkeit erlangen und Gnade finden zu rechtzeitiger Hilfe!

Hast du gesündigt? Dieser Preis ist bezahlt worden. Glaub es! Aber wenn du dich an der Realität festhältst, dass Jesus an deiner Stelle steht, dann gibt es da noch eine tiefgreifendere Realität. Bist du versucht? Dann betet Jesus mit lautem Rufen und Tränen zu Demjenigen, der *uns* vor dem Tod retten kann.

In *Desire of Ages* sagt Jesus: „Ich kenne eure Tränen, auch ich habe geweint" (S. 483). Er hat geweint, und er kennt deine Tränen! Kannst du da eine Verbindung herstellen? Er weinte *deine* Tränen! Er rief mit lautem Flehen und Tränen zu Gott und Er wurde erhört! Und Er hat überwunden! Satan hatte nichts in Ihm! Und Er war *wir*!

Wirst du geschmäht? Jesus erwiederte die Schmähung nicht. Leidest du? Jesus hat nicht gedroht. Und Er war *wir*. Das Leben Jesu war unser Leben. Dein Leben, mein Leben! Wenn ich versucht bin, zu meinen, dass ich es nicht kann, in Jesus *kann* ich es und ich *habe* es bereits getan.

Wirst du das glauben? Wirst du glauben, dass, wenn du die Sündhaftigkeit deines Lebens siehst, es ein perfektes Leben für dich gibt? Dass du von diesem Tag an direkt in dieses Leben hineinschlüpfen und es leben kannst? *Das kannst du.* Aber zur Heiligung gehört auch, dass man *lernt, es zu glauben*. Und es zu glauben bedeutet, es zu deinem Leben *werden zu lassen*.

Wenn du provoziert wirst, spürst du, wie dein Blut zu kochen beginnt und dein Fleisch sich erheben und zur Vergeltung ausschlagen will? Wenn du das empfindest, dann bitte Gott, dass der Heilige Geist die Werke Jesu aufnimmt und sie dir zeigt. Dass er dir zeigt, wie Jesus vor Kaiphas und dem Sanhedrin stand, und dass er dir zeigt, wie er vor Pilatus und Herodes stand. *The Desire of Ages*, S. 710 sagt:

> Nie wurde ein Verbrecher so unmenschlich behandelt wie der Sohn Gottes.[5]

Wir haben Geschichten darüber gehört, was Kriegsgefangene erlitten haben oder was verurteilte Verbrecher im Gefängnis ertragen mussten. Nie wurde jemand so unmenschlich behandelt wie Jesus. Er erlitt schreckliche Misshandlungen durch von Dämonen besessene Menschen. Aber als Er geschmäht wurde, schimpfte Er nicht. „Wie ein Schaf vor seinen Scherern stumm ist, so tut Er seinen Mund nicht auf." Jesaja 53,7. Und Er war *wir*.

Bist du versucht, dich zu ärgern oder wütend zu werden? Richte deine Gedanken auf Jesus; und wenn du siehst, wie Er standhaft ist und alles sanftmütig erträgt, dann glaube, dass Er es genauso gemacht hat wie *du*! Was du in Seinem Leben siehst, ist eine Manifestation dessen, was Er bereits in deinem Leben für dich getan hat. Betrachte es, wenn du willst, als eine Prophezeiung für dein eigenes Leben; dass du, wenn du weitergehst, um deinen Herrn zu erkennen, standhaft dastehen wirst. Was immer es ist, was wir von Jesus Christus in Seinem Wort lesen – was wir vor zweitausend Jahren sehen – ist das Leben Desjenigen, der wir geworden ist. Wir müssen dieses Leben als unser eigenes Leben annehmen. Wir brauchen den Heiligen Geist, damit er von Jesus nimmt und ihn uns zeigt.

In *The Desire of Ages* S. 805 steht:

> Die Verleihung des Geistes ist die Verleihung des Lebens von Christus.[6]

Wir sind so geneigt, „Leben" als die Lebenskräfte zu lesen, als die elektrischen Ströme, und nicht als die lebendige, praktische Realität. Aber der Heilige Geist vermittelt uns das *lebendige, praktische Leben* von Jesus Christus. Wir wollen die Ausgießung des Spätregens, nicht wahr? Dann wollen wir Sein Leben. Und wenn Sein Leben mein Leben war, dann beginnt *The Desire of Ages*, S. 668, einen Sinn zu ergeben:

> Wenn wir einwilligen, wird er sich so sehr mit unseren Gedanken und Zielen identifizieren, unser Herz und unseren Verstand so sehr mit seinem Willen in Einklang bringen, dass wir, wenn wir ihm gehorchen, nur unsere eigenen Impulse ausführen werden.[7]

Gehorsam wird *natürlich* sein. Er *muss* natürlich sein, denn ich habe mein Leben in das Leben Jesu Christi versenkt, und so wie Sein Herz dem Willen Gottes entsprach, so wird es auch meines tun, denn Sein Herz ist mein Herz.

„Was muss ich tun, um gerettet zu werden?" war die Frage.

Ja! „Glaube an den Herrn Jesus Christus und du wirst gerettet werden." Glaube an diese kostbare VER-SÖHN-UNG. Wir brauchen uns nicht verwirren zu lassen, wie so viele Menschen es bei den Worten „nur glauben" tun. Freunde, wenn wir „nur das *Richtige* glauben", wird es Gerechtigkeit bewirken. Schließlich ist es richtiges Handeln *durch* Glauben. Glaubt, dass das Leben, das Jesus lebte, euer Leben war. Und nur wenn wir das glauben, können wir das Zeugnis verstehen, das Alonzo Jones im Jahr 1893 gab.

Es ist ein *Geschenk*, und Gott kann kommen, wann immer es Ihm gefällt. Wir werden bereit sein, wenn wir Ihn einfach Sein Leben in uns leben *lassen*. Wir müssen Sein Leben unser Leben sein lassen. Tag für Tag sollen wir in Jesus hineinwachsen; Tag für Tag sollen wir vollkommener glauben, dass Christus mit mir eins ist und dass ich ein vollkommenes Leben habe.

Wir kommen vielleicht an eine Kreuzung, eine Weggabelung. Jesus ist schon den richtigen Weg gegangen. „Herr, wirke in mir, dass ich den richtigen Weg wähle und gehe. Gib mir, Herr, das perfekte Leben, das Jesus für mich gelebt hat." Es ist mein Leben; es ist dein Leben. Willst du dieses Leben? Willst du gerettet werden?

Die Worte von John Bunyan in *The Work of Jesus Christ as an Advocate*:

> *Derjenige, der zu glauben sich vornimmt, stellt sich der schwersten Aufgabe, die dem Menschen jemals gestellt wurde*; nicht weil die Dinge, die uns auferlegt werden, unvernünftig oder unerklärlich sind, sondern weil das Herz des Menschen, je wahrer etwas ist, desto mehr bleibt es daran hängen und stolpert darüber; und, wie Christus sagt: „Weil ich euch die Wahrheit sage, glaubt ihr mir nicht" (Johannes 8,45). Daher *wird das Glauben Arbeiten genannt* (Hebräer 4,11); und es ist zuweilen die schwerste Arbeit, die ein Mensch in die Hand nehmen kann, weil sie mit den größten Widerständen angegriffen wird; aber glauben musst du, sei die Arbeit auch noch so schwer. [Hervorhebung hinzugefügt].

Es gab einen Mann, der zu Jesus kam. Er wollte, dass sein Knecht geheilt wird. Und er sagte: „Sprich nur das Wort und ich nehme dich beim Wort!" Und Jesus sagte: „Wie du glaubst, so soll es dir geschehen."

Möge es auch bei uns so sein, das ist mein Gebet. AMEN.

Kapitel 11

SICH IN GOTT HINEINVERSETZEN

12. November 2011

*Es gibt keine Schwäche, die er nicht spürt,
keine Krankheit, die er nicht heilen kann;
Augenblick für Augenblick, in Leid und Heil,
bleibt Jesus, mein Heiland, bei mir.*

ABER: Bleiben wir in ihm? Ich möchte unsere Studie beginnen, indem ich aus Exodus 17 lese. Es ist wertvoll für uns, regelmäßig die Erfahrungen der Israeliten durchzugehen, denn wir sind das moderne Israel und es gibt nichts Neues unter der Sonne. Die Erfahrungen, die Israel machte, sind identisch mit den Erfahrungen des Volkes Gottes in den letzten Tagen. Hier in 2. Mose 17,1-8 lesen wir einen Teil ihrer Erfahrungen:

> Und die ganze Gemeinde der Kinder Israel zog aus der Wüste Sin ihre Tagereisen, nach dem Befehl des HERRN, und lagerte sich in Raphidim; da hatte das Volk kein Wasser zu trinken. Darum zankten sie mit Mose und sprachen: Gebt uns Wasser, daß wir trinken! Mose sprach zu ihnen: Was zankt ihr mit mir? Warum versucht ihr den HERRN? Als nun das Volk daselbst nach Wasser dürstete, murrten sie wider Mose und sprachen: Warum hast du uns aus Ägypten heraufgeführt, daß du uns und unsere Kinder und unser Vieh vor Durst sterben lässest? Mose schrie zum HERRN und sprach: Was soll ich mit diesem Volke tun? Es fehlt wenig, sie werden mich noch steinigen! Der HERR sprach zu Mose: Gehe hin vor das Volk und nimm etliche Älteste von Israel mit dir und nimm den Stab, mit dem du den Fluß schlugest, in deine Hand und gehe hin. Siehe, ich will daselbst vor dir auf einem Felsen in Horeb stehen; da sollst du den Felsen schlagen, so wird Wasser herauslaufen, daß das Volk trinke. Mose tat also vor den Ältesten Israels. Da hieß man den Ort Massa und

> Meriba, wegen des Zanks der Kinder Israel, und daß sie den HERRN versucht und gesagt hatten: Ist der HERR mitten unter uns oder nicht? Da kam Amalek und stritt wider Israel in Raphidim.

Die Israeliten waren auf dem Weg durch die Wüste, und sie kamen an einen Ort namens Raphidim; und an diesem Ort gab es kein Wasser. Da beklagten sie sich und sagten: „Ist der Herr mit uns oder nicht?" Gott hatte sie aus der Knechtschaft Ägyptens befreit; er hatte das Rote Meer für sie geteilt, ihre Feinde getötet und den Pharao vernichtet. Doch sobald etwas bei ihnen schief ging, fragten die Israeliten, ob Gott mit ihnen sei oder nicht. Als Antwort auf ihre Frage gab Er ihnen gnädig Wasser aus dem Felsen. Dann kam Amalek und kämpfte mit Israel in Raphidim.

Signs of the Times, September 10, 1896, Ellen White schreibt hier:

> Viele denken heute, dass sie, wenn sie ihr christliches Leben beginnen, Freiheit von aller Not und Schwierigkeit finden werden. Aber jeder, der sein Kreuz auf sich nimmt, um Christus zu folgen, kommt in seiner Erfahrung zu einem Raphidim. Das Leben besteht nicht nur aus grünen Weiden und kühlenden Bächen. Enttäuschungen überraschen uns; Entbehrungen kommen; Umstände treten auf, die uns in schwierige Situationen bringen. Wenn wir auf dem schmalen Weg folgen und unser Bestes tun, wie wir denken, dann stellen wir fest, dass schmerzhafte Prüfungen auf uns zukommen. Wir meinen, dass wir durch unsere eigene Weisheit weit weg von Gott gegangen sein müssen. Gewissensbisse plagen uns und wir denken, wenn wir mit Gott gegangen wären, hätten wir nie so gelitten.
>
> Vielleicht drängen sich Zweifel und Verzagtheit in unsere Seelen, und wir sagen: Der Herr hat uns im Stich gelassen, und wir werden schlecht behandelt. Er weiß um die Nöte, durch die wir gehen. Warum erlaubt er uns, so zu leiden? Er kann uns nicht lieben; wenn er es täte, würde er die Schwierigkeiten von unserem Weg entfernen. „Ist der Herr mit uns, oder nicht?"[1]

Kannst du mit dieser Erfahrung etwas anfangen? Bist du jemals an einen Punkt gekommen, an dem du dir die gleiche Frage gestellt hast: „Ist Gott mit mir oder nicht? Liebt Er mich noch oder nicht?

Ist Jesus bei mir oder hat er mich verlassen?" Der erste Teil von Johannes 14,17 beschreibt das Problem, das viele von uns immer wieder in eine Zwickmühle bringt:

> Den Geist der Wahrheit, welchen die Welt nicht empfangen kann, denn sie beachtet ihn nicht und kennt ihn nicht...

Das ist das Problem, das die Menschheit hat. Solange sie es nicht mit ihren eigenen Augen sehen kann, wird sie nicht glauben. „Ist Gott mit uns?" Oft sind wir vielleicht versucht, die Frage zu stellen; und um die Antwort zu finden, suchen wir nach einer visuellen Gewissheit, die da lautet: „Ja, Gott ist noch bei mir." Vielleicht erleben wir manchmal nur Dunkelheit, und wie Jesus am Kreuz sind wir versucht zu sagen: „Mein Gott, mein Gott, warum hast du mich verlassen? Wo bist du?" Aber die Verheißung Jesu lautet: „Siehe, ich bin bei euch alle Tage bis an das Ende der Welt" (Matthäus 28,20). „Ich *bin* bei euch", sagt er. „Ich bin bei euch *alle Tage*." Doch trotz dieser kostbaren Verheißung haben wir oft mit den starken Gefühlen der Einsamkeit, Depression oder Trostlosigkeit zu kämpfen; mit dem Gefühl, verlassen worden zu sein.

Und in dieser Gemütsverfassung, mit dieser Atmosphäre der Niedergeschlagenheit, begegnen wir den Verwirrungen des Lebens. Wir begegnen ihnen scheinbar allein, und deshalb begegnen wir ihnen in unserer eigenen Kraft. Wenn du in den Laden gehst und Lebensmittel kaufst, die du zum Essen brauchst, und du ziehst deine Karte durch und gibst deine PIN ein, und es kommt „Transaktion abgelehnt: Unzureichende Deckung", wie verlassen fühlst du dich dann? Vielleicht, wenn du von deinen Lieben weg bist, deinem Mann oder deiner Frau oder deinen Kindern, aus welchem Grund auch immer – sei es Arbeit, Krankheit, Beziehungsprobleme oder irgendein anderer Grund – und du mit ihnen telefonierst und dann sagst, „Auf Wiedersehen" und legst auf, wie einsam fühlst du dich dann? Wenn du am Ende eines harten Arbeitstages nach Hause kommst und es gibt keine Kinder, die herausgerannt kommen, um dich mit ihren liebevollen Armen zu empfangen, wie fühlst du dich dann? Wenn da keine Ehefrau oder kein Ehemann ist, die ihre Lippen auf deine Wangen drückt, um dich mit einer Umarmung zu begrüßen, wie einsam fühlst du dich dann? Hast du dich jemals dabei ertappt, dass du wegen dieses Gefühls der Einsamkeit geweint hast? Es gibt viele, die das tun. Diese Welt ist ein sehr einsamer Ort. Ist es einfach, die verschiedenen Herausforderungen des Lebens zu meistern, wenn man sich so einsam fühlt? Es ist nicht leicht. Wir sind sehr schnell dabei, das Versprechen Jesu zu vergessen: „Ich bin mit dir."

Jesus hatte zu seinen Jüngern gesagt, dass er am dritten Tag auferweckt werden würde; sie kamen an das leere Grab und konnten es immer noch nicht glauben. Maria kam zum Grab und sie sprach mit Jesus selbst, doch erkannte sie Ihn auch? *The Desire of Ages*, S. 794:

> Maria hatte im Garten gestanden und geweint [WARUM WEINTE SIE? WEIL SIE JESUS VERLOREN HATTE UND ER DENNOCH GENAU NEBEN IHR WAR], als Jesus dicht neben ihr stand. Ihre Augen waren von den Tränen so geblendet, dass sie ihn nicht erkannte. Und die Herzen der Jünger waren so voller Kummer, dass sie weder der Botschaft der Engel noch den Worten Christi selbst Glauben schenkten.
>
> Wie viele tun noch immer, was diese Jünger taten! Wie viele wiederholen den verzweifelten Schrei Marias: „Sie haben den Herrn weggenommen, ... und wir wissen nicht, wo sie ihn hingelegt haben"! Zu wie vielen werden die Worte des Heilandes gesprochen: „Warum weinst du? Wen suchst du?" Er ist nahe bei ihnen, aber ihre tränenblinden Augen erkennen Ihn nicht. Er spricht zu ihnen, aber sie verstehen es nicht.
>
> Oh, dass das gebeugte Haupt aufgerichtet werden würde, dass die Augen geöffnet würden, um Ihn zu sehen, dass die Ohren auf Seine Stimme hören würden![2]

Diese Stimme, die sagt: „Siehe, ich bin bei euch alle Tage, bis an das schreckliche Ende der Welt." Und dieses schreckliche Ende der Welt rückt mit großen Schritten näher. Ich hoffe, dass wir in dieser Betrachtung Ermutigung finden für die Zeit, die vor uns liegt.

Es gibt eine weitere Verheißung, die in Johannes 3,16-17 zu finden ist:

> Denn Gott hat die Welt so geliebt, daß er seinen eingeborenen Sohn gab, damit jeder, der an ihn glaubt, nicht verloren gehe, sondern ewiges Leben habe. Denn Gott hat seinen Sohn nicht in die Welt gesandt, daß er die Welt richte, sondern daß die Welt durch ihn gerettet werde.

Gott hat dich so sehr geliebt, dass Er dir Seinen Sohn gab. Wenn das tatsächlich die Wahrheit ist – dass Gott uns so sehr geliebt hat, dass Er uns Seinen Sohn gab – wie sollte dann unsere Haltung sein, wenn wir den Herausforderungen des Lebens begegnen? Römer 8,31-32:

> Was wollen wir nun hierzu sagen? Ist Gott für uns, wer mag wider uns sein? Welcher sogar seines eigenen Sohnes nicht verschont, sondern ihn für uns alle dahingegeben hat, wie sollte er uns mit ihm nicht auch alles schenken?

Wie viele Dinge? „Alle Dinge." Alles Geld, das du benötigst, um deine Rechnungen zu bezahlen. All die Energie, die du brauchst, um arbeiten zu können, um deine Rechnungen zu bezahlen. All die Gesellschaft, die du brauchst, um nicht allein zu sein. (Alle Dinge nach dem Willen Gottes.)

Wenn Gott so sehr für uns ist, dass Er uns Seinen Sohn geben würde, ist der Herr dann mit uns oder nicht? Das beantwortet sich von selbst, nicht wahr?

Aber wir müssen an den Punkt kommen, an dem wir Gott beim Wort nehmen, egal welche Erfahrungen wir machen, oder wie wir uns fühlen. Es wird eine Zeit kommen, die uns viel Ausdauer abverlangen wird. Auch gegenwärtig machen wir Erfahrungen, die uns auf die Probe stellen. Was ist die Bedeutung des Wortes „ausharren"? Es bedeutet, dass es eine mühsame Anstrengung erfordert, durchzuhalten und nicht loszulassen. Es ist so, als ob man sich so fest an den Herrn klammert, dass die Hände steif gefroren sind und die Knöchel blassweiß sind. Schon jetzt sind die Dinge nicht einfach für uns, und sie werden auch nicht einfacher werden. Wir müssen glauben, dass Er immer mit uns ist.

Mose glaubte daran, obwohl er mit den Israeliten in der Wüste einige schreckliche Erfahrungen machte. In Hebräer 11,27 können wir lesen, was es war, das ihn zum Durchhalten befähigte. Aber lesen wir zuerst die Verse 24 und 25:

> Durch Glauben weigerte sich Mose, als er groß geworden war, ein Sohn der Tochter des Pharao zu heißen. Er wollte lieber mit dem Volke Gottes Ungemach leiden, als zeitliche Ergötzung der Sünde haben.

Seine Erfahrung war die gleiche wie die unsere, nicht wahr? Die Welt präsentiert sich, und sie sieht so einfach und vergnüglich aus; *oder* wir können leiden. Wow! Was für eine Entscheidung. Hast du jemals wirklich ernsthaft darüber nachgedacht? Wir können losziehen und Spaß haben oder wir können leiden. Wenn die Menschheit nur glauben kann, was sie sieht, ist es dann ein Wunder, daß die Menschen das wählen, was nach Spaß aussieht, mit weniger Leid? Wir können dem Herrn danken, dass er unsere Augen mit Augensalbe berührt hat und wir über das Leiden hinaus sehen können – wir können erkennen, dass der Himmel preiswert genug sein wird. Mose wäre der Herrscher des größten Reiches der damaligen Zeit geworden, wenn er sich für die Welt entschieden hätte; aber er entschied sich lieber dafür, mit dem Volk Gottes Leid zu ertragen, als für eine Weile die Freuden der Sünde zu genießen. Vers 26:

> Da er die Schmach Christi für größeren Reichtum hielt als die Schätze Ägyptens; denn er sah die Belohnung an.

Und deshalb betrachten wir uns als Christen, weil wir Respekt vor dem Wert der Belohnung haben. Und hoffentlich schätzen wir den Verdienst Christi als größeren Reichtum als alles, was die Welt geben kann. Vers 27:

> Durch Glauben verließ er Ägypten, ohne den Grimm des Königs zu fürchten; denn er hielt sich an den Unsichtbaren, als sähe er ihn.

Möchtest du durchhalten? Dann ist hier unsere Antwort. Wir müssen Den *sehen*, der unsichtbar ist.

In *Testimonies*, Vol.5, S. 651 erweitert der Geist der Weissagung die Erfahrung Moses tiefgreifend. Und ich möchte, dass ihr euch das ganz besonders genau anhört, denn es gibt viel, das wir von diesem Beispiel lernen können:

> Mose hatte einen ausgeprägten Sinn für die persönliche Gegenwart Gottes.

Ausgeprägten Sinn. Was ist ein Sinn? Wir haben fünf Sinne, nicht wahr? Er hatte einen *Sinn* für die persönliche Gegenwart Gottes. Das war also nicht nur etwas in seiner Vorstellung. Er spürte es in seinem Wesen, in seinem Körper.

Er schaute nicht nur durch die Zeitalter hindurch auf die Offenbarung Christi im Fleisch, sondern er sah Christus in besonderer Weise die Kinder Israels auf all ihren Reisen begleiten.

Er sah Jesus nicht so, wie die Christenheit Ihn heute sieht – vor zweitausend Jahren am Kreuz sterbend. Er sah Christus in „besonderer Weise" dort bei den Israeliten in der Wüste.

Gott war für ihn real, immer präsent in seinen Gedanken. Wenn er missverstanden wurde, wenn er aufgefordert wurde, sich der Gefahr zu stellen und Beleidigungen um Christi willen zu ertragen, ertrug er sie ohne Gegenwehr. Mose glaubte an Gott als einen, den er brauchte und der ihm wegen seiner Not helfen würde.

Hast du Bedürfnisse? Nun, das ist deine Qualifikation. Wenn du in eine Notlage kommst und Hilfe brauchst, dann bedeutet das die größte Sicherheit, dass Gott dir die Hilfe geben wird, die du brauchst.

Gott war für ihn eine *aktuelle* Hilfe.

Ein Großteil des Glaubens, den wir sehen, ist nur formal; der echte, vertrauensvolle, ausdauernde Glaube ist selten. Mose erkannte in seiner eigenen Erfahrung die Verheißung, dass Gott ein Vergelter derer sein wird, die ihn fleißig suchen. Er hatte Respekt vor dem Lohn der Belohnung. Hier ist ein weiterer Punkt in Bezug auf den Glauben, den wir untersuchen wollen: Gott wird den Menschen des Glaubens und des Gehorsams belohnen. Wenn dieser Glaube in die Lebenspraxis eingebracht wird, wird er jeden, der Gott fürchtet und liebt, befähigen, Prüfungen zu ertragen. Mose war voller Vertrauen in Gott, weil er *angemessenen* Glauben hatte. [Hervorhebung hinzugefügt][3]

Weißt du, was „angemessener Glaube" ist? Angemessener Glaube nimmt Gottes Wort und wendet es auf sich selbst an. Mose sah das, was Gott versprochen hatte, nicht nur als einen allgemeinen Segen für alle, sondern er nahm es persönlich und nahm es in seine eigene Erfahrungswelt auf.

> Er brauchte Hilfe, und er betete darum, ergriff sie im Glauben und webte in seine Erfahrung den Glauben ein, dass Gott sich um ihn kümmerte.

Notiert euch diese Worte: „Er webte in seine Erfahrung den Glauben ein, dass Gott sich um ihn kümmerte." Darauf wollen wir in dieser Studie aufbauen.

> Er glaubte, dass Gott über sein Leben im Besonderen herrschte. Er sah und erkannte Gott in jeder Einzelheit seines Lebens und spürte, dass er unter dem Auge des Allsehenden stand, der die Motive abwägt, der das Herz prüft. Er schaute auf Gott und vertraute auf Ihn um Kraft, die ihn unversehrt durch jede Form der Versuchung trägt. Er wusste, dass ihm ein besonderes Werk aufgetragen worden war, und er wünschte sich so weit wie möglich, dieses Werk vollkommen erfolgreich zu vollbringen. Aber er wusste, dass er dies nicht ohne göttlichen Beistand tun konnte, denn er hatte es mit einem verderbten Volk zu tun. Die Gegenwart Gottes reichte aus, um ihn durch die schwierigsten Situationen zu tragen, in die ein Mensch gebracht werden konnte.

„Die Gegenwart Gottes reichte aus, um ihn hindurchzutragen." Was brauchen wir? Wir müssen wissen, dass Gott auch bei uns immer präsent ist.

> Mose dachte nicht nur an Gott; er sah Ihn. Gott war die ständige Vision vor ihm; er verlor Sein Gesicht nie aus den Augen. Er sah Jesus als seinen Erlöser, und er glaubte, dass die Verdienste des Erlösers ihm zugerechnet werden würden. Dieser Glaube war für Mose keine Vermutung; *er war eine Realität*. Das ist die Art von Glauben, den wir benötigen, ein Glaube, der die Prüfung bestehen wird. [Hervorhebung hinzugefügt][3]

Möchtest du diese Erfahrung machen? Willst du diesen Glauben, der dich befähigt, die Prüfung zu bestehen? Wie können wir ihn dann haben? Wie kann ich wissen, dass Gott wirklich bei mir gegenwärtig ist? Wir Menschen sind sehr zögerlich, Gott bei Seinem Wort zu nehmen. Aber uns läuft die Zeit davon, nicht wahr? Wir müssen in der Lage sein, Sein Wort so zu lesen, wie es geschrieben steht.

The Faith I Live By, S. 123 sagt uns, wo sich unser Beweis befindet, denn das ist es, was wir wollen, nicht wahr? Etwas, auf das wir unsere Augen richten können?

> Unser Erlöser möchte, dass du in enger Beziehung zu Ihm selbst stehst, …

Das ist es, was du möchtest und das ist es, was Er möchte. Warum möchte Er es?

> … dass Er dich glücklich machen kann. …

Das ist es doch, was auch du möchtest, nicht wahr? Du möchtest glücklich sein!

> …Wenn Christus Seinen Segen auf uns ruhen lässt, sollten wir Seinem lieben Namen Dank und Lob darbringen. Aber, sagst du, wenn ich nur wüsste, dass Er mein Retter ist! Nun, welche Art von Beweis möchtest du haben? Möchtest du ein besonderes Gefühl oder eine Emotion, um zu beweisen, dass Christus dein ist? Ist das zuverlässiger als der reine Glaube an die Verheißungen Gottes? Wäre es nicht besser, die gesegneten Verheißungen Gottes zu nehmen und sie auf sich selbst anzuwenden, indem man sein ganzes Vertrauen auf sie setzt? Das bedeutet Glaube.[4]

Du willst Beweise? Der Beweis steht direkt in der Bibel. Du kannst sie lesen. Du kannst zuhören, wenn sie dir vorgelesen wird. Sie hat alle Beweise, die wir brauchen; wir müssen nur diese Beweise als Beweise nehmen.

Ich liebe es, wie Ellen White dort schreibt: „Nun, welche Art von Beweis möchtest du haben? Willst du ein besonderes Gefühl oder eine Emotion, um zu beweisen, dass Christus dein ist?" Wie viele Menschen gründen heute ihre Religion auf Gefühle und Emotionen? Wie viele Kirchen sind auf diesen sogenannten Beweisen aufgebaut? Aber ist es zuverlässiger als das Wort Gottes?

Auf gar keinen Fall.

Der Jünger Thomas ist ein weiteres Beispiel, von dem wir lernen können. Er hatte genau die Worte aus dem Mund Christi gehört, dass er von den Toten auferweckt werden würde, und dann, nachdem er von den Toten auferstanden war, wollte Thomas es immer noch nicht glauben. Als seine Freunde versuchten, ihn zu überzeugen, sagte er: „Wenn ich es nicht anfassen und sehen kann, wenn ich es nicht fühlen und wissen kann, dann werde ich es niemals glauben. Ich muss es mit meinen eigenen Augen sehen und ich muss es mit meinen eigenen Händen anfassen." Was hat Christus gesagt? Wem hat Er den Segen zugesprochen? Er sagte: „Selig sind, die nicht gesehen und doch geglaubt haben." (Johannes 20,25-29). Der Beweis liegt im Wort selbst. Wenn wir glauben wollen, dass Jesus immer bei mir ist, sogar bis zum Ende der Welt, müssen wir Ihn einfach bei seinem Wort nehmen. Er sagt: „Mein Wort wird nicht leer zu mir zurückkehren, sondern wird vollbringen, wozu ich es gesandt habe" (Jesaja 55,11). Er kam zur Erde und sagte: „Es werde Licht"; und es wurde Licht. Dann sagte Er: „Es sollen Sterne am Firmament sein." Sind die Sterne erschienen? Natürlich! Und dann sagt Er: „Ich werde immer bei euch sein." Wird Er? Auf jeden Fall! Gott kann nicht lügen (Titus 1,2). Aber wir können an Ihm zweifeln.

Der Hebräerbrief definiert den Glauben als die Substanz dessen, was man erhofft (Hebräer 11,1). Der Glaube ist die Substanz der Sache, die wir ersehnen und brauchen. Gott kann alle Versprechungen machen, die Er will, aber wenn wir nicht den Glauben haben, der Ihn beim Wort nimmt, wird dieses Wort dann erfüllt werden? Nein. Das kann es nicht. Denn der Glaube ist die *Substanz* dessen, worauf wir hoffen.

Wir müssen Seinem Versprechen glauben. Wir haben allerdings ein Problem. Das Problem liegt darin, dass wir oft denken, dass wenn wir uns auf eine bestimmte Art ernähren oder uns auf eine bestimmte Weise kleiden oder uns von bestimmten Orten fernhalten, wir die Gewissheit Seiner Begleitung haben können. Wir meinen, dass all diese wunderbaren Werke garantieren, dass Er bei uns sein wird. Kannst du das bestätigen?

Und was passiert dann, wenn man versagt? Plötzlich ist es wie: „Oh-oh. Weh mir, ich habe versagt und jetzt ist Er weg, weil ich kein gehorsamer Mensch mehr bin. Ich bin jetzt so unheilig, dass der Herr nicht mehr bei mir wohnen kann." Aber warst du vorher schon heiliger? Du warst es nicht. Als Menschen neigen wir so sehr dazu, unseren Glauben, dass Gott bei uns ist, auf *unsere Werke* zu gründen; und wenn die Dinge nicht so gut laufen, wie wir gehofft hatten, sind wir kurz davor, das Los zu werfen und zu sagen: „Vergiss es. Er ist weg. Wehe, wehe, mir."

Weißt du, für was uns die Bibel erklärt? Narren (Jesaja 35,8). Wir können unseren Glauben an Gottes Gegenwart bei uns nicht auf unsere Werke gründen – das können wir nicht. Ein rechtschaffener Mann wird siebenmal fallen. Heißt das also, wenn er eines dieser Male gefallen ist, dass das alles war, dass Gott ihn verlassen hat? Nein. Wer hilft ihm auf? Wer streckt ihm seine Hand entgegen, um ihn aus der Grube zu heben? Es ist Jesus. Jesus sagt: „Ich bin bei euch alle Tage bis an das Ende der Welt."

Aber oh nein, nicht ich – ich bin zu schlecht. Selbstmitleid. Weißt du, was Selbstmitleid ist? Selbstmitleid ist Selbstvergötterung. Und das ist es, was uns dazu bringt, zu denken, dass ich zu böse bin, als dass Gott mir nahe kommen könnte.

Wusstet ihr, dass, wenn jemand den Geist Gottes betrübt und ihn vertrieben hat, er keinen Verlust empfindet? Ist euch das aufgefallen? Ihr Gewissen ist versengt wie mit einem heißen Eisen. Sie fühlen sich nicht so schlecht, dass Gott nicht bei ihnen ist. In der Tat, es ist ihnen sogar völlig egal! Sie kümmern sich vielleicht um die Umstände und die Konsequenzen, aber wie der Pharao sagen sie: „Wer ist der Herr, dass ich Seiner Stimme gehorchen sollte?" Allein die Tatsache, dass wir von der Sünde überführt werden und uns schlecht fühlen, weil wir Gott im Stich gelassen haben, ist ein Beweis dafür, dass er bei uns ist und uns nicht verlassen hat. Wir sollten uns nicht so leicht von Satan mit all seinen Vorschlägen entmutigen lassen. Wir müssen nicht depressiv werden. Und wir müssen uns nicht einsam fühlen. Aber warum sind wir es? Weil wir nicht glauben, oder interessanterweise versuchen wir zu sehr zu glauben. Ja! – Wir bemühen uns *zu sehr*, zu glauben!

In *Manuscript Releases*, Vol.8, S. 221, spricht der Engel:

> Der Engel sagte: „Einige haben sich zu sehr bemüht, zu glauben. Glaube ist so einfach. Ihr schaut darüber hinweg."[5]

Der Glaube ist so einfach, und doch verstehen wir oft den Punkt nicht und schauen woanders hin. Wie einfach ist der Glaube? So einfach wie die Tatsache, dass Gott nicht lügen kann. Was immer Er auch sagt, es muss wahr sein. Ist der Herr mit uns oder nicht? Nun, die Antwort hängt von deinem Glauben ab.

In *Heavenly Places*, S. 104, wird über den Glauben gesprochen:

> Der Glaube ist nicht der Boden unseres Heils, aber er ist der große Segen – das Auge, das sieht, das Ohr, das hört, die Füße, die laufen, die Hand, die ergreift. Er ist das Mittel, nicht der Zweck.⁶

Und *Upward Look,* S. 72. Hier haben wir eine Vertiefung der vorherigen Aussage:

> „Der Glaube ist die Substanz dessen, was man hofft, und der Beweis dessen, was man nicht sieht" (Hebräer 11,1). Haben wir das nicht in der Vergangenheit bewiesen, als wir im Glauben ausgezogen sind, um die Dinge hervorzubringen, die wir jetzt sehen? …

Denkt über diese Worte nach – nehmt sie mit nach Hause. Hat Gott jemals deine Gebete erhört? Er hat sie beantwortet, weil du im Glauben gebetet hast – Er hat auf deinen Glauben geantwortet. Du kannst auf diese Gebetserhörungen zurückblicken und sehen, dass der Glaube wirklich Ergebnisse bringt. Und wenn Gott damals Sein Versprechen gehalten hat, wird Er es auch heute halten.

> Glaube bedeutet nicht nur, sich auf Dinge zu freuen, die man nicht sehen kann; er soll bestätigt werden durch den Blick auf vergangene Erfahrungen, auf greifbare Ergebnisse, die Verifizierung von Gottes Wort … Bete: „Herr, vergrößere meinen Glauben." Der Glaube *beflügelt die Sinne,* um fleißig zu arbeiten und Ergebnisse zu erzielen. Der Glaube erhebt und veredelt die Kräfte der Seele und befähigt sie, sich an das Unsichtbare zu klammern. [Hervorhebung hinzugefügt]⁷

Was sind die Sinne? Augen, Ohren, Hände, Mund, Nase. Der Glaube belebt sie – er gibt ihnen Leben. Ohne den Glauben hast du nicht wirklich ein Gefühl; du könntest genauso gut ein wandelnder Toter sein.

Denkt mal über diese Worte nach. Das bedeutet, dass der Glaube die Dinge tatsächlich *greifbar* werden lässt. Das Wort Gottes wird eine Wirkung auf deine Sinne haben. Deine Wahrnehmungen werden belebt werden. In welcher Weise? Zum Beispiel, *Child Guidance,* S. 52:

> Die Kinder sollen lernen, in der Natur einen Ausdruck der Liebe und der Weisheit Gottes zu sehen; der Gedanke an Ihn soll mit

> dem Vogel und der Blume und dem Baum verbunden sein; alles Gesehene soll ihnen zum Dolmetscher des Ungesehenen werden, und alle Ereignisse des Lebens sollen ein Mittel der göttlichen Lehre sein.[8]

Wenn sie also auf das Sichtbare schauen, was sehen sie dann wirklich? Sie sehen das Unsichtbare, aber sie sehen es mit ihren eigenen Augen.

Child Guidance, S. 46:

> In der natürlichen Welt hat Gott in die Hände der Menschenkinder den Schlüssel gelegt, um das Schatzhaus seines Wortes aufzuschließen. Das Unsichtbare wird durch das Sichtbare veranschaulicht; göttliche Weisheit, ewige Wahrheit, unendliche Gnade, werden durch die Dinge verstanden, die Gott gemacht hat.

Wenn du dich fragst, warum du einige Lehren Gottes so langsam verstehst, dann liegt das daran, dass du nicht in die Welt um dich herum geschaut hast. Die Dinge, die wir visuell mit unseren Augen sehen, werden uns über das Unsichtbare Aufschluss geben.

Weiter heißt es:

> Die Kinder sollten ermutigt werden, in der Natur die Gegenstände zu suchen, welche die biblischen Lehren veranschaulichen, und in der Bibel die Gleichnisse aus der Natur aufspüren. Sie sollten sowohl in der Natur als auch in der Heiligen Schrift jeden Gegenstand suchen, der Christus darstellt, und auch solche, die er zur Veranschaulichung der Wahrheit benutzt. So können sie lernen, ihn in Baum und Weinstock, in Lilie und Rose, in Sonne und Stern zu sehen.

Wohin sie auch schauen, sie können Gott sehen. Hatte Mose Ihn nicht ständig vor seinem Angesicht?

> Sie können lernen, Seine Stimme im Gesang der Vögel, im Seufzen der Bäume, im Donnergrollen und in der Musik des Meeres zu hören. Und jedes Objekt in der Natur wird ihnen Seine kostbaren Lektionen wiederholen.

Jetzt hört euch das an:

> Für diejenigen, die sich so mit Christus vertraut machen, wird die Erde nie mehr ein einsamer und trostloser Ort sein. Sie wird das Haus ihres Vaters sein, erfüllt von der Gegenwart dessen, der einst unter den Menschen wohnte.[9]

AMEN! Lasst dies in euch wirken. Wenn wir den Glauben haben, der Gott in den Blättern, in der Sonne, im Himmel, in den Dingen, die uns umgeben, erkennt, und Ohren, die Ihn im Seufzen der Bäume und im Donnergrollen zu uns sprechen hören, wie können wir uns dann jemals allein fühlen? Wie können wir jemals unter dieses Gefühl der Trostlosigkeit und Einsamkeit fallen? Die Dinge werden erfahrbar werden. Du möchtest einen Beweis? Sieh einfach nach draußen!

The Faith I Live By, erneut S. 652:

> Mose webte in seine Erfahrung den Glauben ein, dass Gott sich um ihn sorgte. Er glaubte, dass Gott sein Leben im Besonderen beherrschte. Er erkannte und schätzte Gott in jedem Detail seines Lebens und fühlte, dass er unter dem Auge des Allsehenden stand.[9]

Und dann blieb er standhaft, weil er Gott sah und Gott hörte. Viele Male gehen wir auf die Knie und erzählen Gott all unsere Probleme und dann stehen wir auf und gehen weg. Das Gebet ist der Atem der Seele; es endet nicht, wenn wir von unseren Knien aufstehen. Das ist die Zeit, in der wir mit Gott gesprochen haben. Jetzt müssen wir aufstehen und in die Natur hinausgehen, unseren Pflichten nachgehen, Sein Wort lesen, und dann wird Er zu uns antworten und uns die Lösung für unsere Probleme mitteilen. Wahrer Glaube wird alle unsere Erfahrungen prägen. Wir werden glauben, dass Jesus mit uns ist. Wir werden Ihn hören, wir werden Ihn sehen und wir werden niemals allein sein.

Jesus ist ein *Seelenverwandter*. Das bedeutet, Er ist näher als jeder irdische Begleiter. Er weiß, wie du dich fühlst. Er weiß, wo der Schuh drückt, weil Er den Schuh getragen hat. Er weiß, wie Er dich trösten und deine Probleme lösen kann, weil Er sie selbst kennenlernen musste.

In deiner Bibel, suche den Herrn. In der Natur, suche den Herrn. Die Sonne am Himmel ist wie der Sohn der Gerechtigkeit und geht auf mit Heilung in Seinen Flügeln. Fühlst du dich krank, als hättest du eine Magen-Darm-Grippe oder so etwas? Sieh hinauf zur Sonne. Und dann segelt diese Sonne durch den tiefblauen Himmel. Was stellt die Farbe Blau im Heiligtum dar? Die Gerechtigkeit Gottes. Und so, wenn du dort bist und dich selbst verurteilt fühlst, dann schau nach oben! Die Gerechtigkeit Gottes bedeckt dich! Und wenn die Dinge finster sind und du großer Versuchung ausgesetzt bist und die Sonne aus deinem Leben verschwunden ist, dann schau nach oben, sieh die Sterne und erinnere dich an den Neuen Bund, der eigentlich der alte, alte Bund ist, den Gott mit Abraham geschlossen hat – dass Er Selbst die Werke vollbringen wird. Wenn du draußen in der Natur bist und das Seufzen der Bäume hörst, erinnere dich an Elia, als er zum Horeb floh. Da war das gewaltige Erdbeben. Da war das Feuer und der Sturm. Und da war eine stille kleine Stimme; und am Rande heißt es: *„Wie vom Wind in den Blättern des Baumes."* Wow! Die Stimme Gottes ist wie der Wind in den Blättern des Baumes. Wie kann man unter einem Baum stehen und nicht Gottes Stimme hören, die zu einem spricht? Hast du diese Stimme jemals gehört? Hast du Ihn jemals gesehen? Wir sehen viel und wir hören viel, aber wir haben es nicht immer als Gott erkannt, nicht wahr? Wir brauchen diesen Glauben, der über das hinausschaut, was wir sehen können.

Zum Schluss möchte ich mit einer letzten Betrachtung schließen. Wenden wir uns Apostelgeschichte 17,26-27 zu. Wir haben gesehen, wie der Glaube die Sinne wie das Hören und Sehen belebt. Nun gibt es noch einen weiteren Sinn, den wir belebt haben wollen:

> Und er hat aus einem Blut das ganze Menschengeschlecht gemacht, daß es auf dem ganzen Erdboden wohne, und hat im voraus die Zeiten und die Grenzen ihres Wohnens bestimmt, daß sie den Herrn suchen sollten, ob sie ihn wohl spüren und finden möchten, da er ja nicht ferne ist von einem jeglichen unter uns;

Dass sie was können? „Wohl." Wisst ihr, was dieses Wort bedeutet? Es bedeutet nicht geborgen und gutgehend, wie in „wohl". Es bedeutet „zufällig" oder „aus Versehen". Sie könnten... „Wohl werden sie nach Ihm trachten und Ihn finden." Wie können sie Ihn finden? Indem sie nach Ihm *streben*. Wie können wir Gott spüren? Das ist eine gute Frage, denn uns wird gesagt, dass Glaube nichts mit

Fühlen zu tun hat (*Our High Calling*, p.119). Aber wie wir schon gelernt haben, wird der Glaube unsere Sinne *beleben*. Und hier ist eine der schönsten Wahrheiten und eines der bestgehüteten Geheimnisse – dass wir durch den Glauben Gott erfühlen können.

Wie kann ich also Gott spüren? Lasst uns zwei Bibelstellen lesen. Hebräer 4,15, und hier ist von Gefühlen die Rede:

> Denn wir haben nicht einen Hohenpriester, der kein Mitleid haben könnte mit unsren Schwachheiten, sondern der in allem gleich wie wir versucht worden ist, doch ohne Sünde.

Wir haben einen Hohenpriester, der mit dem Gefühl unserer Schwachheit berührt ist.

Und dann Hebräer 7,26, erster Teil:

> Denn ein solcher Hohepriester ist uns geworden.

Denkt über diese beiden Verse nach und lest sie genau so, wie sie lauten. Jesus ist mit dem Gefühl unserer Schwachheit berührt und wurde in allen Punkten versucht wie wir, doch ohne Sünde. Damit Jesus so versucht werden konnte wie ich, müsste er genau da sein, wo ich bin. Ist das nicht der Fall? Denn wenn ich versucht werde, dann werde ich genau hier und jetzt versucht, worin auch immer die Versuchung besteht. Damit Er in allen Punkten versucht werden konnte, wie ich es bin, musste Er genau *hier* und *jetzt* sein. Und damit Er tatsächlich in Seinem Körper eine Anziehungskraft haben konnte, um diese Versuchung zu ergründen, musste Er so sein, *wie* ich bin. Er musste also zu unserem eigenen Selbst werden und unser eigenes Selbst sein, um mit unseren Gefühlen berührt und versucht zu werden, wie wir es sind.

„Mit unseren Gefühlen berührt." Nun denkt doch mal darüber nach. Wenn du etwas fühlst, was ist Er dann? Er wird von denselben Gefühlen berührt. Die Heilige Schrift erklärt, dass Er in all unserer Bedrängnis bedrängt wird (Jesaja 63,9); und in dieser Bedrängnis fühlt Er, was wir fühlen. In 1. Petrus 4,12-13 heißt es, dass wir uns in der feurigen Anfechtung, die uns prüfen soll, freuen sollen, weil wir des Leidens *Christi* teilhaftig sind. Was immer wir also in den schweren Erfahrungen des Lebens fühlen, es sind seine Leiden, die wir fühlen. Deshalb können wir Ihn in gewisser Weise in unseren eigenen Gefühlen spüren.

Sermons and Talks, Vol. 1, S. 132:

> Wir haben Ihn in der Erniedrigung gespürt, wir haben Ihn im Opfer gespürt, wir haben Ihn in den Anfechtungen gespürt, wir haben Ihn in der Prüfung gespürt.[10]

Wirst du das inspirierte Wort so lesen, wie es sich liest? Wenn du dich ganz allein fühlst, was sagt dann Jesus? Er sagt: „Ich habe die Kelter allein zertreten" (Jesaja 63,3). Wenn du dich also ganz allein fühlst, fühlt sich Jesus auch allein. Und die wunderbare Realität besteht darin, dass, wenn wir entdecken, dass jemand anderes das Gleiche durchmacht, WOW! Was passiert dann mit dem Gefühl der Einsamkeit? Wir sind nicht mehr einsam, weil es jemanden gibt, der genau verstehen kann, was wir empfinden.

Wir sind nicht allein – *wir können nicht allein sein* – wenn unser Glaube das annehmen möchte. Wenn du das Gefühl hast, dass du einiges verbockt hast und die Gesellschaft Gottes nicht verdienst und versucht bist zu denken, dass du nutzlos und zu nichts nütze bist, dann erinnere dich daran, was Jesus in Psalm 22,6 gesagt hat: „Ich bin ein Wurm und kein Mensch". Er fühlt dasselbe, was auch du fühlst.

Wenn die Familie auseinanderfällt und man von denen, die man liebt, getrennt wird, sagt Jesus in Klagelieder 1,16:

> Darum weine ich, und mein Auge, ja, mein Auge zerfließt in Tränen, weil der Tröster, der meine Seele erquicken sollte, fern von mir ist; meine Kinder sind verwüstet, denn der Feind war zu stark.

Ist das nicht so, wie man sich fühlt? Wenn die ganze Welt um einen herum zusammenbricht und man einfach weint, bis man nicht mehr weinen kann.

In Psalm 69,3 sagt Jesus:

> Ich bin müde von meinem Schreien, meine Kehle ist vertrocknet, ich habe mir die Augen ausgeweint im Harren auf meinen Gott.

Glaubst du das? Glaubst du, dass, egal was du gerade durchmachst, Jesus das gleiche fühlt? Glaubst du, dass selbst wenn du mit dem Negativen in Versuchung gerätst, er das auch fühlt? Wenn du gegen heftige Gefühle ankämpfst und spürst, dass dein Kessel zu kochen beginnt und dass die Pfeife gleich ertönt, kannst du dann glauben, dass Jesus mit der gleichen Sache kämpft? Wenn du in dem, was du gerade fühlst, Gott nachspürst und tatsächlich erkennst, dass Jesus das Gefühl hat, dass Sein Kessel auch anfangen will zu pfeifen, dann wow! ist der Druck weg, denn obwohl Er versucht wurde wie wir, tat Er keine Sünde. Aber wenn wir versagen und von diesen negativen Dingen überwältigt werden, sollten wir nicht vergessen, dass Er zu den Übertretern gezählt wurde – dass unsere Übertretungen auf Ihn gelegt wurden. Er fühlte sich, als wäre er derjenige, der es getan hat.

Gott hat uns durch den Glauben eine *greifbare Realität* gegeben. Wie wir in *Child Guidance*, S. 46, gelesen haben, können wir durch diese Welt gehen, als wäre sie das Zuhause von Gott selbst. Wo immer wir hinschauen, können wir Gott sehen; was immer wir hören, wir können ihn zu uns sprechen hören. Und wenn wir einsam sind, können wir nach Gott suchen und Ihn spüren und das Gefühl der Einsamkeit wird verschwinden.

Wenn wir das in all den Widrigkeiten des Lebens tun, wenn unser Glaube an der Realität festhält, dass Jesus mit mir eins geworden ist, was werden wir dann ständig empfinden? Jesus sagt: „Frieden hinterlasse ich euch, meinen Frieden gebe ich euch. Nicht wie die Welt gibt, gebe ich euch; euer Herz errege sich nicht und verzage nicht!" Johannes 14,27.

Wenn Christus sagt: „Ich bin bei dir", dann meint er das auch so. Er *ist* bei euch. Wir müssen nicht lange suchen. Wie wir gelesen haben: wir können ihn suchen und finden, weil er genau hier ist. Wie weit weg ist „genau hier"? Man kann es nicht messen, oder? Wir müssen es glauben und durch diesen Glauben etwas Greifbares entstehen lassen. Egal was wir für Erfahrungen machen, egal wo wir sind, wir können Gott bei uns haben. Das ist ein wunderbarer Gedanke, und möge Gott uns helfen, dass er zu unserer Lebenswirklichkeit wird. AMEN.

Kapitel 12

SIND MEINE SÜNDEN VERGEBEN?

16. Februar 2013

Durch das Blut vom Kreuz,
bin ich von der Sünde reingewaschen worden.

VIELE Christen hören genau an diesem Tag auf, an dem sie sich freuen, dass Jesus ihre Sünden weggenommen hat. Was für ein schöner Tag!

Aber, um frei von der Schlacke zu sein,
würde ich trotzdem noch tiefer vordringen.

Der Herr bereitet ein Volk vor, das der Welt Seinen Charakter offenbaren wird. Es steht geschrieben, dass Er, wenn Er Sein Bild in Seinem Volk vollkommen verwirklicht sieht, kommen wird, um es als Sein Eigentum zu beanspruchen (*Christ's Object Lessons*, p.69). Er ist noch nicht gekommen, weil Sein Bild noch nicht perfekt wiedergegeben worden ist. Der Grund dafür, dass Sein Ebenbild jetzt nicht im Menschen zu sehen ist, liegt darin, dass wir so weit von der ursprünglichen Vollkommenheit abgefallen sind, dass wir kaum noch eine wahre Vorstellung von Gottes Charakter haben können. Am Anfang wurde der Mensch nach dem Bilde Gottes geschaffen, aber durch die Übertretung von Adam und Eva wurde der Mensch in gewissem Maße nach dem Bilde des Satans neu geschaffen. Es war für den Menschen unmöglich, einen perfekten Charakter zu entwickeln, wenn nicht die Offenbarung der Barmherzigkeit und Gnade Gottes in seinem Sohn erfolgt wäre.

In Matthäus 18 gibt es ein Gleichnis, das uns zeigt, wie umfassend die Barmherzigkeit Gottes gegenüber Sündern ist. Matthäus 18,23-27:

> Darum ist das Himmelreich gleich einem Könige, der mit seinen Knechten rechnen wollte. Und als er anfing zu rechnen, ward

> einer vor ihn gebracht, der war zehntausend Talente schuldig. Da er aber nicht bezahlen konnte, befahl sein Herr, ihn und sein Weib und seine Kinder und alles, was er hatte, zu verkaufen und also zu bezahlen. Da warf sich der Knecht vor ihm nieder und sprach: Herr, habe Geduld mit mir, so will ich dir alles bezahlen! Da erbarmte sich der Herr dieses Knechtes und gab ihn frei und erließ ihm die Schuld.

Dieser Knecht war sehr untreu in seinen Pflichten gewesen, und er war an einen Punkt gekommen, an dem er so untreu gewesen war, dass er seinem Herrn 10.000 Talente schuldete. Ein römisches Talent wog etwa 32,3 Kilogramm, und in den Tagen dieses Gleichnisses wurde dies in Silber gemessen. Die Schuld des Knechtes war eine astronomische Summe von 323.000 Kilogramm Silber. Um eine Vorstellung davon zu bekommen, wie viel Silber das war: Ein Volkswagen Käfer von 1964 wiegt etwa 739 Kilogramm; dieser Diener hatte also das Gewichtsäquivalent von 437 Käfern in Silber. Was würde das heute wert sein? Am 15. Februar 2013 war ein Kilogramm Silber etwa 963,86 US-Dollar wert. In heutigem Geldwert schuldete dieser Diener seinem Herrn also 310 Millionen US-Dollar.

Bei einem australischen Durchschnittslohn müsste man vom Tag der Geburt Noahs bis heute einen Vollzeitjob ausüben, um diese Schulden zu tilgen; das sind etwa 4.930 Jahre Vollzeitarbeit. Kannst du diese Schulden bezahlen? Hast du so lange Zeit? Dieser Mann hatte sich ein solches Loch gegraben, dass er da nicht mehr herauskam; es gab keine Möglichkeit, dass er diese Schuld jemals bezahlen konnte. Aber der Herr des Dieners war von Mitleid ergriffen und erlöste ihn und vergab ihm die Schuld.

Natürlich könnte er so gehandelt haben, wie wir es tun: „Ja, ja, ich werde es bezahlen", und handeln wir nicht auch so? Wir sagen Gott: „Ich werde gehorsam sein; alles, was du gesagt hast, werden wir tun." Können wir es tun? Wir können es nicht tun. Und das ist eine gute Illustration unserer Situation. Wir schulden Gott ein heiliges Leben, aber wir vermögen es nicht zu geben. Was tut Gott also? Er bietet uns an, uns zu vergeben.

Wisst ihr, was es bedeutet, zu vergeben? Vergeben ist ein *Für-etwas-Geben*. Wenn Gott also Sünden vergibt, findet ein Austausch statt. Er nimmt die Sünde weg und gibt an ihrer Stelle etwas anderes.

Wir können von diesem Austausch in Galater 1,3-4 lesen:

> Gnade sei mit euch und Friede von Gott, dem Vater und unsrem Herrn Jesus Christus, *der sich selbst für unsere Sünden gegeben hat,* damit er uns herausrette aus dem gegenwärtigen argen Weltlauf, nach dem Willen Gottes und unsres Vaters. (Hervorhebung hinzugefügt)

Er „gab sich selbst für unsere Sünden". Er gab sich selbst im Austausch für unsere Sünden.

In Römer 3,23-26 wird ein ähnlicher Gedanke vermittelt:

> Denn es ist kein Unterschied: Alle haben gesündigt und ermangeln der Herrlichkeit Gottes, so dass sie gerechtfertigt werden ohne Verdienst [WEIL WIR NICHT DAS HABEN, WAS WIR BRAUCHEN, UM ES ZU BEZAHLEN] durch seine Gnade, mittels der Erlösung, die in Christus Jesus ist. Ihn hat Gott zum Sühnopfer verordnet, durch sein Blut, für alle, die glauben, zum Erweis seiner Gerechtigkeit, wegen der Nachsicht mit den Sünden, die zuvor geschehen waren unter göttlicher Geduld, zur Erweisung seiner Gerechtigkeit in der jetzigen Zeit, damit er selbst gerecht sei und zugleich den rechtfertige, der aus dem Glauben an Jesus ist.

„Um seine Gerechtigkeit zu verkünden zur Vergebung der Sünden, die vergangen sind", mit anderen Worten, um zu vergeben. Wie weit geht das in der praktischen Umsetzung? Ich glaube, wir richten unsere hilflosen Seelen nach den Wahrheiten aus, die hier in *Steps to Christ*, S. 62, enthalten sind. Wenn es diese Realität nicht gäbe, hätten wir keine Hoffnung:

> Es war für Adam vor dem Sündenfall möglich, einen rechtschaffenen Charakter durch Gehorsam gegenüber Gottes Gesetz zu bilden. Aber er hat das nicht geschafft, und wegen seiner Sünde sind unsere Naturen gefallen und wir können uns nicht selbst gerecht machen. Da wir sündig und unheilig sind, können wir dem heiligen Gesetz nicht vollkommen gehorchen. Wir haben keine eigene Gerechtigkeit, mit der wir den Ansprüchen des Gesetzes Gottes gerecht werden könnten. Aber Christus hat für uns einen Ausweg geschaffen. Er lebte auf der

> Erde inmitten von Prüfungen und Anfechtungen, wie wir sie zu bestehen haben. Er lebte ein sündloses Leben. Er starb für uns, und jetzt bietet Er uns an, unsere Sünden zu nehmen und uns Seine Gerechtigkeit zu geben. Wenn du dich ihm hingibst und Ihn als deinen Retter annimmst, dann wirst du, so sündig dein Leben auch gewesen sein mag, um seinetwillen für gerecht erklärt. Der Charakter Christi tritt an die Stelle deines Charakters, und *du wirst vor Gott so angenommen, als hättest du nicht gesündigt.* [Hervorhebung hinzugefügt]¹

Diese Worte bedeuten nichts für jemanden, der seine Sündhaftigkeit nicht kennt; aber wenn du einen Schimmer von der Elendigkeit deines Herzens gehabt und das Chaos erkannt hast, das du aus deinem Leben gemacht hast, sind diese Worte belebend für die Seele. Zu wissen, dass wir vor Dem stehen können, der die Sünde mit einem Blick verzehrt, gerade so, als hätten wir nicht gesündigt, ist eine wesentlich größere Erleichterung, als wenn der Finanzbeamte sagen würde, dass wir unsere Steuer nicht zu zahlen brauchen. Und die Liebe und Vergebung Gottes ging sogar so weit, dass Er das tat, was dort in 2. Korinther 5,21 steht – Christus nahm nicht nur unsere Sünden auf sich, sondern wurde selbst zur *Sünde* gemacht, damit wir in Ihm zur Gerechtigkeit Gottes gemacht werden konnten.

Aber Gott hat nicht einmal dort aufgehört! Er sagt nicht nur: „Jetzt werde ich dich so ansehen, als ob du nie gesündigt hättest", sondern Er wird uns so *behandeln*, als ob wir es nie getan hätten. Aus *Our High Calling,* S. 52:

> Christus hat das Amt als Bürge und Erlöser übernommen, indem er für den Menschen zur Sünde wurde, damit der Mensch in und durch ihn, der eins mit dem Vater war, die Gerechtigkeit Gottes werde. Sünder können von Gott nur dann gerechtfertigt werden, wenn er ihnen ihre Sünden verzeiht, die Strafe, die sie verdienen, erlässt und *sie so behandelt, als wären sie wirklich gerecht und hätten nicht gesündigt,* indem er sie in die göttliche Gnade aufnimmt und sie *so behandelt, als seien sie gerecht.* [Hervorhebung hinzugefügt]²

Wenn Gott uns unsere Sünden vergibt, tut Er mehr, als sie nur als erledigt zu betrachten – Er *behandelt* uns tatsächlich so, als hätten wir sie nie getan! Das mag dir vielleicht im Moment nicht viel bedeuten, aber diese Worte werden alles für dich sein, wenn du dich auf dem Grund der Grube wiederfindest. Gott wird uns so behandeln, als wäre unser Leben wie das Seines eigenen Sohnes. Kannst du "Amen!" dazu sagen? Ruft deine Seele nicht laut: „Lobt den Herrn!"?

Wir haben nur ein paar kurze Zitate gelesen, und doch sind darin die Grundlagen des ewigen Lebens enthalten, der eigentliche Kern der Hoffnung, ohne den wir nichts haben. Das ist das Einzige, was mich auf dieser Erde am Leben hält: die überschwängliche Liebe Gottes, die für mich, der es so wenig verdient hat, diesen Austausch durch das Sühnopfer Jesu Christi vorgesehen hat. Gott erlässt mir die Strafe, die ich verdient habe. Was habe ich verdient? Den Tod. Aber nicht nur den Tod – einen langen, langwierigen, schmerzhaften Tod. Das ist es, was ich verdiene. Gott erlässt diese Bestrafung und behandelt uns so, als hätten wir nicht gesündigt.

Es ist wichtig, dass wir uns daran festhalten und uns mit Beharrlichkeit daran klammern, so dass wir, egal wie mächtig die Wogen der Versuchung gegen uns schlagen, nicht loslassen. Wenn wir in dieser Studie fortfahren, denkt daran, worin die Verheißung Gottes für euch besteht. Denn wir haben die Geschichte des Knechtes in dem Gleichnis noch nicht beendet. Und ich möchte sagen, dass ich das nicht für jemand anderen erzähle als für mich selbst. Es ist für mich, denn ich muss mich ständig mit Problemen in meinem Herzen auseinandersetzen, die immer wieder auftauchen; und wenn ich mich nicht ein für allemal mit ihnen auseinandersetze durch das, was wir uns gerade ansehen, werde ich mein ewiges Leben verlieren und die Strafe erhalten, die ich verdiene. In dieser Studie spricht der Herr zu mir, und wenn du seine Stimme hörst, die zu dir spricht, dann ist das nicht meine Angelegenheit.

Gehen wir zurück zu Matthäus 18 und lesen dieses Mal die Verse 28 bis 35:

> Als aber dieser Knecht hinausging, fand er einen Mitknecht, der war ihm hundert Denare schuldig; ...

Ein „Groschen" waren vier Gramm Silber. Und so waren hundert Groschen (400 Gramm Silber) am 15. Februar 2013 240 US-Dollar wert. Was ist das im Vergleich zu 310.000.000 US$?

> ... den ergriff er, würgte ihn und sprach: Bezahle, was du schuldig bist! Da warf sich sein Mitknecht nieder, bat ihn und sprach: Habe Geduld mit mir, so will ich dir alles bezahlen! Er aber wollte nicht, sondern ging hin und warf ihn ins Gefängnis, bis er bezahlt hätte, was er schuldig war. Als aber seine Mitknechte sahen, was geschehen war, wurden sie sehr betrübt, kamen und berichteten ihrem Herrn die ganze Geschichte. Da ließ sein Herr ihn kommen und sprach zu ihm: Du böser Knecht! Jene ganze Schuld habe ich dir erlassen, weil du mich batest; solltest denn nicht auch du dich über deinen Mitknecht erbarmen, wie ich mich über dich erbarmt habe? Und voll Zorn übergab ihn sein Herr den Peinigern, bis er alles bezahlt hätte, was er schuldig war. Also wird auch mein himmlischer Vater mit euch verfahren, wenn ihr nicht ein jeder seinem Bruder von Herzen die Fehler vergebet.

Diese Studie ist mit einer Frage benannt; es ist die Frage, die ich mir heute im Licht von Gottes Wort stellen muss: *„Sind meine Sünden vergeben?"* Sind mir meine Sünden wirklich vergeben worden? Bin ich wirklich gerechtfertigt? Gehen wir zu Lukas 6,36-38:

> Darum seid barmherzig, wie auch euer Vater barmherzig ist. Und richtet nicht, so werdet ihr nicht gerichtet; verurteilt nicht, so werdet ihr nicht verurteilt; sprechet los, so werdet ihr losgesprochen werden! Gebet, so wird euch gegeben werden; ein gutes, vollgedrücktes, gerütteltes und überfließendes Maß wird man euch in den Schoß geben. Denn mit eben dem Maße, mit welchem ihr messet, wird euch wieder gemessen werden.

„Vergebt, und euch *wird* vergeben werden." Was passiert, wenn du nicht vergibst?

In Matthäus 6,9-15 erklärt uns Jesus, wie wir beten sollen. Und an dieser Stelle sagt er uns nicht nur, wie wir beten sollen, sondern er beschreibt auch, *welche* Einstellung wir haben sollen, wenn wir vor unseren himmlischen Vater treten und ihn um Gnade und Vergebung bitten:

> So sollt ihr nun also beten: Unser Vater, der du bist in dem Himmel! Geheiligt werde dein Name. Es komme dein Reich. Dein Wille geschehe wie im Himmel, also auch auf Erden. Gib

uns heute unser tägliches Brot. Und vergib uns unsere Schulden, wie auch wir vergeben unsern Schuldnern. Und führe uns nicht in Versuchung, sondern erlöse uns von dem Bösen. Denn dein ist das Reich und die Kraft und die Herrlichkeit in Ewigkeit! Amen. Denn wenn ihr den Menschen ihre Fehler vergebet, so wird euer himmlischer Vater euch auch vergeben. Wenn ihr aber den Menschen ihre Fehler nicht vergebet, so wird euch euer Vater eure Fehler auch nicht vergeben.

Sind meine Sünden vergeben? Die Frage lautet eigentlich: Habe ich meinen Freunden und meiner Familie vergeben? *Das* ist die Frage. Mit dem gleichen Maß, mit dem wir messen, wird auch uns zugemessen werden. Die gleiche Vergebung, die wir anderen zukommen lassen, wird Gott auch uns zukommen lassen. Welche Art von Vergebung hast du gewährt? Was für eine Art von Vergebung hast du bekommen? Kehren wir noch einmal zu diesem Gleichnis zurück. Matthäus 18,33-35:

Solltest denn nicht auch du dich über deinen Mitknecht erbarmen, wie ich mich über dich erbarmt habe? Und voll Zorn übergab ihn sein Herr den Peinigern, bis er alles bezahlt hätte, was er schuldig war. Also wird auch mein himmlischer Vater mit euch verfahren, wenn ihr nicht ein jeder seinem Bruder von Herzen die Fehler vergebet.

Vergeben von wo aus? Aus dem Herzen. Wir müssen allerdings sehr vorsichtig sein, denn das Herz ist über alle Maßen trügerisch und es kann uns denken lassen: „Nein, da ist nichts zwischen mir und meinem Bruder; nichts zwischen mir und meiner Schwester." Aber unser Herz hat uns etwas vorgemacht, und mit der Zeit kommen kleine Wurzeln an Verbitterung hoch, und wir merken, dass wir ihnen tatsächlich *nicht* vergeben haben. Warum nicht? Weil unsere Vergebung nicht so ist wie Gottes Vergebung. „Hättest du dich nicht über deinen Mitknecht erbarmen sollen, *wie* ich mich über dich erbarmt habe?" In der gleichen Weise, in der Gott uns vergibt, sollten wir auch anderen vergeben.

Wie umfassend muss unsere Vergebung für andere sein? Heute sagen wir vielleicht: „Ich vergebe dir." Morgen kommen sie wieder und sagen: „Es tut mir leid. Bitte verzeih mir." Und wir sagen: „Ich vergebe dir." Am Ende des Tages sagen sie wieder: „Es tut mir leid.

Bitte vergib mir." Und wir sagen: „Ich vergebe dir." Und so geht das ständig weiter und irgendwann ärgern wir uns und denken: „Wenn du es wirklich nicht mehr tun wolltest, würdest du damit aufhören! Und ein kleiner Groll kommt im Herzen auf.

Matthäus 18,21-22:

> Da trat Petrus herzu und sprach: Herr, wie oft soll ich meinem Bruder vergeben, welcher gegen mich sündigt? Bis siebenmal? Jesus antwortete ihm: Ich sage dir, nicht bis siebenmal, sondern bis siebzigmalsiebenmal!

Wie viele Male ist das? 490 Mal. Fällt uns eine andere Stelle in der Bibel ein, wo von der Zahl 490 die Rede ist? 490 Jahre der Bewährung für die jüdische Nation (Daniel 9,24). Und ganz kurz vor dem Ende dieser 490 Jahre, was sagte Jesus da? Lukas 23,34:

> Jesus aber sprach: Vater, vergib ihnen, denn sie wissen nicht, was sie tun!

487 Jahre der Rebellion gegen Seinen Geist und Seine Propheten. Sie verfolgten und töteten sie; und trotzdem sagt Er so viele Jahre später: „Ich vergebe euch." Und dann, ganz am Ende dieser 490 Jahre, schlagen wir Apostelgeschichte 7,59-60 auf:

> Und sie steinigten den Stephanus, welcher ausrief und sprach: Herr Jesus, nimm meinen Geist auf! Er kniete aber nieder und rief mit lauter Stimme: Herr, rechne ihnen diese Sünde nicht zu! Und nachdem er das gesagt hatte, entschlief er.

Ich denke, dass Christus den Jüngern zu verstehen geben wollte: „Ihr müsst mit euren Brüdern so geduldig sein, wie ich es mit eurem Volk gewesen bin." War es Gott, der die Juden verstoßen hat? Nein. Er hat sie nicht verstoßen. Sie haben Gott verstoßen. Diejenigen, die zum jüdischen Volk gehörten und Buße taten, nahm er auf. Also nein, nicht sieben Mal, aber so oft sie um Vergebung bitten, sollen wir ihnen vergeben.

Verzeiht ihnen, so wie Gott euch vergeben hat – auf genau dieselbe Weise. Wenn Gott uns vergibt, stehen wir vor Ihm, als ob wir nie gesündigt hätten; und Er *behandelt* uns so, als ob wir nie gesündigt hätten. Wenn also mein Bruder gegen mich sündigt, was ist dann wahre Vergebung? Wir müssen ihn so behandeln, als hätte er *nie gegen mich gesündigt*.

Ist das nicht die Vergebung, die Gott dir schenkt? *Wenn* du anderen diese Vergebung gibst. Alles, was ihnen gegenüber weniger als das ist, dann wird Gott es dir nicht geben.

Und deshalb gilt dieses wundervolle Zitat in *Steps to Christ*, das wir vorhin gelesen haben, in dem dieser Austausch stattfindet und wir völlig gerecht vor Gott stehen können, *nicht* für uns, *es sei denn*, es wird zu unserer Einstellung gegenüber unseren Mitmenschen. Solange wir eine Wurzel der Bitterkeit in unseren Herzen hegen und nicht die Bereitschaft zeigen, das Vergehen so zu sehen, als wäre es nie geschehen, sind unsere Sünden *nicht* vergeben. Und das finde ich sehr, sehr beängstigend.

Christ's Object Lessons, S. 251:

> „Wenn ihr aber den Menschen ihre Verfehlungen nicht vergebt, so wird euch euer Vater eure Verfehlungen auch nicht vergeben." Matthäus 6,15. Nichts kann einen unverzeihenden Geist rechtfertigen. *Wer anderen gegenüber unbarmherzig ist, zeigt, dass er selbst kein Teilhaber der verzeihenden Gnade Gottes ist.* In Gottes Vergebung wird das Herz des Irrenden nahe an das große Herz der unendlichen Liebe gezogen. Die Flut des göttlichen Erbarmens fließt in die Seele des Sünders und von ihm zu den Seelen anderer. Die Zärtlichkeit und Barmherzigkeit, die Christus in Seinem eigenen kostbaren Leben offenbart hat, wird in denen sichtbar, die Teilhaber Seiner Gnade werden. Aber „wenn jemand den Geist Christi nicht hat, so ist er keiner von den Seinen". Römer 8,9. Er ist Gott entfremdet und nur für die ewige Trennung von Ihm tauglich. [Hervorhebung hinzugefügt][3]

Wir gehen morgens auf die Knie und sagen: „Oh, Vater." Aber, wenn wir nicht den Geist Christi haben – den Geist des göttlichen Mitgefühls – sind wir keiner von Ihm.

Lesen wir weiter:

> Es ist wahr, dass er einmal Vergebung erhalten hat; aber sein unbarmherziger Geist zeigt, dass er nun Gottes verzeihende Liebe zurückweist. Er hat sich von Gott getrennt und befindet

> sich in demselben Zustand wie bevor ihm vergeben wurde. *Er hat seine Reue verleugnet*, und *seine Sünden lasten auf ihm, als ob er nicht bereut hätte.* [Hervorhebung hinzugefügt]³

Er steht vor Gott, als ob er gesündigt *hätte* – denn das hat er. Alle seine Sünden sind auf ihn zurückgekommen, weil er sich geweigert hat, ein Kanal für das göttliche Erbarmen zu sein, damit Gottes Vergebung durch ihn zu anderen fließen kann.

Die Frage ist also: Sind deine Sünden vergeben? Das ist die falsche Frage. Die Frage sollte lauten: Sind *meine* Sünden vergeben?

Kommt zu einem anderen Gleichnis. Vergesst, welche Vergehen andere an euch begangen haben. Lasst uns dieses Gleichnis in Lukas 18,10-14 lesen. Wir haben dieses Gleichnis schon einmal gelesen und wir erhalten Hoffnung und Trost daraus; aber lasst uns noch tiefer eintauchen:

> Es gingen zwei Menschen hinauf in den Tempel, um zu beten [ZWEI MÄNNER GINGEN IN DIE GEMEINDE], der eine ein Pharisäer, der andere ein Zöllner. Der Pharisäer stellte sich hin und betete bei sich selbst also: O Gott, ich danke dir, daß ich nicht bin wie die übrigen Menschen, Räuber, Ungerechte, Ehebrecher, oder auch wie dieser Zöllner. Ich faste zweimal in der Woche und gebe den Zehnten von allem, was ich erwerbe. Und der Zöllner stand von ferne, wagte nicht einmal seine Augen zum Himmel zu erheben, sondern schlug an seine Brust und sprach: O Gott, sei mir Sünder gnädig! Ich sage euch, dieser ging gerechtfertigt in sein Haus hinab, eher als jener; denn wer sich selbst erhöht, der wird erniedrigt werden, und wer sich selbst erniedrigt, der wird erhöht werden.

Wer ging gerechtfertigt nach Hause? Wer ging mit vergebenen Sünden nach Hause? Lasst es uns aus der *Young's Literal Translation* lesen, die den ursprünglichen Gedanken im Griechischen besser wiedergibt. Es liest sich wie folgt:

> ‚Zwei Männer gingen hinauf in den Tempel, um zu beten, der eine ein Pharisäer, der andere ein Zöllner; der Pharisäer stand allein und betete so: Gott, ich danke dir, dass ich nicht bin wie die übrigen Menschen, habgierig, ungerecht, ehebrecherisch, oder gar wie dieser Zöllner; ich faste zweimal in der Woche, ich

> gebe den Zehnten von allem, so viel ich besitze. Und der Zöllner, der von ferne stand, wollte nicht einmal die Augen zum Himmel erheben, sondern schlug an seine Brust und sprach: Gott sei mir gnädig, *dem Sünder*! Ich sage euch, dieser ging hinab, für gerecht erklärt, in sein Haus, und nicht jener: ...' (Hervorhebung hinzugefügt)

Wer wurde für gerecht erklärt? Derjenige, der sagte, er sei „ein" Sünder? Nein. Derjenige, der sagte, er sei „*der*" Sünder! Und wenn er „der" Sünder ist, was sind dann alle anderen? Sie sind gerecht!

Ellet J. Waggoner erklärt dies sehr einfach, aber dennoch sehr schön, in *The Present Truth*, UK Edition, 16. August 1894:

> „Der Sünder" – Die wörtliche Wiedergabe des Gebets des Zöllners lautet: „Gott sei mir, dem Sünder, gnädig." Siehe Randbemerkung der Revidierten Fassung. Das stellt den deutlichsten Kontrast zum Gebet des Pharisäers dar, der die Sünden aller sah, außer seine eigenen. *Der Zöllner sah sich selbst als den einzigen Sünder*. Das ist das Merkmal *wahrer Sündenüberzeugung*. Wer den Herrn kennengelernt hat, wird *sich selbst als einen so großen Sünder sehen, dass er sich nicht vorstellen kann, dass irgendjemand anders so schlecht ist wie er selbst*. [Hervorhebung hinzugefügt][4]

Wie sagte der Apostel Paulus? „Ich bin der größte der Sünder" (1. Timotheus 1,16). In *Heavenly Places*, S. 23, gibt der Geist der Weissagung diese Worte wieder:

> Wenn du die Worte Christi so aufnimmst, als wären sie an dich persönlich gerichtet, wenn jeder die Wahrheit auf sich selbst anwendet, als wäre er der einzige Sünder auf der Erde, für den Christus gestorben ist, wirst du lernen, im Glauben die Verdienste des Blutes eines gekreuzigten und auferstandenen Erlösers zu beanspruchen.[5]

Was haben wir beansprucht? Wir haben das beansprucht, was wir nach unserem Glauben und Verständnis beanspruchen konnten; aber wir müssen noch tiefer gehen. Erst wenn wir uns selbst als den einzigen Sünder auf der ganzen Erde betrachten können, für den Christus gestorben ist, dann und erst dann können wir wirklich die Verdienste des Blutes eines gekreuzigten und auferstandenen Erlösers in Anspruch nehmen.

Lesen wir 1. Johannes 1,9:

> Wenn wir aber unsere Sünden bekennen, so ist er treu und gerecht, daß er uns die Sünden vergibt und uns reinigt von aller Ungerechtigeit.

Er wird uns verzeihen, wenn wir was tun? Die Sünden unserer Brüder zu beichten? Ist es nicht das, was wir tun? Wir sagen: „Herr, sieh nur, was sie getan haben!" oder: „Herr, sie haben mir einen Stolperstein in den Weg gelegt" oder: „Herr, sie sind so lästig." Nein. Es ist nicht unsere Aufgabe, Gott die Fehler anderer mitzuteilen – das ist das Werk des Anklägers der Geschwister, des Teufels. Wir sollen *unsere eigenen* Sünden bekennen und uns selbst als den einzigen betrachten, der etwas zu bekennen hat. Und alle anderen, die gegen mich gesündigt haben – als hätten sie es nie getan.

Aber es ist nicht einfach, oder? Wir Menschen sind sehr zerbrechlich und wir bekommen so leicht Narben. Es ist so leicht für unsere sensiblen kleinen Seelen, verletzt zu werden und die Wunden sind so tief und: „Wie kann ich jemals vergessen, was sie mir angetan haben? Ich sehe die Narben, ich sehe die Auswirkungen in meinem Leben, und Sie wollen, dass ich sie so behandle, als hätten sie mir das nie angetan, und in meinem eigenen Kopf als nicht existent betrachte? Du bist verrückt!" Ja, die Welt sagt: „Vergeben, aber nicht vergessen." Gott sagt, *das* bedeutet *nicht* zu vergeben. Vergeben heißt *vergessen*, und solange wir nicht vergessen wollen, wird uns nicht vergeben.

Natürlich muss ich etwas klarstellen. Vielleicht hat dir jemand etwas sehr Schreckliches angetan, etwas, das dir gezeigt hat, dass du ihm auf keinen Fall vertrauen kannst. Natürlich musst du in Zukunft sehr vorsichtig sein, wie du mit ihm umgehst. Aber die Sache ist die, dass du in deinem Geist und in deinem Herzen keine negativen Gefühle ihm gegenüber hegen sollst.

Jesus sagt: „Ich will ihrer Sünden nicht mehr gedenken ..." (Jeremia 31,34). Wenn Er uns vergibt, vergisst Er. Wenn man etwas vergisst, ist es so, als wäre es nie passiert, als hätte es nie existiert. Und solange ich diese Einstellung gegenüber meinen Brüdern und Schwestern nicht habe, sind meine Sünden *nicht* vergeben. Ich muss ein Kanal des göttlichen Mitgefühls sein. Ich selbst kann nicht vergeben, aber so wie ich es von Gott empfange, soll ich es auch anderen zukommen lassen. Seine große Liebe, die mir meine eigenen

Schulden vergibt, wird in mir die Bereitschaft hervorrufen, anderen zu vergeben. Aber mehr als nur ihre Beleidigungen zu vergessen; ich muss sie so behandeln, als hätten sie mich nie verletzt.

Kommt zu 1. Johannes 4,20:

> Wenn jemand sagt: Ich liebe Gott, und seinen Bruder doch haßt, so ist er ein Lügner; denn wer seinen Bruder nicht liebt, den er sieht, der kann Gott nicht lieben, den er nicht sieht!

Liebst du Gott? Wir sind nicht mehr so schnell dabei, das zu sagen, oder?

The Adventist Home, S. 47:

> Wahre Zuneigung wird über viele Fehler hinwegsehen; die Liebe wird sie nicht beachten.[6]

Liebst du Gott? Nicht, wenn du deinen Bruder nicht liebst; und *die Liebe wird nicht einmal die vielen Fehler des anderen erkennen.*

Und wenn ich ihre Fehler nicht erkennen kann, dann sind sie doch Heilige, oder? Sie sind gerecht! Und ich werde sie als solche behandeln und dann wird Gott mich auch so behandeln.

Gehen wir zu Philipper 2,3-6:

> Nichts tut aus Parteigeist oder eitler Ruhmsucht, ...

Wenn du meinst, dass alle anderen besser sind als du, wirst du dich nicht anstrengen, oder? Du wirst nicht eitel sein, weil du dich wie ein „Wurm und kein Mensch" fühlst (Psalm 22,6).

> ... sondern durch Demut einer den andern höher achtet als sich selbst, indem jeder nicht nur das Seine ins Auge faßt, sondern auch das des andern. Denn ihr sollt so gesinnt sein, wie Jesus Christus auch war, welcher, da er sich in Gottes Gestalt befand, es nicht wie einen Raub festhielt, Gott gleich zu sein.

Christus sagte: „Ich bin ein Wurm und kein Mensch" und schätzte andere besser als sich Selbst. Das ist der Geist Christi. Als Er die Sünden der ganzen Welt auf Sich nahm, *nahm Er buchstäblich die Sünden der ganzen Welt auf Sich!* Das bedeutet, dass Er als „DER" Sünder gezählt wurde und alle anderen so, als hätten sie nicht gesündigt. Lasst *diese* Gesinnung in euch sein, die auch in Christus Jesus war.

Sind meine Sünden vergeben? Ich muss wirklich mein Herz durchsuchen. Man kann den Baum bis auf den Boden fällen, aber die Wurzeln sind immer noch da, und auch mit ihnen muss man sich auseinandersetzen. Hebräer 12,14-15:

> Jaget nach dem Frieden mit jedermann und der Heiligung, ohne welche niemand den Herrn sehen wird! Und sehet darauf, daß nicht jemand die Gnade Gottes versäume, daß nicht etwa eine bittere Wurzel aufwachse und Störungen verursache und viele dadurch befleckt werden.

Es ist unter der Oberfläche, aber dann, durch die richtige Provokation, schießt es hervor. Aber bis dahin wusstest du nicht, dass es da war. Du könntest viele, viele Jahre lang etwas gegen jemanden hegen, und dann genau da, in der allerletzten Sekunde, wenn sich die Bewährungszeit dem Ende zuneigt, kann der Teufel mit seinen Reizen, der richtigen Art von Provokation, hereinkommen, und weil wir uns nicht damit befasst haben, wird es hervorbrechen und wir werden verloren sein. Fast gerettet zu sein bedeutet, nicht ganz gerettet, sondern ganz verloren zu sein (*Christ's Object Lessons*, S. 118).

Ist das zu hart formuliert? Stelle dir einfach vor: da ist dieser Zöllner, und dort drüben hat sich dieser Pharisäer vor allen Leuten zur Schau gestellt. Habt ihr schon einmal das Gefühl gehabt, dass die Gemeinde voll von Pharisäern ist? Findet ihr, dass Pharisäer Stolpersteine in eurer Gemeinde sind? Ich hasse Pharisäer. Ich hasse sie wirklich. Und wisst ihr, warum ich Pharisäer hasse? Weil ich ein Pharisäer bin, und Pharisäer kommen nicht mit Pharisäern aus.

Aber wenn ich Vergebung erfahren will, wie Gott sie mir verspricht, muss ich sie alle als Heilige betrachten, jeden um mich herum als einen Heiligen, besser als mein eigenes Ich.

Sind meine Sünden vergeben? *Nicht*, wenn ich dir nicht verziehen habe. Das ist hart ausgedrückt und möge Gott mir helfen, es zu begreifen. AMEN.

Kapitel 13

RÜCKBLICK AUF DAS JAHR 1888

Teil 1

Zunahme an Licht

31 August 2013

WÄHREND der Sitzung der Generalkonferenz im Jahr 1893 gab Alonzo T. Jones das folgende Zeugnis ab:

> Eine Schwester erzählte mir vor kurzem, dass sie vor dieser Zeit, vor vier Jahren, nur über ihren Zustand geklagt und sich gefragt hatte, wie in aller Welt jemals die Zeit für die Wiederkunft des Herrn kommen würde, wenn er darauf warten müsste, dass sein Volk sich bereit macht, ihm zu begegnen. Denn sie sagte, so wie sie bisher vorgegangen war – und sie hatte so hart gearbeitet wie niemand auf dieser Welt, dachte sie –, erkannte sie, dass sie nicht schnell genug vorankam, um den Herrn in irgendeiner halbwegs angemessenen Zeit zu bringen, und sie konnte nicht verstehen, wie der Herr überhaupt kommen sollte.
>
> Sie war darüber beunruhigt, aber sie sagte, als die Leute aus Minneapolis nach Hause kamen und sie sagten: „Warum, die Gerechtigkeit des Herrn ist ein Geschenk; wir können die Gerechtigkeit Christi als ein Geschenk haben, und wir können sie jetzt haben." „Oh", sagte sie, „das machte mich froh; das brachte Licht, denn dann konnte ich sehen, wie der Herr ziemlich bald kommen konnte. Wenn Er selbst uns das Gewand, die Kleidung, den Charakter gibt, der für das Gericht und die Zeit der Trübsal geeignet sind, dann konnte ich verstehen, wie er so bald kommen konnte, wie Er es beabsichtigte." „Und", sagte sie, „das hat mich glücklich gemacht, und seitdem bin ich dankbar dafür."[1]

Wenn wir unsere eigene Stellung vor dem Herrn betrachten, sowohl im gemeinschaftlichen als auch im persönlichen Sinn, und wenn wir bereit sind, ehrlich zu uns selbst und zu Gott zu sein, können wir nicht viel Ermutigendes entdecken, oder? Unser Problem ist das gleiche wie das, das diese Schwester beschrieben hat; sie erkannte, dass der Herr sehr bald kommen würde, konnte aber nicht verstehen, wie sie jemals bereit sein könnten. Als die Geschwister aus Minneapolis zurückkehrten, hatten sie ihr etwas mitzuteilen, das ihr Trost und Freude brachte. Wenn ich dieses persönliche Zeugnis lese, kann ich mich in vielerlei Hinsicht damit identifizieren, und es entfacht in mir ein starkes Verlangen zu wissen, was es war, das sie erfreute. Ich möchte wissen, welche Antwort sie gefunden hat, und deshalb möchte ich wissen, was auf jener Konferenz in Minneapolis 1888 vorgetragen wurde.

Aus irgendeinem Grund hat Gott es zugelassen, dass es keine Abschrift dessen gibt, was Alonzo T. Jones und Ellet J. Waggoner den führenden Brüdern auf der Generalkonferenz in Minneapolis im Jahr 1888 vorgetragen haben. Beide Männer veröffentlichten in den folgenden Jahren viele Bücher, und bis vor kurzem war es tatsächlich sehr schwer, an diese Bücher heranzukommen. Eines der Bücher, das Waggoner schrieb, mit dem Titel *The Everlasting Covenant* (Der ewige Bund), wurde in Amerika nie gedruckt; die Kirche weigerte sich, dieses Buch zu drucken, nur weil es von Waggoner geschrieben wurde. Die Vorträge, die Alonzo Jones während der Generalkonferenz 1893, 1895 und 1897 hielt, sind erst in den letzten Jahren in einem breiteren Rahmen verfügbar geworden. Andere Bücher dieser Männer, wie „*Glad Tidings*", „*The Gospel in Creation*", „*The Consecrated Way*" usw., praktische Bücher, die den Weg der Erlösung klar umreißen, zusammen mit vielen Artikeln, die sie für die Gemeindezeitschriften schrieben, wurden ebenfalls viele Jahre lang unter den Teppich gekehrt. Diese kostbaren Juwelen, in deren Seiten die Elemente von 1888 eingekapselt sind, waren sehr schwer zu finden. Ich danke dem Herrn, dass sie jetzt immer leichter zu finden sind, sowohl in gedruckter Form als auch in digitaler Form im Internet und auch als Audio. Warum war es so viele Jahre lang so schwer, all dieses Material zu finden, und warum hatten so viele von uns noch nie von diesen beiden Männern gehört?

In *Manuscript Releases* Vol.16, S. 104, sagt uns Ellen White warum:

> Warum berücksichtigen Brüder mit dem gleichen kostbaren Glauben nicht, dass in jedem Zeitalter, wenn der Herr eine besondere Botschaft an die Menschen gesandt hat, alle Mächte

> der Allianz des Bösen sich an die Arbeit gemacht haben, um zu verhindern, dass das Wort der Wahrheit zu denen kommt, die es empfangen sollten?[2]

Genau das ist das Problem. Im Jahr 1888 und in den folgenden Jahren predigten Jones und Waggoner weiterhin diese „besondere Botschaft". (Ellen White verwendet viele anschauliche Adjektive, wenn sie sich auf die Botschaft bezieht, die diese Männer verkündeten. Zum Beispiel bezeichnet sie sie in *Testimony to Ministers*, S. 91, als „eine höchst wertvolle Botschaft".) Und nach dieser Aussage ist dies der Grund, warum dieses kostbare Licht vom Himmel vor uns verborgen gehalten wurde. „Alle Mächte der Allianz des Bösen" haben daran gearbeitet, uns daran zu hindern, es zu empfangen.

Ich möchte, dass wir erkennen, wie wichtig und relevant die Schriften dieser beiden Männer für uns heute sind. Ich habe kürzlich einem adventistischen Pastor zugehört und er sagte, dass wir Jones und Waggoner für uns selbst lesen sollten und nicht die Auslegung eines anderen Mannes annehmen sollten. In der Tat, müssen wir nicht wie die Beröer sein, und damit anfangen, das Wort für uns selbst zu lesen, ob sich diese Dinge so verhalten? Ich glaube, das ist ein guter Rat.

Da die Schriften von Ellen White jedoch leichter zugänglich sind, fällt es uns im Allgemeinen leichter, in ihren Schriften nach der Wahrheit zu suchen. Und daran ist nichts Falsches; sie war schließlich der inspirierte Bote des Herrn. Aber es lohnt sich, zu beachten, was sie tatsächlich über Jones und Waggoner und die Botschaft, die sie verkündeten, zu sagen hatte. Wenn wir sie und ihren Rat so hoch schätzen und versuchen, all dem Licht zu folgen, das Gott uns durch sie gegeben hat, dann müssen wir wissen, was sie über diese beiden Männer gesagt hat; und was noch wichtiger ist, über die Botschaft selbst.

Viele Menschen haben jedoch ein Problem mit Jones und Waggoner aufgrund dessen, was man ihnen über die spätere Geschichte dieser beiden Männer erzählt. Und deshalb besteht die Versuchung, zu denken, dass ihre Botschaft nicht wichtig ist. Doch Ellen White sagt in *Manuscript Releases*, Vol.16, S. 107, Folgendes:

> Sollten die Boten des Herrn, nachdem sie eine Zeit lang tapfer für die Wahrheit eingetreten sind, in Versuchung geraten und

> Den entehren, der ihnen ihre Arbeit gegeben hat, ist das ein Beweis dafür, dass die Botschaft nicht wahr ist? Nein, denn die Bibel ist wahr. „Zum Gesetz und zum Zeugnis; wenn sie nicht nach diesem Wort reden, so ist es, weil kein Licht in ihnen ist." Sünde auf Seiten der Boten Gottes würde Satan jubeln lassen, und diejenigen, die den Boten und die Botschaft verworfen haben, würden triumphieren; aber es würde keineswegs die Menschen entlasten, die schuldig waren, die von Gott gesandte Botschaft der Wahrheit zu verwerfen.[3]

Ellen White sagt hier, dass selbst wenn diese Männer abfielen, es nichts an der Tatsache ändern würde, dass das, was sie in jenen früheren Jahren lehrten, die Wahrheit war, und dass es von Gott gesandt war. Im gleichen Buch, beginnend auf Seite 105 steht:

> Gott wird seine Worte der Warnung senden, durch wen Er sie senden wird. Und die Frage, die es zu klären gilt, ist nicht, welche Person es ist, welche die Botschaft bringt; *dies beeinflusst in keiner Weise das gesprochene Wort.* „An ihren Früchten sollt ihr sie erkennen."
>
> Die Wahrheit wird oft von jemandem gepredigt, der ihre Kraft nicht erfahren hat; aber sie ist dennoch Wahrheit und wird denen zum Segen, die sie, vom Geist Gottes gezogen, annehmen. Aber wenn die Wahrheit von jemandem vorgetragen wird, der selbst durch sie geheiligt ist, hat sie eine Frische, eine Kraft, die ihr eine überzeugende Macht für den Hörer verleiht. Die Wahrheit ist in ihrer Wirkkraft auf das Herz kostbar, und die Wahrheit, die an den Verstand gerichtet ist, ist klar. Beide sind notwendig – das Wort und das innere Zeugnis des Geistes.

Wie steht es dann mit der Botschaft von Jones und Waggoner?

> Im Hinblick auf das Zeugnis, das durch die Boten des Herrn zu uns gekommen ist, können wir sagen: Wir wissen, an wen wir geglaubt haben. Wir wissen, dass Christus unsere Gerechtigkeit ist, nicht allein, weil er in der Bibel so beschrieben wird, sondern weil wir seine verändernde Kraft in unseren eigenen Herzen gespürt haben. [Hervorhebung hinzugefügt][4]

Die Botschaft von 1888 wurde von Männern verkündet, die genau das erlebt hatten, was sie predigten. Sie verstanden die Realität der

Wahrheit und konnten direkt zum Verstand sprechen und die Anliegen des Herzens behandeln. Und als der Heilige Geist Sein eigenes Zeugnis mit ihrem vereinte, war Gottes verwandelnde Kraft in den Herzen der Zuhörer zu spüren.

Aus *Manuscript Releases*, Vol.11, S. 257 kommt ein, wie ich finde, sehr berührendes Geständnis ...

> Wir sind alle zu den verschiedenen Orten der Versammlungen gereist, damit ich Seite an Seite mit den Boten Gottes stehen konnte, von denen ich wusste, dass sie Seine Boten waren, und dass sie eine Botschaft für Sein Volk hatten. Ich gab meine Botschaft zusammen mit ihnen, genau in Übereinstimmung mit der Botschaft, die sie überbrachten. Was haben wir dabei erlebt? Wir haben eine Kraft gesehen, die die Botschaft begleitete.[5]

Das ist eine Offenbarung, nicht wahr? Ellen White war von Gott inspiriert, und doch würde sie durch das ganze Land reisen, nur um an der Seite der Brüder Jones und Waggoner stehen zu können und mit ihnen den Dienst der kostbaren Botschaft zu teilen.

In den *1888 Materials*, S. 545, sagt Ellen White sogar: „Ich betrachtete es als ein *Privileg*, an der Seite meiner Brüder zu stehen und mein Bekenntnis mit der Botschaft für diese Zeit abzugeben." Mit wem? Denen, von denen sie „wusste, dass sie Seine Boten waren", von denen sie „wusste, dass sie eine Botschaft für [Gottes] Volk hatten". Auf Seite 283 der *Manuscript Releases*, Vol.11, sagt sie:

> Der Herr spricht durch Seine bevollmächtigten Boten.[6]

Würden Sie gerne Gott sprechen hören? Nun, er hat durch seine entsandten Boten gesprochen. Wenn der Herr durch diese beiden Männer gesprochen hat, dann ist es meine Überzeugung, dass wir ihre Botschaften sehr ernst nehmen müssen.

Ich möchte betonen, wie wichtig es ist, dass wir uns mit ihren Botschaften vertraut machen.

In den *1888 Materials*, S. 1814 heißt es:

> Der Herr hat Bruder Jones und Bruder Waggoner erweckt, um der Welt eine Botschaft zu verkünden, *um ein Volk vorzubereiten, das am Tag Gottes bestehen kann* ...

Willst du am Tag Gottes bestehen? Diese Männer wurden von Ihm erweckt, um eine Botschaft zu verkünden, die uns auf diesen Tag vorbereiten sollte.

> ... Die Welt leidet unter dem Bedürfnis, dass zusätzliches Licht über die Schrift zu ihnen kommt – zusätzliche Verkündigung der Prinzipien von Reinheit, Bescheidenheit, Glauben und der Gerechtigkeit Christi. Dies ist die Kraft Gottes zur Rettung für jeden, der glaubt. [Hervorhebung hinzugefügt][7]

Aus welchen Gründen hat Gott sie auferweckt? Weil die Welt das Bedürfnis nach zusätzlichem Licht hatte, besonders über den Glauben und die Gerechtigkeit Christi.

In den *1888 Materials*, S. 608:

> Die Frage ist: Hat Gott die Wahrheit gesandt? Hat Gott diese Männer erweckt, um die Wahrheit zu verkünden? Ich sage, ja, *Gott hat Männer gesandt, um uns die Wahrheit zu bringen, die wir nicht gehabt hätten, wenn Gott nicht jemanden geschickt hätte, um sie uns zu bringen.* Gott hat mir ein Licht von dem gegeben, was Sein Geist ist, und deshalb nehme ich es an, und ich wage es nicht mehr, meine Hand gegen diese Personen zu erheben, denn es wäre gegen Jesus Christus, der in Seinen Boten zu erkennen ist. [Hervorhebung hinzugefügt][8]

Nun, das ist eine kraftvolle Aussage. Das ist eine klare Aussage von Gottes inspirierter Botin. Gott sandte diese Männer, um eine Wahrheit zu bringen, die wir nicht gehabt hätten, *wenn* Gott sie nicht gesandt hätte. Ich danke Gott, dass Er sie gesandt hat, denn wenn die Botschaft, die sie verkündeten, uns darauf vorbereitet, am Tag Gottes zu bestehen, wie könnten wir dann ohne diese Botschaft bestehen?

Im Hinblick darauf, dass diese Männer von Gott gesandt wurden, lesen wir S. 954 desselben Buches:

> Wer die anklagt und kritisiert, die Gott gebraucht, klagt und kritisiert den Herrn an, der sie gesandt hat.[9]

Dies sind sehr interessante Zitate. Ellen White betonte, wie wichtig es ist, dass die Gemeinde diese Botschaft empfängt.

Beachtet nun diese nächste Aussage in *Selected Messages* Vol.3, S. 172:

> Als ich gegenüber meinen Brüdern äußerte, dass ich zum ersten Mal die Ansichten von Ältesten E.J. Waggoner gehört hatte, glaubten mir einige nicht. Ich sagte, dass ich kostbare Wahrheiten gehört hatte, denen ich von ganzem Herzen zustimmen konnte, denn waren nicht diese großen und herrlichen Wahrheiten, die Gerechtigkeit Christi und das gesamte Opfer, das für den Menschen gebracht wurde, durch den Geist Gottes unauslöschlich in mein Gedächtnis eingeprägt worden? Ist dieses Thema nicht immer wieder in den Zeugnissen dargestellt worden? Als der Herr meinen Brüdern die Verantwortung gab, diese Botschaft zu verkünden, fühlte ich mich Gott unbeschreiblich dankbar, denn ich wusste, dass es die Botschaft für diese Zeit war.[10]

In dieser Aussage sagt Ellen White, dass dieselbe Botschaft, die von Waggoner vorgetragen wurde, in den Zeugnissen „wieder und wieder" vorgetragen worden war. Wenn dies der Fall war, wie konnte sie dann sagen: „Wir hätten [die Wahrheit] nicht haben können, wenn Gott nicht jemanden geschickt hätte, um sie uns zu bringen?" Damit scheint sie anzudeuten, dass trotz all ihrer Schriften, bevor Gott Jones und Waggoner erweckte, die Gemeinde nicht die Wahrheit hatte, die „ein Volk zubereiten würde, um am Tag Gottes zu bestehen".

Vielleicht kann uns die folgende Aussage helfen, die Situation ein wenig besser zu verstehen. *Manuscript Releases*, Vol.5, S. 219:

> Ich habe die Frage gestellt bekommen: „Was hältst du von diesem Licht, das diese Männer verkünden? Nun, ich habe es Ihnen seit den letzten fünfundvierzig Jahren verkündet – die unvergleichliche Ausstrahlung von Christus. Das ist es, was ich versucht habe, vor eurem Geist zu präsentieren. Als Bruder Waggoner diese Ansichten in Minneapolis vortrug, *war das die erste klare Lehre zu diesem Thema, die ich von menschlichen Lippen hörte*, abgesehen von den Gesprächen zwischen mir und meinem Mann. Ich habe zu mir selbst gesagt, dass ich es so klar erkenne, weil Gott es mir in einer Vision präsentiert hat, und *sie können es nicht verstehen*, weil es ihnen nie so präsentiert wurde wie mir. Und als ein anderer es präsentierte, sagte jede Faser meines Herzens: Amen. [Hervorhebung hinzugefügt][11]

Hier ist die inspirierte Dienerin Gottes, die sagt: „Ich habe euch diese Botschaft in den letzten 45 Jahren gegeben." Aber dann sagte sie auch: „Wenn der Herr nicht Männer geschickt hätte, um sie uns zu bringen, *hätten wir sie nicht bekommen.*" Wie können wir das verstehen? Beachtet, dass Ellen White in diesem letzten Zitat zum Ausdruck brachte, dass Waggoners Vorträge „die erste klare Verkündigung zu diesem Thema von menschlichen Lippen gewesen sind, die ich gehört habe" – außer in den Gesprächen zwischen ihr und ihrem Mann. Im vorletzten Satz sagt sie deutlich, dass sie das Thema so klar verstanden hat, weil es ihr in einer Vision präsentiert worden war. Sie sagt: „Das ist es, was ich *versucht* habe, vor eurem Geist darzustellen." Die Menschen konnten es jedoch nicht sehen, weil es ihnen nie so präsentiert wurde, wie es ihr präsentiert wurde. Sie hatte die Botschaft nach ihrer eigenen persönlichen Erfahrung vermittelt, und weil die Menschen nicht die gleiche Erfahrung hatten, d.h. keine Visionen hatten, hatten sie Schwierigkeiten, sie zu verstehen. Auf der anderen Seite hatten Jones und Waggoner die Botschaft aus der Bibel gelernt, mit der Führung des Heiligen Geistes, und das konnte jeder ihrer Zuhörer nachempfinden.

J.S. Washburn, der zur Zeit der Konferenz in Minneapolis ein junger Mann war und die Botschaft zunächst abgelehnt hatte, berichtet von einem Gespräch, das er einmal mit Ellen White hatte:

> **E.G. White:** „E. J. Waggoner kann die Gerechtigkeit durch den Glauben wesentlich deutlicher predigen als ich."
>
> **J.S. Washburn:** „Aber, Schwester White", sagte ich, „wollen Sie mir etwa sagen, dass E.J. Waggoner es besser predigen kann als Sie mit all Ihrer Erfahrung?"
>
> **Schwester White antwortete:** „Ja. Der Herr hat ihm ein besonderes Licht in dieser Frage gegeben. Ich wollte es klarer darlegen, aber ich hätte es nicht so klar zum Ausdruck bringen können, wie er es tat. Aber als er es in Minneapolis vorbrachte, habe ich es verstanden."

Sehr interessant, nicht wahr? Wenn wir betrachten, was wir bisher gelesen haben, dann denkt bitte nicht, dass ich die Schriften von Ellen White für unbedeutend halte. Das tue ich nicht. Aber, wenn sie sehr deutlich erklärt, dass der Herr durch Jones und Waggoner gesprochen hat, dann möchte ich diese Stimme des Herrn hören, ihr nicht auch? Wir sollen nicht vom Brot allein leben, sondern von jedem Wort, das aus dem Munde Gottes hervorgeht. Wenn die Zeugnisse von Ellen White so wichtig für uns sind und diese Zeugnisse besagen, dass Gott selbst eine Botschaft durch diese beiden Männer sandte, um uns darauf vorzubereiten, in den letzten Tagen zu bestehen, ist diese Botschaft dann heute nicht genauso wichtig für uns, wenn nicht *noch* wichtiger?

Um auf Ellen Whites Aussage zurückzukommen, dass sie diese Botschaft fünfundvierzig Jahre lang gepredigt hat und andere sie dennoch nicht verstanden haben. *Selected Messages,* Vol.1, S. 19:

> Der menschliche Verstand ist sehr unterschiedlich. Die Gemüter verschiedener Bildung und Denkweise empfangen unterschiedliche Eindrücke von denselben Worten, und es ist schwierig für einen Geist, einem Menschen mit einem anderen Temperament, einer anderen Bildung und anderen Denkgewohnheiten durch Sprache genau dieselbe Vorstellung zu vermitteln, die in seinem eigenen Geist klar und deutlich ist.[12]

Ellen Whites Erfahrungen als Kind und der Einfluss, den diese auf ihre Erziehung, ihre Berufung zum Dienst und den Empfang von Visionen hatten, bedeuteten, dass sich ihre Erziehung und ihre späteren Denkgewohnheiten wesentlich von denen der anderen in der Gemeinde unterschieden. Ihr Denken unterschied sich stark von dem der anderen, wie auch deren eigenes von dem des anderen. Es war schwierig für sie, genau die gleiche Vorstellung zu vermitteln wie die, die in ihrem eigenen Geist klar und deutlich war. Sie sagte: „Das ist es, was ich *versucht* habe, vor eurem Verstand darzustellen." Es gibt immer Verständigungsschwierigkeiten zwischen zwei Personen, die sehr unterschiedliche Erfahrungen im Leben gemacht haben. Lasst uns lesen von Seite 21 desselben Buches:

> In einem Baum steckt Vielfalt, es gibt kaum zwei gleiche Blätter. Doch diese Vielfalt trägt zur Vollkommenheit des Baumes als Ganzem bei.
>
> Bei unserer Bibel könnten wir uns fragen: Warum brauchen wir Matthäus, Markus, Lukas und Johannes in den Evangelien, warum brauchen wir die Apostelgeschichte und die verschiedenen Schreiber in den Briefen, die dasselbe Thema aufgreifen?

> Der Herr gab Sein Wort genau so, wie Er es kommen lassen wollte. Er gab es durch verschiedene Schreiber, von denen jeder seine eigene Individualität hatte, obwohl sie die gleiche Geschichte erzählten. Ihre Zeugnisse sind in einem Buch zusammengebracht und sind wie die Zeugnisse in einer gesellschaftlichen Versammlung. Sie stellen die Dinge nicht einfach in demselben Stil dar. Jeder hat seine eigene Erfahrung, und diese Vielfalt erweitert und vertieft das Wissen, das vermittelt wird, um den Bedürfnissen der verschiedenen Gemüter gerecht zu werden. Die ausgedrückten Gedanken sind nicht gleichförmig, wie in eine eiserne Form gegossen, was das Hören eintönig macht. In einer solchen Uniformität würde ein Verlust an Anmut und unverwechselbarer Schönheit liegen.
>
> Der Schöpfer aller Ideen kann verschiedene Köpfe mit demselben Gedanken beeindrucken, aber jeder kann ihn auf eine andere Weise ausdrücken, ohne sich zu widersprechen. Die Tatsache, dass dieser Unterschied besteht, sollte uns nicht verwirren oder verunsichern. Es ist selten, dass zwei Personen die Wahrheit auf die gleiche Weise betrachten und ausdrücken. Jeder verweilt auf bestimmten Punkten, die er aufgrund seiner Konstitution und Erziehung zu schätzen weiß. Das Sonnenlicht, das auf die verschiedenen Objekte fällt, gibt diesen Objekten einen unterschiedlichen Farbton.
>
> Durch die Inspiration Seines Geistes gab der Herr Seinen Aposteln die Wahrheit, die sie entsprechend der Entwicklung ihres Verstandes durch den Heiligen Geist ausdrücken sollten. Aber der Verstand ist nicht verkrampft, als ob er in eine bestimmte Form gezwungen würde.[13]

Das ist doch sehr aufschlussreich, oder? Es gibt unterschiedliche Gemüter, die erreicht werden müssen. Jeder Mensch muss die Möglichkeit haben, das Wort in einer Weise zu empfangen, die für seine eigene Erfahrung relevant ist. In Wirklichkeit ist es das gleiche Wort, die gleiche Wahrheit, und es gibt keinen Widerspruch; es wird nur auf eine andere Weise präsentiert. So ist es auch mit den vier Evangelien. Wenn man sie alle zusammennimmt, ist es dieselbe schöne Geschichte; es gibt nichts Widersprüchliches. Wenn Sie ein hochintelligenter Mensch sind, finden Sie vielleicht das Buch Lukas ansprechender, weil er ein Arzt war und sehr prägnant geschrieben hat. Wohingegen Markus nicht so gut ausgebildet war und deshalb seinen Bericht etwas lockerer vorträgt. Dennoch verbinden sich diese beiden unterschiedlichen Zeugnisse mit den anderen von Matthäus und Johannes zu einem perfekten Ganzen, wobei jedes ein zusätzliches Detail liefert. In gleicher Weise gab Gott Jones und Waggoner eine besondere Erfahrung, damit sie die Wahrheit auf eine besondere Weise mitteilen konnten. Ellen White hatte die Wahrheit in einer Vision empfangen und versuchte, sie so gut wie möglich nach ihren Fähigkeiten zu vermitteln.

In den *1888 Materials*, S. 281, sagt Ellen White:

> Die Religion Jesu Christi ist nicht so klar definiert worden, wie sie es sein sollte, damit die Seelen, die nach der Erkenntnis des Erlösungsplans suchen, die Einfachheit des Glaubens erkennen können. In diesen (Jones' und Waggoners) Versammlungen ist dies so deutlich *gemacht worden, dass ein Kind verstehen kann*, dass es eine unmittelbare, freiwillige, vertrauensvolle Übergabe des Herzens an Gott ist. [Hervorhebung hinzugefügt][14]

Jones und Waggoner stellten den Plan der Erlösung so klar dar, dass ein Kind ihn verstehen könnte.

1888 Materials, S. 1689:

> In den vergangenen Jahren und besonders seit der Versammlung in Minneapolis sind Wahrheiten bekannt gemacht worden, die für die Welt und für das Volk Gottes von großem Wert sind. Der *Weg ist so deutlich gezeigt worden*, dass *ehrliche Herzen* nicht anders können, als die Wahrheit zu empfangen. [Hervorhebung hinzugefügt][15]

Nun habe ich eine Frage. Gab es ein Problem mit der Art und Weise, wie Ellen White vermittelte, was sie verstand? War sie undeutlich in ihrer Darstellung? Sprach sie in Kauderwelsch, so dass niemand sie verstehen konnte? Was war das Problem? Nun, das Problem lag bei denen, die ihre Worte lasen und hörten.

Wir haben dieses Zitat schon einmal gelesen, aber nun wollen wir die letzte Hälfte davon lesen.

Selected Messages Vol.1, S. 19:

> Der menschliche Verstand ist sehr unterschiedlich. Der Verstand verschiedener Bildung und Denkweise empfängt

> unterschiedliche Eindrücke von denselben Worten, und es ist schwierig für einen Verstand, einem Menschen mit einem anderen Temperament, einer anderen Bildung und anderen Denkgewohnheiten durch Sprache genau dieselbe Vorstellung zu vermitteln, die in seinem eigenen Verstand klar und deutlich ist. Doch für *ehrliche* Menschen, rechtschaffene Menschen, kann er so einfach und klar sein, dass er seine Bedeutung für alle praktischen Zwecke vermittelt ...

Wenn der Zuhörer *ehrlich* ist, wird er verstehen, was die andere Person sagt. Nach der Heiligen Schrift ist die Wahrheit „geistlich erkennbar" (1. Korinther 2,14).

> Wenn der Mensch, mit dem er kommuniziert, *nicht ehrlich* ist und die Wahrheit nicht sehen und verstehen will, wird er seine Worte und Sprache in allem so verdrehen, dass es seinen eigenen Zwecken dient. Er wird seine Worte missverstehen, mit seiner Phantasie spielen, sie ihrer wahren Bedeutung entreißen und sich dann im Unglauben verfestigen, indem er behauptet, die Empfindungen seien alle falsch. [Hervorhebung hinzugefügt][16]

Eine unehrliche Person wird dies mit der Wahrheit tun und nicht einmal merken, dass sie es tut. „Das Herz ist trügerisch über alle Maßen und hoffnungslos böse; wer kann es erkennen?" (Jeremia 17,9). Sie täuschen sich selbst mit dem Gedanken, dass sie ein ehrliches Herz haben, aber in Wirklichkeit wollen sie die Wahrheit nicht wahrhaben und weigern sich, die Botschaft so zu empfangen, wie sie eigentlich gemeint war. Er wird „die Worte [des Boten] missverstehen, mit seiner Phantasie spielen, sie ihrer wahren Bedeutung entreißen und sich dann im Unglauben festsetzen, indem er behauptet, dass die Gefühle alle unecht sind". Und sie mögen all dies sogar im Namen Gottes tun, während sie sich selbst als Christen bezeichnen.

Wie die Juden haben sie das Thema verfehlt. Die Juden hatten das Wort Selbst mitten unter sich. Aber wussten sie, wie sie Ihn lesen können? Haben sie Ihn richtig verstanden? Nein. Sie haben Ihn völlig falsch interpretiert. Sie waren nicht ehrlich. Und wir sehen das gleiche Problem in der ganzen Geschichte, vom Beginn der Kirche in dieser Welt an, vom Garten Eden an, als das Evangelium zum ersten Mal in seiner Einfachheit gegeben wurde. Diese erste

Predigt war die Verheißung der „Feindschaft"; das hätte die einzige Predigt sein sollen, die je gehalten werden musste (1. Mose 3,15). Abraham verstand sie. In seiner eigenen Erfahrung verstand er das Opfer Christi. Aber als seine Kinder zum Berg Sinai kamen und Gott versuchte, den abrahamitischen Bund mit ihnen zu erneuern, verstanden sie Seine Bedeutung nicht.

Nehmen wir uns einen Moment Zeit, um über ihre Erfahrungen zu lesen, denn diese Dinge sind zu unserem Vorbild und zu unserer Ermahnung geschrieben, über die das Ende der Welt gekommen ist (1. Korinther 10,11). Kommen wir zu Exodus 19.

Exodus 19,3-6:

> Und Mose stieg hinauf zu Gott; denn der HERR rief ihm vom Berge und sprach: Also sollst du zum Hause Jakobs sagen und den Kindern Israel verkündigen: Ihr habt gesehen, was ich den Ägyptern getan, und wie ich euch auf Adlersflügeln getragen und euch zu mir gebracht habe. Werdet ihr nun meiner Stimme Gehör schenken und gehorchen und meinen Bund bewahren, so sollt ihr vor allen Völkern mein besonderes Eigentum sein; denn die ganze Erde ist mein; ihr aber sollt mir ein Königreich von Priestern und ein heiliges Volk sein! Das sind die Worte, die du den Kindern Israel sagen sollst.

Gott versucht hier, denselben Bund zu erneuern, den er mit Abraham geschlossen hatte. Abraham hatte zu der Verheißung Gottes „AMEN!" gesagt. Und Gott hatte gesagt: „Du bist gerecht." Aber was war die Antwort der Kinder Israels? Vers 8:

> Da antwortete das ganze Volk miteinander und sprach: Alles, was der HERR gesagt hat, *das wollen wir tun!* (Hervorhebung hinzugefügt)

„*Wir* wollen uns selbst zu Priestern machen." „*Wir* wollen uns selbst zu einem heiligen Volk machen." Sie haben nicht richtig verstanden, was Gott sagte. Er gab ihnen ein Versprechen, doch sie nahmen es als eine Anweisung auf und machten sich die Verpflichtung zu eigen. Als Nächstes *fügte* der Herr die Zehn Gebote *hinzu*. Wusstet ihr, dass es nicht Gottes ursprüngliche Absicht war, die Zehn Gebote am Berg Sinai zu sprechen?

Aus *Patriarchs and Prophets*, S. 264 stammt diese verblüffende Aussage:

> Hätte der Mensch das Gesetz Gottes gehalten, wie es Adam nach seinem Sündenfall gegeben, von Noah bewahrt und von Abraham befolgt wurde, hätte es keine Notwendigkeit für die Beschneidung gegeben. Und wenn die Nachkommen Abrahams den Bund, dessen Zeichen die Beschneidung war, gehalten hätten, wären sie nie zum Götzendienst verleitet worden, und es wäre auch nicht nötig gewesen, dass sie in Ägypten ein Leben in Knechtschaft erleiden mussten; sie hätten Gottes Gesetz im Gedächtnis behalten, und *es wäre nicht nötig gewesen, dass es vom Sinai verkündet oder in die Steintafeln eingemeißelt wurde*. Und hätte das Volk die Grundsätze der Zehn Gebote befolgt, wären die zusätzlichen Anweisungen, die Mose gegeben wurden, überflüssig gewesen. [Hervorhebung hinzugefügt][17]

Worin bestand das Problem? Sie *legten* die Verheißungen Gottes *falsch aus*. Sie sagten: „Wir werden es tun", und als Folge ihres Missverständnisses erhielten sie das Gesetz und den Heiligtumsdienst. Aber wie haben sie *das* verstanden? Haben sie auch das falsch interpretiert? Das haben sie, oder etwa nicht? Also sandte Gott Propheten, um sie zu ermutigen und ihnen zu helfen, Sein Gesetz und die Bedeutung des Opfersystems zu verstehen. Aber haben sie auf die Propheten gehört? Nein, sie haben sie getötet. Und dann kam der Mittler und lebte das alles in seinem eigenen Leben vor. Haben sie *Ihn* richtig gedeutet? Nein, sie kreuzigten Ihn. Hat Gott sie abgeschrieben, als sie Seinen Sohn gekreuzigt haben? Nein. Gott gab ihnen drei weitere Jahre; und an demselben Tag, an dem sie ihren Untergang besiegelten, erklärte Stephanus das gesamte Alte Testament. Auch das haben sie nicht verstanden, oder? Sie steinigten ihn. Dann schenkte Gott das Neue Testament, um der christlichen Gemeinde zu helfen, das Alte Testament zu verstehen. Wie haben sie es aufgenommen? Auch das haben sie nicht verstanden.

Testimonies, Vol.5, S. 664:

> Wenn du Gottes Wort zu deinem Studium gemacht hättest, mit dem Wunsch, den biblischen Standard zu erreichen und die christliche Vollkommenheit zu erlangen, hättest du die Zeugnisse nicht gebraucht ...

Sie haben also nicht einmal den Sinn des Neuen Testaments verstanden.

> Da ihr es versäumt habt, euch mit Gottes inspiriertem Buch vertraut zu machen, hat er versucht, euch durch einfache, direkte Zeugnisse zu erreichen, indem er euch auf die Worte der Inspiration aufmerksam machte, die ihr versäumt hattet zu befolgen, und euch aufforderte, euer Leben in Übereinstimmung mit seinen reinen und erhabenen Lehren zu gestalten.
>
> ... Zusätzliche Wahrheiten werden nicht herausgebracht; aber Gott hat durch die Zeugnisse die großen Wahrheiten, die bereits gegeben wurden, vereinfacht und auf Seine eigene gewählte Weise vor das Volk gebracht, um sie zu erwecken und den Verstand damit zu beeinflussen, damit *alle ohne Entschuldigung gelassen werden* ...

Könnt ihr die Barmherzigkeit Gottes in diesem Fortschreiten des Lichts durch die Zeitalter hindurch erkennen? Warum musste er Ellen White schicken und sie dazu bringen, die Zeugnisse zu schreiben? „Gott hat durch die Zeugnisse die großen Wahrheiten, die bereits gegeben wurden, vereinfacht." Die bereits gegebenen Wahrheiten mussten vereinfacht werden, weil die Menschen zu bequem waren und es unterließen, sie für sich selbst zu studieren. Deshalb wollte Gott dafür sorgen, dass niemand eine Entschuldigung haben würde.

Gleich im nächsten Absatz heißt es:

> Die wesentlichen Grundsätze der Frömmigkeit werden *nicht verstanden*, weil es keinen Hunger und Durst nach der Kenntnis der Bibel, der Reinheit des Herzens und der Heiligkeit des Lebens gibt. Die Zeugnisse sind nicht dazu da, das Wort Gottes zu schmälern, sondern es zu verherrlichen und die Aufmerksamkeit auf es zu lenken, damit die schöne Einfachheit der Wahrheit alle begeistert. [Hervorhebung hinzugefügt][18]

Gott musste Ellen White erwecken, um die Dinge einfacher zu machen, weil wir so laodizeanisch sind. Gott wollte uns jeden Vorteil verschaffen, der ihm möglich war. *Testimonies to Ministers*, S. 91:

> In Seiner großen Barmherzigkeit sandte der Herr durch die Ältesten Waggoner und Jones eine äußerst kostbare Botschaft an Sein Volk. Diese Botschaft sollte deutlicher gemacht werden ...

Was bedeutet „deutlich"? Offensichtlicher, bekannter.

> Mit dieser Botschaft sollte der Welt der erhobene Heiland, das Opfer für die Sünden der ganzen Welt, noch deutlicher vor Augen geführt werden. Sie verkündete die Rechtfertigung durch den Glauben an den Stellvertreter; sie lud die Menschen dazu ein, die Gerechtigkeit Christi zu empfangen, die sich im Gehorsam gegenüber allen Geboten Gottes manifestiert. Viele hatten Jesus aus den Augen verloren. Sie mussten ihre Augen auf Seine göttliche Person, Seine Verdienste und Seine unveränderliche Liebe für die Menschheitsfamilie lenken.[19]

Was musste Gott tun? Die Gemeinde hatte es versäumt, Ellen White zu verstehen, also musste Gott die Wahrheit *noch* offensichtlicher machen; Er musste versuchen, den Menschen jeden Vorteil und jede Gelegenheit zu geben, um Sein Wort zu verstehen.

Sind wir heute etwa anders? Die Mitglieder der Gemeinde damals waren in gewisser Weise so träge und ließen sich so leicht davon ablenken, ihre geistige Energie auf das Studium des Wortes Gottes zu konzentrieren, dass Gott es ihnen mit der Flasche geben musste. Er musste in der Babysprache zu ihnen sprechen. Und wie lange ist das her? 120 Jahre.

Weil unser laodizeanischer Zustand sogar noch schlimmer ist als der ihre, brauchen wir die Wahrheit noch simpler als sie sie in 1888 brauchten. Wir haben ein noch größeres Bedürfnis nach der Wahrheit, die in einer so einfachen Sprache dargeboten wird, dass ein Kind sie verstehen kann und der Aufrichtige im Herzen sie nicht missversteht.

Ich schätze dieses Studium sehr. Der Grund, warum ich es so schätze, ist, dass es uns zeigt, wie sehr Gott uns liebt. Es sagt uns auch, wie doof (langsam) wir wirklich sind. Das Licht, das in der Verheißung der *Feindschaft* direkt im Garten Eden geliefert wurde, hätte für uns alle ausreichen müssen. Aber weil Er uns retten will, hat Gott es nicht dabei belassen. Immer wieder hat Er uns Möglichkeiten gegeben, Sein Wort zu verstehen; Er hat es einfacher und einfacher gemacht. Er weiß, dass wir nicht klüger werden. Das ist keine Evolution, das ist eine *Degeneration*.

Sehen wir uns einen weiteren Grund an, warum es für uns so wichtig ist, uns mit Jones und Waggoner vertraut zu machen.

In den *1888 Materials*, S. 133, sagt Ellen White dies:

> Das, was Gott Seinen Dienern heute zu sagen gibt, wäre vor zwanzig Jahren vielleicht noch nicht die Wahrheit gewesen, aber es ist Gottes Botschaft für diese Zeit.[20]

Zwanzig Jahre vor 1888 mag die Botschaft, die Gott durch Jones und Waggoner sandte, nicht die gegenwärtige Wahrheit gewesen sein. Aber in 1888 und den folgenden Jahren war sie Gottes Botschaft *für diese Zeit*. Warum? Wegen der Ereignisse in der Welt und in den Regierungen. Die Sonntagsgesetze standen kurz davor, verabschiedet zu werden. Die Bewährungszeit der Erde neigte sich dem Ende zu, und die ehrlichen Herzens waren, wussten das. Sie sahen, dass dies die Botschaft Gottes für diese Zeit war. Ist unsere Zeit noch dringlicher als jene Zeit?

1888 Materials, S. 1814:

> Der Herr hat Bruder Jones und Bruder Waggoner erweckt, um der Welt eine Botschaft zu verkünden und ein Volk vorzubereiten, das am Tag Gottes bestehen kann.[21]

Wie bald wird der Tag Gottes kommen? Möchtest du bestehen? Nun, Gott gab der Gemeinde eine Botschaft, die ihr helfen sollte, bereit für das Bestehen zu sein. Aber sie lehnten sie ab. Was geschah dann in der Welt? Die Dinge verlangsamten sich. Und was geschah in der Gemeinde?

Signs of the Times, April 19, 1900, para. 9:

> Gott hat vorgesehen, dass die Botschaft der Erlösung zu seinem Volk als Spätregen kommen soll; denn sie verlieren zusehends ihre Verbindung zu Gott ...

Gott hat ihnen die Wahrheit in Babysprache gegeben und sie haben sie trotzdem nicht verstanden. „Sie verlieren zusehends ihre Verbindung zu Gott." Sie haben durch diese Wahrheit nicht die Beziehung gefunden, die Gott mit ihnen haben wollte und die ihre ewige Sicherheit garantiert hätte.

> Sie vertrauen auf Menschen und verherrlichen Menschen, und ihre Stärke steht im Verhältnis zu der Stärke ihrer Abhängigkeit. *Wir sollen mehr erkennen, als wir zur gegenwärtigen Zeit wissen ...*

Ellen White schrieb dies im Jahr 1900. Obwohl die Botschaft von der Gerechtigkeit durch den Glauben bereits seit zwölf Jahren verkündet worden war, sagt sie: „Wir sollen mehr erkennen, als wir zur gegenwärtigen Zeit erkennen."

> Wir sollen die tiefen Angelegenheiten Gottes begreifen. Es gibt Themen, die es wert sind, mehr als nur am Rande erwähnt zu werden. [Hervorhebung hinzugefügt][22]

Könnt ihr verstehen, wo wir stehen und was der Herr heute für uns zu tun hat? Sollten wir sagen: „*Fötus-Sprache*"? Gott muss sogar *noch* einfacher zu uns sprechen, als er es damals getan hat.

1888 Materials, S. 1689:

> Der Weg ist so deutlich gemacht worden, dass ehrliche Herzen nicht anders können, als die Wahrheit anzunehmen. Aber es gibt noch immer Schätze, nach denen gesucht werden muss. Lasst den Schacht, der begonnen hat, das Bergwerk der Wahrheit zu bearbeiten, tief sinken, und er wird reiche und kostbare Schätze hervorbringen.[23]
>
> [Siehe Anmerkung zu Stephen Haskell auf Seite 374.]

Es gibt noch eine Menge Wahrheit, die wir entdecken müssen. Und sie wird noch schlichter zu uns kommen als damals im Jahr 1888, denn Gott muss entsprechend unseren Bedürfnissen zu uns sprechen.

Christ's Object Lessons, S. 127:

> *In jedem Zeitalter gibt es eine neue Entwicklung der Wahrheit, eine Botschaft Gottes an die Menschen der jeweiligen Generation.* [Hervorhebung hinzugefügt]

Es gab eine Botschaft, die für die damalige Zeit die gegenwärtige Wahrheit war, und das war die Botschaft von 1888. Wir leben jetzt in einer anderen Generation. Es muss eine „neue Entfaltung der Wahrheit, eine Botschaft Gottes" für *unsere* Generation geben. Aber bedeutet das, dass die Botschaft von 1888 für uns heute nicht mehr relevant ist?

> Die alten Wahrheiten sind alle wesentlich; neue Wahrheit ist nicht unabhängig von der alten, sondern eine Entfaltung von ihr. *Nur wenn wir die alten Wahrheiten verstehen, können wir auch die neuen begreifen ...*

Nur wenn wir die Botschaft verstehen, die Gott durch Jones und Waggoner sandte, werden wir die Botschaft für unsere Generation begreifen. Wenn die alten Wahrheiten nicht verstanden werden, ist es egal, wie einfach die neue Wahrheit sein mag, wir werden sie nicht erkennen.

> Als Christus den Wunsch hatte, Seinen Jüngern die Wahrheit über Seine Auferstehung zu eröffnen, begann Er „bei Mose und allen Propheten" und „erklärte ihnen in allen Schriften die Dinge, die Ihn selbst betreffen". Lukas 24,27. *Aber es ist das Licht, das in der neuen Entfaltung der Wahrheit leuchtet, das die alte verherrlicht. Wer das Neue ablehnt oder missachtet, verfügt nicht wirklich über das Alte. Für ihn verliert es seine lebendige Kraft und wird nur zu einer leblosen Form.* [Hervorhebung hinzugefügt][24]

In *dieser* Generation gibt es eine neue Entwicklung der Wahrheit für das Volk Gottes. Wir müssen jedoch die Wahrheit der früheren Generationen verstehen. Wenn Gott schon durch Jones und Waggoner klar und deutlich gesprochen hat, wie viel klarer wird er dann heute zu uns sprechen müssen? Die Realität ist, dass wir sehr versucht sein werden, es für *zu* einfach zu halten; und weil es zu einfach ist, werden wir es ablehnen, obwohl es eigentlich eine Botschaft der Liebe ist, weil Gott weiß, dass wir es einfach brauchen.

Viele Adventisten schämen sich für die Schriften von Ellet J. Waggoner und Alonzo T. Jones, und nur sehr wenige Prediger zitieren sie tatsächlich von der Kanzel. Wir sollten uns nicht für die Botschaft schämen, die sie gelehrt haben. Scheuen wir uns nicht, in ihren Schriften tief nach verborgenen Schätzen zu graben und sie in unseren eigenen Ministries zu verwenden. Zugegeben, sie waren nicht unfehlbar, aber diese Dinge werden geistlich erkannt werden, und wenn du ehrlichen Herzens bist, wirst du sie verstehen.

Und wenn es dir schwergefallen ist, die Schriften von Ellen White zu verstehen, oder wenn es dir so vorkommt, als sei sie zu legalistisch und als gäbe es nicht genug von der Liebe Christi in ihren Schriften, dann ist hier deine Antwort. Gott weiß, dass es dir anfangs schwer fallen könnte, deshalb hat er uns etwas Grundlegenderes, etwas Leichteres gegeben. Wenn das, was Jones und Waggoner lehrten, dasselbe war, was sie so viele Jahre lang „darzustellen versuchte", dann könntest du vielleicht, wenn du dich zuerst mit dem vertraut machst, was sie schrieben, verstehen, was sie zu sagen versuchte. Und möglicherweise wirst du feststellen, dass sie nicht die schrullige alte Oma ist, für die du sie gehalten hast. Das war meine eigene Erfahrung.

Gott liebt uns wirklich und tut alles, was Er kann, und Er wird uns nicht loslassen, bis zu welchem Punkt – wie heißt es in der Schrift? – bis zum *Äußersten* (Hebräer 7,25).

Möge der Herr uns helfen, jeden Lichtstrahl zu empfangen, auf welche Weise auch immer Er ihn uns zukommen lässt. Dies ist mein Gebet. AMEN.

Kapitel 14

EIN RÜCKBLICK AUF DAS JAHR 1888

Teil 2

Das Gesetz

7. September 2013

IN unserer letzten Studie haben wir mit einer Untersuchung der Botschaft und der Boten von 1888 begonnen. Wir wollen mit unseren Recherchen fortfahren. Es gibt ein sehr bekanntes Zitat in *Testimony to Ministers*, S. 91, das häufig als zusammenfassende Aussage über die Botschaft verwendet wird, welche die Ältesten Waggoner und Jones der Gemeinde brachten. Ellen White schreibt:

> In Seiner großen Gnade sandte der Herr durch die Ältesten Waggoner und Jones eine äußerst wertvolle Botschaft an Sein Volk. Diese Botschaft sollte der Welt den erhöhten Erlöser, das Opfer für die Sünden der ganzen Welt, noch deutlicher vor Augen führen. Sie verkündete die Rechtfertigung durch den Glauben an den Bürgen; sie lud die Menschen ein, die Gerechtigkeit Christi zu empfangen, die sich im Gehorsam gegenüber allen Geboten Gottes manifestiert. Viele hatten Jesus aus den Augen verloren. Sie brauchten den Blick auf Seine göttliche Person, Seine Verdienste und Seine unveränderliche Liebe für die Menschheitsfamilie. Alle Macht ist in Seine Hände gegeben, damit Er die Menschen reich beschenkt, indem Er dem hilflosen Menschen das unbezahlbare Geschenk Seiner eigenen Gerechtigkeit übergibt. Dies ist die Botschaft, die Gott befohlen hat, der Welt zu verkünden. Es ist die dritte Engelsbotschaft, die mit lauter Stimme verkündet und mit der Ausgießung Seines Geistes in großem Maße einhergehen soll.[1]

Das ist eine sehr umfassende Aussage. Wie wir in unserer letzten Betrachtung gesehen haben, wurden die Ältesten Waggoner und

Jones von Gott gesandt. Er erhob sie, um eine bestimmte Botschaft zu verkünden, die der Welt den erhabenen Erlöser deutlicher vor Augen führen sollte – um die Liebe Gottes offensichtlicher werden zu lassen. Als wir die Zeitalter der menschlichen Natur durchgegangen sind, haben wir gesehen, dass die Botschaft, die Gott gibt, nicht immer klar verstanden oder gewürdigt wird – nicht weil Gott die Schuld daran trägt, sondern das Problem besteht darin, dass die Menschheit nicht ehrlich war, als sie diese Botschaft empfing. Im Jahr 1888 näherte sich das Ende der Welt; die Kirche brauchte eine sehr klare und eindeutige Botschaft, die ihren wahren Zustand aufzeigen und das Bedürfnis nach einer Gerechtigkeit wecken würde, die außerhalb ihrer selbst liegt. Indem sie diese Gerechtigkeit, die Gerechtigkeit Christi, empfingen, würden sie in die Lage versetzt werden, der Welt die Liebe Gottes zu offenbaren. Diese Botschaft sollte durch das praktische Leben derer verkündet werden, die bekennende Jünger Christi waren.

Achtet jedoch darauf, wie Ellen White die Situation in der Kirche und in der Welt beschreibt:

> Viele hatten Jesus aus den Augen verloren. Sie mussten ihre Augen auf Seine göttliche Person, Seine Verdienste richten.

„Viele hatten Jesus aus den Augen verloren." Sie brauchten tatsächlich jemanden, der mit dem Finger auf sie zeigt und sagt: „Seht! Da ist Jesus!" Sie brauchten jemanden, der es ihnen deutlich macht. Der folgende Absatz ist sehr interessant:

> Der erhöhte Heiland muss in Seinem Wirken als das geschlachtete Lamm erscheinen, das auf dem Thron sitzt, um die unschätzbaren Segnungen des Bundes auszuteilen, die Segnungen, für die Er gestorben ist, um sie für jede Seele zu erkaufen, die an Ihn glauben sollte. Johannes konnte diese Liebe nicht in Worte fassen; sie war zu tief, zu weitreichend; er appelliert an die Menschheitsfamilie, sie zu erkennen. Christus setzt sich in den himmlischen Höfen für die Gemeinde ein, er setzt sich für diejenigen ein, für die er den Erlösungspreis mit seinem eigenen Blut bezahlt hat. Jahrhunderte, ja Zeitalter können die Wirksamkeit dieses Sühneopfers niemals schmälern. Die Botschaft des Evangeliums Seiner Gnade sollte der Gemeinde klar und deutlich verkündet werden, damit die Welt nicht mehr sagen kann, dass *die Siebenten-Tags-Adventisten vom*

Gesetz reden, vom Gesetz, aber Christus nicht lehren oder an Ihn glauben.
[Hervorhebung hinzugefügt]²

Das ist faszinierend. Die Siebenten-Tags-Adventisten hatten Jesus aus den Augen verloren. Was war der wichtigste Punkt in ihrer Religion? Das vierte Gebot, sich an den Sabbat zu erinnern und ihn heilig zu halten. Die Kirche war durch ihre eigenen Bemühungen, Gottes Gesetz zu erfüllen, verwirrt. Sie hatte sich selbst an einen Punkt gebracht, an dem sie das Gesetz zum alles entscheidenden Faktor für die Erlösung machte. Deshalb brauchten sie eine Botschaft, die Jesus wieder ins Bild bringt.

In den *1888 Materials*, S. 560, schreibt Ellen White sehr deutlich:

Als Volk haben wir das Gesetz gepredigt, bis wir so trocken waren wie die Hügel von Gilboa, die weder Tau noch Regen hatten. Wir müssen Christus *im* Gesetz predigen, und es wird Saft und Nahrung in der Predigt sein, die wie Speise für die hungernde Herde Gottes sein wird. *Wir dürfen überhaupt nicht auf unsere eigenen Verdienste vertrauen*, sondern auf die Verdienste von Jesus von Nazareth. Unsere Augen müssen mit Augensalbe gesalbt werden. Wir müssen uns Gott nähern, und er wird sich uns nähern, wenn wir auf dem von *ihm bestimmten Weg* zu ihm kommen. O, dass ihr doch hinausgehen könntet wie die Jünger nach dem Pfingsttag, dann wird euer Zeugnis lebendig klingen, und die Seelen werden sich zu Gott bekehren. [Hervorhebung hinzugefügt]³

Und in *Selected Messages*, Vol.1, S. 388 schrieb Sie im Jahr 1894 Folgendes und es ist eine ziemlich tiefgründige Aussage:

Man hat gedacht, dass eine gesetzliche Religion die richtige Religion für diese Zeit sei.⁴

Welche Art von Religion? Das Gesetz. „Wir müssen das Gesetz richtig umsetzen. Wir müssen den Sabbat richtig halten und alles, was damit zusammenhängt – all die Feinheiten; wir müssen es richtig halten." Dies ist eine gesetzliche Religion.

Man hat gedacht, dass eine gesetzliche Religion die richtige Religion für diese Zeit sei. Aber das ist ein Irrtum. Die Zurechtweisung Christi an die Pharisäer gilt für alle, die im Herzen ihre erste Liebe verloren haben. *Eine kalte, gesetzliche*

> *Religion kann niemals Seelen zu Christus führen*; denn sie ist eine lieblose, christuslose Religion. [Hervorhebung hinzugefügt]⁴

In *Selected Messages*, Vol.3, S. 168, findet sich eine vielsagende Aussage:

> Der Glaube Jesu wurde übersehen und gleichgültig und nachlässig behandelt. Er hat nicht die herausragende Stellung eingenommen, in der er Johannes offenbart wurde. Der Glaube an Christus als einzige Hoffnung des Sünders wurde weitgehend ausgeblendet, nicht nur in den Predigten, sondern auch in der religiösen Erfahrung sehr vieler, die behaupten, an die dritte Engelsbotschaft zu glauben.⁵

Diese Aussagen zeichnen ein sehr klares Bild vom Zustand der Kirche in den Tagen des Jahres 1888. Sie waren in das Gesetz verstrickt. Sie waren so sehr damit beschäftigt, sich auf das Kommen Jesu vorzubereiten – sie versuchten, alles in ihrem Leben richtig zu machen – aber Jesus blieb außen vor.

Heiligung – ist Heiligung wichtig? Auf jeden Fall! Aber ist die Rechtfertigung ebenso wichtig? Was die Kirche für Heiligung hielt – d.h. zu lernen, gehorsam zu sein – hatte Vorrang vor der benötigten Erfahrung der wahren Rechtfertigung. Sie konzentrierten sich mehr auf die praktischen Dinge als auf die geistlichen.

Sind wir heute anders? Wir können in dieselbe Gefahr geraten. Gott ruft zu einer *Reformation* unseres Lebens auf. Reform bedeutet: *eine Veränderung zu bewirken*. Ein *Reformer* zu sein bedeutet, ständig Veränderungen vorzunehmen, sich ständig zu verbessern; und wir sind aufgerufen, Reformer zu sein, Veränderungen vorzunehmen, uns zu verbessern. Aber sind wir so sehr mit dem Teil der Heiligung beschäftigt, dass wir den Teil der Rechtfertigung vergessen? Können wir so sehr damit beschäftigt sein, unser Leben zu reformieren, unsere Ernährung, wie wir uns kleiden, alles bis ins kleinste Detail, dass wir die Liebe und die Vergebung vergessen?

Die Erlebnisse in der Kirche sind sehr vielsagend, nicht wahr? Die Pharisäer gaben den Zehnten für die Minze und den Kümmel. Und Jesus sagt: „Ja, das hättet ihr tun sollen. Aber ihr hättet nicht die *wichtigeren* Dinge des Gesetzes vernachlässigen sollen, nämlich das Gericht, die Barmherzigkeit und den Glauben" (Matthäus 23,23).

Wir arbeiten so hart daran, unsere Ernährung oder unsere Kleidung zu perfektionieren, aber gleichzeitig hegen wir Feindseligkeit gegenüber unseren Brüdern. Wir konzentrieren uns auf ein geheiligtes Leben, vergessen aber, dass uns zuerst vergeben werden muss und dass uns nur vergeben werden kann, wenn wir anderen vergeben.

Das Gesetz wurde von der adventistischen Kirche gepredigt, bis sie so trocken war wie die Hügel von Gilboa. Sind wir heute in irgendeiner Weise weniger trocken? Welche Erfahrungen habt ihr mit der Kirche gemacht? Was ist meine? Die Worte Christi in Matthäus 5,23-24 sind sehr deutlich, und sie gelten uns. Im Jahr 1888 wollte Gott die Kirche zu diesem speziellen Punkt zurückbringen.

Sie rannten dem Gesetz hinterher, während sie die „gewichtigeren Angelegenheiten" vergaßen. Und sie benutzten die Schriften von Ellen White, um dies zu tun. Jesus sagte zu den damaligen Juden: „Ihr forscht in der Schrift, denn in ihr glaubt ihr das ewige Leben zu haben." Was hat Er damit gemeint? Christus meinte, dass sie das Alte Testament nach all den kleinen, winzigen Details durchsuchten, um daraus eine Verordnung zu machen; dass sie, wenn sie herausfanden, was sie für eine Anforderung Gottes hielten, in der Lage sein würden, diese zu erfüllen und sich in ihrem Selbstwertgefühl als besonderes Volk Gottes zu erhöhen. Aber dann wurden sie hart und verurteilend. Ellen White sagte, dass die Kirche zu ihrer Zeit die gleichen Erfahrungen machte wie die Juden zur Zeit Christi. Sie tadelte die Menschen ständig dafür, dass sie ihre Zeugnisse nahmen und versuchten, daraus Gesetze und Vorschriften zu machen. Sie suchten in ihren Schriften, weil sie glaubten, darin ewiges Leben zu finden; dass sie gerettet würden, wenn sie sie lesen und befolgen würden.

In Matthäus 5,23-24 wird jedoch ein grundlegendes Prinzip genannt:

> Wenn du nun deine Gabe zum Altar bringst und dort daran denkst, dass dein Bruder etwas gegen dich getan hat, so lass deine Gabe vor dem Altar liegen und geh hin; versöhne dich zuerst mit deinem Bruder und komm dann und opfere deine Gabe.

Gott will nicht die äußere Erscheinung. Er will ein Herz, das Sein eigenes Herz widerspiegelt; ein Herz, das voll von Seiner Liebe ist; ein Herz, das anderen vergibt, so wie ihm selbst vergeben wurde.

Gott sagt: „Warum konzentrierst du dich so sehr darauf, alles richtig zu machen, wenn du immer noch ein Problem mit deinem Bruder oder deiner Schwester hast?" Gott sagt, du sollst das zuerst in Ordnung bringen. Kümmere dich zuerst darum, *dann* wird dein Gewand schön sein. Denn Er schaut nicht auf das Äußere, sondern auf das Innere.

Aber wie wir letzte Woche studiert haben, ist es so wahr, dass, egal wie oft Gott es uns sagt, wir verpassen immer noch den springenden Punkt. Letzte Woche haben wir in *Manuscript Releases*, Vol.5, S. 219 über die Botschaft von Jones und Waggoner gelesen:

> Mir wurde die Frage gestellt, was hältst du von diesem Licht, das diese Männer präsentieren? Nun, ich habe es euch in den letzten fünfundvierzig Jahren präsentiert – die unvergleichlichen Vorzüge von Christus. Das ist es, was ich euch versucht habe, vor Augen zu führen.[6]

Wie lange hatte sie diese Botschaft schon gepredigt? Fünfundvierzig Jahre lang. Und doch steht dort geschrieben, dass Gott Männer erwecken musste, um die Botschaft noch deutlicher vor dem Volk zu verkünden, um sie klar und deutlich zu machen; denn es spielte keine Rolle, wie sehr Ellen White sie predigte und lehrte. In der Tat sagt sie, dass es sich durch die ganzen Zeugnisse zieht. Aber die Menschen verstanden nicht, worum es ging. Sie waren zu sehr mit dem Gesetz befasst, zu sehr mit dem Versuch, sich selbst zu retten, mit dem Versuch, durch das Gesetz Gerechtigkeit zu erlangen.

Letzte Woche haben wir einen sehr wichtigen Aspekt des Gesetzes angesprochen, und vielleicht habt ihr bei meiner Erwähnung gedacht: *„Das ist ja interessant"*, nämlich dass Gott *nie* die Absicht hatte, das Gesetz am Berg Sinai zu geben.

Wir lesen in *Patriarchs and Prophets*, S. 364. Diese Aussage ist äußerst eindeutig:

> Hätte der Mensch das Gesetz Gottes gehalten, wie es Adam nach seinem Sündenfall gegeben, von Noah bewahrt und von Abraham befolgt wurde, hätte es keine Notwendigkeit für das Gebot der Beschneidung gegeben. Und hätten die Nachkommen Abrahams den Bund gehalten, dessen Zeichen die Beschneidung

> war, wären sie nie zum Götzendienst verführt worden, und es wäre auch nicht nötig gewesen, dass sie in Ägypten ein Leben in Knechtschaft erleiden mussten; sie hätten Gottes Gesetz im Gedächtnis behalten, und *es wäre nicht nötig gewesen, dass es vom Sinai verkündet oder in die Steintafeln eingraviert wurde.* Und hätte das Volk die Grundsätze der Zehn Gebote befolgt, wären die zusätzlichen Anweisungen, die Mose gegeben wurden, überflüssig gewesen. [Hervorhebung hinzugefügt]⁷

Beachtet: „Wenn sie das Gesetz gehalten hätten, wie Abraham es befolgt hat." Wie hat Abraham das Gesetz gehalten? Nun, er glaubte Gott, nicht wahr? Er glaubte, dass Gott selbst das, was er gesagt hatte, auch erfüllen würde. Also sagte Gott über Abraham: „Er ist gerecht. Er ist mein Freund." Aber die Juden hielten sich nicht an diesen Bund. Sie waren zu sehr damit beschäftigt, sich selbst zu retten, nicht wahr? Ich bete, dass ihr, während wir dieses Thema durchgehen, das in eurer eigenen Erfahrung sehen werdet, denn das alte Israel ist das moderne Israel und wir sind nicht anders.

Warum wurde das Gesetz dann am Berg Sinai gegeben?

Nun, das ist ein interessanter Punkt, denn wenn der Herr nicht die Absicht hatte, das Gesetz am Sinai zu geben, warum konzentrieren wir uns dann so sehr auf dieses Gesetz? Warum bemühen wir uns immer so sehr, dieses steinerne Gesetz zu halten? Können wir etwas aus der Tatsache lernen, dass Gott gar nicht die Absicht hatte, es zu geben? In der Tat, das ist der Fall. Aber *warum* hat er es dann gegeben?

Erst als ich mich mit den Schriften von Jones und Waggoner befasste, wurde mir klar, dass Gott den Hebräern die Zehn Gebote am Sinai eigentlich nicht geben wollte. Das geht aus ihren Schriften ganz klar hervor. Wir werden also aus Deuteronomium 5 lesen und dann sehen, was einer dieser Männer zu sagen hatte.

Deuteronomium 5,1-7:

> Und Mose berief ganz Israel und sprach zu ihnen: Höre, Israel, die Satzungen und Rechte, die ich heute vor euren Ohren rede; lernet und behaltet sie, daß ihr sie tuet! Der HERR, unser Gott, hat auf dem Berge Horeb einen Bund mit uns gemacht. Nicht

> mit unsern Vätern hat er diesen Bund gemacht, sondern mit uns, die wir heute hier sind und alle leben.

Wenn wir hier innehalten, werden wir feststellen, dass der am Horeb geschlossene Bund ein anderer war als der, den Gott mit Abraham, Isaak und Jakob geschlossen hatte. Es war nicht der ewige Bund, der den Vätern übermittelt worden war.

> Von Angesicht zu Angesicht hat der HERR auf dem Berge aus dem Feuer heraus mit euch geredet. Ich stand zu derselben Zeit zwischen dem HERRN und euch, um euch des HERRN Worte zu verkündigen; denn ihr fürchtetet euch vor dem Feuer und ginget nicht auf den Berg. Und er sprach: Ich bin der HERR, dein Gott, der ich dich aus Ägyptenland, aus dem Diensthause, geführt habe: Du sollst keine andern Götter neben mir haben.

Mose fährt fort, die Gebote zu rezitieren, die am Berg Sinai gegeben wurden, und dann sagt er in Vers 22:

> Das sind die Worte, die der HERR zu eurer ganzen Gemeinde redete auf dem Berge, mitten aus dem Feuer, den Wolken und der Dunkelheit, mit gewaltiger Stimme, und er tat nichts dazu. Und er schrieb sie auf zwei steinerne Tafeln und gab sie mir.

Mose sprach die Zehn Gebote auf, und dann sagte er, dass Gott „nichts mehr hinzugefügt" habe. Was soll das bedeuten? Es bedeutet, dass sogar diese Zehn Gebote „hinzugefügt" wurden – Er fügte nur nichts mehr hinzu, nachdem er sie hinzugefügt hatte. Sie waren ein Zusatz. Warum wurde das Gesetz „hinzugefügt"? Galater 3,19 sagt uns, warum:

> Sie wurde wegen der Übertretungen hinzugefügt.

Warum? Wegen der Übertretungen.

In Römer 5,20 heißt es:

> Das Gesetz aber ist daneben hereingekommen, damit das Maß der Sünden voll würde.

Das Gesetz wurde wegen der Übertretung hinzugefügt. Jetzt wollen wir uns anschauen, was diese Übertretung war. Wenn Gott nicht die Absicht hatte, die Zehn Gebote am Berg Sinai zu geben,

Das Gesetz

was ist dann falsch gelaufen und hat Gott dazu veranlasst, sie hinzuzufügen? Worin bestand die Übertretung am Sinai?

Wir werden einige Zitate aus einem Buch von Ellet J. Waggoner mit dem Titel *The Everlasting Covenant* lesen. Dies ist ein sehr wichtiges Buch, denn viele wissen nicht, was das Quellenmaterial dafür war. Viele beklagen die Tatsache, dass auf der Generalkonferenz von 1888 keine Abschriften angefertigt wurden. Ab 1891 wurden zwar Abschriften von den Sitzungen angefertigt, doch gibt es keine Aufzeichnungen darüber, was Ellet J. Waggoner in diesen Sitzungen in Minneapolis erzählte. Viele beklagen diese Tatsache und sagen: „Wenn wir nicht wissen, was er in Minneapolis gelehrt hat, wie können wir dann wissen, ob die Gemeinde es angenommen hat oder nicht?" Das ist eine schlechte Ausrede, denn Waggoner hat nicht vergessen, was er dort gelehrt hat.

Am 31. Dezember 1895 schrieb Waggoner einen Brief an Ellen White, in dem er sagt:

> Seit dem ersten Winter, in dem ich in Battle Creek 1889-1890 unterrichtete, habe ich ein Buch im Sinn gehabt. Vor drei Jahren begann ich, das Manuskript zu schreiben. Ich habe alles, was ich zuerst geschrieben habe, umgeschrieben und von Zeit zu Zeit noch mehr, aber ich wurde immer wieder daran gehindert.

Waggoners Gedanken waren durch das, was er 1888 mitgeteilt hatte, angeregt worden, und er fuhr fort, die kostbare, von Gott gegebene Botschaft zu studieren. Im folgenden Jahr hielt er in Battle Creek eine Reihe von Vorträgen über das Thema Gerechtigkeit durch Glauben im Zusammenhang mit den beiden Bündnissen; und die Gedanken, die er bei diesen Vorträgen teilte, wollte er später in einem Buch festhalten. Er sagt jedoch: „Ich bin bei der Ausarbeitung dieses Buches sehr behindert worden ..."

> Ich bedaure dies nicht, da die Verzögerung dazu geführt hat, dass mir das Thema klarer geworden ist.

„Das Thema meinem Verstand klarer wird ..." Wie wir in unserer letzten Studie gesehen haben, schrieb Ellen White, dass der Erlösungsplan in den Versammlungen von Jones und Waggoner so deutlich gemacht wurde, dass ihn „ein Kind verstehen kann". Sie schrieb dies im April 1889. Doch hier sagt Waggoner, dass es ihm nicht leid tut, dass sich das Buch verzögert hat, und dass er mehr und mehr von dem Manuskript geschrieben und dann so viel davon gestrichen hat, weil es in seinem Geist noch *klarer* wurde.

> Ich kann sagen, dass ich in jenem Winter vierzig Seiten getipptes Manuskript geschrieben habe, das ich aber längst weggeworfen habe, da sich das Thema mir immer deutlicher erschlossen hat. Es geht um den ewigen Bund für Gottes Verheißungen an Israel. In letzter Zeit war ich in der Lage, mehr darüber zu schreiben, und das Licht leuchtet jetzt so klar, dass ich spüre, dass der Herr möchte, dass ich es auf der Stelle fertigstelle. Ich hoffe, dass ich bald lange genug von der Routinearbeit befreit werde, um es zu Ende schreiben zu können. Wenn es fertig ist, werde ich ein Exemplar zur Durchsicht nach Australien schicken.

Dieses Buch wurde tatsächlich bis zum Jahr 1900 nicht gedruckt, und selbst dann wurde es nur in England gedruckt. Er schickte eine Kopie des Manuskripts an die Kirche in Amerika, und der Buchausschuss saß für eine sehr lange Zeit daran und lehnte es schließlich ab.

Waggoner ließ sich nicht entmutigen. Er war Herausgeber einer Zeitschrift mit dem Namen *The Present Truth* und beschloss, diese Teile des Manuskripts als Artikel in der Zeitschrift zu veröffentlichen. Von Mitte 1896 bis Mitte 1897 veröffentlichte er die Artikel wöchentlich. Und diese Zeitungen wurden über die ganze Welt verteilt, so wie die Zeitungen der adventistischen Kirche zu dieser Zeit. Am 26. August 1898 schrieb Ellen White aus Australien an E.J. Waggoner:

> Ich schreibe dir jetzt, weil ich möchte, dass du (und auch W.C. White ist derselben Meinung) uns in Australien besuchst. Wir halten „Present Truth" für die beste Zeitung, die von unseren Leuten herausgegeben wird.[8]

Ellen White bezeichnete „*The Present Truth*", das diese Artikel über den Ewigen Bund enthielt, als die beste Zeitung, die bis dahin von der Kirche der Siebenten-Tags-Adventisten veröffentlicht worden war. Und 1902 schrieb A.G. Daniels an W.C. White, Ellen Whites Sohn, über dieses Buch. Dieser kurze Exkurs mag wie eine Buchbesprechung klingen, aber er ist mehr als das. Wenn du Waggoners Botschaften von 1888 in aller Klarheit finden willst, wirst du sie in diesem Buch finden. Dies ist genau das, was A.G. Daniels darüber zu sagen hatte:

> Ich weiß nicht, ob du dieses Buch jemals aufmerksam gelesen hast oder nicht. Sein Name „The Everlasting Covenant" (Der ewige Bund) deutet seine Tragweite an. Es führt uns mitten ins Herz des großen Evangeliums von Christus. *Es eröffnet den Plan Gottes, die Welt aus Gnade durch den Glauben an Christus zu retten.* Er schlägt den Grundton der Reformation an, nämlich die Rechtfertigung durch den Glauben. Es zeigt die Schwäche und den Unsinn des Bundes der Werke. *Das Buch befasst sich wirklich mit der großen Frage, die unsere Leute in Minneapolis so aufgewühlt hat, und soweit ich weiß, ist es das einzige Meisterwerk, das seit der Versammlung in Minneapolis zu diesem Thema geschrieben worden ist.*
>
> Schwester White, Bruder Waggoner und Bruder Jones haben viel zu diesem Thema für unsere Zeitungen geschrieben, aber „The Everlasting Covenant" ist das einzige große Werk, das sich mit diesem großen Thema beschäftigt. Das Werk ist seit etwa zwei Jahren gedruckt, aber es wurde nie unter unseren Leuten außerhalb Englands verbreitet. Ein paar Exemplare wurden in die Vereinigten Staaten geschickt, aber nur wenige. Diejenigen, die das Buch gelesen haben, erklären es übereinstimmend für eine ganz hervorragende Ausarbeitung. [Hervorhebung hinzugefügt].

Und dann schickt er ein Postskriptum:

> Ich habe es versäumt, auf die Tatsache hinzuweisen, dass in den mittleren und westlichen Staaten mehr oder weniger Einfluss gegen das Licht ausgeübt wird, das in Minneapolis zu uns kam. Ich glaube, dass wir unserem Volk einen großen Schaden zufügen, indem wir das Licht von ihnen fernhalten. Sie lesen nicht über dieses Thema, und die Amtsträger, zu denen sie eigentlich Vertrauen haben sollten, geben ihnen Irrtum und Dunkelheit statt Wahrheit und Licht, das steht außer Frage. Einige von ihnen stehen fest auf der Seite derer, die sich dem Licht in Minneapolis widersetzt haben. Es ist eine Tatsache, dass einige unserer jüngeren Amtsträger nicht die Freiheit haben, die Gerechtigkeit durch den Glauben so umfassend zu predigen, wie sie es sich wünschen; sie haben mir das gesagt. Ich bin zutiefst

> davon überzeugt, dass etwas getan werden sollte, um eine Flut an Licht zu erzeugen.

Er beschreibt genau denselben Zustand, in dem sich die Kirche heute in Bezug auf die Botschaft von 1888 befindet, und stellt fest, dass eine Flut an Licht in den Heimen der Menschen nötig war. Dann sagt er:

> Ich kenne kein besseres Buch außerhalb der Bibel, um dies zu tun, als das Buch von Bruder Waggoner.

Ich habe *The Everlasting Covenant* als ein starkes Buch empfunden. Wenn es Dinge in der Heiligen Schrift gibt, die du nur schwer verstehen kannst, dann solltest du dieses Buch lesen. Es ist wie ein Satz von Schlüsseln, der so viele scheinbar offensichtliche Widersprüche in der Bibel aufschließt. Es ist ein Buch, das so viele Dinge erklären wird. Aber es ist ein Buch, das, wie wir letzte Woche an den Schriften von Jones und Waggoner studiert haben, von dem der Böse von unserer Aufmerksamkeit ablenken möchte.

Bevor wir einige Auszüge aus diesem Buch lesen, schauen wir uns Exodus 19,1-6 an. Begeben wir uns auf den Berg Sinai, bevor das Gesetz hinzugefügt wurde, und versuchen wir, die Übertretung zu erkennen, die den Eingang des Gesetzes auslöste. Denkt daran, dass diese Schrift zu unserer Ermahnung geschrieben ist:

> Im dritten Monat nach dem Auszug der Kinder Israel aus Ägypten kamen sie an demselben Tag in die Wüste Sinai. Denn sie waren von Raphidim ausgezogen und in die Wüste Sinai gekommen und lagerten sich in der Wüste; Israel lagerte sich daselbst dem Berg gegenüber. Und Mose stieg hinauf zu Gott; denn der HERR rief ihm vom Berge und sprach: Also sollst du zum Hause Jakobs sagen und den Kindern Israel verkündigen: Ihr habt gesehen, was ich den Ägyptern getan, und wie ich euch auf Adlersflügeln getragen und euch zu mir gebracht habe. Werdet ihr nun meiner Stimme Gehör schenken und gehorchen und meinen Bund bewahren, so sollt ihr vor allen Völkern mein besonderes Eigentum sein; denn die ganze Erde ist mein; ihr aber sollt mir ein Königreich von Priestern und ein heiliges Volk sein! Das sind die Worte, die du den Kindern Israel sagen sollst.

Dies sind die Worte, die Gott zu Israel durch Mose gesprochen hat, als sie zum Berg Sinai kamen. Jetzt möchte ich aus dem *„The Everlasting Covenant"* lesen. Waggoner schreibt:

> Beachte, wie Gott die Tatsache hervorhob, dass er Selbst alles getan hatte, was für sie getan worden war. Gott hatte sie von den Ägyptern befreit und sie zu Sich gebracht. Das war es, was sie ständig vergaßen, wie ihr Murren zeigt. Sie waren sogar so weit gegangen, dass sie in Frage stellten, ob der Herr unter ihnen weilte oder nicht. Und ihr Murren deutete immer auf den Gedanken hin, dass sie selbst die Dinge besser regeln könnten als Gott.

Ist das nicht eine zutreffende Beschreibung für das Verhalten der Israeliten in der Wüste? Gott brachte sie immer wieder an Orte, an denen sie sich nicht selbst retten konnten. Doch alles, was sie taten, war, zu murren und zu klagen; und in ihren Klagen steckte der Gedanke: *Wir können es besser machen als Gott.* Gott hat sich also zuerst auf die Tatsache konzentriert, dass *Er* diese Dinge getan hat.

> Gott hatte sie über den Gebirgspfad zum Schilfmeer und in die Wüste geführt, wo es weder Essen noch Trinken gab, und hatte sie auf wundersame Weise mit allem versorgt, was sie brauchten, um ihnen klar zu machen, dass sie nur durch Sein Wort leben konnten.[9]

Beachtet nun, dass Gott in Exodus 19,5 sagte: „*Mein* Bund." Das war der Bund, den Gott mit Abraham geschlossen hatte.

> Der Bund, den Gott mit Abraham schloss, beruhte auf Glauben und Vertrauen. „Abraham glaubte Gott, und das wurde ihm als Gerechtigkeit angerechnet. Als Gott also in Erfüllung dieses Bundes Israel aus der Knechtschaft befreite, war Sein ganzes Handeln mit ihnen darauf ausgerichtet, sie Vertrauen zu Ihm zu lehren, damit sie in Wahrheit Kinder des Bundes sein konnten.[10]

Ein aufmerksames Lesen von Exodus 19,1-6 *wird zeigen, dass es keine Hinweise darauf gibt, dass damals ein neuer Bund geschlossen werden sollte.* Die Beweise sprechen sogar für das Gegenteil. Der Herr bezog sich auf Seinen Bund – den Bund, der lange zuvor Abraham gegeben worden war – und ermahnte sie, ihn zu halten,

> und erklärte, was die Folge davon sein würde, wenn sie ihn hielten. [Hervorhebung hinzugefügt]¹¹

Was wäre das Ergebnis der Einhaltung des Bundes *Gottes*? Sie würden ein besonderer Schatz sein, ein Königreich von Priestern, ein heiliges Volk.

> Der Bund mit Abraham war, wie wir gesehen haben, ein Bund des Glaubens, und sie konnten ihn halten, indem sie einfach den Glauben bewahrten (indem sie Gott beim Wort nahmen, indem sie glaubten, was Gott sagte). Gott forderte sie nicht auf, einen weiteren Bund mit Ihm zu schließen, sondern nur Seinen Friedensbund anzunehmen, den Er schon lange zuvor den Vätern gegeben hatte.¹¹

Was hätte dann die richtige Reaktion des Volkes sein sollen?

> Die richtige Antwort des Volkes wäre daher gewesen: „AMEN! Und so, oh Herr, geschehe mit uns, wie du es willst."¹²

Das hätte die richtige Reaktion der Menschen sein müssen. Doch was sagten sie stattdessen? „Alles, was der Herr gesagt hat, *wollen wir tun*. Und Mose gab die Worte des Volkes dem Herrn zurück" (Exodus 19,8).

Sie sagten: „Wir werden es tun! Wir werden uns zu einem heiligen Volk machen, zu einem gerechten Volk. Wir werden das Gesetz Gottes halten. Wir werden deine Anforderungen erfüllen."

Lesen wir weiter in *The Everlasting Covenant*:

> Im Gegenteil, sie sagten: „Alles, was der Herr geredet hat, werden wir tun," und sie wiederholten ihr Versprechen mit Nachdruck, auch nachdem sie das Gesetz gehört hatten. Es war dieselbe Selbstsicherheit, die ihre Nachkommen dazu veranlasste, zu Christus zu sagen: „Was sollen wir tun, damit wir die Werke Gottes wirken können?" *Stellt euch vor, sterbliche Menschen würden sich anmaßen, Gottes Werk zu tun!* Christus antwortete: „Das ist das Werk Gottes, dass ihr an Den glaubt, den Er gesandt hat." So war es auch in der Wüste Sinai, als das Gesetz gegeben und der Bund geschlossen wurde. [Hervorhebung hinzugefügt]¹²

Das ist ein starker Satz. Daran denken wir nicht oft, oder? Wir denken genau so wie sie. Dass es Gottes Werk gibt und ich es tun muss. Aber: „Denkt an sterbliche Menschen, die sich anmaßen, in der Lage zu sein, Gottes Werk zu tun!"

> So war es auch in der Wüste Sinai, als das Gesetz gegeben und der Bund geschlossen wurde ... *Die große Sünde der Kinder Israels war der Unglaube, das Vertrauen in sich selbst anstatt in Gott.* [Hervorhebung im Text][13]

Warum wurde das Gesetz hinzugefügt? Wegen des *Unglaubens*. Weil sie sagten: „*Wir* werden es tun." Und so sagte Gott: „OK, hier sind Meine Zehn Gebote."

Waggoner fährt fort:

> Dass sie die Verantwortung für das Wirken der Werke Gottes übernahmen, zeigte, dass sie Seine Größe und Heiligkeit nicht zu schätzen wussten.

Geraten wir heute in dieselbe Gefahr, wenn wir meinen, wir müssten hingehen und die Gebote Gottes halten? Wir bemühen uns so sehr, nicht zu lügen. Wir bemühen uns so sehr, den Sabbat zu halten. Wir nehmen es *auf uns*, es zu tun, und das zeigt, dass wir Seine Größe und Heiligkeit nicht zu schätzen wissen.

> Nur wenn die Menschen die Gerechtigkeit Gottes nicht kennen, versuchen sie, ihre eigene Gerechtigkeit herzustellen, und weigern sich, sich der Gerechtigkeit Gottes zu unterwerfen.

Hast du versucht, deine eigene Gerechtigkeit aufzurichten? Das liegt daran, dass du nichts von *Gottes* Gerechtigkeit verstehst.

> Ihre Versprechungen waren wertlos, denn sie hatten nicht die Macht, sie zu erfüllen. Der Bund, der auf diesen Verheißungen beruhte, war also völlig nutzlos, soweit es darum ging, ihnen Leben zu geben. Alles, was sie von diesem Bund bekommen konnten, war das, was sie von sich selbst bekommen konnten, und das war der Tod.

Wir meinen, wir können alles so gut selbst machen, nicht wahr? Wir denken, wir wissen, wie wir unsere Haare binden. Wir denken, wir wissen, was wir in unsere Schränke stellen müssen. Aber alles, was wir bekommen können, ist das, was wir von uns selbst bekommen können – und das ist der Tod.

> Darauf zu vertrauen, bedeutete, einen Bund mit dem Tod zu schließen und sich mit dem Grab zu arrangieren. Dass sie diesen Bund eingingen, war praktisch eine Mitteilung an den Herrn, dass sie sehr gut ohne Ihn auskommen konnten; dass sie in der Lage waren, jedes Versprechen zu erfüllen, das Er geben konnte.[14]

> Aber Gott gab sie nicht auf, denn Er sagte: „Sie sind mein Volk, Kinder, die nicht lügen werden; also war Er ihr Retter." Er wusste, dass sie bei diesem Versprechen von einem Impuls bewegt wurden und dass sie nicht realisierten, was es bedeutete. Sie hatten einen Eifer für Gott, aber nicht entsprechend der Erkenntnis. Er hatte sie aus dem Land Ägypten geführt, um sie zu lehren, Ihn zu erkennen, und Er wurde nicht zornig auf sie, weil sie die Lektion so langsam lernten.[15]

Gelobt sei der Herr, dass Er nicht wie wir ist. Werden wir wütend auf andere, wenn wir zu langsam sind, um die Lektion zu lernen? Werden wir wütend auf uns selbst, wenn wir die Lektion nur langsam lernen?

> Weil sie die Größe Seiner Heiligkeit nicht erkannten, was durch ihr Versprechen, das Gesetz zu tun, zum Ausdruck kam, ging Gott dazu über, ihnen durch die Verkündigung des Gesetzes die Größe Seiner Gerechtigkeit zu zeigen und die völlige Unmöglichkeit, sie zu erarbeiten.[16]

Und wie haben sie dann die Verkündigung des Gesetzes aufgenommen? Wieder sagten sie: „Ja! Ja! Wir werden es tun." Der Herr gab ihnen das Gesetz, um ihnen zu helfen, die Verrücktheit des Bundes zu erkennen, den sie gerade geschlossen hatten: dass sie *sich selbst* heilig machen wollten. Und doch machten sie denselben Fehler wieder. Sind wir anders als das Israel von einst?

Das Wort Gottes kommt zu uns und wir sind so schnell dabei zu sagen: „Ja, ja! Ich werde es tun." Am Sinai war Gott bestrebt, ihnen den Bund zu geben, den Er mit Abraham geschlossen hatte. Er kam zu ihnen und sagte: „Ich will in euch wirken, dass ihr wollt und tut, was Ich euch sagen will." Und sie antworteten: „Ja, mein Herr, wir werden unser eigenes Heil schaffen." Das ist doch ein Widerspruch in sich, oder? Wir schauen auf Gottes Anforderungen und Standards bis hin zu den Kleinigkeiten des Lebens und denken, dass wir es selbst schaffen können. Und wir bemühen uns sehr, es umzusetzen, nicht wahr? Wir versuchen und versuchen und versuchen es. Aber es spielt keine Rolle, wie oft wir unseren Kopf gegen die Wand schlagen, lernen wir jemals dazu? Nun, wir *müssen* etwas lernen, nicht wahr? Und wir müssen genau die Dinge erlernen, die Gott uns im Jahr 1888 zu sagen versuchte.

Letzte Woche habe ich mit euch ein Zeugnis von Alonzo T. Jones aus dem Jahr 1893 geteilt. Ich möchte es noch einmal vorlesen, weil ich glaube, dass wir uns alle damit identifizieren können:

> Eine Schwester erzählte mir vor nicht allzu langer Zeit, dass sie vor dieser Zeit, vor vier Jahren, ständig über ihren Zustand geklagt und sich gefragt hatte, wie um alles in der Welt die Zeit für das Kommen des Herrn jemals kommen würde, wenn Er darauf warten müsste, dass sein Volk sich auf Ihn vorbereitet. Denn sie sagte, so wie sie es bisher gemacht hatte – und sie hatte so hart gearbeitet wie niemand sonst auf dieser Welt, dachte sie –, sah sie, dass sie nicht schnell genug vorankam, um den Herrn in irgendeiner sinnvollen Zeit zu bringen, und sie konnte nicht erkennen, wie der Herr kommen konnte.

Klingt das nach deinen eigenen Gedanken und deiner eigenen Erfahrung? Ich liebe es, wenn meine persönlichen Gedanken bereits aufgeschrieben worden sind, weil ich dann merke, dass ich mit meinen Ängsten nicht allein bin und auch andere darunter gelitten haben.

> Sie war darüber beunruhigt, aber sie sagte, als die Leute aus Minneapolis nach Hause kamen und sagten: „Die Gerechtigkeit des Herrn ist ein Geschenk; wir können die Gerechtigkeit Christi geschenkt bekommen, und wir können sie jetzt haben." „Oh", sagte sie, „das freute mich, das brachte Licht, denn dann konnte ich sehen, dass der Herr ziemlich bald kommen konnte. Wenn Er Selbst uns das Gewand, die Kleidung und den Charakter gibt, die für uns für das Gericht und die Zeit der Not geeignet sind, dann konnte ich sehen, wie er kommen konnte, genauso bald wie Er es wollte." „Und", sagte sie, „es hat mich

> glücklich gemacht, und ich bin seitdem froh." Brüder, ich bin auch glücklich darüber, die ganze Zeit.
>
> Heute hat diese Sache einen Sinn. Ihr wisst, dass wir alle schon einmal an demselben Punkt waren. Ihr wisst, dass es Zeiten gab, in denen wir uns hinsetzten und weinten, weil wir nicht gut genug waren, um unsere eigene Einschätzung von richtigem Handeln zu erfüllen; (das ist eine ehrliche Aussage) und da wir das baldige Kommen des Herrn erwarteten, fürchteten wir uns vor der Botschaft, dass es so nahe bevorstand; denn wie in aller Welt würden wir bereit sein können?[17]

Ja, ich kenne diese Erfahrung. Wir alle kennen diese Erfahrung. „Wie um alles in der Welt werden wir jemals bereit sein?" Genau wie diese Frau danke ich Gott für die Botschaft von 1888.

Zurück zum Buch The Everlasting Covenant. Wozu also das Gesetz? Warum wurde es „hinzugefügt"? Seite 303:

> Eine berechtigte Frage, auf die es eine gute Antwort gibt. ... Die Überzeugung geht notwendigerweise der Bekehrung voraus. Das Erbe konnte nur durch die Gerechtigkeit erlangt werden, obwohl es ganz und gar durch Verheißung geschah; denn die Gerechtigkeit ist ein „Geschenk der Gnade". Aber damit die Menschen die Verheißungen Gottes zu schätzen wissen, muss man sie spüren lassen, dass sie sie brauchen. Das Gesetz, das auf so furchtbare Weise gegeben wurde, hatte den Zweck, sie wissen zu lassen, wie unmöglich es für sie war, ihre Gerechtigkeit aus eigener Kraft zu erlangen, und sie so wissen zu lassen, womit Gott bestrebt war, sie zu versorgen.[18]

Womit war Gott „bestrebt", sie zu versorgen? Sie brauchten Gerechtigkeit, Heiligkeit, und Gott war bestrebt, sie ihnen zu geben. Ist Er heute weniger bestrebt? Ich glaube, heute noch mehr, denn sehr bald werden jene Winde der Auseinandersetzung losgelassen werden. Jesus ruft also aus: „Mein Blut! Mein Blut!"

Sind die Zehn Gebote wichtig? Unbedingt! Ohne die Zehn Gebote könnten wir genauso gut damit aufhören, uns Siebenten-Tags-Adventisten zu nennen, denn das alles ist Teil des Gesetzes Gottes. Aber wir können es nicht auf die Art und Weise tun, wie wir es bisher getan haben. Das wird nicht funktionieren.

In 1888 arbeiteten sie so hart daran, sich auf das zweite Kommen Christi vorzubereiten, indem sie versuchten, das Gesetz zu halten. Sie brauchten diese Botschaft. Wenn du versuchst, dich durch das Gesetz Gottes bereit zu machen, dann ist dies genau die Botschaft, die du brauchst. Gott versuchte dadurch der Gemeinde zu sagen, dass sie es auf die falsche Weise taten. Wenn du nun etwas falsch machen würdest, wärst du dann nicht froh, wenn dir jemand sagen würde: „Das ist der *richtige* Weg?" Genau das wollte Gott im Jahr 1888 tun. Er wollte sie von einer großen Stressbelastung befreien. Wir selbst neigen so sehr dazu, die gleiche Bürde zu tragen. Wir versuchen es wieder und wieder und glauben, dass wir irgendwie, irgendwo in uns selbst, genau das finden können, was den Ansprüchen des Gesetzes gerecht wird; und wir denken, dass all diese Kleidungs- und Ernährungsstandards uns vor dem Gesetz *gut* aussehen lassen werden. Aber was haben wir gelesen? Wir haben gelesen, dass der eigentliche Grund, *warum* das Gesetz Gottes am Berg Sinai gegeben wurde, darin bestand, ihnen zu zeigen, wie *hässlich* sie waren: elend, erbärmlich, arm, blind und nackt. Und doch riefen sie: „Das Gesetz! Das Gesetz! Das Gesetz!"

Das Gesetz wurde uns gegeben, damit wir erkennen, wie unfähig wir sind, seine Standards zu erreichen. Aber wir erkennen das nur langsam, nicht wahr? Wir begreifen nur langsam, dass wir es so, wie wir es angehen, nicht schaffen können.

Ihr wisst, dass es stimmt und wir das kennen, was wir den Kreislauf oder die Funktion des Alten und des Neuen Bundes nennen: Wir fangen gut an, misstrauen unserem eigenen Herzen und verlassen uns auf die Kraft Gottes, und wir gehen voran und erringen einen Sieg. Aber dann vergessen wir in dieser Selbstüberhöhung des Sieges alles über Christus und fallen wieder zurück. Dann wälzen wir uns wieder eine Weile im Schlamm – in diesem Gesetz, in diesem Lehrmeister, in dieser Überzeugung – und merken, dass wir es *nicht können*. Dieses Gesetz führt uns zurück zu Christus, also halten wir uns an der Hand Christi fest und los geht's, der Sieg ist unser, und dann vergessen wir wieder, lassen Christus aus den Augen, und es geht wieder abwärts. Und dann hören wir das Gesetz, den Lehrmeister, wir spüren den Rohrstock und er schlägt zu und er tut weh, er sticht, aber oh, das stimmt, Christus ist meine Kraftquelle. Und so gehen wir wieder zurück; wir unterwerfen uns, wir haben einen Sieg und was passiert dann? Immer wieder das Gleiche. Wir drehen uns immer weiter im Kreis.

Der Kreislauf muss aufhören, oder? Das Wirken des Alten und des Neuen Bundes muss einen Punkt erreichen, an dem wir aufhören, immer wieder die gleichen Fehler zu machen; an dem wir aufhören, uns auf uns selbst zu verlassen und nicht mehr versuchen, unser eigenes Heil zu erarbeiten. Der Kreislauf kann doch nicht ewig weitergehen, oder? Eines Tages müssen wir diese Lektion tatsächlich lernen. Das ist der Grund, warum wir den Zyklus durchlaufen – *um zu lernen*. Möge Gott uns helfen, wenn wir es nicht verstehen! Wir müssen es lernen – und zwar bald – dass ich mich nicht selbst retten kann. Ich selbst kann die Maßstäbe Gottes nicht aufgreifen und sie einhalten. *Ich kann es nicht!* Und bis uns das wirklich dämmert und in unseren Köpfen ankommt, werden wir wieder und wieder und wieder auf die Nase fallen. Und wir werden entmutigt, wir werden in Depressionen verfallen, wir werden anfangen, andere Brüder in der Gemeinde zu verletzen und wir werden nicht glücklich sein. Keiner von uns wird glücklich sein, bis wir diesen Durchbruch nicht geschafft haben.

Die Botschaft von 1888 hätte einen Durchbruch in der Erfahrungswelt derer bringen sollen, die sich als wahre Nachfolger Christi bezeichneten.

Stephen Haskell zitiert Ellen White mit den Worten, dass der Herr in zwei Jahren* nach der Konferenz von Minneapolis wiedergekommen sein würde. Nur zwei Jahre! In dem Zeugnis, das wir gerade von Jones zitiert haben, bezeugt eine Frau, dass sie sich selbst und alle anderen um sie herum betrachtete und es schien, als ob es keine Möglichkeit gäbe, dass sie jemals bereit sein würden. Aber der Geist erklärt, dass sie in nur einem Jahr hätten bereit sein können, denn diese zwei Jahre *schließen* das Ende der Bewährungszeit und die Ausgießung der Plagen ein, was nach dem Verständnis der Pioniere ein Zeitraum von einem Jahr umfasst. Die Botschaft von 1888 war eine Botschaft, die das Volk Gottes *innerhalb* von zwölf Monaten auf die Wiederkunft Christi vorbereitet hätte: unterzeichnet, versiegelt und zur Übergabe bereit. (Siehe Anmerkung zu Stephen Haskell auf Seite 374.)

Brauchen wir heute eine solche Botschaft? Wir brauchen eine solche Botschaft heute ganz dringend. Seht euch an, was derzeit im Nahen Osten passiert, insbesondere in Bezug auf Syrien. Wusstet ihr, dass es einen sehr klaren Pfad zur Erfüllung von Daniel 11,45 gibt? Und es gibt nur eine Sache, die der Erfüllung im Wege steht.

Und das ist das Blut Christi, das uns immer noch anfleht, diese Lektionen schnell zu lernen, denn es wird nicht viel brauchen, um die letzten Ereignisse auszulösen.

Im Jahr 1888 gab es nur den *Vorschlag* für ein Sonntagsgesetz, das von der amerikanischen Regierung eingebracht wurde. Wer hätte gedacht, dass dies innerhalb von zwölf Monaten zu einer weltweiten *Verfolgung* von Sabbathaltern hätte führen können? Das wäre über Nacht geschehen! Wir müssen also sehr schnell lernen, was Gott uns beizubringen versucht. Wir müssen aufhören, in den Erfahrungen des Lebens das Wesentliche zu übersehen.

Immer wieder lässt Gott es zu, dass wir auf die Nase fallen, um zu lernen, dass wir es nicht schaffen und wir Ihn brauchen, damit Er Seinen Bund erfüllt. Wir brauchen *Ihn*, um in uns das Wollen und Vollbringen zu bewirken. Deshalb möchte ich einige Absätze von Alonzo T. Jones verwenden, um es uns zu verdeutlichen, für den Fall, dass die Erfahrungen des Lebens es nicht deutlich genug auf den Punkt bringen. Ich muss jedoch gestehen, dass ich selbst, egal wie oft ich es lese und wie oft ich darüber nachdenke, immer noch sehr anfällig dafür bin, den Punkt nicht zu verstehen. Aber wir werden es lesen, und diese Worte sind tiefgründig. Sie sind unglaublich; sie geben uns die Antwort, die wir brauchen.

Dies stammt aus einem der Vorträge, die Jones auf der Generalkonferenz 1893 hielt, und ist in den *Bulletins* desselben Jahres zu finden. Er sprach zu den Ministern und Leitern der Kirche. Es ist wirklich traurig zu beobachten, dass, obwohl er mit solcher Klarheit sprach und die Zuhörer so aktiv an der Beantwortung der von ihm gestellten Fragen beteiligt waren, sie es letztendlich doch nicht verstanden! Lasst es uns lesen und hoffen, dass wir nicht verpassen, was Gott uns zu sagen versucht:

> Nun wollen wir die ganze Geschichte kennenlernen. „Das Gesetz ist hineingegangen, damit die Übertretung reichlich sei", damit wir die reichlichere Gnade an all diesen Stellen finden, und die Gnade ist reichlich „durch die Gerechtigkeit zum ewigen Leben durch Jesus Christus, unseren Herrn". Wozu ist dann das Gesetz hereingekommen? [Stimme: „Um uns zum Herrn zu bringen."] Wozu wurde das Gesetz eingeführt? [Stimme: „Um uns zu Christus zu führen."] Ja. Versteht ihr das nicht? Wenn also irgendjemand in dieser Welt die zehn Gebote benutzt – wenn

irgendein Sünder in dieser Welt die zehn Gebote zu einem anderen Zweck benutzt, als Jesus Christus zu finden, zu welchem Zweck benutzt er sie dann? [Versammlung: „Einem verkehrten Zweck."] Er verdreht die Absicht Gottes, die er mit der Erlassung des Gesetzes verfolgte, oder? [Gemeinde: „Ja, Herr."] Das Gesetz Gottes bei den Menschen zu einem anderen Zweck zu gebrauchen, als dass sie zu Christus Jesus gelangen, bedeutet, das Gesetz auf eine Weise zu gebrauchen, die Gott nie beabsichtigt hat.

Wir benutzen das Gesetz, um unsere Brüder zu richten, oder? Wir sind schnell dabei, ihr Leben mit dem Gesetz zu vergleichen und zu sagen: „Sie sind schuldig an diesem!" und „Sie sind schuldig an jenem!" Nein. Gott hat das Gesetz nie zu einem anderen Zweck eingesetzt, als dass sie zu Jesus Christus gelangen. Das ist eine Fähigkeit, für die ich wirklich bete, dass der Herr Jesus sie uns lehrt: das Gesetz zu benutzen, um unseren Brüdern zu helfen, zu Christus zu kommen – nicht um sie zu erdrücken, zu töten und zu zerstören; sondern um ihnen zu helfen, eine Beziehung zu Ihm zu finden.

Nun, das Gesetz bringt uns dann zu Christus. Das steht fest. Aber wozu? [Gemeinde: „Damit wir gerecht werden."] Was will das Gesetz von dir und mir? Stellt es irgendwelche Forderungen an uns, bevor wir zu Jesus Christus gelangen? Wenn das Gesetz uns findet, will es dann etwas von uns? [Gemeinde: „Es will Gerechtigkeit."] Welche Art von Gerechtigkeit? [Gemeinde: „Vollkommene Gerechtigkeit."] Wessen? [Gemeinde: „Die von Gott."] Gottes Gerechtigkeit? [Gemeinde: „Ja."] Allein die Gerechtigkeit, die Gott in Seinem eigenen Leben, in Seiner eigenen Art, die Dinge zu tun, offenbart? [Gemeinde: „Ja."] Wird sich dieses Gesetz mit weniger als dem zufrieden geben, was ihr und ich tun? Wird es weniger als das akzeptieren, auch nur eine Haaresbreite weniger? [Gemeinde: „Nein."] Wenn wir auch nur eine Haaresbreite davon entfernt wären – das wäre viel zu wenig; wir verfehlen es.

Gehen wir zu Timotheus, und Paulus sagt uns, was das Gesetz von dir und mir will und was es auch in uns will. 1 Tim. 1,5: „Das Ziel (der Gegenstand, das Ziel, die Absicht, der Zweck) des

Gebots aber ist die Nächstenliebe." Was ist Nächstenliebe? [Gemeinde: „Liebe."] Welche Art von Liebe? [Gemeinde: „Die Liebe Gottes."] „Aus einem reinen Herzen." Was für ein Herz? [Gemeinde: „Ein reines Herz."] „Und mit einem guten Gewissen." Was für ein Gewissen? [Gemeinde: „Gut."] „Und von ungeheucheltem Glauben." Das ist es, was das Gesetz in dir und mir finden will, oder? Wird es dich und mich mit etwas weniger als dem akzeptieren, was es verlangt – vollkommene Liebe, die sich „aus reinem Herzen, gutem Gewissen und ungeheucheltem Glauben" zeigt? Nein, niemals. Nun, das ist einfach die Vollkommenheit, die es verlangt.

Nun, haben wir – hat irgendjemand auf der Welt – diese Art von Liebe, die wir dem Gesetz Gottes entgegenbringen können? [Gemeinde: „Nein."] Hat irgendjemand von Natur aus ein solches Gewissen? [Gemeinde: „Nein."] Nein, Herr. Nun, dann stellt das Gesetz heute Abend diese Forderung an jeden Menschen auf der Erde, ganz gleich, wer er ist. Es verlangt es von Ihnen und mir; Diese Forderung stellt er an die Menschen in Afrika und an alle Menschen auf der Erde, und er wird von keinem von ihnen weniger als das akzeptieren. Aber wir sprechen heute Abend über uns selbst. Das Gesetz kommt also heute Abend zu dir und mir und sagt: „Ich will Nächstenliebe, ich will vollkommene Liebe – die Liebe Gottes. Ich will sie jederzeit in deinem Leben sehen. Und ich will sehen, wie sie sich aus einem reinen Herzen und durch ein gutes Gewissen und ungeheuchelten Glauben manifestiert." Genau hier befinden wir uns.

„Nun", sagt einer, „ich habe es nicht bekommen. Ich habe mein Bestes getan."

Hattest du schon einmal das Gefühl, dass du es nicht erlangt hast, aber du tröstest dich mit dem Gedanken, dass du dein Bestes gegeben hast?

Aber das Gesetz wird sagen: „Das ist nicht das, was ich möchte. Ich will nicht dein Bestes. Ich will Vollkommenheit. *Ich will sowieso nicht dein Handeln, ich will das von Gott.* Ich will nicht deine Gerechtigkeit, ich will von dir die Gerechtigkeit Gottes. Es ist nicht dein Handeln, das ich will. *Ich will Gottes Tun in deinem Leben.*" Das ist es, was das Gesetz zu jedem Menschen sagt. [Hervorhebung hinzugefügt].

Habt ihr das gehört? Ich möchte, dass jeder Mann und jede Frau das hört. Anstatt uns so sehr zu bemühen, dem Gesetz unsere eigene Gerechtigkeit, unser eigenes richtiges Handeln zu liefern, lasst uns lernen, wie wir das richtige Handeln Gottes in unserem Leben haben können, denn das ist es, was das Gesetz *wirklich* will.

Wenn ich also schon bei der ersten Frage zum Schweigen gebracht werde, und selbst dann, wenn ich gesagt habe, ich habe mein Bestes getan, dann habe ich nichts mehr zu sagen. Ist es nicht das, was die Heilige Schrift sagt: „Damit jeder Mund gestopft wird." Genau das tut sie doch, oder nicht?

Aber da kommt eine stille kleine Stimme, die sagt: „Hier ist ein vollkommenes Leben, hier ist das Leben Gottes. Hier ist ein reines Herz, hier ist ein gutes Gewissen, hier ist ungeheuchelter Glaube." Woher kommt diese Stimme? [Versammlung: „Christus."] Ach, der Herr Jesus Christus, der kam und stand, wo ich stehe, in dem Fleisch, in dem ich lebe. Er lebte dort. Die vollkommene Liebe Gottes hat sich dort manifestiert. Die vollkommene Reinheit des Herzens manifestierte sich dort. Dort manifestierte sich ein gutes Gewissen, und der ungeheuchelte Glaube des Geistes, der in Jesus Christus war, ist dort.

Nun, dann kommt er einfach und sagt mir: „Hier, nimm das." Das wird doch genügen, oder? [Versammlung: „Ja."] Das Leben, das sich in Jesus Christus offenbart, das wird dem Gesetz genügen. Die Reinheit des Herzens, die Jesus Christus schenkt – das wird dem Gesetz genügen. Das gute Gewissen, das Er hervorbringen kann, das wird genügen. Der ungeheuchelte Glaube, den Er schenkt – das wird genügen. Wird es genügen? [Versammlung: „Ja."]

Nun, ist es nicht das, was das Gesetz die ganze Zeit will? Es ist Jesus Christus, den das Gesetz will, oder? [Versammlung: „Ja."] Das ist es, was das Gesetz will: das ist dasselbe, was es im fünften Kapitel des Römerbriefs fordert, nicht wahr? Aber warum fordert es das in Bezug auf mich? Es verlangt nach Christus in

> mir, weil das Gesetz diese Sache in mir sehen will. Ist dann nicht der Gegenstand des Gesetzes Gottes, das Evangelium von Christus allein? „Christus in euch ist die Hoffnung der Herrlichkeit?" Ja, das ist so.
>
> Oh, dann bringt uns die Botschaft von der Gerechtigkeit Gottes, die durch den Glauben an Jesus Christus kommt, uns die Erfüllung des Gesetzes Gottes und zu der vollkommenen Erfüllung des Gesetzes Gottes ...

Ist es das, was du dir wünschst? Die „vollkommene Erfüllung des Gesetzes Gottes" in deinem Leben? Das ist es, was wir brauchen. Die Botschaft von der Gerechtigkeit Gottes, die aus dem Glauben an Jesus Christus kommt, bringt sie zu uns.

> Wenn wir also Jesus haben, wenn wir ihn im Glauben angenommen haben und das Gesetz vor uns steht oder wir vor ihm stehen und es seine wundersame Forderung nach Nächstenliebe stellt, dann können wir sagen: *„Hier ist es. Es ist in Christus und Er ist mein!"*
>
> Dann können wir, genau wie *„Steps to Christ"* uns erklärt, sofort zu Jesus kommen und gereinigt werden und ohne einen Hauch von Scham oder Reue vor dem Gesetz stehen. (*Steps to Christ*, p.51) Gut. Brüder, wenn ich das habe, was mich in vollkommene Übereinstimmung mit dem Gesetz Gottes bringt, dann bin ich glücklich, und ich kann nicht anders, als mich zu freuen, dass ich glücklich bin. [Hervorhebung hinzugefügt]¹⁹

Ist euch klar, was wir da gerade gelesen haben? Erkennt ihr die Einfachheit dessen, was wir gerade gelesen haben? Wenn wir das glauben werden, haben wir die Antwort auf all unsere Probleme. Wir haben die Antwort auf all unsere gesetzlichen Bestrebungen, denn wir haben nicht in uns, was das Gesetz will. Wir können es nicht tun! Aber Jesus kann es und Jesus hat es getan. Und *das* ist es, was das Gesetz möchte. Es möchte Gottes rechtes Handeln in meinem Leben – nicht *mein* rechtes Handeln. Wenn ihr mich fragt, ist das eine große Erleichterung für mich, denn ich bemühe mich so sehr, das Gesetz Gottes einzuhalten, aber ich falle immer wieder auf die Nase. Ich kann das Gesetz nie zufrieden stellen. Aber da ist es, da ist ein Leben, und es ist schon da. Es ist Jesus Christus. Er wurde zu uns. Christus in uns. Wenn wir es glauben, wenn wir es annehmen, ist der Stress weg. Die Verurteilung ist weg, der Schmerz, der Kummer, die Sorgen, das Leid, alles ist weg. Und innerhalb von zwei Jahren könnten wir im Reich der Mitte sein. Das wollen wir doch auch, oder? Oder vielleicht wird Gottes Volk im Reich Gottes sein, aber *wir* selbst haben es wieder verpasst. Wie viele Chancen wird Gott uns noch geben?

Alonzo T. Jones beschreibt eine wunderschöne Geschichte über zwei Parteien, die an den Toren des Himmels ankommen. Ich muss das vorlesen, weil es so schön ist.

> Und an jenem Tag wird es dort zwei Parteien geben. Einige werden dort sein, wenn die Tür geschlossen ist, und sie werden hineingehen wollen und sagen: „Herr, mach uns auf. Wir wollen eintreten." Und dann kommt jemand und fragt: „Was habt ihr getan, dass ihr eintreten dürft? Welches Recht habt ihr, das Erbe hier zu betreten? Welchen Anspruch habt ihr darauf?" „Oh, wir sind mit dir vertraut. Wir haben in deiner Gegenwart gegessen und getrunken, und du hast in unseren Straßen gelehrt. Ja, außerdem haben wir in deinem Namen geweissagt. In deinem Namen haben wir Teufel ausgetrieben, und in deinem Namen haben wir viele wunderbare Werke getan. Ja, wir haben viele wunderbare Dinge getan. Herr, ist das nicht Beweis genug? Öffne die Tür."
>
> Wie lautet die Antwort? „Weichet von mir, die ihr Unrecht tut." Was haben sie gesagt? „Wir haben viele wunderbare Werke getan. Wir haben sie getan. Wir sind alle gut. Wir sind gerecht. Wir sind rechtschaffen. Genau richtig. Deshalb haben wir ein Recht, dort zu sein. Öffnet die Tür." Aber „wir" zählt dort nicht, oder?
>
> Es wird an jenem Tag eine andere Schar dort sein – eine große Schar, die niemand zählen kann – aus allen Nationen und Stämmen und Sprachen und Völkern, und sie werden heraufkommen, um hineinzugelangen Und wenn jemand ihnen die Frage stellt: „Was habt ihr getan, dass ihr hier eintreten dürft? Welchen Anspruch habt ihr hier?" Die Antwort würde lauten:
>
> „Oh, ich habe überhaupt nichts getan, um es zu verdienen. Ich bin ein Sünder, der nur von der Gnade des Herrn abhängig ist.

Oh, ich war so elend, so völlig gefangen und in einer solchen Knechtschaft, dass mich niemand erlösen konnte als der Herr Selbst; so elend, dass alles, was ich jemals tun konnte, darin bestand, dass der Herr mich ständig tröstete, so arm, dass ich ständig beim Herrn betteln musste; so blind, dass niemand außer dem Herrn mich sehend machen konnte; so nackt, dass niemand mich kleiden konnte außer dem Herrn Selbst. Der einzige Anspruch, den ich habe, ist das, was Jesus für mich getan hat. Aber der Herr hat mich geliebt. Als ich in meinem Elend weinte, erlöste Er mich. Als ich in meinem Elend Trost suchte, tröstete Er mich auf dem ganzen Weg. Als ich in meiner Armut bettelte, gab Er mir Reichtum. Als ich in meiner Blindheit Ihn bat, mir den Weg zu zeigen, damit ich ihn erkenne, führte Er mich den ganzen Weg entlang und machte mich sehend. Als ich so nackt war, dass mich niemand bekleiden konnte, hat Er mir dieses Kleid gegeben, das ich anhabe, und alles, was ich vorweisen kann, alles, was ich vorweisen muss, als das, was ich betreten kann, jeder Anspruch, der mich dazu bringen würde, einzutreten, ist nur das, was Er für mich getan hat. Wenn ich das nicht habe, dann bin ich ausgeschlossen, und das wäre dann auch gerecht. Wenn ich ausgeschlossen bin, kann ich mich nicht beschweren. Aber, oh, wird mich das nicht berechtigen, einzutreten und das Erbe zu erhalten?"

Aber er sagt: „Nun, es gibt hier einige sehr spezielle Personen. Sie wollen mit jedem, der hier vorbeikommt, vollkommen einverstanden sein. Wir haben hier zehn Prüfer. Wenn sie den Fall eines Mannes untersuchen und sagen, dass er in Ordnung ist, dann kann er passieren. Bist du damit einverstanden, dass diese Prüfer auch deinen Fall untersuchen?" Und wir werden antworten: „Ja, ja, denn ich will eintreten, und ich bin bereit, mich jeder Prüfung zu unterziehen, denn selbst wenn ich ausgeschlossen werde, habe ich keine Beschwerde vorzubringen. Ich bin sowieso verloren, wenn ich mir selbst überlassen bin."

„Gut", sagt er, „dann werden wir sie anrufen." Und so werden diese zehn herbeigeholt und sie sagen: „Ja, wir sind vollkommen zufrieden mit ihm. Ja, die Befreiung, die er aus seinem Elend erlangt hat, ist das Werk unseres Herrn; der Trost, den er auf dem

> ganzen Weg hatte und den er so sehr brauchte, ist das, was unser Herr ihm gegeben hat. Der Reichtum, den er hat, was immer er hat, arm wie er war, der Herr hat ihn gegeben, und der Blinde, was immer er sieht, es ist der Herr, der es ihm gegeben hat. Und er sieht nur, was dem Herrn gehört. Und nackt, wie er war, das Gewand, das er anhat, hat der Herr ihm gegeben. Der Herr hat es gewebt, und es ist alles göttlich. Es ist nur Christus. Nun, ja, er kann eintreten."
>
> Und dann, Brüder, wird eine Stimme mit süßer Musik über die Tore kommen, voll der Sanftmut und des Mitleids meines Erlösers – die Stimme wird von innen kommen: „Komm herein, du Gesegneter des Herrn." [Gemeinde: „Amen."] „Warum stehst du draußen?" Und die Pforte wird weit aufgeschwungen werden, und wir werden „reichlich Eingang haben in das ewige Reich unseres Herrn und Heilandes Jesus Christus."[20]

Willst du den perfekten Zugang? Dann hör auf, auf dich selbst zu schauen. Hör auf, auf deine Geschwister zu schauen. Fange an, auf Christus zu schauen, wie er in der kostbaren Botschaft seiner Gerechtigkeit offenbart wird, und dann wirs du die Gewissheit eines reichlichen Zugangs finden.

Möge Gott uns dabei helfen, das ist mein Gebet. AMEN.

Kapitel 15

EIN RÜCKBLICK AUF DAS JAHR 1888

Teil 3

Gerechtigkeit aus Glauben

14. September 2013

DIE ZEIT wird sehr knapp, und die Winde werden lediglich durch die Gnade des Herrn zurückgehalten. In den letzten beiden Studien haben wir uns mit dem Jahr 1888 befasst und mehrere Aussagen gelesen, die darauf hindeuten, dass die Botschaft von 1888, wenn sie so aufgenommen worden wäre, wie Gott es beabsichtigt hatte, ein sehr schnelles Werk vollbracht hätte. Ich habe mich auf diese Aussage von Stephen Haskell bezogen, der Ellen White mit den Worten zitiert:

> Ich sah, dass Jones und Waggoner ihre Gegenstücke in Josua und Kaleb hatten, als die Kinder Israels die Spione mit buchstäblichen Steinen des Sarkasmus und Spottes steinigten ... Ich habe gesehen, dass du absichtlich ablehnst, was du als Wahrheit erkennst, nur weil es für deine Würde zu erniedrigend ist. Ich habe einige von euch in euren Zelten gesehen, die sich über diese beiden Brüder auf alle mögliche Weise lustig gemacht haben. Ich sah auch, dass wir, wenn ihr ihre Botschaft angenommen hättet, in zwei Jahren im Königreich gewesen wären, aber jetzt müssen wir zurück in die Wüste gehen und dort vierzig Jahre bleiben. *

Zwei Jahre nach dem Datum, an dem die Botschaft zum ersten Mal in 1888 gegeben wurde, hätten sie im Reich Gottes sein können.

---

* Siehe Anmerkung zu Stephen Haskell auf Seite 375

So wie die Pioniere den Zeitraum für das Ende der Bewährungszeit und die Ausgießung der Plagen verstanden, bedeutet das, dass die Botschaft von 1888 ein Volk vervollkommnet hätte, um ohne einen Fürsprecher innerhalb von nur einem Jahr am Tag Gottes zu bestehen. Es hätte eine sehr mächtige Botschaft sein müssen.

Wie wir in unserer letzten Betrachtung gesehen haben, lautete das Zeugnis des Geistes, dass die Gemeinde das Gesetz gepredigt hatte, bis sie so trocken war wie die Hügel von Gilboa. Im Jahr 1893 machte Alonzo T. Jones diese besondere Aussage über das Gesetz und die Einführung des Gesetzes und den Zweck des Gesetzes; etwas, das die adventistische Kirche im Jahr 1888 noch nicht ganz verstanden hatte, und auch die Israeliten am Berg Sinai nicht. In *the 1893 General Conference Bulletins* sagt er Folgendes:

> Nun wollen wir die ganze Geschichte erkennen. „Das Gesetz ist hereingekommen, damit die Übertretung überströmt", damit wir die überströmende Gnade genau dort an all diesen Stellen finden, und die Gnade überströmt „durch die Gerechtigkeit zum ewigen Leben durch Jesus Christus, unseren Herrn". Wozu ist das Gesetz dann eingetreten? [Stimme: „Um uns zum Herrn zu bringen."] Wozu ist das Gesetz eingetreten? [„Um uns zu Christus zu führen."] Ja. Versteht ihr das nicht? Wenn also irgendjemand in dieser Welt die zehn Gebote benutzt – wenn irgendein Sünder in dieser Welt die zehn Gebote zu einem anderen Zweck benutzt, als Jesus Christus zu erreichen, zu welchem Zweck setzt er sie dann ein? [Versammlung: „Einem falschen Zweck."] Er entstellt die Absicht Gottes, als er das Gesetz gab, oder? [Versammlung: „Eine falsche Absicht."] Er verdreht die Absicht Gottes, der das Gesetz gegeben hat, nicht wahr? [Versammlung: „Ja, Herr."] Das Gesetz Gottes bei den Menschen zu einem anderen Zweck zu gebrauchen, als dass sie zu Christus Jesus gelangen, bedeutet also, das Gesetz auf eine Weise zu gebrauchen, die Gott nie beabsichtigt hat.[2]

Eine sehr gewagte Aussage, oder? – dass das Gesetz nur zu einem einzigen Zweck benutzt werden soll, nämlich um zu Jesus Christus zu gelangen. Nicht, um unsere Brüder und Schwestern zu beurteilen, nicht als etwas, bei dem wir selbst hingehen und es einhalten müssen. Nein. Wir sollen es benutzen, um zu Jesus zu gelangen.

Zwei Jahre später gab Alonzo T. Jones auf der Generalkonferenz von 1895 eine noch kühnere Erklärung ab:

> Und der Mensch, der versucht, das Leben zu suchen, indem er die Zehn Gebote hält und andere lehrt, durch die Einhaltung der Zehn Gebote das Leben zu erwarten, das ist schon der Dienst des Todes.[3]

„Der Dienst des Todes." Wenn wir anderen sagen, dass sie Leben erwarten können – dass sie gerettet werden – wenn sie die Zehn Gebote halten, sind wir Diener des Todes. Das sind sehr mutige Worte.

In *Faith and Works*, p.18, äußert Ellen White mit Nachdruck einen sehr ähnlichen Gedanken:

> Es gibt keinen Punkt, auf den man ernster hinweisen, den man häufiger wiederholen oder den man fester in den Köpfen aller verankern müsste, als die Unmöglichkeit, dass der gefallene Mensch sich durch seine besten Werke etwas verdient. Die Erlösung erfolgt allein durch den Glauben an Jesus Christus.[4]

Die Erlösung erfolgt allein durch den Glauben an Jesus Christus. Es spielt keine Rolle, wie sehr du dich bemühst, die Zehn Gebote zu halten, oder wie gut *du* die Zehn Gebote wirklich beachtest, es wird dir nichts nützen.

In Römerbrief schrieb der Apostel Paulus an die Gemeinde in Rom und in Kapitel 10 sprach er davon, dass die Juden die Gerechtigkeit Gottes nicht kannten und sich anschickten, ihre eigene Gerechtigkeit zu etablieren. In unserer letzten Studie haben wir gesehen, dass die Hebräer am Berg Sinai genau das zu tun versuchten. Gott versprach ihnen, dass er sie zu einem heiligen Volk machen würde, aber sie sagten: „Wir werden es tun. Wir werden uns selbst heilig machen." Und als Gott die Zehn Gebote sprach, sagten sie: „Alles, was du gesagt hast, wollen *wir* tun." Sie wussten nichts von der Gerechtigkeit Gottes.

Wir haben gesehen, dass das Gesetz die Abschrift von Gottes Charakter ist. Es ist der Ausdruck Seiner Gerechtigkeit, Seines richtigen Handelns. Das gleiche Gesetz, von dem sie dachten, dass sie es halten könnten, wurde eigentlich zu dem Zweck gegeben, um ihnen zu helfen, zu erkennen, dass sie es *nicht* halten konnten.

Das Gesetz wollte nicht ihre Gerechtigkeit; es wollte *Gottes* Gerechtigkeit, *Gottes* richtiges Handeln, *Gottes* Vollkommenheit durch sie in ihrem eigenen Leben manifestiert. In *the 1893 General Conference Bulletins* gab Alonzo T. Jones eine befreiende eschreibung, wie das Gesetz, wenn es zu uns kommt, sagt: „Ich will Gerechtigkeit, ich will ein perfektes Leben", aber es will nicht *unsere* Gerechtigkeit.

Die Heilige Schrift erklärt, dass unsere Gerechtigkeit wie ein schmutziges Tuch ist. Das Gesetz will die Gerechtigkeit Gottes; und war das nicht der Grund, warum Jesus kam? Die Heilige Schrift sagt, dass Er sich Selbst entäußerte und sagte: „Ich kann von mir aus nichts tun" (Philipper 2,7; Johannes 5,30). Wer, sagte Er, war Derjenige, der die Werke in Seinem Leben tat? „Mein Vater, Er tut die Werke" (Johannes 14,10). Christus kam und trat an unsere Stelle, und der Vater wirkte Seine Gerechtigkeit in Ihm; das war die Gabe Jesu Christi, die Gabe der Gerechtigkeit, des rechten Handelns Gottes für uns (Römer 5,17).

Wiederum aus *the 1893 General Conference Bulletins*:

> Wenn wir also Jesus haben, wenn wir Ihn durch den Glauben empfangen haben und das Gesetz vor uns steht oder wir vor ihm stehen und es seine wundersame Forderung nach Nächstenliebe stellt, können wir sagen: „Hier ist es. Es ist in Christus und Er ist mein!"[5]

Ist euch aufgefallen, dass die Heilige Schrift sagt, dass die Gerechtigkeit ein „Geschenk" ist? Gott gibt sie uns! Er hat Seinen Sohn gesandt und wir können Seinen Sohn nehmen und Ihn uns zu eigen machen; und wenn dann das Gesetz Gottes kommt und sagt: „Ich will ein vollkommenes Leben", dann können wir Seinen Sohn annehmen, an Seine Verdienste glauben, sie uns zu eigen machen, und das Gesetz ist vollkommen erfüllt.

Die Botschaft, die in Minneapolis verkündet wurde, lautete wie folgt:

> Wenn Er Selbst uns das Gewand, die Kleidung, den Charakter gibt, die uns für das Gericht und für die Zeit der Trübsal geeignet sind, dann konnte ich verstehen, wie Er so schnell kommen konnte, wie Er es wollte.[6]

Sobald er es wollte, denn es war ein Geschenk! Gott hatte alles für sie getan, und Er wollte lediglich, dass sie sich dieses Geschenk zu eigen machten. Es war in der Tat eine Botschaft, die das Volk Gottes in sehr kurzer Zeit vorbereiten konnte. Aber wie wir gesehen haben, befanden sie sich in einem Zustand der Verwirrung; sie waren alle mit dem Gesetz verstrickt! dem Gesetz! Obwohl Ellen White fünfundvierzig Jahre lang dieselbe Wahrheit gepredigt hatte, hatten sie den Punkt nicht verstanden. Also musste Gott Jones und Waggoner senden, um es ihnen klar vor Augen zu führen. Und es ist interessant zu sehen, mit welcher Einfachheit Alonzo Jones das Thema von der Gerechtigkeit durch den Glauben darstellte.

Ich möchte euch noch einmal aus *the 1893 General Conference Bulletins* vorlesen. Ich weiß nicht, ob diese Botschaft von der Gerechtigkeit durch den Glauben noch einfacher und deutlicher formuliert werden könnte. Ihr werdet das sehr bemerkenswert finden:

> Denn was sagt die Heilige Schrift? Abraham glaubte Gott, und es wurde ihm zur Gerechtigkeit gerechnet. Was steht da? Abraham glaubte Gott, und es, es, e-s, was? [Versammlung: „Glaube."] Es, was? [Versammlung: „Er glaubte Gott."] Sein Glaube an Gott – worauf lief das hinaus? [Gemeinde: „Gerechtigkeit."] Wer rechnete es ihm als Gerechtigkeit an? [Gemeinde: „Gott."] Nun, hat Gott einen Fehler gemacht? [Versammlung: „Nein."] Ob wir es verstehen oder nicht, der Herr hat es getan, und er hat es richtig gemacht. Er war vollkommen gerecht. Er hat es so gesagt. Wir waren nicht daran beteiligt; wir hatten nicht den Plan zu machen. Selbst wenn wir es versucht hätten, hätten wir es nicht geschafft. Lassen wir Ihn Seinen eigenen Weg gehen, ich sage es noch einmal, Brüder, und wenn wir Ihn Seinen eigenen Weg gehen lassen und wir auf Seinem eigenen Weg sind, wird alles gut werden, und wir brauchen dabei kein bisschen Angst zu haben.
>
> Was wurde Abraham als Gerechtigkeit angerechnet? Er glaubte Gott, und Gott sagte: „Du bist gerecht, Abraham." Nun wird das in diesem kurzen Abschnitt dreimal gesagt. Was war es, was ihm als Gerechtigkeit angerechnet wurde? Sein Glaube an Gott. Es, e-s, es.[7]

> „Was sollen wir also sagen, dass Abraham, unser Vater, was das Fleisch anbetrifft, gefunden hat? Denn wenn Abraham durch Werke gerechtfertigt würde, so könnte er sich dessen rühmen, aber nicht vor Gott."[8]
>
> „Denn was sagt die Schrift? Abraham glaubte Gott, und es wurde ihm zur Gerechtigkeit gerechnet. Was war es, was Abraham als Gerechtigkeit angerechnet wurde? [Versammlung: „Er glaubte Gott."] Wenn Gott etwas sagte, glaubte Abraham es. Er sagte: „So ist es." Was war es, das der Herr zu ihm sagte? Lasst uns weiterlesen, denn das ist wichtig für uns. Gen. 15,4-6."[9]

Lasst uns diese Bibelstelle lesen, denn was Alonzo Jones hier tut, ist einfach nur das Lesen des Wortes Gottes wie ein kleines Kind. Und wird uns nicht gesagt, dass wir wie kleine Kinder werden müssen, um in das Himmelreich zu gelangen? Genesis 15,4-6:

> Aber des HERRN Wort geschah zu ihm: Dieser soll nicht dein Erbe sein, sondern der von dir selbst kommen wird, der soll dein Erbe sein! Und er führte ihn hinaus und sprach: Siehe doch gen Himmel und zähle die Sterne, wenn du sie zählen kannst! Und er sprach zu ihm: Also soll dein Same werden! Und Abram glaubte dem HERRN, und das rechnete er ihm zur Gerechtigkeit.

Kehren wir zu Jones zurück:

> Glaubt ihr nun, dass Abraham auf diese Weise gerecht geworden ist? [Gemeinde: „Ja."] Ganz ehrlich, glaubt ihr das jetzt? [Gemeinde: „Ja, Sir."] Wisst ihr, dass er es tat? [Gemeinde: „Ja."] Der Herr rief Abraham zu sich und sagte: „Sieh dir die Sterne an und nenne ihre Zahl, so soll dein Same sein. Abraham sagte: „Amen." So lautet es im Hebräischen, Abraham sagte: „Amen." Und der Herr sagte: „Du hast recht."
>
> Wisst ihr nun, dass es eine so einfache Transaktion wie diese war? War es so, als ob der Herr dich und mich aus dieser Versammlungsstätte herausgerufen hätte und zu uns gesagt hätte: Seht ihr die Sterne? Nennt die Anzahl der Sterne, wenn ihr sie zählen könnt. Ja, so soll dies und jenes sein. Und wir sagen: „Amen." Und Er sollte sagen: „Ihr seid gerecht." Angenommen, der Herr ruft dich und mich heute Abend heraus. Nein, Er kann

es tun, ohne uns herauszurufen. Er rief Abraham vor die Tür, um ihm die Sterne zu zeigen, aber Er kann uns Sünden zeigen, ohne uns vor die Tür zu rufen. Hat Er euch schon eine Menge an Sünden gezeigt? Hat Er das? [Versammlung: „Ja."] Jetzt sagt Er: „Wenn ihr sie zählen könnt, werden sie weiß wie Schnee sein." Was sagt ihr dazu? [Versammlung: „Amen."] Und was sagt der Herr? [„Ihr seid gerecht." Seid ihr es? [Stimme: „Ja."] Werden die Menschen so einfach gerecht? Ist es so ein einfacher Vorgang? [Versammlung: „Ja."] Amen. Dem Herrn sei Dank! Schlagen wir nun noch einmal das 4. Kapitel des Römerbriefs auf und lesen wir den Vers, in dem dies gesagt wird. Röm. 4,23-24: „Es ist aber nicht um seinetwillen geschrieben, dass es ihm zugerechnet werde, sondern auch für uns, denen es zugerechnet werden soll, wenn wir an den glauben, der Jesus, unseren Herrn, von den Toten auferweckt hat."[10]

Könnt ihr die klare Sprache der Heiligen Schrift erkennen, die wir heute brauchen? Lesen wir weiter:

Was der Herr zu Abraham sagte, glaubte Abraham. Und was Er zu dir und mir sagt, das glaubst du und ich, und dann bekommen wir die gleichen Ergebnisse. Es ist nicht irgendeine bestimmte Sache, die der Herr sagt, die wir glauben müssen, um gerecht zu sein; was auch immer Er sagt, glaube es, und dann sagt Er: „Du hast recht."

Möchte ich nicht wissen, ob es nicht so ist, dass, wenn der Herr etwas sagt, Er Recht hat? [Versammlung: „Ja."] Wenn ich dann sage, dass es so ist, habe ich dann nicht recht? [Gemeinde: „Ja."] Was in aller Welt hindert mich daran, Recht zu haben? Könnt ihr das sagen? Ich sage es noch einmal: Wenn der Herr etwas sagt, hat Er dann Recht? [Versammlung: „Ja."] Er hat Recht, wenn er es sagt; wenn ich dann sage „so ist es"; wenn ich „Amen" sage; wenn ich sage „so sei es"; wenn ich sage „ja, so ist es", habe ich dann nicht Recht? Ja. Habe ich nicht genauso Recht wie Er? Gewiss. Kann dann selbst Er sagen, ich hätte Unrecht? [Versammlung: „Nein."] Er sagt etwas, und ich sage dasselbe; kann Er sagen, ich hätte Unrecht? [Versammlung: „Nein."] Nun, wenn wir uns in einer solchen Situation befinden, dass der Herr Selbst nicht sagen kann, dass du und ich im Unrecht sind, dann

> würde ich gerne wissen, was in aller Welt der Grund dafür ist, dass wir nicht richtig liegen sollten? Und wenn wir glauben, dass Gott uns genau in diese Situation bringt, wie er es mit Abraham tat. Ich würde gerne wissen, was uns dann vom Himmel abhalten kann? Was kann uns dann noch vom Reich Gottes fernhalten?[10]

Das ist eine gute Frage, oder?

> *Das Einzige, was euch und mich vom Reich Gottes fernhalten kann, ist, dem Herrn zu sagen, dass Er lügt*, und wenn ihr und ich damit aufhören, kommen wir ganz sicher in den Himmel. Das ist genau das, was die Menschen tun müssen, nämlich damit aufzuhören, dem Herrn zu sagen, dass Er lügt. „Wer Gott nicht glaubt, hat ihn zum Lügner gemacht." Aber wer Gott zum Lügner macht, ist selbst ein Lügner, und Lügner können nicht in das Reich Gottes kommen. „Ohne sind die Lügner" und all die anderen Menschen, die in Offb. 21,8.27 und 22,15 erwähnt werden. Dann sollten wir aufhören zu lügen. Lasst uns sofort damit aufhören. Schluss mit der Lüge. *Egal, was der Herr sagt, du entgegnest: „So ist es."* [Hervorhebung hinzugefügt][10]

Wow! Das ist eine deutliche Ausdrucksweise, die man in der heutigen Welt selten hört. Wenn Gott es sagt und du es glaubst, dann bist du laut Alonzo T. Jones gerecht, so einfach ist das. Wirklich? Was meint ihr, wie die Kirche von damals auf eine solche Botschaft reagiert hätte? Ich glaube, sie hätten das folgende Zitat aus dem Jahr 1886 hervorgeholt, in dem Ellen White in *Bible Commentary*, Vol.6, S. 1073, schreibt:

> Gott verlangt in dieser Zeit genau das, was Er von dem heiligen Paar in Eden verlangte: vollkommenen Gehorsam gegenüber Seinen Anforderungen. Sein Gesetz bleibt in allen Zeitaltern dasselbe. Der große Maßstab der Gerechtigkeit, der im Alten Testament vorgestellt wird, wird im Neuen Testament nicht herabgesetzt. Es ist nicht das Werk des Evangeliums, die Ansprüche von Gottes heiligem Gesetz abzuschwächen, sondern die Menschen dahin zu bringen, dass sie seine Gebote halten können.

> Der Glaube von Christus, der die Seele rettet, ist nicht das, was von vielen dargestellt wird. „Glaube, Glaube", schreien sie,

"glaube nur an Christus, und du wirst gerettet werden. Das ist alles, was du tun musst." Wenn echter Glaube ganz auf Christus vertraut, um gerettet zu werden, wird er zu vollkommener Übereinstimmung mit dem Gesetz Gottes führen. Der Glaube zeigt sich durch Werke. Und der Apostel Johannes erklärt: „Wer da sagt: Ich kenne ihn, und hält seine Gebote nicht, der ist ein Lügner."[11]

Meint ihr, sie hätten mit einer solchen Aussage antworten können? Da war Alonzo T. Jones, der sagte, Abraham habe einfach Gott geglaubt und sei gerettet worden; er sei gerecht gemacht worden. Klingt das nicht ähnlich wie das, was Ellen White hier von den Kanzeln vieler Kirchen heute rezitiert? „Glaube! Glaube einfach! Und das ist alles, was du tun musst." Hatte Jones Unrecht, oder hatte er Recht? Was hatte Ellen White zu Jones' sehr deutlicher Ausdrucksweise zu sagen? Am 9. April 1893 schrieb sie ihm einen Brief, und in diesem Brief gab sie ihm einige Ratschläge. Ich möchte euch diesen Brief vorlesen:

Bruder A. T. Jones, ich möchte deine Aufmerksamkeit auf eine andere Sache lenken. Ich habe an einer Versammlung teilgenommen, und eine große Gemeinde war anwesend. In meinem Traum hast du das Thema des Glaubens und der zugerechneten Gerechtigkeit Christi durch den Glauben vorgetragen. Du hast mehrmals wiederholt, dass Werke nichts bewirken und dass es keine Bedingungen gibt. Die Angelegenheit wurde in einem solchen Licht dargestellt, dass ich wusste, dass die Gemüter verwirrt sein würden und nicht den richtigen Eindruck in Bezug auf Glauben und Werke erhalten würden, und ich beschloss, dir zu schreiben. Du drückst diese Angelegenheit zu deutlich aus. Es gibt Bedingungen dafür, dass wir Rechtfertigung und Heiligung und die Gerechtigkeit Christi empfangen. Ich weiß, was du meinst, aber du hinterlässt in vielen Köpfen einen falschen Eindruck.

Während gute Werke nicht eine einzige Seele retten, ist es doch unmöglich, dass auch nur eine Seele ohne gute Werke gerettet wird. Gott rettet uns unter einem Gesetz, dass wir bitten müssen, wenn wir empfangen wollen, suchen müssen, wenn wir finden wollen, und anklopfen müssen, wenn uns die Tür geöffnet werden soll. Christus bietet sich Selbst an, bereit, alle, die zu ihm kommen, bis zum Äußersten zu retten. Er lädt alle ein, zu Ihm zu kommen. „Wer zu mir kommt, den werde ich keineswegs hinausstoßen." Du betrachtest diese Themen in Wirklichkeit genauso wie ich, und doch verwirrst du mit deinen Äußerungen die Gemüter. Und nachdem du deine Meinung in Bezug auf die Werke radikal zum Ausdruck gebracht hast, ist es, wenn dir Fragen zu diesem Thema gestellt werden, in deinem eigenen Denken nicht so klar, dass du die richtigen Prinzipien für andere nicht definieren kannst, und du selbst nicht in der Lage bist, deine Aussagen mit deinen eigenen Prinzipien und deinem Glauben in Einklang zu bringen.

Der junge Mann, der zu Jesus mit der Frage kam: „Guter Meister, was soll ich tun, damit ich das ewige Leben habe?", und Christus spricht zu ihm: „Warum nennst du mich gut? Es ist keiner gut außer einem, nämlich Gott; willst du aber ins Leben eingehen, so halte die Gebote," und er sprach zu ihm: „Welche?" Jesus zitierte mehrere, und der junge Mann sagte zu ihm: „Das alles habe ich von meiner Jugend an gehalten; was fehlt mir noch?" Jesus sprach zu ihm: „Willst du vollkommen sein, so geh hin und verkaufe, was du hast, und gib's den Armen, so wirst du einen Schatz im Himmel haben; und komm und folge mir nach." Hier werden Bedingungen gestellt, und die Bibel ist voll von Bedingungen.

„Als aber der Jüngling diese Worte hörte, ging er traurig weg; denn er hatte sehr viel Besitz." Wenn du dann sagst, dass es keine Bedingungen gibt, und einige Ausdrücke sehr weit gefasst sind, belastest du die Gemüter, und einige können keine Beständigkeit in deinen Äußerungen erkennen. Sie können nicht erkennen, wie sie diese Äußerungen mit den klaren Aussagen des Wortes Gottes in Einklang bringen können. Bitte beachte diese Aspekte. Diese starken Behauptungen in Bezug auf die Werke machen unsere Position nicht stärker. Die Äußerungen schwächen unsere Position, denn es gibt viele, die dich für einen Extremisten halten und die wertvollen Lektionen, die du für sie über genau die Themen bereithältst, die sie wissen müssen, nicht verstehen werden.

> Christus sagte: „Wer mir nachfolgen will, der verleugne sich selbst und nehme täglich sein Kreuz auf sich und folge mir nach." Ich spüre ein so intensives Interesse dafür, dass jede Seele die Beständigkeit der Wahrheit erkennt und versteht und von ihr begeistert wird. Der Beweis für unsere Liebe zu Christus ist nicht Schein, sondern Praxis. Mein Bruder, es ist schwer für den Verstand, diesen Punkt zu begreifen, und verwirre keinen Verstand mit Ansichten, die nicht mit dem Wort übereinstimmen. Bitte bedenke, dass viele der Jünger während der Unterweisung Christi bedauernswert unwissend waren; aber als der Heilige Geist, den Jesus verheißen hatte, über sie kam, machte er den schwankenden Petrus zum Vorkämpfer des Glaubens. Welch eine Veränderung in seinem Charakter. Lege aber nicht einen Kieselstein für eine Seele, die schwach im Glauben ist, um darüber zu stolpern, in überzogene Darstellungen oder Ausdrucksweisen. Sei immer beständig, ruhig, tief und gefestigt. Geh in nichts zum Äußersten, sondern stelle deine Füße auf festen Fels. O kostbarer, kostbarer Heiland. „Wer meine Gebote hat und sie hält, der ist es, der mich liebt; und wer an mich glaubt, der wird von meinem Vater geliebt werden, und ich werde ihn lieben und mich ihm offenbaren."[12]

Dieser Brief wurde an Alonzo T. Jones in Bezug auf die Art und Weise geschrieben, wie er die Botschaft übermittelte. Interessant, nicht wahr? Wir haben vorhin von Jones gelesen, wo er im Wesentlichen sagte: „Glaubt einfach. Wenn Gott es sagt, was auch immer Er sagt, dann sagt einfach: ‚Herr, Amen, es ist so', und ihr seid gerecht. Gott wird dich als tauglich für Sein Reich ansehen." Aber hier gibt Ellen White ihm eine Warnung: *Sei sehr, sehr vorsichtig mit dem, was du sagst.*

Es ist wichtig zu betonen, dass sie tatsächlich zu ihm gesagt hat: „Ich verstehe deine Absicht" und „du betrachtest diese Themen in Wirklichkeit genauso wie ich".

Hatte er also Unrecht? Nein. Er hat sich nicht geirrt. Seine Bedeutung war richtig. Was er vermitteln wollte, war dieselbe Realität, die Ellen White selbst glaubte und lehrte. Doch dann sagte sie:

> Bitte bedenke, dass viele der Jünger während der Unterweisung Christi bedauernswert unwissend waren.

Das war das Problem. Ellen White konnte verstehen, was er vermitteln wollte, aber die anderen wurden verwirrt. Sie hatten Schwierigkeiten, seine Botschaften mit der Art und Weise in Einklang zu bringen, wie sie zuvor das Wort Gottes gelesen hatten. Das Gesetz, das Gesetz, das Gesetz war das, worauf sie sich in ihrer ganzen christlichen Erfahrung konzentriert hatten. Dann kam Alonzo Jones, der sagte, wenn du versuchst, das Gesetz zu halten, und den Leuten erzählst, dass sie durch das Halten des Gesetzes gerettet werden, bist du ein Diener des Todes. Und es wurde ihnen sehr unbehaglich, in Wirklichkeit sehr unangenehm.

Worin bestand das Problem? Es ging darum, dass die Menschen „bedauernswert unwissend" waren. Sie sagte: „Ihr seht das Thema in Wirklichkeit genauso wie ich ...", aber bitte hütet euch davor, „einer im Glauben schwachen Seele auch nur einen Kieselstein hinzulegen, über den sie stolpern könnte."

Sie waren noch nicht bereit, die Einfachheit der Botschaft zu verstehen. Seine Meinung war richtig, aber er wurde missverstanden. Und das Problem ist in *Faith and Works*, S. 18 sehr klar definiert. Ellen White schrieb dies im Jahr 1890:

> Immer wieder wurde mir die Gefahr vor Augen geführt, dass wir als Volk falsche Vorstellungen von der Rechtfertigung durch den Glauben haben. *Seit Jahren wird mir gezeigt, dass Satan in besonderer Weise darauf hinarbeitet, den Verstand in diesem Punkt zu verwirren.* Man hat sich viel mit dem Gesetz Gottes befasst und es den Gemeinden präsentiert, fast ohne das Wissen über Jesus Christus und seine Beziehung zum Gesetz, wie es beim Opfer von Kain der Fall war. Mir wurde gezeigt, dass viele vom Glauben ferngehalten wurden, wegen der vermengten, verworrenen Vorstellungen von der Erlösung, weil die Prediger auf eine falsche Weise gearbeitet haben, um die Herzen zu erreichen. Der Punkt, der mir seit Jahren eindringlich vor Augen geführt wird, ist die zugerechnete Gerechtigkeit Christi. Ich habe mich gewundert, dass diese Angelegenheit nicht zum Thema von Gesprächen in unseren Kirchen im ganzen Land gemacht wurde, wo ich doch ständig darauf gedrängt wurde, und ich habe sie zum

Thema fast aller meiner Predigten und Diskussionen gemacht, die ich mit den Menschen hatte.

Bei der Prüfung meiner fünfzehn und zwanzig Jahre alten Schriften [finde ich, dass sie] die Angelegenheit in demselben Licht darstellen – dass diejenigen, die in das feierliche, heilige Werk des Dienstes eintreten, zunächst durch Lektionen über die Lehren Christi und der Apostel in lebendigen Prinzipien praktischer Frömmigkeit vorbereitet werden sollten. *Sie sollen darin unterrichtet werden, was einen ernsthaften, lebendigen Glauben ausmacht.* [Hervorhebung hinzugefügt][13]

Wo lag das Problem? Das Problem bestand darin, dass die Prediger auf falsche Weise gearbeitet hatten. Sie hatten die Menschen nicht darüber aufgeklärt, was einen ernsthaften, lebendigen Glauben ausmacht. Und so kam es, dass als Jones erschien und sagte: „Glaubt! Glaubt, wie Abraham geglaubt hat", und so haben sie ihn missverstanden. Ellen White wusste, was er meinte, und sah die Dinge selbst genau so, aber die Menschen waren verwirrt, weil sie nicht verstanden, was er meinte, als er über den Glauben sprach. Was meinte er, als er „glaubt" sagte?

Im Jahr 1899 machte Jones sehr deutlich, was er meinte, als er von Abrahams Glauben sprach:

> Der Glaube ist die Erwartung, dass das Wort Gottes das tut, wovon es spricht, und die Erwartung, dass das Wort allein das vollbringt, wovon es spricht.
>
> Abraham ist der Vater aller, die aus dem Glauben sind. Der Bericht über Abraham lehrt uns also den Glauben – was er ist und was er für denjenigen bewirkt, der ihn hat.
>
> Was sollen wir also sagen, was Abraham, unser Vater, in Bezug auf den Glauben gefunden hat? Was sagt die Heilige Schrift?
>
> Als Abraham mehr als achtzig Jahre alt war und Sarai, seine Frau, alt war und er kein Kind hatte, „führte Gott ihn hinaus und sprach: Sieh gen Himmel und zähle die Sterne, wenn du sie zählen kannst, und er sprach zu ihm: So soll dein Same sein".
>
> Und Abraham „glaubte an den Herrn, und er rechnete es ihm als Gerechtigkeit an". Gen. 15,5-6. Abraham nahm das Wort Gottes

an und erwartete von dem Wort, was das Wort sagte. Und darin lag er richtig.[14]

Der Apostel macht es uns in Römer 4,18-22 sehr deutlich:

> Er hat gegen alle Hoffnung auf Hoffnung hin geglaubt, daß er ein Vater vieler Völker werde, wie zu ihm gesagt worden war: «Also soll dein Same sein!» Und er wurde nicht schwach im Glauben, so daß er seinen schon erstorbenen Leib in Betracht gezogen hätte, weil er schon hundertjährig war; auch nicht den erstorbenen Mutterleib der Sara. Er zweifelte nicht an der Verheißung Gottes durch Unglauben, sondern wurde stark durch den Glauben, indem er Gott die Ehre gab und völlig überzeugt war, daß Gott das, was er verheißen habe, auch zu tun vermöge. Darum wurde es ihm auch als Gerechtigkeit angerechnet.

Jones sagte: „Abraham nahm das Wort Gottes an und erwartete durch das Wort, was das Wort sagte. Und darin lag er richtig." Als Gott zu ihm kam und sagte: „So soll dein Same sein", bestand Abrahams Glaube darin, dass Gott Sein Wort erfüllen würde. In Jesaja sagt Gott: „Mein Wort soll nicht leer zu mir zurückkehren, sondern es soll vollbringen, wozu ich es gesandt habe" (Jesaja 55,11). Abrahams Glaube beruhte auf der Gewissheit, dass „es" – „*das Wort*" – genau das bewirken würde, was es bewirken sollte.

Damit kommen wir wieder auf die Botschaft der Gerechtigkeit durch den Glauben zurück. Wir treffen auf das Gesetz. Wir erkennen, dass die Gerechtigkeit Gottes, die im Gesetz enthalten ist, etwas ist, das wir nicht zu geben haben. Sie liegt nicht in uns selbst; und doch sehen wir unsere armseligen Leben und wir stellen fest, dass alles, was wir tun, voll von Ungerechtigkeit ist. Wir rufen aus: „Oh, wer wird mich erlösen von der Verdammnis dieses Gesetzes?! Ich habe nicht, was es möchte. Ich habe nur diese schmutzigen Kleidungsstücke. Sie sind mein eigenes Richtiges-Handeln!" Dann kommt Jesus zu uns und sagt: „Hier. Hier ist Mein Leben, ein vollkommenes Leben, ein Leben, das voll ist vom Wirken Gottes. Nimm es und glaube, dass es deins ist." Wenn wir das tun wollen, dann sagt uns *Steps to Christ*, S. 62:

> Der Charakter Christi tritt an die Stelle deines Charakters, und du wirst vor Gott so angenommen, als hättest du nicht gesündigt.[15]

Ist es nicht so, wie wir Vergebung finden? Gott kommt zu uns und sagt: „Ich vergebe dir. Hier ist Mein Sohn, ein Sühnopfer zur Vergebung der Sünden, die vergangen sind." Und was tun wir? Nun, wir glauben es, oder? Wir machen uns nicht die Mühe, auf einen Höhenflug der Gefühle zu warten, denn wir wissen, dass Gefühle uns nicht rechtfertigen werden. Gefühle werden uns keine Vergebung bringen. Wir haben nur eine Möglichkeit, und die ist zu sagen: „*Okay, Herr.* Ich danke Dir."

Und in *Steps to Christ*, S. 50, beschreibt Ellen White genau das:

> Aus dem einfachen biblischen Bericht darüber, wie Jesus die Kranken heilte, können wir etwas darüber lernen, wie wir an ihn glauben können, um die Vergebung der Sünden zu erlangen. Schauen wir uns die Geschichte des Gelähmten von Bethesda an. Der arme Kranke war hilflos; er hatte seine Gliedmaßen seit achtunddreißig Jahren nicht mehr benutzt. Doch Jesus forderte ihn auf: „Steh auf, nimm dein Bett und geh." Der kranke Mann hätte sagen können: „Herr, wenn Du mich gesund machen willst, werde ich Deinem Wort gehorchen." Aber nein, er glaubte dem Wort Christi, glaubte, dass er geheilt wurde, und er unternahm sofort den Versuch; er wollte gehen, und er ging auch. Er handelte nach dem Wort Christi, und Gott gab die Kraft dafür. Er wurde gesund gemacht.
>
> In gleicher Weise bist du ein Sünder. Du kannst deine vergangenen Sünden nicht sühnen; du kannst dein Herz nicht ändern und dich selbst heilig machen. Aber Gott verspricht, all das durch Christus für dich zu tun. Du glaubst an dieses Versprechen. Du bekennst deine Sünden und gibst dich Gott hin. Du bist bereit, ihm zu dienen. Genauso bestimmt, wie du das tust, wird Gott Sein Wort an dich erfüllen. Wenn du an die Verheißung glaubst – glaubst, dass dir vergeben und du gereinigt bist –, dann sorgt Gott für diese Tatsache; du wirst geheilt, so wie Christus dem Gelähmten die Kraft gab, zu gehen, als der Mann glaubte, dass er geheilt war. Es ist so, wenn du es glaubst.[16]

Hier spricht Ellen White genauso deutlich wie Alonzo Jones, oder?

> Warte nicht darauf, dass du fühlst, dass du gesund bist, sondern sage: „Ich glaube es; es ist so, nicht weil ich es empfinde, sondern weil Gott es verheißen hat."[16]

Glaubt es, und Gott wird die Tatsache liefern! Genauso klar und einfach, wie Jones es selbst gesagt hat.

Das große Problem mit Jones' klarer Sprache bestand darin, dass sie nicht über den Punkt der Rechtfertigung hinausblicken konnten. Sie konnten die Darlegung der Gerechtigkeit Christi zur Vergebung der zurückliegenden Sünden sehen. Das ist gut so. Aber was haben wir vorher gelesen? Wir haben gelesen, dass es Bedingungen gibt, dass es eine Veränderung gibt, dass es eine praktische Heiligkeit gibt, die im Leben sichtbar sein muss. Und Jones' Botschaft schien damit nicht zu harmonieren. Aber erinnert euch daran, was Ellen White sagte: „Ich weiß, was du meinst. Das ist genau die Richtung, in der ich es auch verstehe."

Eine Sache, die das Christentum heute so schnell vergisst oder übersieht, ist die Frage, was Gerechtigkeit ist. Gerechtigkeit ist richtiges Handeln. Wenn wir also von Gerechtigkeit durch den Glauben sprechen, geht es nicht nur um eine Aura der Heiligkeit oder ein Gefühl dafür oder sogar nur um eine gesetzliche Transaktion. Wir sprechen von etwas, das im Leben selbst praktisch ist. Die Botschaft, die 1888 verkündet wurde, war die Botschaft vom richtigen Handeln *durch den Glauben*. Aber weil die Menschen nicht verstanden, wie es dazu kommt, dass der Glaube wirkt, erstickten sie an den Worten von Jones.

Kolosser 2,6 vermittelt dieses sehr grundlegende Prinzip. Wie empfangen wir Jesus Christus? Indem wir Gott beim Seinem Wort nehmen und einfach glauben, dass Er meint, was Er sagt, und dass Er die Fakten schafft. Jetzt:

> Wie ihr nun Christus Jesus, den Herrn, angenommen habt, so wandelt in ihm.

Wie erhält man Vergebung für seine Sünden? Indem man Gott beim Wort nimmt. Indem man glaubt, dass Er Sein Wort an einen erfüllen wird. Wie du also Christus empfangen hast, so wandle in ihm. Nimm Gott weiterhin beim Wort. Gott gibt dir die Verheißung. Vertraue und verlasse dich darauf, dass Er die Tatsache liefert!

Christ's Object Lessons, S. 61:

> Unser Part ...

Und wollen wir nicht wissen, was unser Part ist? Denn Gott wird nicht alles für uns tun. Es wird als eine Zusammenarbeit beschrieben, bei der Gott arbeitet und der Mensch arbeitet. Was ist dann unser Part?

> Unser Part ist es, Gottes Wort zu empfangen und es festzuhalten, indem wir uns seiner Kontrolle voll und ganz hingeben, und sein Zweck in uns wird erfüllt werden.[17]

Was ist unser Part? *Zu glauben!* Zu glauben, dass das Wort Gottes die Sache selbst vollbringen wird. Wenn also das Gesetz Gottes zu uns kommt und sagt: „Du sollst keine anderen Götter neben mir haben", dann ist das eine Verheißung, es ist das Wort Gottes mit der darin enthaltenen Kraft, sich selbst in unserem Leben zu verwirklichen. Wenn es dann kommt und sagt: „Du sollst nicht lügen", dann sollen wir dieses Wort so annehmen, als hätte es die Kraft in sich, uns vom Lügen abzuhalten.

In *The Desire of Ages* bezieht sich Ellen White auf Psalm 119,11, in dem Christus sagt:

> Dein Wort habe ich in meinem Herzen verborgen, damit ich nicht gegen dich sündige.

„Ich werde nicht sündigen", denn das Wort selbst wird die eigentliche Tatsache bewirken. Als Jesus in der Wüste versucht wurde, was war Seine Antwort? *„Es steht geschrieben."* Und das war Seine Verteidigung. Sein Glaube, der derselbe Glaube war, den Abraham besaß, nahm Gott bei Seinem Wort und glaubte, dass Er es halten würde. Er glaubte, dass das Wort selbst genau das tun würde, was es sagte.

Einer der allerletzten Artikel, die Ellen White je geschrieben hat, wurde für die *Bible Training School* Juni 1, 1915, para.1 verfasst, genau in dem Jahr, in dem sie starb. Hier schreibt sie in Bezug auf den Glauben:

> Das Werk des Glaubens bedeutet mehr, als wir denken. Es bedeutet ehrliches Vertrauen auf das nackte Wort Gottes ...

Was bedeutet Glaube? „Ehrliches Vertrauen auf das nackte Wort Gottes."

> Durch unser Handeln sollen wir zeigen, dass wir glauben, dass Gott genau das tun wird, was Er gesagt hat.¹⁸

Wodurch? Durch unser Handeln. Wir sind aufgerufen, ein heiliges Leben zu führen. Das können wir, weil Gott versprochen hat, uns heilig zu halten; Er hat versprochen, dass wir keine anderen Götter vor Ihm haben werden; Er hat versprochen, dass wir nicht lügen werden; Er hat versprochen, dass wir nicht begehren werden. Das ist Sein Wort, und wenn wir daran glauben, dann werden wir durch unser Handeln zeigen, dass wir glauben, dass Gott genau das tun wird, was Er gesagt hat.

> Die Räder der Natur und der Vorsehung sind nicht dazu bestimmt, rückwärtszurollen oder stillzustehen. Wir müssen einen fortschreitenden, handelnden Glauben haben, einen Glauben, der durch die Liebe wirkt und die Seele von jeder Form der Selbstsucht reinigt. Nicht auf uns selbst, sondern auf Gott müssen wir uns verlassen. Wir dürfen nicht im Unglauben verharren. Wir müssen jenen Glauben haben, der Gott bei Seinem Wort nimmt.¹⁸

„Glaube, der Gott bei Seinem Wort nimmt." Wenn wir *diesen* Glauben haben, wenn wir einen Glauben haben, der zu allem, was Gott sagt, *„Amen!"* sagt, wird Gott uns gerecht nennen, weil dieses Wort die Sache hervorbringen wird.

Bei der Vorbereitung dieser speziellen Betrachtung habe ich eine interessante Erfahrung gemacht. In meinem Kopf wollte ich immer wieder verschiedene Aspekte der ganzen Botschaft studieren, wie Rechtfertigung, Heiligung usw. Aber jedes Mal, wenn ich es versuchte, ließ Gott mich nicht über den Punkt hinauskommen, dass es um Gerechtigkeit durch *Glauben* geht.

Es spielt keine Rolle, wie klar wir uns über all die anderen Themen sind. Wenn wir nicht verstanden haben, was Glaube wirklich ist und wie einfach es ist, wenn Gott so deutlich zu uns kommt, wie Er es durch Alonzo T. Jones im Jahr 1893 tat, wie werden wir dann reagieren? *Hmmm, da bin ich mir nicht so sicher*, und wir ziehen vielleicht das gleiche Zitat von 1886 heran. Und warum? Weil wir nicht verstanden haben, was es bedeutet, zu *glauben*.

Im *Review and Herald* Oktober 18, 1898, para.7 schreibt Ellen White:

> Um neun Uhr nahm ich an einer Versammlung der Schüler in der Schulkapelle teil. Etwa achtzig waren anwesend, und der Raum war voll. Eine Stunde lang wurde vorgelesen und mit ihnen darüber gesprochen, wie wichtig es ist, dass sie verstehen, wie man den Glauben ausübt. Dies ist die Wissenschaft vom Evangelium. Die Heilige Schrift erklärt: „Ohne Glauben ist es unmöglich, Gott zu gefallen." Die Kenntnis dessen, was die Heilige Schrift meint, wenn sie uns auf die Notwendigkeit hinweist, den Glauben zu entwickeln, ist wichtiger als jedes andere Wissen, das erworben werden kann. Wegen unseres Unglaubens und unserer Unkenntnis darüber, wie man den Glauben ausübt, erleiden wir viel Ärger und Kummer. Wir müssen die Wolken des Unglaubens durchbrechen. Wir können keine gesunde christliche Erfahrung machen, wir können dem Evangelium zur Erlösung nicht gehorchen, solange die Wissenschaft des Glaubens nicht besser verstanden wird und solange der Glaube nicht stärker ausgeübt wird. Es kann keine Vollkommenheit des christlichen Charakters geben ohne den Glauben, der durch die Liebe wirkt und die Seele reinigt.[19]

Was ist wichtiger als jedes andere Wissen? Wie man den Glauben kultiviert. Aber wisst ihr überhaupt, was Glaube ist? Die Frage wurde dem Apostel Paulus von einem Kerkermeister gestellt: „Was muss ich tun, um gerettet zu werden?" Was hat er geantwortet? „Glaube an den Herrn Jesus Christus, und du wirst gerettet werden." Glaube! Nur glauben! Aber wir müssen verstehen, was die Heilige Schrift meint, wenn sie sagt: *„Glaube"*.

Der Herr gab Seinem Volk eine kostbare Botschaft durch die Ältesten Jones und Waggoner, aber die Gemeinde nahm die Botschaft nie an. Nicht nur wegen des menschlichen Stolzes in den Herzen der Geistlichen, sondern auch weil die Mitglieder der Kirche sie nicht verstanden, weil sie nicht in den grundlegendsten Prinzipien des Glaubens unterrichtet worden waren.

Selected Messages, S. 145:

> Sagte der Engel: „Einige haben sich zu sehr bemüht, zu glauben ..."

Ist das dein Problem? Bist du verwirrt darüber, was das Wort Gottes sagt, wenn es heißt: „Glaube"?

> Einige versuchten zu sehr, zu glauben. Der Engel sagte: „Der Glaube ist so einfach, dass man es vernachlässigen kann."[20]

Haben wir das schon unser ganzes Leben lang getan? Könnte es sein, dass wir heute das Thema verfehlen, weil wir die Wissenschaft des Glaubens nicht verstehen? Schließlich war die Botschaft Gerechtigkeit durch *Glauben*. Wir können uns noch so sehr auf die Gerechtigkeit und all das *richtige Tun* konzentrieren, aber „ohne Glauben ist es unmöglich, Gott zu gefallen" (Hebräer 11,6).

Über die Botschaft von 1888 schrieb Ellen White in den *1888 Materials*, S. 281:

> Die Religion Jesu Christi ist nicht so klar definiert worden, wie sie es sein sollte, damit die Seelen, die nach der Erkenntnis des Heilsplanes suchen, die Einfachheit des Glaubens erkennen können. In diesen Versammlungen [den Versammlungen von Jones und Waggoner] wurde dies *so deutlich gemacht, dass ein Kind verstehen kann, dass es sich um eine unmittelbare, freiwillige, vertrauensvolle Hingabe des Herzens an Gott handelt* – ein Einswerden mit Christus in *vertrauensvollem*, liebevollem Gehorsam, um alle Seine Gebote durch die Verdienste von Jesus Christus zu tun. Es besteht in einem entschlossenen Handeln des Einzelnen, der die Bewahrung der Seele dem Herrn anvertraut ... [Hervorhebung hinzugefügt].

Wem gegenüber sich zu verpflichten? Dem Herrn. Es bedeutet, Ihm zu vertrauen, dass Er Sein Wort erfüllt.

> ... Es ist das Hinaufsteigen durch Christus, das Festhalten an Christus, das Annehmen der Gerechtigkeit Christi als freies Geschenk. Der Wille muss Christus überlassen werden. Durch den Glauben an die Gerechtigkeit Christi ist das Heil.[21]

In unserer ersten Betrachtung in dieser Reihe über die Rückbesinnung auf das Jahr 1888 haben wir uns angesehen, wie der

Herr immer einfacher zu uns sprechen muss. Aber wenn Gott heute zu uns kommt und einfacher spricht als in 1893, könnten wir es dann übersehen, nur weil wir uns in Bezug auf den Glauben nicht weitergebildet haben?

Möge Gott uns helfen, zu dem Punkt zu gelangen, an dem wir aus Erfahrung wissen, dass Gott meint, was Er sagt. Er selbst wird tun, was Er sagt. Heißt es nicht in der Heiligen Schrift: „Gott ist es, der in euch wirkt, zu wollen und zu tun nach seinem Wohlgefallen"? (Philipper 2,13). Und was steht davor? „Arbeitet an eurem eigenen Heil mit Furcht und Zittern" (Philipper 2,12). Was ist also unsere Aufgabe? Die Verwirklichung unserer Erlösung besteht darin, dass wir uns an das Wort Gottes halten; dass wir uns in *Sein* Wirken fügen, und was immer der Herr sagt, wir können sagen: „Amen. Es geschehe", und *Gott* wird die Fakten liefern.

In unserer nächsten Betrachtung werden wir diese Formel nehmen und sie auf die Wahrheit für unsere Generation anwenden. Bis dahin möge Gott uns helfen, wie kleine Kinder zu sein – wenn Papa das sagt, dann ist es so. AMEN.

Kapitel 16

EIN RÜCKBLICK AUF DAS JAHR 1888

Teil 4

Licht für unsere Generation

21. September 2013

JESUS kommt wieder; aber *wann* Er kommt, hängt sehr stark von Seinem Volk ab. Es steht geschrieben, dass „wenn der Charakter Christi in Seinem Volk vollkommen verwirklicht sein wird, dann wird Er kommen, um es als Sein Eigentum zu beanspruchen" (*Christ's Object Lessons*, S. 69).

Dies ist die abschließende Betrachtung in unserer kleinen Serie über die Rückbesinnung auf das Jahr 1888. In den vergangenen drei Studien haben wir einige Teile der Botschaft untersucht, die Gott durch Jones und Waggoner sandte. Wir haben uns auch mit einigen der Fragen beschäftigt, warum ihre Schriften heute nicht so geschätzt werden, wie sie es sein sollten. Es ist mein Gebet, dass diese letzte Betrachtung nicht das Ende des Themas für uns sein wird, sondern dass wir vielmehr dazu inspiriert werden, selbst mit dem Studium der „kostbaren Botschaft" zu beginnen, die 1888 und in den folgenden Jahren verkündet wurde.

Wie wir in unserer letzten Studie gesehen haben, war es eine Botschaft, die in sehr kurzer Zeit ein Werk vollbringen würde. Und ich glaube, dass das Zeugnis, das Alonzo T. Jones 1893 gab, ein sehr starkes Zeugnis ist. Als diese Schwester sich selbst und die Gemeinde betrachtete, dachte sie: *Wie sollen wir jemals bereit sein, damit Jesus kommen kann?* Aber als sie die Botschaft von 1888 hörte, fand sie die Antwort auf das Problem, das wir alle haben. Was hat sie gefunden?

> ... dass, wenn er selbst uns das Gewand, die Kleidung, den Charakter gibt, die für das Gericht und für die Zeit der Trübsal

geeignet sind, ich dann erkennen konnte, wie er kommen könnte, sobald er es wollte.¹

Ein Jahr? Drei Jahre? Drei Monate? Eine Woche? Können wir Gott begrenzen? Wenn „ein Tag beim Herrn wie tausend Jahre ist und tausend Jahre wie ein Tag" (2. Petrus 3,8), dann kann Er dich und mich an einem einzigen Tag auf ein ganzes Leben vorbereiten, wenn Er das so tun muss, um uns zu retten. Aber wir begrenzen Ihn – indem wir nicht an das glauben, was Er geschrieben hat. Diejenigen im Jahr 1888 brauchten nur ein oder zwei Jahre, um für die Entrückung gerüstet zu sein. Wenn die Botschaft heute wieder neu belebt wird, haben wir keine Garantie, dass wir überhaupt *so* lange Zeit haben. So steht es in *Early Writings*, S. 67:

> Der Engel sagte: „Verleugnet euch selbst; ihr müsst schnell voranschreiten." Einige von uns hatten Zeit, die Wahrheit zu erkennen und Schritt für Schritt voranzukommen, und jeder Schritt, den wir getan haben, hat uns Kraft gegeben, den nächsten zu tun. Aber jetzt ist die Zeit fast vorüber, und was wir über Jahre hinweg gelernt haben, werden sie [die Neubekehrten] in ein paar Monaten lernen müssen. Sie werden auch viel zu verlernen und wieder zu erlernen haben.²

Nicht Jahre. Monate!

In *The Great Controversy*, S. 612, beschreibt Ellen White die Zeit, in der der Spätregen ausgegossen wird und das Volk Gottes hinausgeht, um den Lauten Ruf zu verkündigen. Sie sagt:

> Ungeachtet der gegen die Wahrheit gerichteten Kräfte nimmt eine große Anzahl von Menschen die Stellung auf der Seite des Herrn ein.³

Eine große Zahl muss noch aus der Welt und aus den verschiedenen Kirchen herausgerufen werden. Zu welchem Zeitpunkt? Wenn das Wort Gottes mit Macht ausgeht. Wenn der Spätregen über Gottes Volk ausgegossen wird, wird eine große Zahl nur noch wenige Monate Zeit haben, um für die Entrückung vorbereitet zu werden.

Ist es da ein Wunder, dass es heute eine Botschaft für uns gibt – und sie wird sogar noch klarer und einfacher sein als die, die sie im Jahr 1888 hatten. *Christ's Object Lessons*, S. 127:

> In jedem Zeitalter gibt es eine neue Entwicklung der Wahrheit, eine Botschaft Gottes an die Menschen der jeweiligen Generation ...

Wir sind nicht mehr die Generation von 1888; wir leben mehrere Generationen später. Und es gibt eine Botschaft Gottes an die Menschen *dieser* Generation. Allerdings sagt sie:

> ... Die alten Wahrheiten sind alle von wesentlicher Bedeutung; neue Wahrheit ist nicht unabhängig von der alten, sondern eine Entfaltung von ihr.[4]

Wenn wir die alten Wahrheiten richtig verstehen, werden wir auch die neuen erkennen und begreifen. Nur wenn wir die Botschaft von 1888 für uns selbst kennen, werden wir die Botschaft für unsere Zeit zu schätzen wissen. Wenn wir die Botschaft glauben, die das Volk Gottes innerhalb von ein oder zwei Jahren vorbereiten könnte, werden wir bereit sein, eine Botschaft anzunehmen, die das in ein paar *Monaten* tun kann.

Viele von uns sind mit der Aussage vertraut: „Heiligung ist das Werk eines ganzen Lebens" (*Christ's Object Lessons*, S. 65). Nun, es tut mir leid, wir haben keine Lebenszeit, in der wir geheiligt werden können. Es ist möglich, dass wir selbst genauso wenig von der Erlösung wissen wie diejenigen, welche die Wahrheit in den letzten Momenten der Gnade hören werden. Vielleicht haben auch wir in nur wenigen Monaten viel zu lernen und viel zu verlernen. Wir alle brauchen eine Botschaft, die das Werk Gottes der Gerechtigkeit verkürzt; eine Botschaft, die uns auf die Zeit der Bedrängnis vorbereitet, und dann die Entrückung, in *sehr* kurzer Zeit.

Ich möchte die letzten Studien kurz Revue passieren lassen und dazu die folgenden zwei Aussagen von Ellen White verwenden:

Faith and Works, S. 18:

> Es gibt keinen Punkt, auf den man ernster hinweisen, den man häufiger wiederholen oder den man fester in den Köpfen aller verankern müsste, als die Unmöglichkeit, dass der gefallene Mensch sich durch seine eigenen bestmöglichen guten Werke etwas verdient.[5]

In der vorletzten Betrachtung haben wir gelesen, dass Gott im Jahr 1888 eine Botschaft an die Gemeinde senden musste, um sie aus ihrer Mentalität des „*Das Gesetz! Das Gesetz! Das Gesetz!*" zu befreien. Ellen White schrieb, dass die Gemeinde das Gesetz gepredigt hatte, bis sie „so trocken war wie die Hügel von Gilboa" waren. Also benutzte Gott Ellet Waggoner, um die Wahrheit über das Gesetz zu bringen, wie sie im Buch Galater dargelegt wird – dass es „hinzugefügt" wurde, *weil* der Mensch Gottes Gesetz als *Gebot* auffasste, obwohl er es als *Verheißung* gedacht hatte. Der eigentliche Grund, warum Gott das Gesetz sprach, bestand darin, uns zu helfen, die Unmöglichkeit zu erkennen, es selbst zu halten, und in uns ein Gefühl der *Unfähigkeit* zu erzeugen, das dazu führen würde, dass wir uns nach Gott ausstrecken, damit Er in uns die Erfüllung Seines eigenen Gesetzes bewirkt.

Der nächste Satz in *Faith and Works* lautet:

> Die Erlösung geschieht allein durch den Glauben an Jesus Christus.[5]

Wenn also die Erlösung allein durch den Glauben an Jesus Christus erfolgt, dann lasst uns dieses Zitat aus dem *Review and Herald*, Oktober 18, 1898, para.7, lesen, der an unsere letzte Betrachtung anknüpft.

> Die Kenntnis dessen, was die Heilige Schrift meint, wenn sie uns auf die Notwendigkeit hinweist, den Glauben zu entwickeln, ist *wichtiger* als jedes andere Wissen, das man erwerben kann. Wegen unseres Unglaubens und unserer Unkenntnis darüber, wie man den Glauben ausübt, erleiden wir viel Leid und Kummer. Wir müssen die Wolken des Unglaubens durchbrechen. Wir können keine gesunde christliche Erfahrung machen, wir können dem Evangelium nicht zur Errettung gehorchen, solange die Wissenschaft des Glaubens nicht besser verstanden wird. [Hervorhebung hinzugefügt][6]

Wenn der eine Punkt, auf den wir uns mehr als alles andere konzentrieren müssen, die Unmöglichkeit ist, dass wir uns irgendetwas durch unsere eigenen guten Werke verdienen können, dann müssen wir natürlich die Wissenschaft des Glaubens verstehen, denn die Erlösung geschieht allein durch den „Glauben an Jesus Christus". Und das war die Botschaft, die Gott 1888 zu vermitteln versuchte.

Ich glaube, wir sind heute nicht anders. Ist es nicht so, dass, wenn das Gesetz Gottes zu uns kommt und sagt: „Ich will Gerechtigkeit", viele von uns sagen: „Warte nur einen Moment, ich bin schon dabei." Und dann erfinden wir all diese verschiedenen Ausreden, wie: „Heiligung ist die Arbeit eines ganzen Lebens" und so: „Bitte, Herr Gesetz, gib mir ein Leben lang Zeit, dann habe ich alles im Griff. Bitte, bitte, bitte, lass die Welt noch nicht untergehen! Komm wieder, wenn ich auf dem Sterbebett liege, dann bin ich ganz versiegelt und bereit. Aber bis dahin werde ich mein Bestes tun!" Das war die Mentalität der Kirche im Jahr 1888. Das ist die Mentalität vieler Christen heutzutage.

Das nächste Zitat stammt aus den 1893 *General Conference Bulletins* und ist von Alonzo T. Jones:

> „Nun", sagt einer, „ich habe es nicht geschafft. Ich habe mein Bestes getan." Aber das Gesetz wird sagen: „Das ist nicht das, was ich möchte. Ich will nicht dein Bestes. Ich will Vollkommenheit. Ich will sowieso nicht dein Handeln; ich will das von Gott. Ich will nicht deine Gerechtigkeit; ich will Gottes Gerechtigkeit von dir. Es ist nicht dein Handeln, das ich möchte. *Ich will Gottes Handeln in deinem Leben.*" [Hervorhebung hinzugefügt][7]

Ich preise den Herrn wirklich für diese Worte. Das tue ich tatsächlich, denn bis zu dem Zeitpunkt, an dem ich diese Worte für mich selbst gelesen habe, habe ich so sehr versucht, aus eigener Kraft das Gesetz zu halten, und dachte, dass ich durch meinen eigenen persönlichen Gehorsam die Erlösung verdienen könnte. Ich dachte, wenn ich alle Seine Anweisungen befolgte, mich so kleidete, wie Er es von mir verlangte, und nur das aß, was Er von mir verlangte, dann würde Er mit mir zufrieden sein. Aber was sagt die Heilige Schrift im Brief an die Hebräer? „Ohne Glauben ist es unmöglich, Gott zu gefallen" (Hebräer 11,6), denn, wie es in Römer 14,23 heißt: „Was nicht aus Glauben ist, ist Sünde." Wenn also der *Glaube* nicht das vollkommene Wirken Gottes in mein Leben bringt, wenn es nicht der *Glaube* ist, der Gott veranlasst, mich zu kleiden, der Gott veranlasst, mich zu nähren; wenn es nicht Gott ist, der all diese Werke tut, ist es ein schmutziges Gewand – es ist *Sünde*. Wenn wir all diese Werke selbst tun und es nicht Gott ist, der in und durch uns wirkt, dann sind wir Pharisäer und werden den Sohn Gottes in Seinen Gläubigen auf dieser Erde von neuem kreuzigen.

Das wollte Gott der Kirche im Jahr 1888 vermitteln: dass man eine Kraft außerhalb seiner selbst braucht; man kann sich nichts durch seine eigenen guten Werke verdienen. Es war eine große Erleichterung für mich, als ich erkannte, dass das Gesetz eigentlich nicht meinen Gehorsam will. Ich hörte auf, in mir selbst nach Antworten zu suchen, hörte auf, mich auf mich selbst und alles, was ich tun konnte, zu verlassen, und begann stattdessen zu beten: „Herr, lehre mich, wie ich es *zulassen* kann, dass Du es in mir tust."

Und die Antwort findet sich in den Botschaften von Jones und Waggoner, und sie ist so einfach, dass sogar ein Kind es verstehen kann. Wir haben gesehen, dass Gott im Laufe der Zeitalter die Wahrheit immer einfacher machen musste. Und so muss das Licht für unsere Generation eine Wahrheit sein, die noch einfacher ist als die Botschaft von Jones und Waggoner. Wir brauchen noch mehr Klarheit über die Botschaft der Gerechtigkeit durch den Glauben.

Wie wir in dem Lied singen, kommt Jesus wieder; und Er kommt sehr bald. Aber bevor Er kommt, wird Er aufhören, für uns einzutreten, und wir werden vor einem heiligen Gott ohne Sünde stehen müssen. Das Gesetz wird an jenem Tag zu uns kommen, so wie es jetzt zu uns kommt, und es wird sagen: „Ich will ein perfektes Leben." Hast du ein perfektes Leben? Vielleicht wirst du es bis dahin haben, aber es wird nicht ausreichend sein. Das Gesetz erwartet eine vollkommene *Existenz*. Und wenn wir keine vollkommene Existenz haben, die wir dem Gesetz vorlegen können, werden wir den Zorn Gottes spüren und die Plagen empfangen.

Viele Kirchen lehren gerne ein „stellvertretendes" Opfer, was im Wesentlichen bedeutet, dass die Rechtfertigung nichts anderes ist als die *Zurechnung* der Gerechtigkeit, bei der Jesus Christus unser Stellvertreter wird und uns mit Seinem eigenen Gehorsam *bedeckt*. Auch viele Adventisten glauben etwas Ähnliches: dass die Gerechtigkeit Christi wie ein Regenschirm ist, auf den das Gesicht Jesu gemalt ist, und unter dem wir immer noch unsere geheimen Sünden begehen und dies auch tun werden, bis Jesus bei Seinem zweiten Kommen unsere Körper verwandelt. Wenn Gott jedoch auf uns herabschaut, sieht er nur die wunderschöne Vollkommenheit seines Sohnes. So *kann es nicht* sein. Wenn wir kein vollkommenes *Leben* haben, das wir dem Gesetz geben können – ein Leben, das unser eigenes ist, persönlich und individuell – sind wir *verloren*.

Ich möchte euch eine Frage stellen. Wenn ein Mann vor Gericht stünde, der des Mordes für schuldig befunden und zum Tode verurteilt würde, wie würde der Richter reagieren, wenn ein völlig Unschuldiger käme und sagte: „Ich werde an seiner Stelle sterben"? Würde das Gesetz so etwas zulassen? Der Richter würde gemäß den Gesetzen des Landes reagieren und sagen: „Auf keinen Fall – nein! Dieser Mann hat die Tat begangen; dieser Mann muss die Strafe bezahlen."

Kein Rechtssystem der Welt würde es zulassen, dass ein Unschuldiger anstelle von jemandem stirbt, der für ein schreckliches Verbrechen verurteilt wurde. Und doch hören wir Anekdoten wie diese von der Kanzel gepredigt – dass dieser und jener Mann in der Todeszelle saß und jemand kam und seinen Platz einnahm. Nein! So funktioniert das nicht, und eine solche Geschichte gibt uns nicht wirklich die Antwort auf unser Problem, denn wir benötigen eine vollkommene *Existenz*, nicht nur eine juristische Erklärung, mit der die Sünden unserer Vergangenheit abgedeckt werden.

Wenn wir glauben, dass das Gesetz Gottes entschuldigen und ein ersetzendes, stellvertretendes Opfer akzeptieren wird, schätzen wir Gottes Gesetz nicht so, wie wir es sollten. Wenn das menschliche Gesetz es nicht zulässt, dass ein schuldiger Sünder freigesprochen wird, dann wird es auch Gottes Gesetz nicht tun, das unendlich viel gerechter und richtiger ist.

Wie können wir dann am Tag des Gerichts bestehen? Das Gesetz Gottes möchte eine vollkommene Existenz, und mit „Existenz" meint es ein vollkommenes Leben vom Tag unserer Geburt an bis zum Tag unseres Todes – ein Leben *voller* Gehorsam. Aber welche Art von Gehorsam? *Gottes* Gehorsam; Sein richtiges Handeln. Kannst du das dem Gesetz bieten?

Nun, ich bin sehr froh, dir sagen zu können, dass du es kannst. Wir, persönlich und individuell, *haben* ein Leben, das wir dem Gesetz Gottes vorlegen können, das vom Tag unserer Geburt bis in alle Ewigkeit *voll* von Seinem richtigen Handeln ist – *wenn* wir es glauben werden. Er hat versprochen, uns zu *geben*, was wir brauchen.

Ich möchte zunächst das Folgende aus *Steps to Christ*, S. 62, vorlesen:

> Die Bedingung für das ewige Leben ist jetzt genau das, was sie immer war, – genau das, was sie im Paradies vor dem Sündenfall

> unserer ersten Eltern war, – nämlich vollkommener Gehorsam gegenüber dem Gesetz Gottes, vollkommene Gerechtigkeit. Würde das ewige Leben unter einer geringeren Bedingung gewährt, so wäre das Glück des ganzen Universums gefährdet ... Da wir sündig und unheilig sind, können wir dem heiligen Gesetz nicht vollkommen gehorchen. Wir haben keine Gerechtigkeit aus uns selbst, mit der wir den Ansprüchen des Gesetzes Gottes gerecht werden könnten.[8]

Und nun dieses Zitat von Alonzo Jones aus den *1893 General Conference Bulletins*:

> Das ist so. Wie in aller Welt sollen wir dann jemals ewiges Leben haben?

Gute Frage.

> Ah! „Die Gabe Gottes ist das ewige Leben durch Jesus Christus, unseren Herrn." Aber wir müssen „vollkommene Gerechtigkeit" haben, bevor wir dieses Geschenk erhalten können, versteht ihr das nicht? Oh, dann kommt er, genau wie der Herr, und sagt: „Hier, in Christus, ist vollkommene Gerechtigkeit; hier ist vollkommener Gehorsam gegenüber dem Gesetz Gottes von der Geburt bis zum Grab; das nimmst du, und das wird die Bedingung vollständig erfüllen, unter der allein jemand ewiges Leben haben kann."[9]

Glaubst du das? Glaub es, denn das ist der einzige Weg, wie wir ewiges Leben haben können.

> Nun gut. Freut ihr euch nicht darüber? [Versammlung: „Ja."] Ich bin so froh darüber, dass ich nicht weiß, was ich sonst tun soll, als mich zu freuen. Oh, Er will, dass ich das ewige Leben habe. Ich habe nichts, womit ich es verdienen könnte; ich habe nichts, was die Bedingung erfüllen würde, unter der es allein gewährt werden kann. Alles, was ich habe, würde das Universum ruinieren, wenn Er mir das ewige Leben gewähren würde. Nun, das kann Er nicht tun; aber Er will, dass ich das ewige Leben habe; Er will so sehr, dass ich es habe, dass Er gestorben ist, damit ich es haben kann. (Versammlung: „Amen!") Und oh, dann sage ich wieder, es ist genau wie Gott, der die Liebe ist, so wie Er

> ist, Er kommt und sagt: „Hier, in Christus, ist vollkommener Gehorsam vom ersten Atemzug an, den du jemals getan hast, bis zum letzten, und du nimmst Ihn und Seine Gerechtigkeit und dann hast du das andere." Das ist die Bedingung. Gut! Sehr gut! Ja, Herr.[9]

Das ist es! In Christus gibt es eine vollkommene Existenz. Aber wie *persönlich* ist sie? Das Gesetz Gottes verlangt von den *Menschen* vollkommenen Gehorsam.

Steps to Christ, S. 62 schließt sich hier Alonzo Jones an:

> Christus hat für uns einen Ausweg geschaffen. Er lebte auf der Erde inmitten von Prüfungen und Anfechtungen, wie wir sie auch zu bestehen haben. Er lebte ein sündloses Leben. Er starb für uns, und jetzt bietet er uns an, unsere Sünden zu nehmen und uns Seine Gerechtigkeit zu geben.[10]

Wenn ihr das Wort Gerechtigkeit lest, dann lest das Wort so, was es bedeutet: „*richtiges – Handeln*", Taten, Werke, Früchte, usw. Christus bietet uns also an, unsere Sünden zu nehmen und uns Sein richtiges Handeln zu geben.

> Wenn du dich Ihm hingibst und Ihn als deinen Retter annimmst, dann wirst du, so sündig dein Leben auch gewesen sein mag, um Seinetwillen für gerecht erklärt. Der Charakter Christi tritt an die Stelle deines Charakters, und du wirst vor Gott so angenommen, als hättest du nicht gesündigt.[10]

Aber das Gesetz Gottes akzeptiert keinen Stellvertreter, wie wir ihn im Allgemeinen verstehen. Wie funktioniert das also? Wie gilt die Gerechtigkeit Christi für jeden einzelnen von uns persönlich? Ist es nur eine gesetzliche, gerichtliche Sache, oder ist es *mehr* als das?

In unserer letzten Betrachtung haben wir uns mit der Gerechtigkeit durch den Glauben befasst. Was war Glaube? Wir haben einen der allerletzten Artikel gelesen, den Schwester White je geschrieben hat. Er stammt aus *The Bible Training School*, Juni 1, 1915, para.1:

> Das Werk des Glaubens bedeutet mehr, als wir denken. Es bedeutet echtes Vertrauen auf das nackte Wort Gottes. Durch

> unser Handeln sollen wir zeigen, dass wir glauben, dass Gott das tun wird, was Er gesagt hat ... Wir dürfen keinen Unglauben pflegen. Wir müssen den Glauben haben, der Gott bei Seinem Wort nimmt ... Ohne Glauben (ein Glaube, der sich auf eine klare Aussage des Wortes verlässt) ist es unmöglich, Gott zu gefallen.[11]

Wenn wir wissen wollen, wie es sein kann, dass die Gerechtigkeit Christi mir gehört, müssen wir Gottes Wort genau so lesen, wie es da steht, und ihm glauben, egal was es sagt. Er ist zu uns gekommen und hat gesagt: „Hier, in Christus, ist vollkommener Gehorsam." Aber dieses Gesetz verlangt vollkommenen Gehorsam von uns persönlich, nicht nur von einem Stellvertreter.

Hier im ersten Teil von Hebräer 7,26 steht unsere Antwort – wenn du Glauben hast.

> Denn ein solcher Hoherpriester [Jesus Christus] ist UNS geworden.

„*Uns geworden.*" Wirst du dieses Wort so lesen, wie du es gelesen hast? Wirst du dieses Wort so aufnehmen, wie es da steht? Jesus Christus wurde zu *UNS*.

The Desire of Ages, S. 390:

> In Seinen Verheißungen und Warnungen meint Jesus mich ... Gott hat die Welt so sehr geliebt, dass Er Seinen eingeborenen Sohn gab, damit ich durch den Glauben an Ihn nicht verloren gehe, sondern ewiges Leben habe. Die Erfahrungen, von denen in Gottes Wort berichtet wird, sollen MEINE Erfahrungen sein. Gebet und Verheißung, Gebot und Warnung sind mein.[12]

Also wurde Jesus zu wem? Habt keine Angst, es zu sagen, Freunde. Wenn ihr Glauben habt, könnt ihr sagen, dass Jesus „*ich*" geworden ist; denn wenn Gott sagt, dass ein solcher Hoher Priester „*zu uns*" geworden ist, dann ist er in dem Sinne „wir" geworden, dass er gestorben wäre, wenn es nur eine Person gäbe, für die er sterben müsste; und er verhält sich zu uns, als gäbe es niemand anderen – Gott meint „ich". Ich!

Lasst uns das vertiefen. Gehen wir zu Hebräer 4,15. Wir wollen dies im Licht der Botschaft von 1888 und der Botschaft betrachten, wie sie sich in den folgenden Jahren entwickelte.

> Denn wir haben nicht einen Hohenpriester, der nicht mit unseren Schwachheiten fühlen könnte, sondern der in allen Stücken versucht wurde wie wir, aber ohne Sünde.

Das ist die Art von Leben, die wir brauchen, nicht wahr? Ein Leben, das durch alle Versuchungen hindurchgehen kann, das mit all dem Elend dieser Welt in Berührung kommen kann, aber dennoch ohne Sünde ist.

Alonzo Jones kommentiert diesen Vers in den *1895 General Conference Bulletins*. Lest ihn sorgfältig:

> Er hätte nicht in allen Punkten wie ich versucht werden können, wenn Er nicht von Anfang an in allen Punkten wie ich gewesen wäre. Deshalb war es notwendig, dass er mir *in allen Punkten gleicht*, wenn er mir helfen will, wo ich Hilfe brauche. Ich weiß, dass ich sie genau dort brauche. Und oh, ich weiß, dass sie genau dort ist, wo ich sie bekommen kann. Dem Herrn sei Dank! Dort steht Christus und dort ist meine Hilfe.
>
> „Wir haben keinen Hohenpriester, der nicht berührt werden kann" – hier sind zwei Verneinungen: Wir haben keinen Hohenpriester, der nicht berührt werden kann. Was haben wir dann auf der bejahenden Seite? Wir haben einen Hohenpriester, der mit dem Gefühl für unsere Schwächen berührt werden kann – meine Schwächen, eure Schwächen, unsere Schwächen. Kann er meine Schwachheit fühlen? Ja. Fühlt er deine Schwächen? Ja. Was ist eine Schwäche? Schwachheit, Schwanken, Ohnmacht – das ist aussagekräftig genug. Wir haben viele von ihnen. Jeder von uns hat viele von ihnen. Wir spüren unsere Schwächen. Gott sei Dank gibt es einen, der sie auch spürt – ja, der sie nicht nur spürt, sondern von den Gefühlen dieser Schwächen berührt wird. In dem Wort „berührt" steckt mehr als nur, dass Er mit dem Gefühl unserer Schwächen erreicht wird und fühlt, wie wir fühlen. Er fühlt, wie wir fühlen, das ist wahr, aber darüber hinaus ist Er „berührt", das heißt, Er ist zärtlich berührt; Sein Mitgefühl ist erregt. Er wird zärtlich berührt und zum Mitgefühl angeregt, und er hilft uns. Das ist es, was in den Worten „berührt vom Gefühl unserer Schwachheit" zum Ausdruck kommt. Danken wir dem Herrn für einen solchen Retter!

> Aber ich wiederhole: Er kann nicht in allen Punkten so versucht werden wie ich, *wenn Er nicht von Anfang an in allen Punkten so war wie ich*. Er könnte nicht so fühlen wie ich, *wenn Er nicht dort ist, wo ich bin und wie ich bin*. Mit anderen Worten: Er könnte nicht in allen Punkten wie ich versucht werden und fühlen, wie ich fühle, es sei denn, *Er wäre wieder ganz ich selbst*. Das Wort Gottes sagt: „In allen Punkten, wie wir es sind." [Hervorhebung hinzugefügt][13]

Habt ihr das verstanden? Christus kann nicht in allen Punkten versucht werden, wie ich es bin, wenn Er nicht in allen Punkten so war wie ich es bin. Und Er kann nicht fühlen, was ich fühle, wenn Er nicht da ist, wo ich bin und so wie ich es bin. Das ergibt absolut Sinn, richtig? Ich reagiere auf bestimmte Reize in meiner Umgebung. Meine eigenen Prüfungen sind nur für mich selbst zutreffend. Deshalb muss Christus genau dort sein, wo ich bin, in genau der gleichen Situation, um die gleichen Herausforderungen zu erleben und zu spüren, denen ich gegenüberstehe. Er muss dort stehen, wo ich bin, und so sein wie ich, sonst kann er nicht in allen Punkten wie ich versucht werden – Seine Versuchungen wären nur für ihn Selbst und die Generation, in der er lebte, typisch. Wenn Er heute nicht mit mir eins ist – aber *ohne* Sünde –, habe ich kein vollkommenes Leben, das mein eigenes Leben ist und das ich dem Gesetz geben kann. Wir werden dies im weiteren Verlauf noch vertiefen.

Lesen wir weiter in den *1895 General Conference Bulletins*, ein paar Seiten weiter:

> In Jesus Christus ist alles vollständig vorhanden, was der Mensch an Gerechtigkeit braucht oder jemals haben kann, und alles, was jeder Mensch tun muss, ist, sich für Christus zu entscheiden, und dann gehört es ihm.[14]

Möchtest du die Gerechtigkeit von Christus? Möchtest du Gottes vollkommenes Handeln in deinem Leben? Alles, was du tun musst, ist, dich für Christus zu *entscheiden*, und dann gehört es dir.

> So wie der erste Adam Wir war, so ist der zweite Adam Wir. In allen Punkten ist er genauso schwach, wie wir es sind. Lesen wir zwei Texte: Er sagt von uns: „Ohne mich könnt ihr nichts tun." Von sich selbst sagt er: „Aus mir selbst heraus kann ich nichts tun."

> Diese beiden Texte sind alles, was wir jetzt brauchen. Sie erzählen die ganze Geschichte. Ohne Christus zu sein, bedeutet, ohne Gott zu sein, und dann kann der Mensch nichts tun. Er ist völlig hilflos aus sich selbst und in sich selbst. Das ist die Lage des Menschen, der ohne Gott ist. Jesus Christus sagt: „Aus mir selbst heraus kann ich nichts tun." Das zeigt, dass der Herr Jesus sich in dieser Welt, im Fleisch, in seiner menschlichen Natur, genau da hingestellt hat, wo der Mensch in dieser Welt ist, der ohne Gott ist. Er hat Sich genau dorthin gestellt, wo der verlorene Mensch ist. Er verließ sein göttliches Selbst und *wurde zu uns*. Und dort, hilflos wie wir ohne Gott sind, ging Er das Risiko ein, dorthin zurückzukehren, wo Gott ist, und uns mitzunehmen. Es war ein furchtbares Risiko, aber, Gott sei Dank, hat Er gesiegt. Die Sache war vollbracht, und in Ihm sind wir gerettet. [Hervorhebung hinzugefügt][14]

Könnt ihr das nachvollziehen? Ich bete wirklich, dass ihr das könnt, denn diese Aussage fängt die Schönheit der Botschaft von Christus als unserer Gerechtigkeit ein, und sie muss sich in unserem Verständnis verfestigen – dass Jesus Christus eins mit uns wurde und als wir ein vollkommenes Leben lebte. Wer war Er? Er war wir. Er war ich. Sein Leben – Sein vollkommenes Leben – war unser individuelles, persönliches Leben. Jeder Einzelne von uns hat das Recht zu sagen: „Jesus hat *mein* Leben gelebt." Und ich bete, dass wir den Glauben haben, es zu sagen, es zu glauben und so zu leben, wie wir es glauben.

Wenn das Gesetz zu mir kommt und sagt: „Ich will ein perfektes Leben", und es keinen Stellvertreter akzeptiert, dann brauchen wir keinen Stellvertreter, denn es gibt Jesus Christus, der eins mit mir wurde. Sein Leben war das Leben von Camron und von dem Tag an, an dem ich geboren wurde, bis in alle Ewigkeit. Er, der wir wurde, lebte ein vollkommen heiliges Leben. Und so können wir als Einzelne dem Gesetz sagen: „Hier ist ein vollkommenes Leben. Hier ist Camrons vollkommenes Leben, und es ist voll des richtigen Handelns Gottes."

Wir sind mit dem Wort „Sühne" vertraut. Es bedeutet mehr als nur die Besänftigung des Zorns Gottes. Es bedeutet: Einswerden; zu – einem. *Eins.* Jesus Christus wurde *eins* mit uns. Er wurde *zu uns*. Und in seiner persönlichen Anwendung bedeutet das „ich". Aber die

Frage ist: wirst du Gott bei Seinem Wort nehmen? Wirst du? Wenn wir das tun, werden wir, wenn wir auf unser Leben zurückblicken, nicht nur Sünde sehen und von Schuldgefühlen und Gewissensbissen geplagt werden, sondern wir werden im Glauben sehen, was Gott sieht. Was sieht er? Wir haben in *Steps to Christ* gelesen, dass wir vor ihm stehen werden, „als ob wir nicht gesündigt hätten". Denn Jesus Christus, der zu uns wurde, hat nie gesündigt, und wenn Gott auf Jesus Christus schaut, sieht er uns – weil er zu uns wurde. Er sieht, wie Jesus jeder einzelnen Versuchung und Prüfung, die wir je in unserem Leben erlebt haben, begegnet ist und einen vollständigen Sieg errungen hat. Wenn er das nicht für jeden einzelnen von uns getan hätte, könnten wir niemals gerechtfertigt werden; das Gesetz würde es nicht zulassen. Aber wenn wir zurückblicken und sehen, wie Christus alles in unserer Vergangenheit besiegt hat, dann können wir nach vorne schauen und das Gleiche sehen, und es sogar im gegenwärtigen Augenblick sehen. Und wenn wir diese wunderbare Wahrheit in der Gegenwart betrachten, stellen wir fest, dass Jesus uns so nahe gekommen ist, dass Er genau da ist, wo wir sind und wie wir sind, und welche Prüfung uns auch immer als Nächstes bevorsteht, damit wir gerechtfertigt werden, muss Er dieser Prüfung bereits begegnet sein und sie erfolgreich bestanden haben. Das ist doch eine Prüfung, auf die man sich freuen kann, oder? Denn Er hat bereits den Sieg errungen! Der Sieg gehört bereits mir, wenn ich daran glauben will. Ich muss ihn nur empfangen, indem ich *zulasse*, dass Er diese Realität heute in mir lebt.

Wir sprechen oft von der *Aneignung* der Gerechtigkeit Christi und wie wir uns Seine Verdienste aneignen sollen. Wisst ihr, was „sich aneignen" bedeutet? Es bedeutet einfach: es sich zu eigen machen, es persönlich nehmen. Wenn uns also gesagt wird, dass wir uns die Verdienste Jesu Christi aneignen sollen, dann heißt das, dass wir sie als unsere eigenen betrachten sollen, ja, als unsere eigenen. Jesus Christus hat sich Selbst entäußert und gesagt: „Ich kann von mir aus nichts tun, der Vater ist es, der die Werke tut" (Johannes 5,30; 14,10). Ich soll glauben, dass das, was der Vater in ihm gewirkt hat, Er in mir gewirkt hat *und* wirkt – Gegenwartsform –.

Und genau das erklärt uns Alonzo Jones in den *1895 General Conference Bulletins*:

Wäre Er so in die Welt gekommen, wie Er im Himmel war, als Gott, und hätte sich so offenbart, wie Er dort war, und wäre Gott mit Ihm gewesen, dann hätte Sein Name nicht „Gott mit uns" gelautet, denn dann wäre Er nicht Wir selbst gewesen. Aber Er hat sich Selbst entleert. Er selbst war nicht in der Welt manifestiert. Denn es steht geschrieben: „Niemand kennt den Sohn als nur der Vater" – nicht einfach kein Mensch, sondern niemand. Niemand kennt den Sohn als nur der Vater. „Niemand kennt den Vater als nur der Sohn und der, dem der Sohn Ihn offenbaren will." Es steht nicht geschrieben: „Niemand kennt den Sohn als nur der Vater und der, dem der Vater Ihn offenbaren will. Nein. Niemand kennt den Sohn, sondern nur der Vater. Und nicht der Vater offenbart den Sohn in der Welt, sondern der Sohn offenbart den Vater. Christus ist nicht die Offenbarung seiner Selbst. Er ist die Offenbarung des Vaters für die Welt und in der Welt und für die Menschen. Deshalb sagt Er: „Niemand kennt den Vater als nur der Sohn und wem der Sohn den Vater offenbaren will." Es ist also der Vater, der sich in der Welt offenbart, der sich uns offenbart und der sich in uns in Christus offenbart. Dies ist die eine Sache, die wir die ganze Zeit studieren. Das ist das Zentrum, um das sich alles andere dreht. Und da Christus in allen Dingen unsere menschliche Natur im Fleisch angenommen hat und so zu uns selbst geworden ist, lesen wir, *wenn wir von Ihm und dem Umgang des Vaters mit Ihm lesen, von uns selbst und vom Umgang des Vaters mit uns. Was Gott an Ihm tat, war an uns; was Gott für Ihn tat, war für uns.* Und deshalb steht wiederum geschrieben: „Er hat Ihn, der keine Sünde kannte, für uns zur Sünde gemacht, damit wir in Ihm zur Gerechtigkeit Gottes gemacht werden." 2. Korinther 5,21. [Hervorhebung hinzugefügt][15]

Könnt ihr hier die Versöhnung erkennen?

„Der Herr ist mein Hirte, mir wird nichts mangeln. Er weidet mich auf einer grünen Aue und führt mich zum stillen Wasser. Er erquickt meine Seele; er führt mich auf den Pfaden der Gerechtigkeit."

Wen? Mich, einen Sünder? Einen, der mit Sünden beladen ist? Wird er mich auf die Pfade der Gerechtigkeit führen? Ja. Woher wisst Ihr das? Er hat es einmal getan. In Christus hat er mich einmal, um Seines Namens willen, ein ganzes Leben lang auf den Pfaden der Gerechtigkeit geführt. Deshalb weiß ich, dass Er mich, einen sündigen Menschen, in Christus immer wieder auf die Pfade der Gerechtigkeit führen wird, um Seines Namens willen. Das bedeutet Glaube.[15]

Oh, möge der Herr uns diesen Glauben schenken!

Wenn wir diese Worte, wie wir sie heute Abend in der Lektion von Bruder Prescott gehört haben, als das Heil Gottes betrachten, das zu uns kommt, dann werden sie in uns das Heil Gottes selbst bewirken. Das ist es, was Christus erreicht hat. Als Er sich Selbst dorthin versetzte, wo wir sind, woher nahm Er die Erlösung? Er hat sich nicht Selbst gerettet. Das war der Spott: „Andere hat er gerettet, sich Selbst kann Er nicht retten. Lasst Ihn nun vom Kreuz herabsteigen und wir werden an Ihn glauben." Er hätte es tun können. Aber wenn Er sich selbst gerettet hätte, hätte uns das ruiniert. Wir wären verloren gewesen, wenn Er sich Selbst gerettet hätte. Oh, aber Er rettet uns! Was hat Ihn dann gerettet? Dieses Wort der Rettung rettete Ihn, als Er wir selbst war, und es rettet uns, wenn wir in Ihm sind. Er führt mich auf den Pfaden der Gerechtigkeit, um Seines Namens willen – *mich, mich!* Und das, damit jeder auf Erden in ihm sagen kann: „Er führt mich."

„Und ob ich schon wanderte im finsteren Tal." Wo war er im zweiundzwanzigsten Psalm? Am Kreuz, im Angesicht des Todes. Der dreiundzwanzigste Psalm kommt genau hierher, in der richtigen Reihenfolge, wie ihr seht, als Er in das dunkle Tal tritt. „Und ob ich schon wanderte im finsteren Tal, fürchte ich kein Unglück; denn du bist bei mir, dein Stecken und Stab trösten mich." Wer? *Christus und in Ihm wir selbst, und wir wissen es, weil Gott es einmal für uns in Ihm getan hat. Und in Ihm ist es immer noch für uns getan.* [Hervorhebung hinzugefügt][15]

Wow! Die Gemeinde hat in den Jahren nach 1888 wirklich etwas nicht mitbekommen, oder? Hier im Leben von Christus war eine *Prophezeiung* für jedes einzelne unserer eigenen Leben. Was Gott für Christus tat, das tat er auch für uns. So wie er in Christus wirkte, wirkte er auch in uns!

Wenn wir also Jesus Christus mitten im Sturm auf einem Boot schlafend sehen, was sollen wir dann wirklich sehen? Wir sollen Ihn so sehen, als wenn wir es selbst täten. Und wenn du dich mitten in einem Sturm befindest, sei es buchstäblich oder bildlich in den Prüfungen des Lebens, und du diese Erkenntnis zu deiner Realität werden lässt – dass Christus es bereits *als* du getan hat und *du* es deshalb auch schon getan hast –, dann wirst du keinen Stress haben. Du bist bereits inmitten des Sturms eingeschlafen, also kannst du einfach wieder einschlafen!

Wenn du siehst, wie Christus vor Kaiphas steht, und du siehst, wie Er zu Unrecht angeklagt, verhöhnt, geschlagen und bespuckt wird, aber es gibt nicht eine einzige Reaktion von Ihm, wusstest du, dass du dich selbst in Christus siehst? Er hat das als „du" getan, mit all deinen Schwächen, deinen Gebrechen, mit deinen nervösen Störungen und Ängsten, mit deinem schwachen Herzen und mit all deinen Fehlern aus der Vergangenheit, die dich immer wieder heimsuchen wollen. Er hat es als wir getan! Nimm es als eine Prophezeiung für dein eigenes Leben an.

Und ja, ist es nicht, wie die Heilige Schrift sagt: „ein Glaube, der durch die Liebe wirken soll?" (Galater 5,6). Wenn du erkennst, was Gott tatsächlich getan hat – dass Er uns so nahe gekommen ist – wow! Es gibt ein perfektes Leben, es ist genau da, ich muss nur *zulassen*, dass dieses Leben in mir gelebt wird. Und dass Gott tatsächlich in meine sündige Erbärmlichkeit kommt und all das für mich tut – was für eine Vorstellung! Was für eine Liebe!

Ihr wisst, wie wir sind, wenn wir die Sünden des anderen sehen: „Geh einfach weg. Du verunreinigst mich!" Nein. Jesus kam buchstäblich in unsere Erfahrung. Nicht nur in unsere, sondern in die Erfahrung eines jeden Mannes und einer jeden Frau, die jemals in dieser Welt gelebt haben. Aber das Problem ist, dass viele nie davon Gebrauch machen werden. Und wir können sagen, dass er ein perfektes Leben für jeden Menschen gelebt hat, denn sagt Jesus nicht: „Was ihr dem Geringsten getan habt, das habt ihr mir getan oder nicht getan" (Matthäus 25).

Kannst du das verstehen? Wie kann Jesus Christus kommen und das Leben eines jeden einzelnen Menschen leben und alles richtig machen? Ich verstehe es nicht; aber die Heilige Schrift sagt uns im Kolosserbrief, dass es ein *Geheimnis* ist. Es ist ein Geheimnis, dass Christus in uns ist, eins mit uns. Und es ist wirklich eine Hoffnung auf Herrlichkeit, auch wenn die Zeitspanne so kurz ist. Es ist Hoffnung, weil es die Antwort ist, die wir brauchen.

Christ's Object Lessons, S. 311:

> Wenn wir uns Christus unterordnen, ist das Herz mit Seinem Herzen vereint, der Wille wird mit Seinem Willen verschmolzen, der Verstand wird eins mit Seinem Verstand, die Gedanken werden in die Gefangenschaft zu Ihm gebracht; wir leben Sein Leben.[16]

Das ist doch eine klare Aussage, oder? Sein Leben: wir persönlich leben Sein Leben. Es gibt eine perfekte Vereinigung, ein Einswerden.

Aus *The Desire of Ages*, S. 668:

> Wenn wir einwilligen, wird Er sich so sehr mit unseren Gedanken und Zielen identifizieren, unser Herz und unseren Verstand so sehr mit Seinem Willen in Einklang bringen, dass wir, wenn wir Ihm gehorchen, nur unseren eigenen Impulsen folgen werden.[17]

Habt ihr euch darüber schon einmal Gedanken gemacht? Wie kann es sein, dass Gehorsam für dich selbstverständlich wird? Nun, hier ist die Antwort. Wenn Jesus Christus „ich" war und ich mich nun dieser Realität unterworfen und ihr zugestimmt habe, wird Gehorsam der natürliche Impuls meines Herzens sein. Hat Jesus nicht gesagt: „Ich habe Lust, deinen Willen zu tun ... dein Gesetz ist in meinem Herzen"? (Psalm 40,8). Wessen Herz war Sein Herz? Es war mein Herz; es war dein Herz; es ist unser Herz. Und so verspricht Gott, seinen ewigen Bund zu erfüllen und uns ein neues Herz zu geben (Jeremia 31,33; Hesekiel 36,26) – indem Er Seinen Sohn schickt, um mit uns eins zu werden.

In Galater 2,20 wird das sehr deutlich ausgedrückt:

> Ich bin mit Christus gekreuzigt ...

Ja, denn wenn Jesus Christus zu uns – „mir" – wurde, als Er starb, starben wir, aber als Er auferstand, heißt es da nicht, dass „Er *uns* am dritten Tag auferwecken wird"? (Hosea 6,2; Epheser 2,6).

> Doch nicht ich lebe ...

Ich habe immer noch meine eigene persönliche Individualität.

> Doch nicht ich, sondern Christus lebt in mir, und das Leben, das ich jetzt im Fleisch lebe, lebe ich durch den Glauben an den Sohn Gottes, der mich geliebt und sich für mich hingegeben hat.

Diese Worte beschreiben es perfekt. Ich lebe, aber nicht ich – Christus lebt in mir. Und es gibt noch viel mehr, was ich von Jones und Waggoner teilen könnte. Aber wir alle müssen ihre Schriften für uns selbst studieren. Die Geneinde hat es damals nicht verstanden; werden wir es heute auch nicht verstehen?

Was Jones und Waggoner damals vermittelten, war nur eine Einführung in dieses Thema. Nach allem, was wir wissen, haben wir vielleicht weniger Zeit als sie, um uns auf das zweite Kommen Christi vorzubereiten. Und so müssen wir noch tiefer und einfacher in das Thema einsteigen, als sie es taten.

Gibt es noch eine andere Wahrheit, die uns vorbereiten kann? Gibt es irgendeine andere Wahrheit als die, dass es ein Leben gibt – ein vollkommenes Leben – und dass es dein Leben ist und du es dir einfach zu eigen machen kannst? Kann uns irgendeine andere Botschaft auf das Kommen Jesu vorbereiten? Denkt daran: die Erlösung – und alles, was wir dafür brauchen – ist ein *Geschenk*.

Wenn wir dieses Geschenk annehmen und es uns zu eigen machen, kommen wir vielleicht an eine Weggabelung im Leben, wir müssen eine große Entscheidung treffen, aber es gibt keine Wegweiser, die uns den vollkommenen Willen Gottes deutlich vor Augen führen. Aber wir können beten: „Herr, Du bist in Jesus Christus bereits den richtigen Weg gegangen; und ich glaube, dass Sein Leben mein Leben war. Deshalb weiß ich, dass du in Ihm bereits die richtige Wahl für mich getroffen hast, und so werde ich dir vertrauen, dass du dies heute in meinem Leben Wirklichkeit werden lässt. Amen, Herr! Lass es so sein!"

Wenn wir dieser Realität zustimmen und uns ihr unterordnen, wird sie unsere Erfahrung sein. Wir werden sagen: „Herr, lebe Dein Leben, das mein Leben war, in mir aus." Und was auch immer es ist, das uns auf die Probe stellt, Jesus ist genau da; Er begegnet der Prüfung in diesem Moment; Er ist der Prüfung *bereits* begegnet. Unser Gebet wird sein: „Herr, ich übergebe Dir mein Leben. Lebe Dein Leben in mir aus." Sein Sieg wird unser Sieg sein. Ich bete, dass Gott uns hilft, dies zu glauben, wie ein kleines Kind zu sein – wenn Papa das gesagt hat, dann ist es so.

Nur weil man es nicht versteht, sollte man nicht daran zweifeln. Lange Zeit habe ich mich über 2 Korinther 3,18 gewundert. Hier heißt es:

> Wir alle aber, die wir mit offenem Angesicht wie in einem Spiegel die Herrlichkeit des Herrn schauen, werden in dasselbe Bild verwandelt, von Herrlichkeit zu Herrlichkeit, nämlich von des Herrn Geist.

Das hat mich immer verwirrt, weil es heißt, man schaue „wie in ein Glas". Was ist ein „Glas"? Es ist ein Spiegel. Was siehst du, wenn du in einen Spiegel schaust? Man sieht sein eigenes Ich, oder? Wenn du in einen Spiegel schaust, siehst du das Spiegelbild deines eigenen Ichs.

Aber habt ihr den ersten Teil des Verses bemerkt: „mit offenem Angesicht"? Andere Versionen geben ihn als „ohne Schleier" wieder.

Ohne den Schleier des *Unglaubens* sehen wir es so, wie es wirklich ist, denn die Heilige Schrift sagt uns ganz klar, dass Gott seinen Sohn als Sühne für jeden Menschen hingestellt hat. Jeder einzelne Mann und jede einzelne Frau hat also ein vollkommenes Leben, eine vollkommene Existenz. Wenn wir das glauben, wenn der Schleier des Zweifels weg ist, sehen wir die Wirklichkeit; und die Wirklichkeit besteht darin, dass wir, wenn wir das Leben Jesu Christi betrachten – erfüllt von der Herrlichkeit der vollkommenen Werke des Vaters –, in diesen Spiegel schauen und unser eigenes Leben sehen. Und wenn wir das ständig vor unserem geistigen Auge haben – dass es *mein* Leben ist – werden wir einige sehr schnelle Schritte machen, weil es „ich" bin, ich habe es schon getan! Gehorsam wird zur zweiten Natur. Durch das Betrachten werden wir verändert werden.

Jesus kann kommen, wenn wir anfangen, dies vollkommen zu glauben, und es ist unsere Entscheidung, wann wir es glauben. Es gibt ein Licht, das unsere Generation braucht, und es ist diese Botschaft, die wir betrachtet haben, die wir klar in unserer Erfahrung und nicht nur in unserem Verständnis brauchen. Das Einswerden von Jesu Christi ist die Wahrheit, um die sich alle anderen Wahrheiten gruppieren. Wenn wir also Christus und Seinen Gehorsam betrachten, müssen wir sehen, dass Er genauso gehorsam war wie wir selbst.

Wir können es uns nicht leisten, Jesus „dort drüben" nur als ein Beispiel zu betrachten, das wir kopieren müssen. Wir können es uns nicht leisten, ihn vor 2000 Jahren nur als Stellvertreter zu betrachten. Jesus kommt sehr bald, und wir müssen Ihn hier und jetzt sehen, wie er hier oben steht und eine perfekte Predigt hält, wie er auf einem Stuhl sitzt und einer Predigt zuhört, wie er all den Ablenkungen begegnet und einen Sieg erringt.

Wenn wir das nicht leben, wenn wir das nicht predigen, wird Gott jemand anderen erwecken, weil er kommen will, und er wird sogar die Steine zum Ausrufen bringen, wenn Er das muss. Wir brauchen das, was Ellen White „den elektrischen Schlag des Heiligen Geistes" nennt.

Testimonies, Vol.5, S. 257:

> Betet, dass die mächtigen Energien des Heiligen Geistes mit all ihrer belebenden, erholenden und umwandelnden Kraft wie ein elektrischer Schlag auf die gelähmte Seele fallen und jeden Nerv mit neuem Leben erfüllen und den ganzen Menschen aus seinem toten, irdischen, sinnlichen Zustand zu geistiger Gesundheit zurückführen wird. So werdet ihr der göttlichen Natur teilhaftig und seid dem Verderben entronnen, das durch die Lust in der Welt ist; und in euren Seelen wird sich das Bild dessen widerspiegeln, durch dessen Striemen ihr geheilt seid.[18]

Der elektrische Schock des Heiligen Geistes wird uns verwandeln. Habt ihr euch jemals mit Elektrizität in der Wissenschaft beschäftigt? Elektrizität kann Dinge, die sich diametral gegenüberstehen, zu einer Substanz verschmelzen, sogar bis auf die atomare Ebene. In einer anderen Aussage schreibt Ellen White, dass „die Verleihung des Heiligen Geistes die Verleihung des Lebens Christi ist" (*The Desire of Ages*, S. 805).

Im Jahr 1888 befürchteten die führenden Brüder, dass die Botschaft, die Jones und Waggoner verkündeten, das Volk in den Fanatismus führen würde. Das wird heute nicht anders sein.

Selected Messages, Vol.2, S. 57:

> Die Taufe mit dem Heiligen Geist wie am Pfingsttag wird zu einer Erweckung der wahren Religion und zur Vollbringung vieler wunderbarer Werke führen. Himmlische Wesen werden zu

> uns kommen, und die Menschen werden so reden, als wären sie vom Heiligen Geist Gottes bewegt worden. Aber sollte der Herr an den Menschen wirken, wie er es am und nach dem Pfingsttag getan hat, würden viele, die jetzt behaupten, an die Wahrheit zu glauben, so wenig über das Wirken des Heiligen Geistes wissen, dass sie ausrufen würden: *„Hütet euch vor Fanatismus."* Sie würden von denen, die mit dem Geist erfüllt waren, sagen: „Diese Männer sind voll neuen Weins." [Hervorhebung hinzugefügt]¹⁹

Hört euch das an:

> Die Zeit ist nicht mehr fern, in der die Menschen eine viel engere Beziehung zu Christus, eine viel engere Verbindung mit Seinem Heiligen Geist wünschen werden, als sie sie je hatten oder haben werden, wenn sie nicht ihren Willen und ihren Weg aufgeben und sich Gottes Willen und Gottes Weg unterwerfen.¹⁹

Was hat sie gesagt, was die Männer sehr bald wollen werden? „Eine viel engere Verbindung mit Christus", als sie es je zuvor hatten!

> Die große Sünde derer, die sich als Christen bekennen, besteht darin, dass sie ihr Herz nicht öffnen, um den Heiligen Geist zu empfangen. *Wenn Seelen sich nach Christus sehnen und versuchen, mit ihm eins zu werden, dann rufen diejenigen, die sich mit der Form der Frömmigkeit zufriedengeben, aus: „Seid vorsichtig, werdet nicht zu extrem."* [Hervorhebung hinzugefügt].¹⁹

Freunde, ich fordere euch auf, tief in diese Wahrheit einzudringen. Ich bin begrenzt in dem, was ich mit euch teilen kann, aber alles, was ich mit euch teilen könnte, ist nutzlos, wenn ihr es euch nicht zu eigen macht, und das könnt ihr nur, wenn ihr es für euch selbst studiert.

Jones und Waggoner gaben uns eine Einführung in diese wunderbare Wahrheit, die wir heute so dringend brauchen; aber wenn wir die Wahrheiten, die sie lehrten, nicht verstehen, werden wir auch die Wahrheiten für unsere Generation nicht verstehen.

Tatsache ist, dass wir heute bereit sein können, auf Jesus zu warten, weil wir in Ihm ein vollkommenes Leben *haben*. Und wenn wir das glauben, werden wir auch so leben. Augenblick für Augenblick werden wir uns zu unserer Vereinigung mit Jesus Christus bekennen und uns dem Leben *unterwerfen*, das Gott in Ihm gelebt hat. Wenn wir diese kostbaren Evangelien aufschlagen und von Seinem kostbaren Leben lesen, werden wir durch die Betrachtung verändert; denn wir werden wissen, dass wir von unserem eigenen Selbst in Ihm lesen. Bewusst und unbewusst wird Sein wunderbarer Charakter in uns vollkommen reproduziert werden, während Sein Leben, unser wahres Leben, mehr und mehr zu unserer eigenen gegenwärtigen Realität wird.

Ich kann die Bedeutung dieser Botschaft nicht mehr betonen, als ich es gerade versucht habe.

Ich möchte mit Alonzo Jones aus dem *1893 General Conference Bulletin* schließen:

> Oh, Er ist ein vollkommener Retter. Er ist mein Retter. Meine Seele preist den Herrn. Meine Seele frohlockt im Herrn, Brüder, heute Abend. Oh, ich sage mit David: Kommt und lobt den Herrn mit mir und lasst uns gemeinsam Seinen Namen preisen. Er hat vollständige Genugtuung geleistet. Es ist nichts gegen uns, liebe Brüder. Der Weg ist frei. Die Straße ist offen. Die Gerechtigkeit Christi befriedigt.[20]

Möge jeder von uns sagen: AMEN.

Kapitel 17

CHRISTUS MEIN RICHTIGES HANDELN

26. Oktober 2013

ICH möchte unsere Meditation mit der Lektüre einiger Verse aus Sacharja beginnen. Vielleicht ist euch diese Vision bekannt. Sacharja 3,1-7:

> Und er ließ mich sehen den Hohenpriester Josua, stehend vor dem Engel des HERRN; und der Satan stand zu seiner Rechten, um ihn anzuklagen. Da sprach der HERR zum Satan: Der HERR schelte dich, du Satan; ja, der HERR schelte dich, er, der Jerusalem erwählt hat! Ist dieser nicht ein Brand, der aus dem Feuer gerettet ist? Aber Josua hatte unreine Kleider an und stand doch vor dem Engel. Er aber antwortete und sprach zu denen, die vor ihm standen: Nehmt die unreinen Kleider von ihm weg! Und zu ihm sprach er: Siehe, ich habe deine Sünde von dir genommen und lasse dir Feierkleider anziehen! Und ich sprach: Man setze einen reinen Kopfbund auf sein Haupt! Da setzten sie den reinen Kopfbund auf sein Haupt und bekleideten ihn mit Gewändern, während der Engel des HERRN dastand. Und der Engel des HERRN bezeugte dem Josua und sprach: So spricht der HERR der Heerscharen: Wirst du in meinen Wegen wandeln und meinen Dienst fleißig versehen, so sollst du auch mein Haus regieren und meine Vorhöfe hüten, und ich will dir Zutritt geben unter diesen, die hier stehen!

Als Hohepriester war Josua der Vertreter des Volkes. Er stand in schmutzigen Kleidern vor dem Herrn. Was sollen sie ausdrücken? Kommt zu Jesaja 64,6:

> Wir sind allesamt geworden wie Unreine, und all unsere Gerechtigkeit ist wie ein schmutziger Lumpen. Wir sind alle verwelkt wie die Blätter, und unsere Sünden führen uns dahin wie der Wind.

Schmutzige Lumpen, schmutzige Kleider. Das ist der Wert unserer „Gerechtigkeit". In der *Young's Literal Translation* heißt es „all unsere *gerechten Taten*" – all die guten Dinge, die wir tun. Mit anderen Worten, unser Halten der Gebote ist so gut wie ein schmutziger Lumpen. Aber sollten wir nicht die Gebote halten? Ist der Gehorsam gegenüber Gottes Gesetz nicht eine gerechte Handlung? Es lohnt sich, darüber nachzudenken, denn in dieser Vision, sagt Gott, dass sogar der Mann, der als Hohepriester dem Volk diente – sogar *sein* richtiges Tun – keinen Wert hatte.

Wenn *unsere* guten Werke wie ein schmutziger Lappen sind, *wessen* gute Werke haben dann einen Wert? Schauen wir es uns an. Daniel betete, als er die Zeit der Befreiung Israels aus der Gefangenschaft nahen sah, und achtet darauf, was er in seinem Gebet sagte. Daniel 9,13-14:

> Wie es im Gesetz Moses geschrieben steht, ist all dies Unglück über uns gekommen; wir aber suchten das Angesicht des HERRN nicht dadurch zu besänftigen, daß wir uns von unsern Sünden abgewandt und auf deine Wahrheit geachtet hätten. Darum hat auch der HERR dafür gesorgt, daß das Unglück über uns kam; *denn der HERR, unser Gott, ist gerecht in allen seinen Werken, die er getan hat, da wir seiner Stimme ungehorsam gewesen sind.*

Gottes eigene Werke sind gerecht. Unsere Werke, egal wie „gut" sie sein mögen, sind schmutzige Kleider. Aber wenn Gott die Werke tut, wenn er derjenige ist, der sie durch uns tut, dann sind sie richtig.

Wir wollen dies im Leben Christi untersuchen. In Johannes 5,30 sagt Er:

> Ich kann nichts von mir selbst tun. ...

Jesus Christus, der Gott gleich war, machte sich Selbst ohne Ansehen und wurde so wie wir. Er wurde, wie der Hebräerbrief sagt, in allem seinen Brüdern gleich (Hebräer 2,17). So wie wir in allen Dingen nichts aus uns selbst heraus richtig machen können, so konnte auch Jesus Christus nichts aus sich Selbst heraus tun. Hätte er Seine eigenen Werke getan, dann wäre Sein Beispiel für uns keine Hilfe gewesen.

Gehen wir zu Johannes 5,19-20:

> Da antwortete Jesus und sprach zu ihnen: Wahrlich, wahrlich, ich sage euch, der Sohn kann nichts von sich selbst tun, sondern nur, was er den Vater tun sieht; denn was dieser tut, das tut gleicherweise auch der Sohn. Denn der Vater liebt den Sohn und zeigt ihm alles, was er selbst tut; und er wird ihm noch größere Werke zeigen als diese, so daß ihr euch verwundern werdet.

Jesus sagt: „Ich kann nichts von Mir aus tun; aber der Vater zeigt mir, was Er tut, und darum tue Ich es auch." Das entspricht auch den Worten in Johannes 14,10:

> Glaubst du nicht, daß ich im Vater bin und der Vater in mir ist? Die Worte, die ich zu euch rede, rede ich nicht von mir selbst, sondern der Vater, der in mir wohnt, tut die Werke.

Beachtet, wie Jesus sagt, dass, obwohl der Vater in Ihm wohnte und die Werke tat, der Vater Ihm *zuerst* offenbarte, was Er tat. Woher wusste Christus, was die Werke Seines Vaters waren und damit in Ihm sein würden? Gehen wir zu Johannes 5,39. Hier spricht Jesus zu den Pharisäern und Er sagt:

> Ihr erforschet die Schriften, weil ihr meinet, darin das ewige Leben zu haben; und sie sind es, die von mir zeugen.

Hatte Jesus das Neue Testament? Nein. Er hatte nur das Alte Testament. Im Alten Testament zeigte der Vater Jesus, was Er in Ihm wirken würde. So sagt Jesus: „Was Ich den Vater tun sehe, das tue auch Ich." Eine einfache Anschauung dafür sind die messianischen Prophezeiungen. Christus lernte Seine Berufung durch das Studium der Heiligen Schrift; Er las im Wort, was Gott zu gegebener Zeit in Ihm wirken würde, und als diese Zeit kam, fügte Er sich dem Wirken des Vaters.

Jesaja 55,10-11:

> Denn gleichwie der Regen und der Schnee vom Himmel fällt und nicht wieder dahin zurückkehrt, er habe denn die Erde getränkt und befruchtet und zum Grünen gebracht, daß sie dem Sämann Samen und dem Hungrigen Brot gibt; also soll das Wort, das aus meinem Munde geht, auch sein: es soll nicht leer zu mir zurückkehren, sondern ausrichten, was mir gefällt, und durchführen, wozu ich es sende!

Jesus erforschte Selbst die Heilige Schrift – weil sie von Ihm und Seinem Werk für unsere Erlösung zeugte. Als er dieses Wort las und Sich darauf einließ, wirkte der Vater durch dieses Wort in Ihm.

Wie kam es dazu, dass Jesus ein Leben *voll* des Wirkens Gottes führte? Ellen White bezieht sich auf diesen nächsten Vers, der von Jesus Christus spricht. Psalmen 119,11:

> Ich habe dein Wort in meinem Herzen geborgen, auf daß ich nicht an dir sündige.

Er behielt und bewahrte das Wort Gottes – die Schriften – in Seinem Herzen; und als die Zeit reif war, wirkten sie in Ihm das richtige Handeln Gottes.

In *Christ's Object Lessons*, S. 61, schreibt Ellen White über „unseren Teil". Nachdem Jesus Christus an unserer Stelle getreten ist, war dies auch Sein Anteil:

> Unser Teil ist es, Gottes Wort zu empfangen und es festzuhalten, indem wir uns seiner Kontrolle völlig hingeben, und sein Zweck in uns wird erfüllt werden.[1]

Deshalb heißt es in *The Desire of Ages*, S. 123:

> Wodurch hat Er [Christus] im Kampf mit Satan gesiegt? Durch das Wort Gottes. Nur durch das Wort konnte Er der Versuchung widerstehen. „Es steht geschrieben", sagte er.[2]

Und so sagt Jesus: „Ich suche nicht meinen eigenen Willen; Ich bin nicht derjenige, der wirkt. Es ist der Vater, der in Mir wirkt; es ist der Vater, der Mir den Sieg über all diese Versuchungen gibt." Aber wie hat der Vater gewirkt? *Allein durch das Wort.* „Nur durch das Wort konnte [Christus] der Versuchung widerstehen."

Kehren wir zurück zu Jesaja 55,11. Wir wollen uns das einen Moment lang ansehen und sehen, wie wichtig diese Erkenntnis ist, dass das Wort Gottes nicht leer zu Ihm zurückkehren wird, sondern es – es – wird die Sache vollbringen, zu der Er es gesandt hat, und es wird darin Erfolg haben.

> So wird mein Wort sein, das aus meinem Munde geht: es wird nicht leer zu mir zurückkehren, sondern es wird vollbringen, was mir gefällt, und es wird Erfolg haben in dem, wozu ich es gesandt habe.

Schauen wir uns nun Deuteronomium 32,1-2 an:

> Merket auf, ihr Himmel, denn ich will reden, und du Erde, vernimm die Rede meines Mundes! Meine Lehre triefe wie der Regen, meine Rede fließe wie der Tau, wie die Regenschauer auf das Gras, und wie die Tropfen auf das Kraut.

Meine Lehre, Meine Unterweisung, die Worte, die aus Meinem Mund kommen, werden wie der Regen fallen und wie der Tau versickern. Gibt es eine Verbindung zwischen diesem Vers und dem Vers in Jesaja 55? Wir beziehen uns oft auf diesen Vers als eine der Verheißungen des Spätregens – die Ausgießung des Heiligen Geistes –, dass Gott Seine Lehre auf unsere Herzen ausgießen wird.

In Joel 2,23 gibt es einen weiteren verbindenden Vers. Das Wort Gottes ist wie der Regen, der auf die Erde fällt.

> Und ihr Kinder Zions, frohlocket und freuet euch über den HERRN, euren Gott; denn er hat euch den Frühregen in rechtem Maß gegeben und Regengüsse, Frühregen und Spätregen, am ersten Tage zugesandt.

Auch hier ist von Regen die Rede. In der *Young's Literal Translation* wird es so ausgedrückt:

> Und ihr Söhne Zions, freut euch und seid fröhlich in Jehova, eurem Gott, denn er hat euch den Lehrer der Gerechtigkeit gegeben, der am Anfang einen Regenschauer auf euch niedergehen lässt, der euch besprengt und versammelt.

In der marginalen Lesart der *King James Version* heißt es: „Er hat euch den Lehrer der Gerechtigkeit gegeben, entsprechend der Gerechtigkeit."

Ein Lehrer des rechten Handelns nach dem rechten Handeln! Wenn wir das Leben Christi betrachten, erkennen wir Seine Quelle des rechten Handelns – wir sehen das *Wort*, das wirkte und die Sache selbst hervorbrachte. Diese Wertschätzung der Kraft, die im Wort *selbst* liegt, um die Sache selbst zu vollbringen, ist mit der Lehre Gottes in der Endzeit verbunden; dieses Prinzip hat ganz und gar mit der Lehre der Gerechtigkeit zu tun.

Beachtet, dass es in der *Young's Literal Translation* heißt, dass Gott uns diesen Lehrer von *Anfang* an zur Gerechtigkeit gegeben hat.

Dieses Verständnis für die Macht des Wortes Gottes ist nur eines der ersten Dinge, die der Lehrer uns lehren wird; aber wenn wir dieses wichtige Prinzip lernen, wird es helfen, eine Grundlage für den Rest dessen zu legen, was der Herr uns lehren möchte.

Joel 2,28-29:

> Und nach diesem wird es geschehen, daß ich meinen Geist ausgieße über alles Fleisch; und eure Söhne und eure Töchter werden weissagen, eure Ältesten werden Träume haben, eure Jünglinge werden Gesichte sehen; und auch über die Knechte und über die Mägde will ich in jenen Tagen meinen Geist ausgießen;

Das wird die letzte Ausgießung sein. Aber was muss zuerst kommen? Die Lehre, die wie der Regen fällt und wie der Tau destilliert. Ohne das Verständnis, dass das Wort Gottes die Sache selbst hervorbringt, werden wir nicht für die vollständige Ausgießung bereit sein. Wenn wir nicht wissen, wie Gott in Christus gewirkt hat, werden wir nicht wissen, wie er heute in uns wirken und uns darauf vorbereiten wird, den Spätregen zu empfangen.

Könnte es sein, dass wir noch ganz am *Anfang* stehen? Warten wir und erwarten wir, dass der Geist auf uns ausgegossen wird, wo wir doch die Grundlagen des Wortes Gottes erst noch lernen müssen? Solange wir nicht erkennen, dass die Kraft Gottes im Wort Gottes *selbst* liegt, um die Sache *selbst* zu vollbringen, kann Gott den Geist nicht auf uns ausgießen.

Die Verbindung zwischen diesen Versen in Deuteronomium, Joel und Jesaja ist in diesem Punkt sehr deutlich. Christus widerstand der Versuchung, indem er an diesem Wort festhielt und Sich seiner Kontrolle unterwarf.

Welche Art von Macht steckt in diesem Wort? Kommt zu Genesis 1:

> Im Anfang schuf Gott den Himmel und die Erde.

Wie hat Er das getan? Verse 2-3:

> Und die Erde war wüst und leer, und es lag Finsternis auf der Tiefe, und der Geist Gottes schwebte über den Wassern. Und Gott sprach: Es werde Licht! Und es ward Licht.

Er „sprach" und es war so. Und an jedem darauffolgenden Tag war es genauso.

Verse 6-7:

> Und Gott sprach: Es soll eine Feste entstehen inmitten der Wasser, die bilde eine Scheidewand zwischen den Gewässern! Und Gott machte die Feste und schied das Wasser unter der Feste von dem Wasser über der Feste, daß es so ward.

Jeden Tag „sagte" Gott etwas und es geschah. Das ist das grundlegende Fundament des Wortes Gottes.

Kehren wir zurück zu *The Desire of Ages*, S. 123. Wir haben vorhin einen kleinen Teil davon gelesen und wollen es jetzt im größeren Zusammenhang lesen:

> „Der Fürst dieser Welt kommt", sagte Jesus, „und hat nichts in mir." Johannes 14,30. In Ihm gab es nichts, was auf die Spitzfindigkeiten Satans reagierte. Er hat der Sünde nicht zugestimmt. Nicht einmal mit einem Gedanken gab er der Versuchung nach. So möge es auch bei uns sein. Christi Menschlichkeit war mit der Göttlichkeit vereint; Er war durch das Innewohnen des Heiligen Geistes für den Kampf gerüstet. Und Er kam, um uns der göttlichen Natur teilhaftig zu machen. Solange wir durch den Glauben mit Ihm verbunden sind, hat die Sünde keine Herrschaft mehr über uns. Gott ergreift die Hand des Glaubens in uns, um sie so zu lenken, dass sie die Göttlichkeit Christi festhält, damit wir die Vollkommenheit des Charakters erlangen können.

> Und wie das zu bewerkstelligen ist, hat uns Christus gezeigt. Wodurch hat er im Kampf mit Satan überwunden? Durch das Wort Gottes. Nur durch das Wort konnte er der Versuchung widerstehen. „Es steht geschrieben", sagte Er. Und uns sind „sehr große und kostbare Verheißungen gegeben, damit ihr durch diese der göttlichen Natur teilhaftig werdet und dem Verderben, das durch die Begierde in der Welt ist, entflieht". 2 Petrus 1,4. Jede Verheißung in Gottes Wort gilt für uns. „Durch jedes Wort, das aus dem Mund Gottes geht", sollen wir leben. Wenn du in Versuchung gerätst, schaue nicht auf die Umstände oder auf deine eigene Schwäche, sondern auf die Kraft des Wortes.[3]

Möchtest du die Erfahrung machen, die Christus gemacht hat? Wo selbst die Spitzfindigkeiten des Teufels und dein eigenes böses Herz dich nicht täuschen können? Wo du nicht einmal in Gedanken der Versuchung nachgeben wirst? Christus hat uns gezeigt, wie das zu erreichen ist. Aber wie ist es dir in deinem Leben ergangen? Wie ist es dir im letzten Jahr, in der letzten Woche ergangen? In Bezug auf deine Gedanken, hat Satan dort Fuß gefasst? In deinem Leben? Wie fühlst du dich, wenn du auf dein vergangenes Leben zurückschaust? Wie fühlst du dich, wenn du auf die letzte Woche zurückblickst? – wie Josua, der Hohepriester, sich gefühlt hätte, als er vor Gott stand? Schmutzige Gewänder! Aber wie lautete die Verheißung? „Nimm die schmutzigen Kleider weg und kleide ihn mit einem neuen Gewand." Können wir den Herrn für diese Worte preisen? Natürlich können wir das!

Christ's Object Lessons, S. 311:

> Nur die Bedeckung, die Christus Selbst bereitgestellt hat, kann uns bereit machen, vor Gott zu erscheinen. Diese Bedeckung, das Gewand Seiner eigenen Gerechtigkeit, wird Christus über jede bußfertige, gläubige Seele legen. „Ich rate dir", sagt Er, „kaufe von mir weiße Kleider, damit du bekleidet wirst und die Schande deiner Blöße nicht offenbar wird." Offenbarung 3,18.
>
> Dieses Gewand, das im himmlischen Webstuhl gewebt wurde, enthält keinen einzigen Faden, der von Menschenhand stammt.

Was soll das heißen? Nicht ein Faden menschlichen *Wirkens*. Dieses Gewand der Gerechtigkeit Christi ist voll von Gottes richtigem-Handeln – von Gott Selbst, der im Leben Christi vollkommen wirkt.

> Christus hat in Seinem Menschsein einen vollkommenen Charakter geschaffen, und diesen Charakter bietet Er an, uns zu verleihen.

Wenn du das Wort „Charakter" liest, darfst du nicht denken, dass es sich nur auf die Eigenschaft oder Qualität einer Person bezieht. Der Charakter ist das Ergebnis der Pflege bestimmter Gedanken und Gefühle; sogar Gewohnheiten tragen zum Charakter bei. Daher ist dieses Geschenk eines neuen Charakters eigentlich eine vollständige Veränderung der Realität – es ist eine Veränderung der geistigen Beschäftigung, eine Veränderung der Gewohnheiten; mit anderen Worten, es ist eine Veränderung des *Lebens*!

> „All unsere Gerechtigkeit ist wie schmutzige Lumpen." Jesaja 64,6. Alles, was wir aus uns selbst heraus tun können, ist durch die Sünde verunreinigt. Aber der Sohn Gottes „ist offenbart worden, um unsere Sünden wegzunehmen; und in Ihm ist keine Sünde". Sünde wird definiert als „die Übertretung des Gesetzes". 1 Johannes 3,5-4. Aber Christus war jeder Forderung des Gesetzes gehorsam. Er sagte von sich Selbst: „Ich habe Lust, Deinen Willen zu tun, o Mein Gott; ja, Dein Gesetz ist in Meinem Herzen." Psalm 40,8.

„Dein Wort habe ich in meinem Herzen verborgen, damit ich nicht gegen dich sündige" (Psalm 119,11).

> „Als Er auf der Erde war, sagte Er zu seinen Jüngern: ‚Ich habe die Gebote Meines Vaters gehalten.' Johannes 15,10. Durch Seinen vollkommenen Gehorsam hat Er es jedem Menschen ermöglicht, Gottes Gebote zu befolgen."

Er hielt die „Gebote" Seines Vaters – die Worte, die aus Seinem Mund kamen. Was haben wir über dieses Wort gelesen? Wir sollen es festhalten und *bewahren* – nicht, indem wir es tun oder befolgen, als ob es eine Anweisung wäre, sondern indem wir es in und durch uns wirken lassen.

> Wenn wir uns Christus unterordnen, ist das Herz mit Seinem Herzen vereint, der Wille geht in Seinem Willen auf, der Verstand wird eins mit Seinem Verstand, die Gedanken werden Ihm unterworfen; wir leben Sein Leben.[4]

Wie nennen wir das? Das „Einswerden" – EINS-WERDUNG. Das Leben Christi ist unser eigenes Leben, denn Er wurde eins mit uns. Das Gesetz verlangt vom Einzelnen Gehorsam, und so wurde Christus zu unserem eigenen Selbst, und als unser eigenes Selbst lebte Er ein vollkommenes Leben. Und zu diesem vollkommenen Leben sagt Er: „Hier. Nimm es. *Das* ist es, was die Ansprüche des Gesetzes erfüllen wird." Unser Leben wird mit Seinem Leben verschmolzen. Wie eng ist das? Das Herz wird eins mit *Seinem* Herzen, der Wille eins mit *Seinem* Willen, der Verstand eins mit *Seinem*

Verstand und die Gedanken werden in *Seine* Gewalt gebracht. Wir leben *Sein* Leben.

> Das ist es, was es bedeutet, mit dem Gewand seiner Gerechtigkeit bekleidet zu sein.

Bist du heute nackt?

> Wenn der Herr dann auf uns blickt, sieht er nicht das Feigenblattkleid, nicht die Blöße und Entstellung der Sünde, sondern Sein eigenes Gewand der Gerechtigkeit, das in vollkommenem Gehorsam gegenüber dem Gesetz Jehovas besteht.[4]

Das Gewand der Gerechtigkeit ist Sein eigenes vollkommenes Leben. Weil dieses Gewand der Gerechtigkeit praktischen Gehorsam einschließt, habe ich diese Studie mit dem Titel versehen: *„Christus mein Richtiges-Handeln."*

Wir machen oft den Fehler, das Wort „Gerechtigkeit" in einem nicht-praktischen Sinn zu verstehen. Wir verstehen darunter nur, dass uns die Eigenschaften der Person Christi gegeben sind. Aber nein, es ist auch gleichbedeutend mit praktischem Gehorsam – Richtigen-*Handeln*.

Steps to Christ, S. 62:

> Da wir sündig und unheilig sind, können wir dem heiligen Gesetz nicht vollkommen gehorchen. Wir haben aus uns selbst heraus keine Gerechtigkeit [kein Richtiges-Handeln], mit der wir den Ansprüchen des Gesetzes Gottes gerecht werden könnten. Aber Christus hat für uns einen Ausweg geschaffen. Er lebte auf der Erde inmitten von Prüfungen und Anfechtungen, wie wir sie zu bestehen haben. Er lebte ein sündloses Leben. Er ist für uns gestorben, und jetzt bietet Er uns an, unsere Sünden auf Sich zu nehmen und uns Seine Gerechtigkeit [Rechtschaffenheit] zu geben. Wenn du dich Ihm hingibst und Ihn als deinen Retter annimmst, dann wirst du, so sündig dein Leben auch gewesen sein mag, um Seinetwillen für gerecht erklärt. Der Charakter Christi tritt an die Stelle deines Charakters, und du wirst vor Gott so angenommen, als hättest du nicht gesündigt.[5]

Fühlst du dich jetzt besser wegen der Woche, die du gerade hinter dir hast? Lobt den Herrn für diese Worte, denn wenn wir entdecken, wer wir wirklich sind und dass unser Richtiges-Handeln nicht zählt, dann fühlen wir uns nicht besonders gut, nicht wahr?

Aber wenn wir sehen können, dass das Leben, das Jesus gelebt hat, unser eigenes Leben ist, und dass es eine vollkommene Existenz ist, die Gott als unsere eigene betrachtet und nur darauf schaut, ohne unsere groben Verfehlungen zu sehen, gibt uns das so viel Frieden, richtig?

Ich preise den Herrn wirklich dafür. Ich klammere meine hilflose Seele an diese Realität. Dieser kostbare Lichtstrahl, der inmitten all der Dunkelheit Trost für unsere Seelen bringt. Obwohl wir so sündig sind, können wir vor Gott stehen, als ob wir nicht gesündigt hätten. Wir nennen das Rechtfertigung, nicht wahr? Die verzeihende Liebe Gottes.

Aus *Faith and Works*, S. 100, stammt ein neues Element bezüglich dieses kostbaren Gewandes der Gerechtigkeit Christi, das für uns von so großem Wert ist:

> Aber während Gott gerecht sein und den Sünder dennoch durch die Verdienste Christi rechtfertigen kann, kann kein Mensch seine Seele mit den Kleidern der Gerechtigkeit Christi bedecken, während er bekannte Sünden begeht oder bekannte Pflichten vernachlässigt. Gott verlangt die völlige Hingabe des Herzens, bevor die Rechtfertigung stattfinden kann; und damit der Mensch die Rechtfertigung behält, muss es einen ständigen Gehorsam geben, durch einen aktiven, lebendigen Glauben, der durch die Liebe wirkt und die Seele reinigt.[6]

Habt ihr das verstanden? Angesichts dieser Worte möchte ich euch noch einmal fragen, was ihr von der letzten Woche haltet, die ihr gerade erlebt habt. Wir betrachten die Rechtfertigung oft als eine Art Decke, unter der ich auf meinem Weg der Heiligung Fehler begehen kann; und wir geraten in die Gefahr zu denken, dass es in Ordnung ist, wenn ich einen Fehler mache, weil ich immer noch mit diesem Gewand der Gerechtigkeit Christi bedeckt bin. Aber es gibt hier etwas, das wir uns in unserem Denken und in unserer Erfahrung sehr klar machen müssen. „Kein Mensch kann seine Seele mit den Kleidern der Gerechtigkeit Christi bedecken, während er bekannte

Sünden begeht oder bekannte Pflichten vernachlässigt." „Damit der Mensch seine Rechtfertigung behält, muss er beständig gehorsam sein." In diesem Fall gilt: „Prüft euch selbst, prüft euch, ob ihr im Glauben seid, es sei denn, ihr seid nicht echt" (2. Korinther 13,5).

Ist es möglich, dass ich denke, dass ich gerechtfertigt bin und vor Gott stehe, als ob ich nicht gesündigt hätte, während ich gleichzeitig gegen das Licht sündige, das ich habe? Würde ich wirklich vor Ihm stehen, als ob ich nicht gesündigt hätte? Nicht, wenn Ich *„bekannte Sünden ausübe oder bekannte Pflichten vernachlässige"*; nicht, wenn ich keinen *„beständigen Gehorsam"* habe.

Vielleicht hast du das gemacht, was ich die meiste Zeit meines Lebens getan habe, sogar die meiste Zeit meines christlichen Lebens – eine Lüge gelebt, in einem falschen Gefühl der Sicherheit, in dem Glauben, dass alles in Ordnung ist und ich gerechtfertigt bin.

Ich dachte, ich könnte hingehen und tun, was ich will, und dann aus meinem Fehler lernen und zurückkommen, und alles wird gut sein – ich bin immer noch mit dem Blut Christi bedeckt. Aber das ist die falsche Denkweise. Wir verlieren unsere Rechtfertigung, wenn wir etwas tun, von dem wir wissen, dass wir es nicht tun sollten, und wir zurückkommen müssen und den Sohn Gottes von neuem kreuzigen.

Lesen wir auch diese Aussage aus *The Spirit of Prophecy*, Vol.4, S. 299:

> Aber niemand soll sich dem Glauben hingeben, dass Gott ihn annehmen und segnen wird, während er vorsätzlich gegen eine seiner Forderungen verstößt. Das Begehen einer bekannten Sünde bringt die bezeugende Stimme des Geistes zum Schweigen und trennt die Seele von Gott. Jesus kann nicht in einem Herzen wohnen, das das göttliche Gesetz missachtet. Gott wird nur diejenigen ehren, die Ihn ehren.[7]

Die Heilige Schrift ist eindeutig: Es gibt keine Verdammnis, wenn du in Christus Jesus bist. Aber welche Gemeinschaft hat die Gerechtigkeit mit der Ungerechtigkeit? Welche Gemeinschaft hat das Licht mit der Finsternis? Wie kann ich meinen, dass ich in Jesus Christus bin, wenn ich vorsätzlich eine bekannte Sünde begehe? Ich bin nicht in Christus, wenn ich das tue. Ich bin aus meiner Rechtfertigung herausgetreten, und ich muss zurückkommen und Buße tun.

Und wie lange könnte das dauern? Beachtet, dass es dort heißt: „Die Begehung einer bekannten Sünde bringt die bezeugende Stimme des Geistes zum Schweigen." Wie lange brauchten Maria und Josef, um Jesus wiederzufinden? Drei Tage einer herzzerreißenden Suche. Wie lange brauchen wir, um eine erneuerte Rechtfertigung zu finden? Wie stark ist die Täuschung unseres eigenen Herzens? „Denn wenn sie sagen: ‚Friede und Sicherheit!', dann kommt das plötzliche Verderben über sie" (1. Thessalonicher 5,3); lasst uns das persönlich nehmen. Welche Art von Zerstörung kommt über sie? *Plötzliche* Zerstörung – etwas, womit sie nicht gerechnet haben, denn sie dachten, sie seien sicher; sie dachten, sie seien mit dem Gewand der Gerechtigkeit Christi bedeckt und dass es für sie in Ordnung sei, hinzugehen und einige Fehler zu begehen.

„Wenn wir durch mannigfaltige Versuchungen überrascht oder zur Sünde verführt werden, wendet sich [Christus] nicht von uns ab und überlässt uns dem Untergang" (*Our High Calling*, p.49). Wenn wir aber das Licht haben und uns dennoch gegen dieses Licht entscheiden, dann wird dies zu einer vorsätzlichen Sünde und wir verlieren unsere Rechtfertigung. Aber ist das nicht ein Problem, das wir alle haben? Wie in Römer 7 beschrieben, haben wir genau die Dinge, von denen wir wissen, dass sie falsch sind, die wir nicht tun wollen, getan, bevor wir es überhaupt wissen. Was sollen wir also tun? Im Leben Jesu sehen wir, was zu tun ist – die Bibel so lesen, wie Er sie gelesen hat.

Kommen wir zu Matthäus 1,20-23. Hier spricht der Engel im letzten Teil von Vers 20 zu Josef:

> Während er aber solches im Sinne hatte, siehe, da erschien ihm ein Engel des Herrn im Traum, der sprach: Joseph, Sohn Davids, scheue dich nicht, Maria, dein Weib, zu dir zu nehmen; denn was in ihr erzeugt ist, das ist vom heiligen Geist. Sie wird aber einen Sohn gebären, und du sollst ihm den Namen Jesus geben; denn er wird sein Volk retten von ihren Sünden. Dieses alles aber ist geschehen, auf daß erfüllt würde, was von dem Herrn gesagt ist durch den Propheten, der da spricht: «Siehe, die Jungfrau wird empfangen und einen Sohn gebären, und man wird ihm den Namen Emmanuel geben; das heißt übersetzt: Gott mit uns.»

Die Benennung von Jesus als „Emmanuel" war eine Erfüllung des Alten Testaments (Jesaja 7,14). Der Name steht für „Gott mit uns".

Christus wurde auch „Jesus" genannt, was bedeutet, „denn Er wird Sein Volk von ihren Sünden erlösen." Diese Namen sind eng miteinander verbunden. *„Gott mit uns"* wird die Lösung für das Problem der Sünde liefern.

Ich möchte die Kommentare von Alonzo Jones zu diesen Versen aus den *1895 General Conference Bulletins* lesen:

> Christus konnte nicht Gott mit uns sein, ohne zu uns selbst zu werden, denn es ist nicht Er Selbst, der sich in der Welt manifestiert. Wir sehen Jesus nicht in dieser Welt, wie Er im Himmel war; Er ist nicht in diese Welt gekommen, wie Er im Himmel war, noch war Er die Persönlichkeit in der Welt manifestiert, die im Himmel war, bevor Er kam. Er entäußerte sich Selbst und wurde wir selbst. Dann, indem Er Sein Vertrauen auf Gott setzte, wohnte Gott bei Ihm. Und da Er wir selbst ist und Gott bei Ihm ist, ist Er „Gott mit uns". Das ist Sein Name.
>
> Wäre Er so in die Welt gekommen, wie Er im Himmel war, als Gott, und hätte sich so offenbart, wie Er dort war, und Gott mit Ihm, dann hätte Sein Name nicht „Gott mit uns" gelautet, denn dann wäre Er nicht Wir selbst gewesen. Aber Er entäußerte sich Selbst. Er Selbst manifestierte sich nicht in der Welt. Denn es steht geschrieben: „Niemand kennt den Sohn als nur der Vater." Nicht der Vater offenbart den Sohn in der Welt, sondern der Sohn offenbart den Vater. Christus ist nicht die Offenbarung Seiner Selbst. Er ist die Offenbarung des Vaters für die Welt und in der Welt und für die Menschen ... Es ist also der Vater, der in der Welt offenbart ist, der uns offenbart ist und in uns in Christus offenbart ist. Das ist die eine Sache, die wir die ganze Zeit studieren.

Dass Christus sich Selbst entäußerte und der Vater sich Selbst durch Christus offenbarte. Und es war, als wäre Er wir und der Vater war mit Ihm, Er war „Gott mit uns".

> Dies ist das Zentrum, um das sich alles andere dreht.

Ellen White schrieb: „Das Opfer Christi als Sühnung für die Sünde ist die große Wahrheit, um die sich alle anderen Wahrheiten gruppieren." (*Manuscript Releases*, Vol.12, S. 33). Alonzo Jones macht die Bedeutung des „Einswerdens" sehr deutlich.

> Und da Christus in allem unsere menschliche Natur im Fleisch angenommen hat und so zu uns selbst geworden ist, lesen wir, wenn wir von Ihm und dem Umgang des Vaters mit Ihm lesen, von uns selbst und vom Umgang des Vaters mit uns. Was Gott Ihm gegenüber tat, war gegenüber uns; was Gott für Ihn tat, war für uns. Und deshalb steht wiederum geschrieben: „Er hat Ihn, der keine Sünde kannte, für uns zur Sünde gemacht, damit wir in Ihm zur Gerechtigkeit Gottes gemacht werden." 2. Korinther 5,21.[8]

Der Vater hat die Werke in Ihm getan und Er war wir, also hat der Vater die Werke in uns getan. Als Er für Christus arbeitete, arbeitete Er für dich und mich. Das ist die zentrale Wahrheit, um die sich alles andere dreht.

Wenn wir alle Randwahrheiten der Lehre, der persönlichen Religion usw. richtig verstehen wollen, dann nur durch *diese* Erkenntnis. Was Gott Ihm gegenüber getan hat, hat er auch uns gegenüber getan; was Gott für Ihn getan hat, hat er auch für uns getan; was Gott in Ihm gewirkt hat, hat er auch in uns gewirkt. Wenn dies der Fall ist, muss der folgende Vers wahr sein. Galater 2,19-20:

> Ich bin mit Christus gekreuzigt:

Amen? Unbedingt! Denn wenn Er zu uns Selbst wurde und Er gekreuzigt wurde, dann sind wir mit Christus gekreuzigt.

Doch was geschah mit Jesus Christus? Er ist wieder auferstanden.

> Und nicht mehr lebe ich, sondern Christus lebt in mir; was ich aber jetzt im Fleische lebe, das lebe ich im Glauben an den Sohn Gottes, der mich geliebt und sich selbst für mich hingegeben hat.

Wie hat Christus gelebt? Durch jedes Wort, das aus dem Mund Gottes hervorgeht. Er glaubte, dass das Wort wirken würde, und deshalb überließ Er sich Selbst dem Wirken dieses Wortes.

Ich möchte den Kommentar von Alonzo Jones zu diesem Thema aus *The Advent Review and Sabbath Herald* vom 24. Oktober 1899 lesen:

> „Ich BIN mit Christus gekreuzigt; und doch lebe ich, doch nicht ich, sondern Christus lebt in mir; und das Leben, das ich jetzt im

Fleisch lebe, lebe ich durch den Glauben an den Sohn Gottes, der mich geliebt und sich selbst für mich hingegeben hat."

Es ist vielleicht nicht falsch, zu betonen, was diese Schrift sagt, indem man festhält, was sie nicht sagt.

Es heißt nicht: „Ich möchte mit Christus gekreuzigt werden. Es heißt nicht: „Ich wünschte, ich wäre mit Christus gekreuzigt, damit Er in mir leben könnte. Es heißt vielmehr: „Ich bin mit Christus gekreuzigt."

Noch einmal: Es heißt nicht: Paulus ist mit Christus gekreuzigt worden; Christus hat in Paulus gelebt; und der Sohn Gottes hat Paulus geliebt und sich für Paulus hingegeben. Das alles ist wahr; aber das ist nicht, was die Schrift sagt, und das ist auch nicht, was sie meint; denn sie meint genau das, was sie sagt. Und es heißt: „Ich bin mit Christus gekreuzigt; dennoch lebe ich, doch nicht ich, sondern Christus lebt in mir; und das Leben, das ich jetzt im Fleisch lebe, lebe ich durch den Glauben an den Sohn Gottes, der mich geliebt und sich selbst für mich hingegeben hat."

So ist dieser Vers eine schöne und solide Grundlage des christlichen Glaubens für jede Seele in der Welt. So wird es jeder Seele ermöglicht, in voller Gewissheit des christlichen Glaubens zu sagen: ...

Ist es nicht das, was wir wollen? Eine „volle Gewissheit"?

So wird es jeder Seele ermöglicht, in voller Gewissheit des christlichen Glaubens zu sagen: „Er hat mich geliebt". „Er hat sich für mich hingegeben." „Ich bin mit Christus gekreuzigt." „Christus lebt in mir." Lies auch 1. Johannes 4,15.

Wenn eine Seele sagt: „Ich bin mit Christus gekreuzigt", dann ist das kein Versuch, etwas zu sagen. Es ist kein Glaube, der auf einer Vermutung beruht. Es bedeutet nicht, etwas zu sagen, wovon es keine Gewissheit gibt. Jede Seele auf dieser Welt kann in aller Wahrheit und Aufrichtigkeit sagen: „Ich bin mit Christus gekreuzigt." Es ist nur die Annahme einer Tatsache, die Annahme einer Sache, die bereits geschehen ist; denn dieses Wort ist die Aussage einer Tatsache.

Es ist eine Tatsache, dass Jesus Christus gekreuzigt wurde. Und als er gekreuzigt wurde, wurden auch wir gekreuzigt; denn er war einer von uns. Sein Name ist Immanuel, was „Gott mit uns" bedeutet – nicht Gott mit Ihm, sondern „Gott mit uns". Wenn sein Name nicht Gott mit Ihm lautet, sondern „Gott mit uns", und wenn Gott mit Ihm nicht Gott mit Ihm war, sondern Gott mit uns, wer war er dann anderes als „wir"? Er musste „wir" sein, damit Gott mit Ihm nicht Gott mit Ihm, sondern „Gott mit uns" sein konnte. Und als er gekreuzigt wurde, wer war es dann anderes als „wir", die gekreuzigt wurden?

Das ist die gewaltige Wahrheit, die in diesem Text verkündet wird. Jesus Christus war „wir". Er war von demselben Fleisch und Blut wie wir. Er war von unserer Natur. Er war in allen Punkten wie wir. „Es gefiel ihm, in allen Punkten seinen Brüdern gleich zu werden." Er entäußerte sich Selbst und wurde in der Gestalt von Menschen gemacht. Er war „der letzte Adam". Und genau wie der erste Adam wir selbst waren, so war Christus, der letzte Adam, wir selbst. Als der erste Adam starb, starben wir, die wir in Ihn einbezogen waren, mit ihm. Und als der letzte Adam gekreuzigt wurde, wurden wir mit Ihm gekreuzigt, denn Er war wir selbst und wir waren in Ihm enthalten. Wie der erste Adam in sich selbst das ganze Menschengeschlecht war, so war der letzte Adam in sich Selbst das ganze Menschengeschlecht; und als der letzte Adam gekreuzigt wurde, wurde das ganze Menschengeschlecht – die alte, sündige, menschliche Natur – mit ihm gekreuzigt. Und so steht es geschrieben: „Dies wissend, dass unser alter Mensch MIT IHM GEKREUZIGT IST, auf dass der Leib der Sünde vernichtet werde, dass wir hinfort der Sünde nicht mehr dienen."

Könnt ihr das nachvollziehen? Das ist tiefgründig! Jones liest das Wort Gottes einfach so, wie es sich liest. Wie viel Hoffnung ist in diesem Vers enthalten? In nur einem Vers ist die Macht Gottes zur Rettung enthalten – eine Rettung, die bereits da ist, wenn wir die Tatsache akzeptieren wollen.

So kann jede Seele in dieser Welt im vollkommenen Triumph des christlichen Glaubens wahrhaftig sagen: „Ich bin mit Christus gekreuzigt"; meine alte sündige menschliche Natur ist mit Ihm

> gekreuzigt, damit dieser Leib der Sünde zerstört werde, damit ich fortan nicht mehr der Sünde diene. Röm. 6,6. Dennoch lebe ich; doch nicht ich, sondern Christus lebt in mir. Stets an meinem Leib das Sterben des Herrn Jesus tragend, die Kreuzigung des Herrn Jesus, denn ich bin mit Ihm gekreuzigt, auf dass auch das Leben Jesu an meinem Leib offenbar werde. Denn ich, der ich lebe, bin allezeit dem Tode preisgegeben um Jesu willen, damit auch das Leben Jesu an meinem sterblichen Leibe offenbar werde. 2 Kor. 4,10-11. Und darum lebe ich das Leben, das ich jetzt im Fleisch lebe, durch den Glauben des Sohnes Gottes, der mich geliebt und sich Selbst für mich hingegeben hat.

Kannst du erkennen, wie all diese Verse zusammenhängen?

> In dieser gesegneten Tatsache der Kreuzigung des Herrn Jesus, die für jede menschliche Seele vollbracht wurde, ist nicht nur das Fundament des Glaubens für jede Seele gelegt, sondern in ihr ist auch die Gabe des Glaubens ZU jeder Seele gegeben worden. Und so ist das Kreuz Christi nicht nur die Weisheit Gottes, die uns von Gott gezeigt wird, sondern es ist die Kraft Gottes selbst, die sich offenbart, um uns von aller Sünde zu befreien und uns zu Gott zu bringen.

> O Sünder, Bruder, Schwester, glaubt es. Oh, nehmt es an. Gib dich dieser mächtigen Wahrheit hin. Sag es, sag es in voller Glaubensgewissheit, und sag es für immer. „Ich bin mit Christus gekreuzigt; dennoch lebe ich, doch nicht ich, sondern Christus lebt in mir; und das Leben, das ich jetzt im Fleisch lebe, lebe ich durch den Glauben an den Sohn Gottes, der mich geliebt und sich selbst für mich hingegeben hat." Sprich es aus; denn es ist die Wahrheit, die eigentliche Wahrheit und Weisheit und Macht Gottes, der die Seele von aller Sünde rettet.[9]

Sprich es aus! „Sag es für *immer!*" Oh Freunde, werden wir das für immer sagen? Jeden Tag, jede Stunde, jede Minute, jeden Augenblick: „Ich bin mit Christus gekreuzigt!" Das ist das Wort Gottes, oder nicht? Als er am Anfang kam, um die Erde zu erschaffen, sagte Er: „Es werde Licht", und es wurde Licht. Sein Wort wird zu unserer Wirklichkeit, wenn wir es glauben und zulassen.

Gott sagt, dass wir mit Christus gekreuzigt sind – dann ist es so! Aber mehr als das: „Ich lebe, doch nicht ich: Christus lebt in mir; und nun lebe ich durch Seinen Glauben." Wie hat der Sohn Gottes Sein Leben gelebt? Wir haben das vorhin schon angesprochen: Er verließ sich auf das *Wort*; Er lebte durch jedes Wort, das aus dem Mund Gottes kam. Und wenn Er wie wir selbst wurde und Er starb, und wir mit Ihm starben, wie sollten wir dann mit Ihm *leben*? Genau so, indem wir uns auf das Wort Gottes verlassen, damit es in uns wirkt.

Aber warum versagen und fallen wir dann? Warum finden wir uns dann außerhalb der Grenzen des kostbaren Geschenks der Rechtfertigung wieder? Es liegt daran, dass wir an Gottes Wort zweifeln. Was sagt das Wort Gottes? Schlagt Psalm 16,11 auf.

> Du wirst mir den Weg des Lebens zeigen; Fülle von Freuden ist vor deinem Angesicht, liebliches Wesen zu deiner Rechten ewiglich!

Wir entscheiden uns für die Sünde und genießen ihre Freuden für einen Moment, weil wir nicht glauben, dass in Gottes Gegenwart die Fülle der Freude und des Vergnügens für alle Zeiten liegt. Wir sagen Gott, dass wir glauben, dass Sünde angenehmer ist als das Zusammensein mit Ihm. Wir zweifeln an Gottes Wort. Wir sagen Ihm, dass Er ein Lügner ist. Und warum hat die Sünde eine so starke Anziehungskraft auf uns? Weil wir nicht glauben, dass wir mit Christus gekreuzigt sind – das ist der Grund. Wenn wir wirklich glauben würden, dass er *wir* war, dass er starb und wir mit ihm starben, was wäre dann mit all den sündigen Begierden, die wir in unserem Geist haben?

Gehen wir zu Römer, Kapitel 6, und sehen uns diese Verse an. Wir wollen jetzt die praktische Realität davon erkennen, denn wir sind so leicht mit uns selbst beschäftigt und kämpfen gegen dieses Verlangen, uns mit der Sünde zu befriedigen. Aber wir kämpfen so sehr, weil wir an der Kraft und Wahrhaftigkeit von Gottes Wort zweifeln. Wenn wir das tun, zweifeln wir an unserer eigenen Errettung.

Römer 6,2-11:

> Wie sollten wir, die wir der Sünde gestorben sind, noch in ihr leben?

Wenn ich mit Christus gekreuzigt worden bin, warum sündige ich dann noch?

> Oder wisset ihr nicht, daß wir alle, die wir auf Jesus Christus getauft sind, auf seinen Tod getauft sind? Wir sind also mit ihm begraben worden durch die Taufe auf den Tod, auf daß, gleichwie Christus durch die Herrlichkeit des Vaters von den Toten auferweckt worden ist, so auch wir in einem neuen Leben wandeln.

Ja, natürlich! – denn wie er auferweckt wurde, so wurden auch wir zu neuem Leben erweckt.

> Denn wenn wir mit ihm verwachsen sind zur Ähnlichkeit seines Todes, so werden wir es auch zu der seiner Auferstehung sein, wissen wir doch, daß unser alter Mensch mitgekreuzigt worden ist,

Was ist mit Ihm gekreuzigt? Der alte Mensch, der die Sünde liebt. Er ist mit Ihm gestorben.

> damit der Leib der Sünde außer Wirksamkeit gesetzt sei, so daß wir der Sünde nicht mehr dienen; denn wer gestorben ist, der ist von der Sünde losgesprochen.

Wenn wir noch in der Sünde gefangen sind, sind wir nicht tot. Das Selbst ist noch lebendig. Wir haben an Gottes Wort gezweifelt.

> Sind wir aber mit Christus gestorben, so glauben wir, daß wir auch mit ihm leben werden,

Wenn wir den ersten Teil glauben – dass wir mit Ihm gestorben sind –, dann werden wir auch den zweiten Teil glauben, dass wir jetzt mit Ihm leben. Der Glaube fährt fort, die Realität festzuhalten und sie in unsere Erfahrung zu bringen.

> da wir wissen, daß Christus, von den Toten erweckt, nicht mehr stirbt; der Tod herrscht nicht mehr über ihn; denn was er gestorben ist, das ist er der Sünde gestorben, ein für allemal; was er aber lebt, das lebt er für Gott. Also auch ihr: Haltet euch selbst dafür, daß ihr für die Sünde tot seid, aber für Gott lebet in Christus Jesus, unsrem Herrn!

Was bedeutet das Wort „sich halten für"? Es ist eine Aktivität des Geistes. Versteht ihr, Glaube ist mehr als nur ein bloßes Glauben. Er ist etwas, das mit deinen Denkprozessen zu tun hat. Deine Realität ist abhängig von den Funktionen deines Geistes. „Haltet auch ihr euch für tot der Sünde und lebendig für Gott durch Jesus Christus, unseren Herrn." Haltet es dafür, berücksichtigt es. Wenn Jesus sagt, dass ich mit Ihm gekreuzigt bin, was sind dann diese Ausrufe meiner fleischlichen Natur? *Sie sind ein Hirngespinst meiner Phantasie.* Sie sind nur chemische Reaktionen, elektrische Impulse, nichts weiter als Gefühle. Sie existieren nicht. Nach dem Wort Gottes ist der „alte Mensch" tot. Der Leib der Sünde ist tot. Es ist unser mangelnder Glaube, der uns in die Täuschung des Teufels fallen lässt.

Gehen wir weiter in Römer 6,12-13:

> So *lasset* nun die Sünde *nicht* herrschen in eurem sterblichen Leibe, so daß ihr seinen Lüsten gehorchet; gebet auch nicht eure Glieder der Sünde hin, als Waffen der Ungerechtigkeit, sondern *gebet* euch selbst Gott hin, als solche, die aus Toten lebendig geworden sind, und eure Glieder Gott, als Waffen der Gerechtigkeit.

Gebt sie hin! Gebt sie einfach hin! Wenn wir nur das Prinzip dieses Textes verstehen könnten, würden die Dinge für uns so viel einfacher werden. Wir dienen entweder dem Teufel oder wir dienen Gott. Wir sind nicht unser eigener Herr. Es gibt nur zwei Einflüsse in dieser Welt. Es gibt entweder den Einfluss der Sünde oder den Einfluss Gottes. Wie geben wir der Sünde nach? Wir *unterwerfen* uns ihrem Einfluss. Das Wort Gottes sagt, dass wir uns auf dieselbe Weise, wie wir der Sünde nachgeben, Gott und der gerechtigkeitswirksamen Kraft seines Wortes hingeben sollen. Das Schlüsselwort ist „lassen".

Auch hier in Jesaja 45,8:

> Lasset herabfallen, ihr Himmel, von oben, und *lasset* die Himmel Gerechtigkeit herabschütten; *lasset* die Erde sich auftun, und *lasset* sie Heil hervorbringen, und *lasset* Gerechtigkeit aufsteigen; ich, der Herr, habe sie geschaffen.

Ist es das, was wir brauchen? Gerechtigkeit, die in unserem Leben aufblüht? Und Amos 5,24:

> Es soll aber das Recht daherfluten wie Wasser und die Gerechtigkeit wie ein unversiegbarer Strom!

„Lass" es wie einen mächtigen Strom kommen. Lass Gerechtigkeit, *Richtiges-Handeln*, wie einen mächtigen Strom herabströmen. Es ist da – es wartet nur darauf, dass wir es zulassen!

Das vollkommene Richtige-Handeln Jesu wartet nur darauf, wie ein mächtiger Strom in unser Leben zu strömen, weil Er unser eigenes Selbst wurde; Sein Leben war unser eigenes Leben. Und es wartet nur darauf, sich in unsere Herzen und in unser praktisches Leben zu ergießen und uns von den Taten der Sünde zu reinigen. Wenn wir es *möchten*.

Der *Wille* ist der entscheidende Faktor, nicht wahr? Obwohl Gott in Christus ein vollkommenes Leben gelebt hat und dieses Leben unser eigenes Leben war, gibt es nur eine Sache, die es vollständig zu unserem Leben macht: und das ist unsere *Entscheidung*! Nur so kann Gott tatsächlich sagen: „Ja, das ist dein Leben." Denn wir müssen uns dafür *entscheiden*, dass es unser Leben sein soll. Und wenn wir über Entscheidungen sprechen, dann sprechen wir über *Handlungen des Willens*.

Mind, Character and Personality, Vol.2, S. 691:

> Sobald wir den Wunsch haben, unseren Willen mit dem Willen Gottes in Einklang zu bringen, steht die Gnade Christi bereit, mit dem menschlichen Akteur zusammenzuarbeiten; …

Da ist sie. Da ist die Gerechtigkeit, die auf uns wartet. Aber wir müssen *wollen*, dass sie kommt.

> Aber sie [die Gnade Christi] wird nicht der Stellvertreter sein, um unser Werk unabhängig von unserem Entschluss und unserem entschlossenen Handeln zu tun.[10]

Entschlossenes Handeln. Erinnert ihr euch an den Gelähmten in Bethesda? Christus kam zu ihm und er handelte auf das Wort Christi hin. Und als er auf das Wort Christi hin handelte, gab Gott ihm die Kraft und er wurde gesund.

Steps to Christ, S. 51:

In gleicher Weise bist du ein Sünder. Du kannst deine vergangenen Sünden nicht sühnen; du kannst dein Herz nicht ändern und dich selbst heilig machen. Aber Gott verspricht, all das durch Christus für dich zu tun. Du glaubst an diese Verheißung. Du bekennst deine Sünden und gibst dich Gott hin. Du bist bereit, ihm zu dienen. Genauso sicher, wie du das tust, wird Gott sein Wort an dich erfüllen. *Wenn du der Verheißung glaubst – glaubst, dass dir vergeben und du gereinigt bist –, dann sorgt Gott für die Erfüllung;* du wirst gesund, so wie Christus dem Gelähmten die Kraft gab zu gehen, als der Mann glaubte, dass er geheilt war. Es ist so, wenn du es glaubst. [Hervorhebung hinzugefügt][11]

Bist du mit Christus gekreuzigt? Glaube es und Gott wird die Tatsache liefern!

In einem anderen Zitat heißt es, dass wir uns nicht von uns selbst entleeren können, sondern zustimmen und Gott diese Arbeit tun lassen müssen (Christ's Object Lessons S. 159).

Aber gibt es noch Sünde in unserem Leben? Gibt es perfekten Gehorsam in unserem Leben? Du kannst dir sicher sein, dass, wenn es in deinem Leben keinen vollkommenen Gehorsam gibt, es daran liegt, dass du nicht wirklich glaubst. Das ist der Grund! Du nimmst Gott nicht bei Seinem Wort. Du liest das Wort Gottes nicht und empfängst es nicht als ein Wort, das in sich selbst Kraft hat.

Jesus glaubte, und er führte ein vollkommenes Leben. In Seinem Mund wurde keine Arglist gefunden. Wenn wir wirklich glauben würden, was Gott in Seinem Sohn für uns getan hat, würden wir aufhören zu sündigen.

Wir haben eine Menge Arbeit vor uns, nicht wahr? Wir haben eine ziemlich harte Arbeit vor uns, um die Sünde zu besiegen, nicht wahr? Aber nicht die Art von Arbeit, die wir in der Vergangenheit zu tun versucht haben.

John Bunyan sagt uns in seinem Buch *The Work of Jesus Christ as an Advocate*, dass wir in der Tat eine Menge harter Arbeit zu leisten haben. Er sagt:

> Wer zu glauben sich vornimmt, stellt sich der schwersten Aufgabe, die dem Menschen je gestellt wurde; nicht weil die Dinge, die uns auferlegt werden, unvernünftig oder unerklärlich

> sind, sondern weil das Herz des Menschen, je wahrer etwas ist, desto mehr daran festhängt und strauchelt; und, Christus sagt: „Weil ich euch die Wahrheit sage, glaubt ihr mir nicht" (Johannes 8,45). Daher wird der Glaube Mühsal genannt (Hebräer 4,11); und es ist zuweilen die schwerste Arbeit, die ein Mensch auf sich nehmen kann, weil er mit den größten Widerständen konfrontiert wird; aber glauben musst du, und sei die Arbeit noch so schwer.

Glauben – das ist unser Werk, unsere Arbeit; am Wort Gottes festhalten. Glaubt es! Und wenn wir es glauben, werden wir unser Vertrauen darauf setzen, nicht wahr? Wir werden uns darauf verlassen. Und es wird die Realität hervorbringen.

Und so wie Jesus wie die Sonne über allem schwebte, werden auch wir es tun. Aber nein, es war nicht leicht für ihn. Er musste sich anstrengen, nicht wahr? „Mit starkem Geschrei und Tränen zu Dem, der fähig war, Ihn vom Tod zu erretten." Hebräer 5,7. Er kämpfte auch gegen den Unglauben, nicht weil er selbst nicht glauben wollte, sondern weil Er mit uns eins war und gegen *unseren* Unglauben kämpfen musste.

Selected Messages, Vol.1, S. 337:

> Wir werden uns oft verneigen müssen, um zu den Füßen Jesu zu weinen ...

Ich danke dem Herrn, dass Ellen White uns das wissen lässt. Es sagt uns, dass Gott weiß, dass wir das nicht über Nacht richtig hinbekommen werden. Er weiß, dass wir oft Fehler in dem Prozess des Lernens dieser kostbaren Wahrheiten machen werden.

> Oft werden wir uns wegen unserer Unzulänglichkeiten und Fehler zu den Füßen Jesu beugen und weinen müssen; aber wir sollen uns nicht entmutigen lassen; wir sollen noch eifriger beten, es noch stärker glauben und es erneut versuchen.[12]

Es erneut versuchen, um was zu tun? „*Glaube* es noch stärker!"

Johannes der Offenbarer sah eine Gruppe von Menschen auf dem gläsernen Meer stehen. Sie hielten die Gebote Gottes und bewahrten den Glauben von Jesus. Ich möchte mit einem weiteren Zitat von Alonzo Jones aus den *1895 General Conference Bulletins* schließen: Es ist der Glaube von Jesus, den wir haben sollen:

Als Er dort stand, wo wir jetzt sind, sagte Er: „Ich werde mein Vertrauen auf Ihn setzen", und dieses Vertrauen wurde nie enttäuscht. Als Antwort auf dieses Vertrauen wohnte der Vater in Ihm und mit Ihm und bewahrte Ihn vor Sünde. Wer war Er? Wir. Und so hat der Herr Jesus jedem Menschen auf dieser Welt den göttlichen Glauben gebracht. Das ist der Glaube des Herrn Jesus. Das ist der rettende Glaube. Der Glaube ist nicht etwas, das aus uns selbst kommt, mit dem wir an Ihn glauben, sondern es ist das, womit Er geglaubt hat – der Glaube, den Er ausgeübt hat, den Er uns bringt und der unser wird und in uns wirkt – die Gabe Gottes. Das ist es, was das Wort bedeutet: „Hier sind die, die die Gebote Gottes und den Glauben von Jesus halten." Sie halten den Glauben von Jesus, denn es ist der göttliche Glaube, den Jesus Selbst ausgeübt hat.

Er, der wir ist, hat uns jenen göttlichen Glauben gebracht, der die Seele rettet – jenen göttlichen Glauben, durch den wir mit Ihm sagen können: „Ich werde mein Vertrauen auf Ihn setzen." Und wenn wir auf diese Weise unser Vertrauen in Ihn setzen, wird dieses Vertrauen heute genauso wenig enttäuscht werden wie es damals der Fall war. Damals erwiderte Gott das Vertrauen und wohnte bei Ihm. Gott wird auch heute auf das Vertrauen in uns antworten und bei uns wohnen.[13]

Wenn wir nur diesen Glauben festhalten würden ... Aber er ist schon da. Er gehört bereits uns! „Ich lebe durch den Glauben des Sohnes Gottes" (Galater 2,20). Dann wird der Rest kommen – beständiger Gehorsam.

Und wenn diese Menschen auf dem gläsernen Meer stehen, könnt ihr euch dann vorstellen, wie all die alten, mächtigen Heiligen mit ihrer großen Statur und ihrem gigantischen Intellekt auf die kleinen, schwachen, schwächlichen Menschen blicken, die nach sechstausend Jahren sündiger Degradierung ihren Charakter vervollkommnet haben? Meint ihr, sie würden sich darüber wundern? Könnt ihr euch das vorstellen? Nun, ich danke Gott so sehr, dass Jesus direkt auf unsere Ebene herunterkam, um dies zu ermöglichen. Möge es unsere Erfahrung sein. AMEN.

Kapitel 18

EIN AUFRUF ZUM SOFORTIGEN HANDELN

25. Januar, 2014

WAS tust du? Mit deiner Zeit? Mit deinen Talenten? Mit deinen Ressourcen? Sind das gute Fragen? Oder machen diese Fragen dich nervös? Wir mögen es nicht, wenn andere in unsere Angelegenheiten schauen. Aber Gott schaut in unsere Angelegenheiten. Er möchte wissen, was wir mit den Segnungen tun, die er uns gegeben hat.

Was tust du gerade? Was tue *ich* gerade? Warum tun wir, was wir tun? Glauben wir wirklich, dass Jesus sehr bald kommen wird oder nicht?

Glauben wir, dass wir noch Zeit haben, eine Familie zu gründen? Oder um ein Unternehmen zu gründen und Geld zu verdienen? Vielleicht wollen wir die Karriereleiter erklimmen?

Was ich mit euch teilen möchte, ist etwas, das der Herr mir auf das Herz gelegt hat, und Er lässt nicht zu, dass ich es ignoriere, denn es ist sehr wichtig. Wenn ich aufmerksam verfolge, was in der Welt gerade passiert, und in den letzten Monaten, wird es sehr deutlich, dass *jetzt* die Zeit für uns ist, darüber nachzudenken, was wir mit unseren Leben anfangen.

Ich möchte einige Aussagen aus den *Testimonies*, Vol.5, über unsere Aufgabe vorlesen. Und wenn Ellen White sagt, dass dies das Werk für ihre Zeit ist, wie viel mehr sollte es dann unser Werk heute sein? Ich möchte nur ein paar Absätze vorlesen, der erste stammt von S. 381:

> Ich bin beunruhigt über die Gleichgültigkeit unserer Kirchen. Wie Meroz haben sie es versäumt, die Hilfe des Herrn in Anspruch zu nehmen. Die Nichtseelsorger haben es sich bequem gemacht. Sie haben die Hände gefaltet und geglaubt, die

Verantwortung liege bei den Amtsträgern. Aber Gott hat jedem Menschen sein Werk zugedacht; nicht die Arbeit auf seinen Korn- und Weizenfeldern, sondern ernsthafte, ausdauernde Arbeit für die Errettung der Seelen. Gott bewahre uns davor, Elder M., dass du oder irgendein anderer Amtsträger auch nur ein Teilchen des Arbeitsgeistes, der jetzt vorhanden ist, auslöschen sollte. Willst du sie nicht vielmehr durch deine Worte des brennenden Eifers anregen? Der Herr hat uns zu Verwahrern Seines Gesetzes gemacht; Er hat uns die heilige und ewige Wahrheit anvertraut, die in glaubwürdigen Warnungen, Zurechtweisungen und Ermutigungen an andere weitergegeben werden soll. Durch Eisenbahnen und Dampfschifffahrtslinien [DAS INTERNET HEUTE?] sind wir mit jedem Teil der Welt verbunden und haben Zugang zu jeder Nation mit unserer Botschaft der Wahrheit. Lasst uns den Samen der Wahrheit des Evangeliums an allen Wassern säen; denn wir wissen nicht, welcher gedeihen wird, dieser oder jener, oder ob beide gleich fruchtbar sein werden. Paulus mag säen und Apollos wässern; aber Gott ist es, der den Ertrag gibt.[1]

Wir sind dazu aufgerufen, die Wahrheit, die Gott uns gegeben hat, an alle Gewässer zu streuen. Aber wir scheinen ein Problem zu haben; und dieses Problem besteht darin, dass wir denken: *Wirf deine Perlen nicht unter die Säue*. Wir glauben, wir hätten eine besondere Unterscheidungskraft, und wenn wir bestimmte Menschen in dieser Welt sehen, denken wir: *Nee. Die nicht. Das sind Säue. Auslassen. Weitergehen.* Und dann schließen wir uns selbst in eine kleine Kiste ein und denken, es gibt nur mich und meine kleine Gruppe enger Freunde oder die Kirche, zu der ich gehöre; wir sind das besondere Volk Gottes und jeder andere ist eine „Sau".

Die Heilige Schrift sagt: „Selig seid ihr, die ihr sät an *allen* Wassern" (Jesaja 32,20). Gott hat uns befohlen, die Botschaft allen Menschen, Völkern und Sprachen zu verkünden; Er hat uns nicht das Recht gegeben, zu bestimmen, wer sie empfangen soll und wer nicht.

Lesen wir von S. 393 desselben Buches:

Alle, welche die Fähigkeiten einsetzen, die Gott ihnen gegeben hat, werden mehr Fähigkeiten haben, um sie Seinem Dienst zu widmen. Diejenigen, die nichts für die Sache Gottes tun, werden nicht in der Gnade und in der Erkenntnis der Wahrheit wachsen.[2]

Wächst du in der Gnade und in der Erkenntnis der Wahrheit? Wenn nicht, dann ist das dein Problem. Du tust *nichts* für Gottes Sache. Und wenn ich auf die letzten zwölf Jahre meines Lebens zurückblicke, frage ich mich: *Hätte ich in Gnade und Erkenntnis weiter fortschreiten können?* Denn ich muss gestehen, dass ich ein sehr egoistisches Leben geführt habe. Ich habe denselben Fehler begangen wie einst die Reformatoren. In *The Great Controversy*, S. 606, schreibt Ellen White über die Reformatoren:

> Viele Reformatoren meinten, als sie ihre Arbeit aufnahmen, überaus klug zu handeln, indem sie die Sünden der Kirche und der Nation attackierten.[3]

Bringt nicht eine Zeit der Schwierigkeiten über euch, bevor sie fällig ist. Richtig? Ist das der Ratschlag, der uns gegeben wurde?

> Sie hofften, die Menschen durch das Beispiel eines reinen christlichen Lebens zu den Lehren der Bibel zurückführen zu können.[3]

War das deine Hoffnung? Es war meine. Hast du schon einmal gehört, dass gesagt wurde: Geh einfach jeden Tag zur Arbeit, ein- und ausstempeln? Vielleicht lächelst du die Dame an der Kasse an, wenn du in den Supermarkt gehst? Du brauchst dich nicht anzustrengen, um Seelen zu retten; du brauchst niemanden zu finden, mit dem du studieren kannst; du brauchst dir keine Zeit zu nehmen, um für jemanden zu arbeiten; denn dein *Beispiel* ist der laute Ruf. Und dieser laute Ruf wird ertönen, wenn du vor Gericht stehst. Du brauchst also jetzt nichts zu tun. Gehe einfach deinem täglichen Leben nach, und eines Tages, in naher Zukunft, wirst du vor Gericht stehen, und diejenigen, die aufrichtig sind, werden dein Zeugnis hören und annehmen. Und sie werden aus Babylon herauskommen. Das ist es, was mir gelehrt wurde.

Lesen wir jedoch weiter in *The Great Controversy*, S. 606:

> Aber der Geist Gottes kam über sie, wie er über Elia kam, und bewegte ihn dazu, die Sünden eines bösen Königs und eines abtrünnigen Volkes zu tadeln; sie konnten nicht davon ablassen, die klaren Aussagen der Bibel zu predigen, Lehren, die sie nur *widerwillig* vorgebracht hatten. Sie wurden dazu gedrängt, die Wahrheit und die Gefahr, die den Seelen drohte, eifrig zu

> verkünden. Die Worte, die der Herr ihnen gab, sprachen sie aus, ohne Furcht vor den Folgen, und das Volk war gezwungen, die Warnung zu hören. [Hervorhebung hinzugefügt]³

Und das ist die Bürde, die der Herr mir auferlegt hat. Er hat uns nicht die Erlaubnis gegeben, nichts mit den kostbaren Wahrheiten zu tun, die Er uns gelehrt hat. Und außerdem haben wir vorhin gelesen, dass diejenigen, die nichts tun, es *versäumen* werden, in der Gnade und in der Erkenntnis der Wahrheit zu wachsen.

> Ein Mensch, der sich hinlegt und sich weigert, seine Glieder zu bewegen, würde bald alle Kraft für ihren Gebrauch verlieren. So wird der Christ, der seine gottgegebenen Kräfte nicht ausübt, nicht nur nicht in Christus hineinwachsen, sondern er verliert die Kraft, die er bereits hat; er wird zu einem geistig Gelähmten. *Es sind diejenigen, die aus Liebe zu Gott und ihren Mitmenschen danach streben, anderen zu helfen, die in der Wahrheit gegründet, gestärkt und gefestigt werden.* [Hervorhebung hinzugefügt]⁴

Viele von uns sind mit dem Zitat vertraut, das besagt, dass das Siegel Gottes eine „Verankerung in der Wahrheit ist, sowohl intellektuell als auch geistlich, so dass sie nicht erschüttert werden können" (*The Faith I Live By*, S. 287). Diese Aussage steht im Einklang mit der vorherigen. Wir werden in der Wahrheit verankert, so dass wir nicht erschüttert werden können, wenn wir uns bemühen, anderen mit all den Kräften zu helfen, die Gott uns gegeben hat.

Lesen wir weiter:

> Der wahre Christ arbeitet für Gott, nicht aus einem Impuls heraus, sondern aus Prinzip; nicht für einen Tag oder einen Monat, sondern während des ganzen Lebens.

> Wie soll unser Licht in der Welt leuchten, wenn nicht durch unser konsequentes christliches Leben? Wie soll die Welt erkennen, dass wir zu Christus gehören, wenn wir nichts für ihn tun? Unser Heiland hat gesagt: „An ihren Früchten werdet ihr sie erkennen." Und weiter: „Wer nicht für Mich ist, ist gegen Mich." Es gibt *keinen neutralen Boden* zwischen denen, die nach Kräften für Christus, und denen, die für den Widersacher der Seelen arbeiten. Jeder, der im Weinberg des Herrn als Müßiggänger dasteht, tut

> nicht nur selbst nichts, *sondern er ist ein Hindernis für diejenigen, die zu arbeiten versuchen.* Satan findet eine Beschäftigung für alle, die nicht ernsthaft danach streben, ihr eigenes Heil und *das Heil anderer* zu sichern. [Hervorhebung hinzugefügt][5]

Es reicht nicht aus, sich nur um das eigene Seelenheil zu bemühen. Man muss auch für andere leben. Jesus Christus hat nie für sich Selbst gelebt. Er hat alles aufgegeben, was Ihn ausmachte, um andere zu retten. Er machte Seine eigene persönliche Errettung nicht zu seinem Lebensziel. Er rettete sich Selbst, indem er Sich als toten Samen in die Furche der Bedürftigkeit dieser Welt pflanzte.

Ellen White sagt nur ein paar Seiten weiter auf S. 464:

> Mein Herz ist bis ins Innerste aufgewühlt. Worte reichen nicht aus, um meine Gefühle auszudrücken, wenn ich für die verlorenen Seelen flehe. Muss ich vergeblich flehen? Als Botschafter Christi möchte ich euch dazu auffordern, so zu arbeiten, wie ihr noch nie gearbeitet habt. Ihr könnt eure Pflicht nicht auf andere abwälzen. Niemand außer dir selbst kann deine Arbeit tun. *Wenn du dein Licht zurückhältst, muss jemand durch deine Nachlässigkeit in der Finsternis zurückbleiben.* [Hervorhebung hinzugefügt][6]

Hast du das gehört? Hast du genau hingehört? Das beunruhigt mich, weil es mir sagt, dass ich eine besondere Aufgabe habe, die niemand sonst erfüllen kann. Und wenn ich meine Aufgabe nicht erfülle, wird jemand in der Dunkelheit zurückgelassen. Es gibt Menschen auf dieser Welt, die nur von bestimmten Menschen erreicht werden können. Und wenn diese bestimmten Personen ihre von Gott gestellte Aufgabe nicht erfüllen, dann wird das Blut derer, die verloren sind, auf ihnen lasten, weil sie die einzigen waren, die sie hätten erreichen können.

Wie viele Seelen gehen also unter – oder sind untergegangen! – weil *ich meine* Pflicht nicht wahrgenommen habe? Können wir Gott für das Blut seines Sohnes danken, das unsere blutbefleckten Hände waschen kann, während wir unsere Pflicht gegenüber anderen vernachlässigen? Dieses Blut wird nicht immer fließen. Wie viel besser wäre es *für alle*, wenn wir an die Arbeit gingen und nicht zuließen, dass Seelen um uns herum zugrunde gehen?

Wiederum auf S. 465 desselben Buches:

> Die Glieder der Kirche sollten *individuell* sich selbst und alle ihre Besitztümer auf dem Altar Gottes ablegen. Jetzt gilt wie nie zuvor die Ermahnung des Heilands: „Verkauft, was ihr habt, und gebt Almosen; verschafft euch Beutel, die nicht veralten, einen Schatz im Himmel, der nicht verwelkt, wo kein Dieb hinkommt und keine Motte ihn frisst. Denn wo dein Schatz ist, da wird auch dein Herz sein." Diejenigen, die ihre Mittel in großen Häusern, in Ländereien, in weltlichen Unternehmungen anlegen, sagen durch ihr Handeln: „Gott kann es nicht bekommen; ich möchte es für mich selbst haben." Sie haben ihr einziges Talent in eine Windel eingewickelt und es in der Erde versteckt. *Es gibt Grund zur Besorgnis für diese Menschen.* Brüder, Gott hat euch die Mittel nicht anvertraut, damit sie ungenutzt bleiben, noch damit ihr sie begehrlich zurückhaltet oder versteckt, sondern damit ihr sie benutzt, um Seine Sache voranzubringen, um die Seelen der Verlorenen zu retten. Es ist jetzt nicht die Zeit, das Geld des Herrn in euren teuren Gebäuden und euren großen Unternehmungen zu binden, während Seine Angelegenheit verkümmert und sich ihren Weg erbetteln muss. [Hervorhebung hinzugefügt][7]

Ein ziemlich klares Zitat? „Jetzt gilt die Ermahnung des Erlösers *wie nie zuvor* ..." Aber das gilt für mehr als nur für unsere Finanzen. Es gibt viele verschiedene Arten von Opfern, die wir für die Sache Gottes bringen sollten. Wir müssen unsere Talente und die Fähigkeiten, die Er uns gegeben hat, beachten. Welche Talente wir auch immer haben, wir dürfen sie nicht dazu benutzen, um unsere eigenen egoistischen Ziele voranzutreiben und es uns bequem zu machen. Nein. Was immer Er uns gegeben hat, soll für die Rettung anderer eingesetzt werden. Wenn du gut in der Gesundheitsarbeit bist, *wartest* du darauf, dass jemand krank wird, bevor du hingehst und ihm hilfst, oder *suchst* du tatsächlich nach denen, die deine Hilfe brauchen? Bist du bereit, ihnen zu helfen, ohne eine Gegenleistung zu erwarten? Jesus ist den ganzen Weg auf diese Erde gekommen und hat keinen einzigen Cent von uns verlangt! Oder vielleicht bist du begabt im öffentlichen Reden. Hast du nach Möglichkeiten *gesucht*, das Wort mit anderen zu teilen, oder sitzt du nur da und wartest darauf, dass deine Gemeinde dich fragt? Diese

Botschaft richtet sich an alle, Knüpfe Freundschaften mit anderen Konfessionen. Viele andere Kirchen werden sich freuen, wenn du die Wahrheit, wie sie in Jesus ist, mit ihren Gemeinden teilst. Vielleicht kannst du gut persönlich mit Menschen reden. Dann suche nach den Verlorenen. Beginne ein Gespräch mit einer obdachlosen Person. Höre dir ihre Geschichte an, lass sie sich an deiner Schulter ausweinen und sage ihr dann, wie sehr Gott sie liebt. Es gibt so viel, was wir mit den Talenten, die Gott uns gegeben hat, tun können! Begräbst du sie unter der Erde? Denke daran, dass niemand sonst die Arbeit tun kann, die Gott dir zu tun gegeben hat.

Wird Blut an deinen Händen kleben, weil du dem Teufel erlaubt hast, dich von deiner Arbeit abzuhalten? *Der ganze Himmel* wartet darauf, dass wir unsere Aufgabe in Angriff nehmen – es tun!

Es steht geschrieben, dass „Christus mit sehnsüchtigem Verlangen auf die Offenbarung Seiner Selbst in Seinem Volk wartet" (paraphrasiert aus *Christ's Object Lessons*, S. 69.) Ein *sehnsüchtiges* Verlangen! Ellen White sagt, dass Christus ein menschliches Herz hatte. Und dieses Herz ist wie das unsere. Ist es schmerzhaft, wenn du von einem geliebten Menschen entfernt bist? Empfindest du Verlust? Vermisst du ihn? Hast du den *sehnlichen Wunsch*, ihn wiederzusehen? Seit über 2000 Jahren dient Jesus Christus im Heiligtum. Er vermisst Sein Volk!

Christ's Object Lessons, S. 415:

> Die letzten Strahlen des barmherzigen Lichts, die letzte Botschaft der Barmherzigkeit, die der Welt gegeben wird, ist eine Offenbarung Seines Charakters der Liebe.[8]

Hast du dich jemals gefragt, was der laute Ruf eigentlich ist? Das ist es – die letzte Botschaft der Barmherzigkeit ist die Offenbarung von Gottes Charakter der Liebe.

> Die Kinder Gottes sollen Seine Herrlichkeit offenbaren. In ihrem eigenen Leben und Charakter sollen sie offenbaren, was die Gnade Gottes an ihnen getan hat.[8]

Welch ein Vorrecht wäre es, der Welt durch unser eigenes Leben und unsere Persönlichkeit zu verkünden: „Siehe, das ist dein Gott!" (Jesaja 40,9). Diese Welt hat eine Philosophie akzeptiert, die lehrt, dass es eine innewohnende Göttlichkeit in uns gibt und dass wir mit dem richtigen Zustand des geistigen Bewusstseins wie Superman sein können und einfach unser Hemd zerreißen und sagen können: „Ich bin Gott!" Aber die Wahrheit ist das genaue Gegenteil davon. Es gibt keine Rettung in uns selbst! Wir sind aufgerufen, uns in Jesus Christus zu verlieren; uns *Seinem* Wirken zu überlassen, damit wir zu transparenten Trägern *Seiner* Herrlichkeit werden; nicht zu unserer eigenen, die wie eine Blume ist, die verwelkt, und heute ist und morgen im Ofen verbrannt wird. Welch ein Vorrecht, dass der Herrscher des Universums sich durch uns offenbaren darf!

Ein wenig später sagt sie in *Christ's Object Lessons*, S. 419:

> Es ist das Vorrecht einer jeden Seele, ein lebendiger Kanal zu sein, durch den Gott der Welt die Schätze Seiner Gnade, den unerforschlichen Reichtum Christi, mitteilen kann. Es gibt *nichts, was Christus so sehr wünscht*, wie Vertreter, die der Welt Seinen Geist und Charakter repräsentieren. [Hervorhebung hinzugefügt][9]

Was will Christus *mehr* als alles andere? „Lebendige Kanäle", „Vertreter, die der Welt Seinen Geist und Charakter präsentieren." Er möchte, dass du und ich sagen: „Herr, hier bin ich. Benutze mich."

> Es gibt nichts, was die Welt so sehr braucht wie die Offenbarung der Liebe des Erlösers durch die Menschheit. Der ganze Himmel wartet auf Kanäle, durch die das heilige Öl ausgegossen werden kann, um eine Freude und ein Segen für die menschlichen Herzen zu sein."[9]

Der ganze Himmel wartet! Der Himmel wartet nicht auf die Dinge, von denen wir glauben, dass er darauf wartet, wie zum Beispiel eine große Uhr, die zwölf schlägt, oder die Bekehrung der ganzen Welt. Nein! Der Himmel wartet auf *einzelne Menschen* – vielleicht nur auf einen oder zwei – die sagen: „Herr, nimm mich."

Und was für ein Werk könnte Gott mit nur zwei oder drei Menschen vollbringen? Wir kennen die Geschichte von Gideons Armee, die mit über 30.000 Mann begann. Und ihm wurde aufgetragen, diese Armee in die Schlacht zu führen. Aber als sie in den Kampf zogen, sagte Gott zu Gideon: „Du hast zu viele Leute." Er wies ihn an, die Soldaten zu fragen: „Habt ihr Angst? Habt ihr gerade geheiratet? Habt ihr gerade ein Haus gekauft? Oder habt ihr ein neues

Unternehmen gegründet?" Wenn ja, dann sollte man ihnen sagen: „Geht nach Hause." Gott will einen Dienst von ganzem Herzen. Wenn du zu viel Angst hast, Opfer zu bringen, bis zu dem Punkt, an dem du gezwungen bist, Gott und Gott allein zu vertrauen, dann geh nach Hause. Wenn dein Herz zu Hause bei deiner Frau ist oder in deinem Geschäft oder dein Land zu deinem Götzen geworden ist, dann geh nach Hause. Gott kann dich nicht gebrauchen, wenn du Angst hast, ihm zu vertrauen oder halbherzig bist.

Und dann kamen sie an den Fluss, und es gab eine weitere Sichtung. Und Gott sagte: „Gideon, achte genau darauf, wie sie dieses Wasser trinken." Und diejenigen, die sich nicht wirklich um das Werk Gottes kümmerten, hielten ihr Gesicht in das Wasser und schluckten es hinunter und kümmerten sich nur darum, ihre eigenen Bedürfnisse zu befriedigen.

Und Gott sagte: „Gideon, nimm die, die das Wasser mit den Händen aufschöpfen, weil sie damit beschäftigt sind, nach dem Feind Ausschau zu halten." Das waren diejenigen, die nicht sich selbst an die erste Stelle setzten, sondern die Herrlichkeit Gottes und den Sieg für Sein Volk. Wie viele waren übrig geblieben? Nur dreihundert gegen eine riesige Menge von Menschen! Wie viele Menschen gibt es derzeit auf der Welt? Sieben Milliarden nach der letzten Zählung der Vereinten Nationen. Gott kann das Werk mit dreihundert Menschen vollenden! Aber braucht Er so viele? Er könnte es auch mit weniger schaffen.

Lasst uns zu einer anderen Geschichte kommen. Es ist die eindrucksvolle Geschichte von Jonathan und seinem Waffenträger. Die Israeliten waren unter die Herrschaft der Philister geraten. Sie wurden so stark unterdrückt, dass niemand mehr eine Kriegswaffe besaß, außer Jonatan und sein Vater, der König. Eines Tages beschloss Jonatan, eine philistäische Garnison anzugreifen.

1. Samuel 14, Verse 6-10:

> Und Jonatan sprach zu dem Jüngling, der seine Waffen trug: Komm, laß uns zu dem Posten dieser Unbeschnittenen hinübergehen! Vielleicht wird der HERR durch uns wirken; denn es ist dem HERRN nicht schwer, durch viele oder durch wenige zu helfen! Da antwortete ihm sein Waffenträger: Tue alles, was in deinem Herzen ist! Gehe hin, siehe, ich bin mit dir, wie dein Herz will! Jonatan sprach: Siehe, wir werden zu den Leuten hinüberkommen, und sie werden uns bemerken. Wenn sie dann

> zu uns sagen: «Steht stille, bis wir zu euch gelangen!» so wollen wir an unserm Ort stehenbleiben und nicht zu ihnen hinaufsteigen. Wenn sie aber sagen: «Kommt zu uns herauf!» so wollen wir zu ihnen hinaufsteigen, denn der HERR hat sie in unsre Hand gegeben, und das soll uns zum Zeichen sein.

Das ist ein interessantes Zeichen, nicht wahr? Wo ist dein Glaube? Wo ist meiner? Diese beiden jungen Männer hatten beschlossen, die *Herausforderung* der anderen als Zeichen des Sieges anzunehmen. Gibt es heute Herausforderungen in dieser Welt? Ja, sie haben das Gesetz Gottes außer Kraft gesetzt. Es ist Zeit für uns, zu arbeiten. Es ist nicht an der Zeit, dass wir uns fürchten; der Sieg gehört Gott, denn wenn wir an die Arbeit gehen, wird Er in uns wirken! Verse 11-15:

> Als sie nun beide von dem Posten der Philister bemerkt wurden, sprachen die Philister: Siehe, die Hebräer kommen aus den Löchern heraus, dahin sie sich verkrochen hatten! Und die Leute, welche auf Posten standen, riefen Jonatan und seinem Waffenträger und sprachen: Kommt herauf zu uns, so wollen wir euch etwas lehren! Da sprach Jonatan zu seinem Waffenträger: Steige mir nach; denn der HERR hat sie in Israels Hand gegeben! Und Jonatan kletterte auf Händen und Füßen hinauf und sein Waffenträger ihm nach. Und jene fielen vor Jonatan, und sein Waffenträger tötete sie hinter ihm her; so daß Jonatan und sein Waffenträger in diesem ersten Gefecht auf ungefähr einer halben Juchart Ackerland etwa zwanzig Mann erlegten. Und es kam ein Schrecken in das Lager auf dem Felde und unter das ganze Volk; auch die, welche auf Posten standen und die streifenden Rotten erschraken, und das Land erbebte, und es wurde zu einem Schrecken Gottes.

Habt ihr das bemerkt? Der Herr kam in die Schlacht und kämpfte Seite an Seite mit Jonathan und seinem Waffenträger. Er sandte ein großes Erdbeben und übergab die Philister in die Hand Israels. Gott möchte wirken, doch liebt Er Teamarbeit. Er ist nicht jemand, der Dinge gerne im Alleingang tut. Er will mit uns und durch uns arbeiten.

Gott braucht nur zwei Personen, die Seine Verheißungen annehmen und mit ihnen gehen werden. Aber wenn Er mehr haben kann, umso besser!

Es gibt eine weitere eindrucksvolle Geschichte in der Heiligen Schrift, die uns zeigt, dass Gott auch mit einer kleinen Zahl von Menschen arbeiten kann. Diese kleine Zahl bestand wiederum nur aus zwei Männern – Kaleb und Josua.

In 4. Mose, Kapitel 13 und 14, lesen wir die Geschichte von den Kundschaftern, die nach Kanaan geschickt wurden – zwölf von ihnen, einer von jedem Stamm. Sie kamen mit großen Trauben und Kostproben der Produkte des Landes zurück und sagten: „Das ist ein schönes Land. Es fließt Milch und Honig. Aber es gibt Riesen in diesem Land, die Söhne Anaks – wir können nicht hinaufziehen." Und dieses Zeugnis, das von nur zehn Männern gegeben wurde, beeinflusste den Verstand und die Herzen der ganzen Menge.

Dieses Zeugnis hören wir heute auch, nicht wahr? „Wir sind nicht in der Lage, hinaufzugehen!" Wir können die Arbeit, die Gott uns gegeben hat, nicht tun, weil wir nicht die Talente haben; oder wir haben nicht das Geld; oder wir haben kein Team, mit dem wir zusammenarbeiten können. Oder vielleicht bist du entmutigt worden. Wir können uns viele Ausreden einfallen lassen, um nicht das zu tun, was Gott von uns möchte, oder? Ich weiß, dass ich das kann.

Zwei Männer – nur zwei Männer – sagten: „Wir sind in der Lage, hinaufzugehen!", und die ganze Volksmenge der Israeliten wollte sie steinigen. Ich finde das erstaunlich! Hatten sie nicht eine gute Nachricht für das Volk? Aber sie waren nicht sehr glücklich mit ihrem Bericht. So ist es auch bei vielen Adventisten heute. Sie wollen nicht, dass Jesus kommt, weil sie zu bequem sind und keine Opfer bringen wollen. „Nein", sagen sie, „wir können nichts tun, bevor Gott seinen Geist über uns ausgießt. Aber was sie wirklich sagen wollen, ist, dass sie nicht wollen, dass Er zu ihrer Lebenszeit kommt. „Bitte störe meinen Frieden nicht", sagen sie in ihren Herzen. Andere wollen nicht, dass du hinausgehst und das Evangelium predigst, denn dann kommt das Ende mit all der Verfolgung und den Schrecken der Zeit der Trübsal, und das wollen sie nicht. Sie wollen diese Erfahrung einer anderen Generation überlassen. Und manche glauben einfach nicht, dass es möglich ist, heute das Werk Gottes zu tun.

In *Testimonies*, Vol.5, S. 380, stellt Ellen White dies alles in den Kontext unseres heutigen Wirkens:

> Während die Zweifler von Unmöglichkeiten sprechen, während sie bei dem Gedanken an hohe Mauern und starke Riesen zittern, sollen die treuen Kalebs, die einen „anderen Geist" haben, an die Spitze treten.

Bist du ein treuer Kaleb? Komm an die Spitze!

> Die Wahrheit Gottes, die das Heil bringt, wird zu den Menschen gelangen, wenn die Amtsträger und bekennenden Gläubigen ihr nicht den Weg versperren, wie es die untreuen Kundschafter taten. Denkt daran.

Beachte, wer den Weg versperren wird – Amtsträger und bekennende Gläubige. Sie werden diejenigen sein, die versuchen werden, dem Werk Gottes Steine in den Weg zu legen. Erinnere dich daran.

> Unsere Arbeit ist anspruchsvoll. Es muss etwas getan werden, um die Welt zu warnen.

Was unternimmst du, um die Welt zu warnen? Was tue ich?

> Und lasst keine Stimme erklingen, die eigennützige Interessen auf Kosten der Missionsfelder vertritt.

Ermutigt dich deine Kirche oder dein Pastor, missionarisch tätig zu sein? Oder ermutigen sie selbstsüchtige Interessen? Sagen sie dir zum Beispiel, dass du zu Hause keine Bibelstunden abhalten darfst? In einigen Ländern sagen die Kirchen den Menschen das. Nur wenn ein anerkannter Lehrer das Bibelstudium abhält, ist es erlaubt, bei sich zu Hause eine Studiengruppe zu bilden. Sie trauen einem Laien nicht zu, das Wort zu lehren, es sei denn, er plappert nach, was die Kirche ihm aufgetragen hat zu lehren. Das ist eine Schande und liefert den Mitgliedern der Kirche eine Ausrede, nichts tun zu müssen. Oder vielleicht drängt dich jemand, aus der Stadt wegzugehen und an einen ruhigen Ort auf dem Land zu ziehen. Was wirst du tun, wenn du dorthin gehst? Dein eigenes Gemüse anbauen und dich vor der Welt verstecken? Das alles nährt unsere eigenen egoistischen Interessen und lenkt uns von den Pflichten ab, die Gott uns auferlegt hat.

> Wir müssen uns mit Herz und Seele und mit der Stimme an die Arbeit machen; sowohl die geistigen als auch die körperlichen

> Kräfte müssen geweckt werden. Der ganze Himmel ist an unserer Arbeit interessiert, und die Engel Gottes schämen sich für unsere schwachen Bemühungen.[10]

Habt ihr das gehört? „Die Engel Gottes schämen sich für unsere schwachen Bemühungen!" Wir sind diejenigen, die sich schämen sollten.

Bevor ich von Kaleb weiterlese, denkst du vielleicht: „Was soll ich denn jetzt tun?" Frage nicht mich! Geh auf die Knie und frage den Herrn. Auch Frauen haben eine Bestimmung. Es gibt ein spezielles Zitat, das ich gerne in Bezug auf Frauen und die Notwendigkeit von Frauen in diesem letzten Werk teilen möchte. Es stammt aus *Daughters of God*, S. 19:

> Es werden Frauen gebraucht, die nicht selbstgefällig sind, sondern sanftmütig und von Herzen bescheiden, die mit der Sanftmut Christi überall dort arbeiten, wo sie etwas für das Heil der Seelen tun können. *Alle*, die der himmlischen Wohltaten teilhaftig geworden sind, sollten ernsthaft und besorgt sein, dass anderen, die nicht die Vorrechte haben, die sie genossen haben, die Beweise der Wahrheit vor Augen geführt werden. [Hervorhebung hinzugefügt][11]

Ob du nun ein Mann oder eine Frau bist, deine Aufgabe ist es, den Menschen die Beweise für die Wahrheit vor Augen zu führen.

> Und sie werden nicht nur wünschen, dass andere diesen Segen haben, *sondern sie werden erkennen, dass sie ihn haben*, und sie werden ihren Teil dazu beitragen, dass dieses Ziel erreicht wird. [Hervorhebung hinzugefügt][11]

Es gibt für niemanden von uns eine Entschuldigung, seine Pflicht zu vernachlässigen. Gott hat eine Aufgabe für jeden von uns, und die besteht darin, sich für das Heil der anderen einzusetzen. Wenn ihr diese Arbeit nicht aufnehmt, werden bestimmte Menschen, die nur ihr erreichen könnt, in der Dunkelheit zurückbleiben.

Wir kehren zurück zu *Testimonies*, Vol.5, S. 383:

> Menschliche Akteure müssen für diese Arbeit eingesetzt werden. Eifer und Energie müssen intensiviert werden; Talente,

> die durch Untätigkeit verrostet sind, müssen in den Dienst gestellt werden. *Die Stimme, die sagen würde: „Warte; lass dir keine Lasten auferlegen", ist die Stimme der feigen Kundschafter.* [Hervorhebung hinzugefügt][12]

Gibt es Leute, die dir sagen, dass du keine Missionsarbeit leisten musst? Einfach auf die Gerichte warten? Ich habe mir sagen lassen, dass man den Menschen außerhalb der Kirche nicht das Evangelium predigen kann. Man muss sie erst hineinbringen, bevor man ihnen von Jesus erzählen kann. Sie sagen, man müsse ihnen vom Gesetz und vom Sabbat erzählen und dass es nur eine Kirche gibt, die an all das glaubt – auf diese Weise sollen wir die Menschen in die Kirche bringen; und dann können wir ihnen von Jesus erzählen. Wie feige! Das ist nur eine weitere Ausrede, um unsere gottgegebenen Pflichten nicht zu erfüllen. Ob jemand in der Kirche oder außerhalb der Kirche ist, macht keinen Unterschied. Unsere Verantwortung liegt darin, die Botschaft mit *allen* zu teilen, egal, wie ihr Lebensweg aussieht.

Feiglinge!

> Wir brauchen jetzt Kalebse, die an die Front drängen – Häuptlinge in Israel, die mit mutigen Worten ein starkes Zeichen für ein *sofortiges Handeln* setzen werden. Wenn das selbstsüchtige, leichtlebige, panische Volk, das sich vor großen Riesen und unzugänglichen Mauern fürchtet, den Rückzug verlangt, soll die Stimme von Kalebs gehört werden, auch wenn die Feiglinge mit Steinen in den Händen dastehen und bereit sind, sie für ihr treues Zeugnis niederzuschlagen." [Hervorhebung hinzugefügt][12]

Das ist es, was wir im Moment brauchen: Kalebse, die nach vorne drängen; Kalebse, die sich nachdrücklich für „Sofortmaßnahmen" aussprechen werden!

„Sofort" bedeutet *jetzt*, nicht morgen. Es bedeutet nicht, wenn ich alle meine Schulden bezahlt habe. Es bedeutet nicht, wenn ich eine hübsche junge Frau oder einen gut aussehenden jungen Mann gefunden habe, der mit mir im Dienst zusammenarbeitet. Nein. Es bedeutet *jetzt* – „Herr, benutze mich *jetzt!*" Wenn wir hinausgehen, um das zu tun, wozu der Herr uns ruft, wird Er sich um unsere Bedürfnisse kümmern. Aber nur, *wenn* und *sobald* wir im Glauben hinausgehen.

In the *1893 General Conference Bulletins* zitiert Alonzo Jones auf S. 181 diese Aussage von Ellen White und macht dann die folgenden Bemerkungen:

> Wer zog in das Land Kanaan? ...

Ihr kennt die Antwort. Von der großen Schar, die zwanzig Jahre und älter war und aus Ägypten auszog, zogen *nur zwei Seelen* nach Kanaan.

> Die Männer, die sagten, sie könnten hineingehen. Und weil Gott mit ihnen war, zogen sie in das Land, als alle anderen in der Wüste fielen. Sie gingen mit ihren verlorenen Brüdern, die wegen ihres Unglaubens achtunddreißig Jahre lang umherzogen. Aber Gott hatte versprochen: „Ihr sollt hineingehen." Wer wird jetzt in das Land gehen? Wurde uns nicht das Zeugnis vorgelesen, dass, wie Israel an den Grenzen Kanaans stand, auch wir dort stehen?[13]

Wenn dies das Zeugnis im Jahr 1893 war, wo stehen wir dann heute? Im Jahr 1888 kam die Kirche an die Grenzen des Gelobten Landes. Und dort waren zwei Männer, Alonzo T. Jones und Ellet J. Waggoner, die wie Josua und Kaleb einen guten Bericht abgaben. Sie sagten: „Wir können hineingehen. Wir können sofort reingehen!" Und das Volk steinigte sie. Und die Kirche musste wieder zurück gehen und durch die Wüste wandern.

Im Jahr 1899 zitierte Stephen Haskell Ellen White, die fast ein Jahrzehnt zuvor Folgendes gesagt hatte:

> Hätte sich das Volk Gottes gleich nach der Versammlung in Minneapolis 1888 so an die Arbeit gemacht, wie es das hätte tun sollen, hätte die Welt in zwei Jahren gewarnt werden können und der Herr wäre gekommen.
>
> (Siehe Anmerkung zu Stephen Haskell auf Seite 374.)

Innerhalb von zwei Jahren! Es ist, als ob sie wie die Israeliten von einst direkt in das gelobte Land gezogen wären. Aber sie mussten vierzig Jahre lang in die Wüste zurückgehen? Nein, dreimal so lange, und noch etwas mehr – wie viel, bleibt uns überlassen.

Gott bringt – hat – Sein Volk wieder an die Grenzen *gebracht*. Im Adventismus findet eine Erweckung der Botschaft von der

Gerechtigkeit durch den Glauben statt. Viele Jahre lang wurde sie verborgen gehalten. Ellen White schreibt, dass „das Licht ... in hohem Maße von der Welt ferngehalten worden ist" (*Selected Messages*, Vol.1, S. 234). Aber Gott bringt uns dieses Licht zurück, und wir stehen wieder an den Grenzen des Gelobten Landes.

Lesen wir weiter Jones' Kommentar:

> Wer soll hineingehen? Diejenigen, die sich „nachdrücklich für ein *sofortiges Handeln* aussprechen". Sie werden hineingehen. Gott sagt es. Es mag sein, dass die Zweifelnden und Ängstlichen zögern und die Sache Gottes in die Länge ziehen werden, aber habt keine Angst. Gott hat versprochen, dass wir hineingehen werden; die Kalebs werden hineingehen. Das ist beschlossen. [Hervorhebung hinzugefügt][13]

Selbst wenn es eine Verzögerung gibt und es noch vierzig Jahre dauert, bis Christus kommt, wer sind dann diejenigen, die hineingehen werden? Nur diejenigen, die *heute* sagen werden: „Wir können *jetzt* hineingehen!" Diejenigen, die hineingehen werden, sind diejenigen, die heute zum „sofortigen Handeln" aufrufen. Alle anderen, die diese Arbeit heute *nicht* tun, werden in der Wüste umkommen.

Und es ist sehr wichtig für uns zu beachten, dass die Kinder Israels, als sie zum *zweiten* Mal an die Grenzen des verheißenen Landes kamen, *nicht* zögerten. Sie zogen direkt hinein. Wenn Gott die Gesamtheit der Botschaft von der Gerechtigkeit durch den Glauben zurückbringt – zusammen mit dem weitaus größeren Licht für unsere Generation – wird es keine Verzögerung geben. Gottes treues Volk wird den Jordan überqueren und direkt hineingehen.

Aber diejenigen, die nicht glauben, dass wir sofort hineingehen können, werden niemals hineingehen. Denn wenn Christus in nur wenigen Jahren ab 1888 gekommen wäre und diese Botschaft mit der verheißenen Kraft voranschreitet und sie begleitet, wird sie ein *sehr* schnelles Werk vollbringen. Wenn wir nicht glauben, dass es ein schnelles Werk sein kann, wenn wir uns nicht in ein schnelles Werk *fügen*, werden wir außen vor bleiben. Nur diejenigen, die zu sofortigem Handeln aufrufen, werden hineingehen. Willst du als untreuer Diener dastehen, der sagt: „Mein Herr verzögert sein

Kommen", weil du ein bisschen mehr Geld verdienen oder deine Familie erweitern möchtest?

> „Wenn das selbstsüchtige, leichtlebige, panikartige Volk, das sich vor großen Riesen und unzugänglichen Mauern fürchtet, nach Rückzug schreit, dann soll die Stimme des Kalebs gehört werden, auch wenn die Feiglinge mit Steinen in den Händen dastehen, bereit, sie für ihr Zeugnis niederzuschlagen."

> Wozu sind wir hier? Wir haben in unseren Lektionen bis dato erfahren, dass wir uns nicht vor den Mächten dieser Welt und den Mächten der Feinde fürchten sollen, die sich gegen uns und gegen die Sache Gottes stellen werden. Das haben wir in den Lektionen hier gesehen. Dies bringt uns nun zu dem Punkt, an dem wir der Botschaft Gottes treu bleiben und uns nicht einmal vor feigen Siebenten-Tags-Adventisten fürchten sollen. Das ist der Punkt, an dem Gott möchte, dass wir stehen. Er möchte, dass wir wissen, was die Botschaft *jetzt* ist. Er möchte, dass wir die Botschaft so weitergeben, wie sie *jetzt* ist, und wenn es diejenigen gibt, die dich mit Steinen und Knüppeln in den Händen niederschlagen und dich verunglimpfen oder ähnliches, dann danke Gott, dass *jetzt* die Zeit für „sofortiges Handeln" ist. [Hervorhebung hinzugefügt][13]

Ich bete wirklich dafür, dass diese Worte tief in unseren Verstand eindringen, denn alles, was Gott braucht, sind nur zwei oder drei treue Seelen, um das Werk in sehr kurzer Zeit zu vollenden.

Aber wenn wir nicht bereit sind, dass der Herr uns *jetzt* für das letzte Werk einsetzt, wenn wir die Dinge noch ein paar Wochen oder Monate oder sogar Jahre aufschieben wollen, dann wird es zu spät sein, wenn wir uns dem Herrn anvertrauen; Er wird das Werk mit nur wenigen Personen vollendet haben. Er wird sein Werk der Gerechtigkeit abbrechen, und es wird vorbei sein, bevor wir es überhaupt merken. Aber wenn es vorbei ist, werden wir bitterlich klagen: „Die Ernte ist vorbei, der Sommer ist zu Ende, und meine Seele ist nicht gerettet!" (Jeremia 8,20). Und deine Verantwortungslosigkeit wird sich auf viele Seelen zum Schlechten ausgewirkt haben.

Es scheint jedoch ein Problem mit diesen Worten „sofortiges Handeln" zu geben, denn es gibt einige große Brocken, die im Weg stehen. Wie können wir mit dem Brocken der Kirchenpolitik umgehen und trotzdem die Botschaft weitergeben? Wie können wir mit dem Mangel an Mitteln umgehen, die für die Verkündigung der Botschaft benötigt werden?

Geld bedeutet Gott nichts, *vor allem* nicht in der Endzeit. Wenn Er darauf wartet, Seinen Geist auszugießen, damit wir das Werk vollenden können, dann wird Er jede Ressource bereitstellen, die für die Vollendung des Werkes benötigt wird.

Wir kennen die Aussage von Martin Luther: „Selbst wenn ich wüsste, dass morgen die Welt unterginge, würde ich meinen Apfelbaum pflanzen." Viele von uns benutzen diese Aussage, um Pläne für unsere Zukunft in dieser Welt zu machen. Aber wenn wir wirklich glauben würden, dass die Botschaft von 1888 ein schnelles Werk vollbringen würde, dann sollten wir, anstatt diesen Apfelbaum zu kaufen, um ihn in die Erde zu pflanzen, das Geld vielleicht lieber in die Verbreitung des Evangeliums investieren.

Sicher, einige werden sagen: „Camron, du bist ein Fanatiker! Glaubst du wirklich, dass du die Wiederkunft Christi beschleunigen kannst?" Ich habe in letzter Zeit mit einer Reihe von Menschen gesprochen und sie haben mir gesagt: „Ach, nein. Das Timing des Herrn ist perfekt. Er tut alles so, wie es bereits geplant ist. Die Tatsache, dass Menschen in Afrika sterben, hat nichts damit zu tun, dass du deine Arbeit nicht machst. Es ist nur so, dass Gott eine große Uhr hat, und Er hat die Zeitgrenze festgelegt, und wenn der Zeiger der Uhr diese Zeit erreicht, dann wird Jesus kommen und das Leiden wird ein Ende haben."

Eine Sache, die ich jedem dieser Leute, die dies sagten, sagte, war: Der Geist der Weissagung erklärt, dass Er innerhalb weniger Jahre nach 1888 gekommen sein könnte. Was passt das also mit dem Kommen Christi im Jahr 2018 oder 2031 zusammen, gemäß Seiner „Berechnung"? Nein. Wenn sie damals ihre Arbeit getan hätten, wäre Er gekommen. Wenn wir heute unsere Arbeit tun, wird Christus kommen.

Die einzige Grenze, die Gott der Zeit gesetzt hat, ist die Zeit, in der einige wenige Gläubige sich für sein Kommen *entscheiden* werden. Sie werden sagen: „Herr, du hast versprochen, dass du in einer sehr kurzen Zeit kommen wirst. Wir beanspruchen dieses Versprechen. Bitte benutze uns, um das Werk zu vollenden, damit dein Sohn kommen und uns nach Hause holen kann. Und Er wird kommen und sie nach Hause holen. Aber nur die, die nach sofortigem Handeln rufen.

Es gibt aber noch ein anderes Problem, zu dem wir neigen. Wir denken: *Zwei Jahre! – das bedeutet ein Jahr Vorbereitungszeit!* Und am Ende dieses einen Jahres endet die Gnadenzeit. Und dann kommt die Zeit der Bedrängnis – das Leben ohne einen Fürsprecher. Das bedeutet, dass ich nur ein Jahr Zeit habe, um mich vorzubereiten; ein Jahr, um meinen Charakter zu vervollkommnen; nur ein Jahr, um mit den Brocken meines eigenen Herzens fertig zu werden; die Mauern des Unglaubens zu überwinden!

Sieben Jahre, ein paar Jahre – nimm zwei Jahre nicht wörtlich, wenn du es nicht möchtest. Aber die Heilige Schrift ist sich darüber im Klaren, dass wir auf sein Kommen warten und es „beschleunigen" sollen. (2. Petrus 3,12). Gott wartet nur darauf, dass wir die Entscheidung treffen. Wann immer wir diese Entscheidung treffen, wird Er kommen.

Ich habe einige sehr interessante Zitate, mit denen ich unsere Zeit mit diesem Thema abschließen möchte. Die Botschaft von der Gerechtigkeit durch den Glauben ist eine Botschaft, die zum sofortigen Handeln aufruft, denn sie hat eine unmittelbare Auswirkung auf das Leben. Dieses besondere Zeugnis, das Alonzo Jones auf der Generalkonferenz von 1893 ablegte, zeigt die Kraft der Botschaft:

> Eine Schwester erzählte mir vor nicht allzu langer Zeit, dass sie vor dieser Zeit, vor vier Jahren, nur über ihren Nachlass geklagt und sich gefragt hatte, wie in aller Welt die Zeit für das Kommen des Herrn jemals kommen würde, wenn Er darauf warten müsste, dass Sein Volk sich bereit macht, Ihm zu begegnen.

Gute Frage? Wie können wir jemals bereit sein? Heiligung ist das Werk eines ganzen Lebens, nicht wahr? Der Charakter wird von unseren Gedanken, Gefühlen und Gewohnheiten bestimmt, deshalb denken wir im Allgemeinen, dass wir mehr Zeit brauchen, um einen heiligen Charakter zu entwickeln. Aber hört euch das Zeugnis dieser Frau genau an. Sie hat das Gleiche gedacht.

> Denn sie sagte, so wie sie es bisher gemacht hatte – und sie hatte so hart gearbeitet wie niemand sonst auf dieser Welt, meinte sie

> –, erkannte sie, dass sie nicht schnell genug vorankam, um den Herrn in irgendeiner vernünftigen Zeit zu bringen, und sie konnte nicht verstehen, wie der Herr kommen würde.[14]

Zwei Jahre! Wie kann der Herr innerhalb von zwei Jahren kommen? Das Volk Gottes kann niemals bereit sein – das ist unmöglich! Vor allem, wenn diese Botschaft von der Gerechtigkeit durch den Glauben gerade erst wiederbelebt wird. Wie kann sie ihr Werk tun?

Nun, wenn es die echte Botschaft von 1888 ist, dann wird sie ihr Werk innerhalb von zwei Jahren tun. Und in diesem Punkt ermutige ich dich, diejenigen zu prüfen, die behaupten, Gerechtigkeit durch Glauben zu predigen. Wie fein abgestimmt ist ihre Botschaft als eine Botschaft, die ein schnelles Werk vollbringen wird? Ein *schnelles* Werk!

Viele lehren, dass das Leben Christi nicht viel mehr als ein Beispiel war. Das lässt uns mit einer „Affen sehen, Affen tun"-Religion zurück, in der es nur darum geht, dass wir versuchen, Christus nachzuahmen. Das versuchen wir schon seit Jahren, und wir haben es immer noch nicht richtig gemacht. Ein paar weitere Leben werden uns nichts nützen. Aber nimm dir das Zeugnis dieser Dame über die Botschaft von 1888 zu Herzen. Studiere diese Botschaft für dich selbst. Lies die Bücher von Jones und Waggoner. Ich kann das nicht stark genug betonen. LIES. DIE. BÜCHER. So viele Menschen sind gleichgültig gegenüber der Botschaft dieser beiden Männer. Sie halten es für selbstverständlich, dass sie sie kennen und dass ihr Pfarrer sie verkündet. Aber wir müssen die Botschaft selbst kennen, oder Gott wird uns dafür verantwortlich machen.

Fahren wir mit dem Zitat fort:

> Sie konnte sich nicht vorstellen, wie der Herr kommen würde. Sie war beunruhigt darüber, aber sie sagte, als die Leute aus Minneapolis nach Hause kamen und sagten,

Als die Leute aus Minneapolis nach Hause kamen und die Botschaft von der Gerechtigkeit durch den Glauben noch frisch im Gedächtnis hatten, was hatten sie da zu sagen?

> „Warum, die Gerechtigkeit des Herrn ist ein Geschenk; wir können die Gerechtigkeit Christi als Geschenk haben, und wir können sie jetzt haben." „Oh", sagte sie, „das hat mich gefreut,

> das hat mir Licht gebracht, denn dann konnte ich erkennen, dass der Herr ziemlich bald kommen könnte. Wenn Er Selbst uns das Gewand, die Kleidung, den Charakter *gibt*, der uns für das Gericht und für die Zeit der Trübsal passt, dann konnte ich sehen, wie Er kommen konnte, sobald Er es wollte." „Und", sagte sie, „es hat mich froh gemacht, und seither bin ich glücklich." Brüder, ich bin auch froh darüber, die ganze Zeit schon. [Hervorhebung hinzugefügt][14]

Wann kann Christus kommen? Sobald Er will! Denn alles, was wir brauchen, um bereit zu sein, ist ein *Geschenk*, und Er wartet nur darauf, dass wir es annehmen. Leider denken viele, die in ihrer Religion legalistisch sind, dass dieser besondere Aspekt der Botschaft von 1888 „billige Gnade" ist. Aber wenn etwas billig ist, hat es trotzdem seinen Preis. Nein. Die Gnade Gottes ist *kostenlos*. Wir können sie nicht kaufen; es gibt nichts, was wir für unsere Errettung tun können, außer das Geschenk anzunehmen.

Das Zeugnis, das aus Minneapolis mitgebracht wurde, war einfach. Wenn sie dieses Geschenk annehmen würden, würde Jesus kommen.

Ich möchte, dass wir einen genaueren Blick darauf werfen, was diese Gabe eigentlich ist. Doch zunächst möchte ich eine Aussage aus *The Great Controversy*, S. 609, vorlesen. Sie stammt aus dem Kapitel mit dem Titel „Die letzte Warnung".

> Die verschiedenen Perioden in der Geschichte der Kirche waren jeweils durch die Entwicklung einer besonderen Wahrheit gekennzeichnet, die den Bedürfnissen des Volkes Gottes zu jener Zeit entsprach.[15]

Ob Gottes Volk bereit ist oder nicht, diese Erde, wie wir sie kennen, wird bald zu Ende gehen. Wir haben nicht ein ganzes Leben Zeit, um geheiligt zu werden. Wir können nur dann bereit sein, wenn uns alles, was wir brauchen, als *Geschenk* gegeben wird. Wir brauchen es genau hier und jetzt, um es einfach zu ergreifen und es uns zu eigen zu machen.

> Jede neue Wahrheit hat sich ihren Weg gegen Hass und Widerstand gebahnt; diejenigen, die mit ihrem Licht gesegnet waren, wurden versucht und geprüft. Der Herr gibt in einer

Notlage eine besondere Wahrheit für das Volk. Wer würde es wagen, die Veröffentlichung zu verweigern? Er befiehlt Seinen Dienern, die letzte Einladung der Barmherzigkeit an die Welt zu richten. Sie können nicht schweigen, es sei denn, es geht um ihre Seele. Die Botschafter Christi haben nichts mit den Folgen zu tun. Sie müssen ihre Pflicht erfüllen und das Ergebnis Gott überlassen.[15]

Hast du jemals die Worte gehört: „Wen interessiert das schon?" Nun, du kannst dir diesen Satz zu eigen machen, wenn du diese Botschaft weitergibst. Wenn dich jemand wegen deines Glaubens belästigen will oder falsche Anschuldigungen und Lügen deshalb über dich verbreitet, kannst du sagen: „Wen kümmert's!" Denn Gottes Botschafter haben mit den Konsequenzen *nichts* zu tun. Wir sollen die Wahrheit glauben und lehren, und was in der Folge geschieht, ist Gottes Problem und nicht unseres. Nun auf S. 612 desselben Buches:

Diener Gottes, mit erleuchteten Gesichtern und in heiliger Andacht strahlend, werden von Ort zu Ort eilen, um die Botschaft des Himmels zu verkünden. Mit Tausenden von Stimmen wird auf der ganzen Erde die Warnung verkündet werden.[16]

Lasst uns dem Herrn danken, dass mehr als nur einer oder zwei diese wertvolle Botschaft verkünden werden. Aber Gott braucht einen oder zwei, um den Ball ins Rollen zu bringen; um die anderen durch ihr eigenes Beispiel zu ermutigen. Was für eine Ehre wäre es, wenn Gott dich zu dem Kaleb und dem Josua zählen würde, der die anderen inspiriert hat! Das könntest du sein!

Die Botschaft wird nicht so sehr durch Argumente, sondern durch die tiefe Überzeugung des Geistes Gottes vermittelt werden. Die Argumente sind vorgetragen worden. Die Saat ist gesät worden, und nun wird sie aufgehen und Früchte tragen. Die von den Missionaren verteilten Publikationen haben ihren Einfluss ausgeübt, aber viele, deren Verstand beeindruckt wurde, sind daran gehindert worden, die Wahrheit vollständig zu verstehen oder Gehorsam zu leisten. Jetzt dringen die Strahlen des Lichts überall hin, die Wahrheit wird in ihrer Klarheit gesehen, und die aufrichtigen Kinder Gottes durchtrennen die

> Bande, die sie gehalten haben. Familienbande, kirchliche Beziehungen sind jetzt machtlos, sie aufzuhalten. Die Wahrheit ist wertvoller als alles andere. Trotz der Kräfte, die sich gegen die Wahrheit verbünden, stellt sich eine große Zahl auf die Seite des Herrn.[16]

Amen! Ich freue mich auf diese Zeit und ich bete wirklich, dass ich zu dieser Zahl gehöre. Und ich bete, dass du das auch bist – dass du dich an die Wahrheit hältst und nicht zulässt, dass irgendetwas oder irgendjemand sie dir wegnimmt.

„Die Wahrheit ist kostbarer als alles andere" – und was kann kostbarer sein als die Wahrheit über die Gabe Jesu Christi? Die Heilige Schrift sagt, dass die Gabe Gottes das ewige Leben durch Jesus Christus, unseren Herrn, ist – die *Gabe* des ewigen Lebens (Römer 6,3).

Das ewige Leben ist ein Geschenk. Glaubst du das? Ja, wir sollen mit Gott zusammenarbeiten; wir sollen unsere eigenen Gebete so gut wie möglich beantworten. Es gibt etwas, das wir tun müssen. Aber was auch immer wir tun, welche Aufgabe Gott uns auch immer gibt, wir dürfen nie denken, dass wir dadurch das Heil verdienen – das können und werden wir nicht.

Schauen wir uns dieses Geschenk einen Moment lang an.

Ich möchte, dass wir erkennen, dass diese Botschaft seit vielen Jahren begraben ist, sogar schon vor 1888. Ich möchte euch einige Kommentare von Martin Luther in seinem *Galaterkommentar*, der vor fast 500 Jahren geschrieben wurde, vorstellen. Einige der Dinge, die er lehrte, sind absolut tiefgründig. Diese erste Aussage stammt aus seinem Kommentar zu Galater 2,20. Er sagt:

> Der Glaube muss also ganz rein gelehrt werden ...

Wenn dein Pastor *diese* Art von Glauben, die Luther beschreibt, nicht predigt, dann ist es kein Glaube.

> ... nämlich, dass du so ganz mit Christus verbunden bist, dass er und du gleichsam eine Person geworden seid, so dass du kühn sagen kannst: Ich bin jetzt eins mit Christus, das heißt, Christi Gerechtigkeit, Sieg und Leben sind mein. Und wiederum kann Christus sagen: Ich bin dieser Sünder, das heißt, seine Sünden

und sein Tod sind Mein, denn er ist mit Mir vereint und verbunden, und Ich mit ihm. Denn durch den Glauben sind wir so miteinander verbunden, dass wir Glieder seines Leibes, seines Fleisches und seiner Gebeine geworden sind (Eph. 5,30).

Der Glaube muss gelehrt werden, dass Jesus wie man selbst wurde, dass er vor dem Gesetz Gottes steht und sagt: „Ich bin dieser Sünder, ich werde die Strafe auf mich nehmen." Und das gibt uns das Recht, ja das *Recht*, vor Gott zu stehen und zu sagen: „Ich bin wie Christus. Seine Gerechtigkeit, Sein Leben ist mein" – das Geschenk Gottes.

Schauen wir uns nun an, was Luther über die Gabe zu sagen hat, die uns durch den Glauben zuteil wird, den er gerade beschrieben hat. Seht, wie praktisch das ist – es ist erstaunlich! Dies ist Martin Luthers Kommentar zu Galater 3,13:

> So hat Er mit uns einen glücklichen Wandel vollzogen, indem Er unsere sündige Person auf sich nahm und uns Seine unschuldige und siegreiche Person *gab*; mit der wir nun bekleidet sind und von dem Fluch des Gesetzes befreit sind. Denn Christus hat sich willig für uns zum Fluch machen lassen und gesagt: Was Meine eigene Person betrifft, so bin ich selig und brauche nichts. Ich aber will mich Selbst erniedrigen und eure Person auf Mich nehmen (Phil. 2,7)
>
> ... und wird den Tod erleiden, um euch vom Tod zu erlösen. So trug Er also die Sünde der ganzen Welt in unserer Person, wurde genommen, erlitt, wurde gekreuzigt und getötet und wurde zum Fluch für uns. Weil er aber eine göttliche und ewige Person war, konnte Ihn der Tod nicht halten. Darum ist Er am dritten Tag von den Toten auferstanden und lebt nun in Ewigkeit; und es ist weder Sünde noch Tod mehr in Ihm zu finden, sondern nur Gerechtigkeit, Leben und ewige Seligkeit.
>
> Dieses Bild und dieser Spiegel ...

2 Korinther 3,18: „Ihr seht die Herrlichkeit des Herrn wie in einem Glas." Mit unverhülltem Antlitz sehen wir Jesus, der zu unserer eigenen Person wurde und die Sünde besiegt und alle Verdammnis weggenommen hat. Was siehst du, wenn du in den Spiegel schaust? Du siehst dich selbst!

> Dieses Bild und diesen Spiegel müssen wir beständig vor Augen haben und mit dem festen Auge des Glaubens betrachten. Wer das tut, der hat diese Unschuld und diesen Sieg Christi, obgleich er kein so großer Sünder ist. Durch den Glauben allein werden wir also gerecht, denn der Glaube hält diese Unschuld und diesen Sieg Christi fest. Sieh nun, wie sehr du dies glaubst, so sehr kommst du in den Genuß dessen ...

Je mehr du daran glaubst, desto mehr wird es deine Realität sein.

> ... Wenn du glaubst, dass Sünde, Tod und Fluch abgeschafft sind, so sind sie abgeschafft. Denn Christus hat sie in Sich überwunden und weggenommen und will, dass wir glauben, dass, wie in Seiner Person keine Sünde und kein Tod ist, auch in der unsrigen keine ist, da Er alles für uns getan und vollbracht hat.

Wie hat Er alles für uns vollbracht? Indem Er uns auf Sich genommen hat und dann ein vollkommenes Leben gelebt hat, auf Golgatha gestorben ist und sowohl die Sünde als auch den Teufel vernichtet hat.

> Wenn dich nun die Sünde quält und der Tod dich erschreckt ...

Bist du manchmal ängstlich und nervös wegen der Sünde?

> ... denke daran, dass es (wie es tatsächlich ist) nur eine Einbildung und eine falsche Illusion des Teufels ist. *Denn in der Tat gibt es jetzt keine Sünde, keinen Fluch, keinen Tod, keinen Teufel mehr, der uns schaden könnte, denn Christus hat all dies besiegt und abgeschafft.* Der Sieg Christi ist ganz gewiss, und *es gibt keinen Mangel an der Sache selbst, sondern durch unsere Ungläubigkeit.* [Hervorhebung hinzugefügt].

In unserer „Ungläubigkeit". Was ist das? Unserem *Unglauben*. Das Problem ist, dass wir nicht glauben, dass Jesus mit uns eins wurde und Sünde und Tod besiegt hat. Aus diesem Grund hat die Sünde immer noch Macht in unserem Leben. Aber *wenn* wir es glauben, dann gibt es keine Sünde, keinen Teufel, keinen Fluch und keinen Tod. Sie sind alle nur eine „Einbildung und eine falsche Illusion".

Dies sind kraftvolle Aussagen von Martin Luther. Die Rettung aus Gnade, die er lehrte, umfasst so viel mehr, als die meisten Menschen denken. Er stellte das Evangelium nicht nur als etwas dar, das uns Vergebung gewährt und uns davon befreit, gute Werke zu tun. Er glaubte vielmehr, dass dadurch, dass Christus mit uns eins wird und wir an diesem Leben teilhaben, indem wir glauben, dass Er mit uns eins wurde, Sein siegreiches Leben auch unser eigenes praktisches Leben werden kann.

Vergleichen wir dies nun mit dem, was Alonzo Jones zu sagen hatte. Dies stammt aus Studie Nummer 15 der *1895 General Conference Bulletins*. Ihr werdet sehen, wie diese Gedanken mit Luthers Gedanken harmonieren.

Wir studieren immer noch den Namen Christi, der „Gott mit uns" ist. Und wie schon gesagt, konnte Er nicht Gott mit uns sein, ohne zu uns selbst zu werden, denn es ist nicht Er selbst, der sich in der Welt manifestiert. Wir sehen Jesus nicht in dieser Welt, wie Er im Himmel war; Er kam nicht so in diese Welt, wie Er im Himmel war, noch war diese Persönlichkeit in der Welt manifestiert, die im Himmel war, bevor Er kam. Er entäußerte sich selbst und wurde wir selbst. Dann legte Er Sein Vertrauen in Gott und Gott wohnte bei Ihm. Und da Er wir selbst ist und Gott bei Ihm ist, ist Er „Gott mit uns". Das ist Sein Name.

Habt ihr den Namen „Emmanuel" schon einmal so gelesen? Im Allgemeinen denken wir, dass er Jesus mit uns bedeutet. Nein. Er entäußerte sich Selbst und wurde wir selbst. Gott wohnte in Christus und wir waren in Ihm. Emmanuel: „Gott mit uns" ist also der Vater mit Christus, der zu uns geworden ist.

Wäre Er in die Welt gekommen, wie Er im Himmel war, als Gott, und hätte Sich so offenbart, wie Er dort war, und wäre Gott mit Ihm gewesen, so hätte Sein Name nicht „Gott mit uns" gelautet, denn dann wäre Er nicht Wir selbst gewesen. Aber Er hat sich Selbst entäußert. Er Selbst war nicht in der Welt manifestiert. Denn es steht geschrieben: „Niemand kennt den Sohn als nur der Vater" – nicht einfach niemand, sondern niemand. Niemand kennt den Sohn als nur der Vater. „Niemand kennt den Vater als nur der Sohn und der, dem der Sohn ihn offenbaren will." Es steht nicht geschrieben: „Niemand kennt den Sohn als nur der Vater und der, dem der Vater ihn offenbaren will. Nein. Niemand kennt den Sohn, sondern nur der Vater. Und nicht der Vater

> offenbart den Sohn in der Welt, sondern der Sohn offenbart den Vater. Christus ist nicht die Offenbarung seiner Selbst. Er ist die Offenbarung des Vaters an die Welt und in der Welt und an die Menschen. Deshalb sagt er: „Niemand kennt den Vater als nur der Sohn, und wem der Sohn den Vater offenbaren will." Es ist also der Vater, der sich in der Welt offenbart und der sich uns offenbart und sich in uns in Christus offenbart.

„Offenbart in uns, in Christus." Unsere Aufgabe ist es, der Welt zu sagen: „Seht, euer Gott!" Das können wir tun, wenn wir die Gabe annehmen wollen. Der Vater ist im Sohn offenbart, und durch uns in Ihm, wird der Vater der Welt offenbart.

> Das ist diese eine Sache, mit der wir uns die ganze Zeit beschäftigen. Das ist das Zentrum, um das alles andere kreist. Und da Christus unsere menschliche Natur in allen Dingen im Fleisch angenommen hat und so zu uns selbst geworden ist, lesen wir, wenn wir von Ihm und dem Umgang des Vaters mit Ihm lesen, von uns selbst und vom Umgang des Vaters mit uns.

Wird dadurch das Leben Christi nicht persönlich? Wenn wir von Ihm lesen, lesen wir von uns selbst, denn Er vereinigte sein Leben mit dem unseren. So wie der Vater in Ihm ein vollkommenes Leben lebte, lebte Er es in uns. Das Leben Christi ist unser Leben, ein vollkommenes Leben, ein Geschenk Gottes. Wirst du es glauben? Glauben heißt empfangen, sich Seine Verdienste *aneignen*, mit anderen Worten, sich Seinen Gehorsam praktisch zu eigen machen. Und wenn du es glaubst, wird Gott die Tatsache liefern. Alles, was du zu tun hast, ist „Amen" zu sagen und es geschehen zu *lassen*! Dies wird in den folgenden abschließenden Gedanken noch deutlicher werden.

Die große zentrale Wahrheit ist, dass Gott das, was Er in Seinem Sohn für uns getan hat, auch in uns getan hat; und dass Er es auch heute noch tun wird. Lesen wir weiter:

> Und da Christus in allem unsere menschliche Natur im Fleisch angenommen hat und so zu uns selbst geworden ist, lesen wir, wenn wir von Ihm und dem Umgang des Vaters mit Ihm lesen, von uns selbst und vom Umgang des Vaters mit uns. *Was Gott*

Ihm getan hat, war an uns; was Gott für Ihn getan hat, war für uns. [Hervorhebung hinzugefügt][17]

Schwach wie wir, sündig wie wir – einfach wir selbst – ging Er durch diese Welt und hat nie gesündigt. Er war sündig wie wir, schwach wie wir, hilflos wie wir, hilflos wie der Mensch, der ohne Gott ist, doch durch sein Vertrauen auf Gott war Gott so zu Ihm gekommen, hat so bei Ihm gewohnt, hat Ihn so gestärkt, dass sich anstatt der Sünde immer die Gerechtigkeit Gottes manifestierte.

Die Gerechtigkeit Gottes ist das „richtige Handeln" Gottes.

Aber wer war Er? Er war wir selbst. Dann hat Gott der Welt und dem Universum einmal demonstriert, dass Er so zu mir und zu dir kommen und so mit uns leben wird, wie wir heute in der Welt sind, und dass Er Seine Gnade und Seine Kraft so bei uns wohnen lassen wird, dass trotz all unserer Sündhaftigkeit, trotz all unserer Schwächen die Gerechtigkeit und der heilige Einfluss Gottes anstelle von uns und unserer Sündhaftigkeit den Menschen offenbart werden.

Amen!

In Jesus Christus, als Er im sündigen Fleisch war, hat Gott vor dem Universum demonstriert, dass Er vom sündigen Fleisch so Besitz ergreifen kann, dass Seine eigene Gegenwart, Seine Macht und Seine Herrlichkeit manifestiert werden, anstatt dass die Sünde sich manifestiert. Und alles, was der Sohn von einem Menschen verlangt, um dies in ihm zu vollbringen, ist, dass der Mensch sich dem Herrn überlässt, wie es der Herr Jesus tat.

Alles, worum der Herr bittet, ist was? Dass wir uns Ihm *hingeben*; dann wird Er das Gleiche in unseren eigenen Leben vollbringen.

Jesus sagte: „Ich will mein Vertrauen auf Ihn setzen." Und in diesem Vertrauen brachte Christus jedem den göttlichen Glauben, durch den wir unser Vertrauen auf Ihn setzen können. Und wenn wir uns so von der Welt trennen und unser einziges Vertrauen auf Ihn setzen, dann wird Gott uns so nehmen und gebrauchen, dass unser sündiges Selbst niemanden zu beeinflussen oder zu beeinträchtigen scheint, sondern Gott wird Sein gerechtes Selbst, Seine Herrlichkeit, vor den Menschen offenbaren, trotz uns und unserer Sündhaftigkeit. Das ist die Wahrheit. Und das ist das Geheimnis Gottes, „Christus in euch, die Hoffnung der Herrlichkeit". Gott offenbart sich im sündigen Fleisch.

Auch in diesem Punkt entmutigt der Satan viele. Zu dem gläubigen Sünder sagt Satan: Du bist zu sündig, um dich als Christ zu betrachten. Gott kann nichts mit dir zu tun haben. Sieh dich selbst an. Du weißt, dass du zu nichts gut bist. Satan hat uns mit dieser Art von Argumenten tausende Male entmutigt.

Das ist wahr. Gott ruft zum sofortigen Handeln auf, aber wir denken: *Ich bin nur ein Niemand. Ich kann nichts richtig machen. Ich könnte niemals zur Elite der Diener Gottes in der Endzeit gehören. Er könnte mich niemals dazu benutzen, ein Beispiel zu sein, um eine große Erweckung auszulösen. Hör auf zu träumen ...*

Nun, Freunde, die Realität beginnt mit einem Traum! Und wenn du das Gefühl hast, dass Gott es dir ins Herz gelegt hat, sofortiges Handeln zu fordern, dann ist es ein Traum, den der Heilige Geist dir gegeben hat. In Joel heißt es: „Ich will meinen Geist auf sie legen, und sie sollen Träume haben und prophezeihen!" (Joel 2,28-29). Und wenn Er Ihnen den Traum gegeben hat, wird Er Ihnen alles geben, was Sie brauchen, um ihn zu erfüllen.

Aber Gott hat ein Argument geschaffen, das dieses Plädoyer Satans in den Schatten stellt, denn Jesus kam und wurde wir selbst – sündig wie wir sind, beladen mit den Sünden der Welt – weit mehr Sünden, als es auf mir gibt. Und in Ihm, der mit zehntausendmal mehr Sünden beladen war, als ich je hatte, hat Gott bewiesen, dass Er mit einem so sündigen Menschen kommen und ein ganzes Leben lang leben und Sich Selbst und Seine Gerechtigkeit offenbaren wird, trotz aller Sündhaftigkeit und trotz des Teufels. Gott hat Seine Hilfe auf Einen gelegt, der mächtig ist, und diese Hilfe erreicht uns. Dank sei dem Herrn.

Liebe Brüder, das tut mir gut. Denn ich weiß, wenn sich jemals etwas Gutes in dieser Welt, in der ich mich befinde, manifestieren soll, muss es von einer anderen Quelle als mir selbst kommen. Das ist klar. Aber, oh! das Schöne daran ist, dass Gott gezeigt hat, dass Er Sein gerechtes Selbst anstelle meines sündigen Selbst offenbaren wird, wenn ich mich Ihm überlasse. Ich kann die Gerechtigkeit nicht aus mir selbst heraus manifestieren; Ich kann Seine Gerechtigkeit nicht in mir selbst manifestieren. Nein. Ich überlasse mich Ihm, absolut, uneingeschränkt. Dann kümmert Er sich darum. Er hat es so demonstriert. Er hat ein ganzes Leben lang bewiesen, was Gott für mich ist, wenn er mit mir im sündigen Fleisch verbunden ist. Er kann es wieder tun, so sicher wie Er mich haben kann.

Wirst du zulassen, dass Er dich hat? Oh, verlangt das nicht eine zu große Hingabe? Nein. Es ist angemessen. Wie sehr hat er sich hingegeben? Er hat sich Selbst ganz hingegeben. Christus hat sich Selbst aufgegeben, sich Selbst entleert. Die französische Übersetzung lautet: „Er vernichtete sich Selbst." Er hat sich Selbst entblößt und sich in uns versenkt, damit Gott anstelle von uns selbst und Seine Gerechtigkeit anstelle von unserer Sündhaftigkeit in uns in unserem sündigen Fleisch offenbar wird. Lasst uns also antworten und uns in Ihn versenken, damit Gott noch immer im sündigen Fleisch offenbar wird.

Lasst uns genau das tun. Versinken wir in Ihm, und das Leben Gottes wird sich in unserem sündigen Fleisch manifestieren.

Eine letzte Bemerkung von Jones. Wir brauchen ein Geschenk. Nichts anderes kann uns schnell genug vorbereiten. Das Zeugnis von 1888 war, dass Christus genauso schnell kommen kann, wie Er es will. Können wir zu sofortigem Handeln aufrufen? Das können wir auf jeden Fall! Hört euch das an:

Christus hat sich Seinerseits mit jedem Menschen verbündet; und wenn jeder Mensch auf der Welt heute Abend alles fallen lassen und sagen würde: „Ja, das ist eine Tatsache; Er und ich sind eins, und Er ist der eine", würde jede Seele heute Abend gerettet werden, und Christus würde morgen in jeder Seele erscheinen. [Hervorhebung hinzugefügt][18]

Er würde Sein Ebenbild in Seinem Volk perfekt wiedergegeben sehen, und Er würde kommen, um sie nach Hause zu holen. Wie kann das geschehen? Wenn wir alles andere fallen lassen und sagen, dass Er und ich eins sind, und dass Er *der* Eine ist. Sein Leben ist mein Leben.

Was tust du gerade? Was tue ich? Diese Einsichten sind so erstaunlich. Und so klar! Warum hat es so lange gedauert, bis ich die Bücher von diesen Dienern Gottes gelesen habe? Warum hat es so lange gedauert, bis ich gelernt habe, dass diese Welt so eitel und unecht ist? Gott hat etwas so viel Besseres für uns!

Es gibt ein vollkommenes Leben. Dieses Leben ist in dem Sohn, Jesus Christus. Und auch wenn wir noch ein wenig länger auf dieser Erde bleiben, brauchen wir uns keine Sorgen zu machen, denn es ist bereits alles geregelt. Christus hat unsere Prüfungen bereits bestanden. Der Sieg gehört bereits uns. Die Sünde ist bereits besiegt. Sie existiert nicht! Sie ist ein Hirngespinst unserer Phantasie. Aber der Zweifel ist mächtig, nicht wahr?

Freunde, ich lade euch ein, euer Leben genau unter die Lupe zu nehmen. Schaut euch eure Prioritäten im Leben genau an. Glaubt ihr wirklich, dass das zweite Kommen Jesu unmittelbar bevorsteht? Wenn ihr daran glaubt und dieser Botschaft glaubt, werdet ihr euer Geld nicht in den Aufbau weltlicher Unternehmungen stecken. Ihr werdet eure Zeit nicht damit verbringen, die Nachrichten zu lesen – Nachrichten sind irrelevant. Ihr sagt vielleicht: „Oh, ich versuche zu erfahren, was in der Welt vor sich geht." Nichts wird in der Welt geschehen, bis ihr euch aufrafft. Die Prophezeiung wird sich nur erfüllen, wenn wir das wahre Evangelium in unser Leben bringen.

Die Winde sind schon seit 1888 bereit, zu wehen. Sie warten nur darauf, dass die Diener Gottes an ihren Stirnen versiegelt werden. Und es liegt an euch, die Entscheidung zu treffen: „Ich bin eins mit Christus – lebe dieses Leben in mir aus." Dies ist ein Aufruf zum Handeln. Und ich brauche eure Ermutigung, so wie jeder meine Ermutigung braucht. Gott ist ein Teamplayer; wir alle sind Teamplayer. Wir sind ein Leib Christi, Seine Glieder – Plural – im Besonderen.

Möge Gott uns helfen, alles loszulassen, was uns zurückhält, und uns Ihm zu überlassen. Machen wir es wie Kaleb und Josua und sagen wir: „Ja, wir sind fähig!" Als sie das zweite Mal an die Grenze des verheißenen Landes kamen, gingen sie direkt hinein. Und wir können das Gleiche tun. Also lasst es uns tun! Das ist mein Gebet. AMEN.

BARMHERZIGKEIT IN MEINER GRUBE DES ELENDS

von Camron Schofield

In der Dunkelheit saß ich,
elend und erbärmlich,
allein in meiner Grube.

Über mir tobte der Donner,
der Zorn eines wütenden Herrn.

Ein Schauer lief mir über den Rücken,
zu denken, zu wissen, zu fühlen,
dass ich diesmal dran bin.

„Du wirst sterben!"
riefen die Stimmen in meinem Kopf.
„Es ist Zeit, zur Hölle zu fahren",
sagten sie.

Ich wartete mit angehaltenem Atem
auf den letzten Todesstoß.

Es gab einen Knall,
es gab einen Blitz,
Es gab eine Vision von Licht.
Dann wurde ich wieder ruhig,
Meine immerwährende Nacht.

Aber im Licht sah ich es,
dort in meiner Grube,
eine Persönlichkeit.
Wer könnte das sein?

Und wie können sie es wagen,
in meinen Raum einzudringen.
Wussten sie nicht, dass diese Grube,
Mein Leben, eine Verschwendung war?

Ich ballte meine Fäuste,
und machte mich bereit zu kämpfen.

Ein erneuter Donner,
ein erneuter Blitz,
Eine weitere Vision an Licht.

Wer könnte das sein,
hier unten bei mir?

Wer könnte es sein,
Der mit mir teilhat an diesem Elend,
an dieser Grube des Elends?
Dieses Loch, das ich gegraben hatte,
um zu ernten, was ich gesät hatte?
Zu denken, zu wissen, zu fühlen,
dass ich nicht allein war.

Wer könnte das sein,
hier unten bei mir?

Ein weiterer Donnerschlag,
ein weiterer Blitz,
eine weitere Vision an Licht.

Wer könnte das sein,
hier unten bei mir?

Ein weiterer Donnerschlag,
ein weiterer Blitz,
eine weitere Vision von Licht.

Meine Sünden waren es,
die ich erntete. Ich war es,
der meine Grube so tief gemacht hat.

Und doch,
Zu denken, zu wissen, zu fühlen,
dass ich nicht allein war,
ließ mein Herz aus Stein schmelzen.

Wer könnte das sein,
hier unten bei mir?

Ich weinte, ich schluchzte,
ich weinte noch mehr.
Ich weinte, bis mir die Kehle weh tat.

Wer könnte das sein,
hier unten bei mir?

Eine Hand berührte meine Wange
und wischte eine Träne weg.
Ich erschrak vor Angst.
Dann hörte ich eine Stimme.

"Fürchte dich nicht noch sei erschrocken."

Es war eine Stimme,
die ich nicht kannte,
Der Klang der Liebe
und nicht des Kummers.
Süß und wohlklingend in meinem Ohr,
fremd für mich hier unten.

Ein weiterer Donnerschlag,
ein weiterer Blitz,
eine weitere Vision von Licht.

Und dann ein weiterer Schlag,
ein weiterer Blitz,
Der Schlag des Todes rückte näher.
Und auch, eine
weitere Vision von Licht.

Im Licht sah ich es,
Eine Hand, die aus Mitleid
ausgestreckt war.

Und die Stimme,
Sie sprach noch einmal:
"Ich gebe dir meine Hand;
Nimm sie, halte sie fest.
Und ich will dir helfen,
durch die Nacht."

Ich zögerte,
Und es herrschte Stille.

Ein weiterer Donnerschlag,
ein weiterer Blitz,
eine weitere Vision von Licht.

Und dort bei mir,
war keine Person.

Könnte es sein,
dass ich zu lange zögerte?
Könnte es sein,
dass die Hand weg war?

Die Wogen der Verzweiflung
rollten über mich hinweg,
und doch war da eine Hoffnung in mir.
"Herr, rette mich!" rief ich,
Und stürzte mich in die Nacht.

Ein weiterer Donnerschlag,
ein weiterer Blitz,
eine Hand in dem Licht!

Sie ergriff meine Hand.
Und ich hielt sie fest.

Ein weiterer Donnerschlag,
ein weiterer Blitz,
und ich starb.

Hier auf dem Berggipfel sitze ich.
Weit, weit weg von meiner trostlosen Grube.
Die Visionen der Nacht sind aus meinem Blickfeld verschwunden.

Alles, was ich sehe,
ist Jesus mit mir.

VERWEISE

Wir haben die Seiten und Absatzangaben der Bulletins der Generalkonferenz von 1893 und 1895 mit den ISBNs: 0992507405 & 0992507413. Dies wird in eckigen Klammern vermerkt: z. B. [GCB1893 269.1-270.3]

Die Lieblichsten Worte der Welt
1. Ellen G. White, *The Great Controversy*, p.642, para.3
2. Alonzo T. Jones, *General Conference Bulletins*, February 27, 1893, p.413, para.4 to p.414, para.1 [GCB1893 249.3-250.2]
3. Alonzo T. Jones, *General Conference Bulletins*, February 27, 1893, p.416, para.7 to p.417, para.3 [GCB1893 254.4-255.4]

Gottes überfließende Gnade

Teil 1 – Zur Wirklichkeit aufwachen
1. Ellen G. White, Christ's Object Lessons, p.315, para.1
2. Ellen G. White, Steps to Christ, p.31, para.1

Teil 2 – Das Geschenk von Jesus Christus
Seite 62: Der Autor betont die Tatsache, dass wir selbst nicht göttlich werden durch unsere Vereinigung mit Christus: „Es ist nicht die Menschheit, die sich der Gottheit nähert, sondern die Gottheit nähert sich der Menschheit. Es war die Göttlichkeit, die die Menschheit in sich aufnahm. Die Menschheit hat nicht die Göttlichkeit in sich aufgenommen. Wir werden nicht göttlich. Wir entwickeln uns nicht zu einem höheren Daseinszustand. Nur Gott ist selbst-existent. Wir sind es nicht. Wir können niemals als Gott existieren... Christus hat die Attribute der Göttlichkeit nicht in unsere menschliche Natur gebracht; sie gehören uns nur als Geschenk, wenn der Mensch mit der Göttlichkeit Gottes vereint ist. Auch wenn wir eins mit Ihm sind, werden Seine Eigenschaften niemals der Menschheit selbst innewohnen" (A Life that Measures with the Life of God, Camron Schofield, veröffentlicht 2015, Seite 57).
1. Alonzo T. Jones, *General Conference Bulletins*, February 21, 1895, p.269, para.7 to p.270, para.3 [GCB1895 144.4-145.3]

Teil 3 – Raus aus mir und hinein in Christus
1. Ellen G. White, *Bible Commentary*, Vol.7, p.926, para.5
2. Ellen G. White, *God's Amazing Grace*, p.10, para.2
3. Ellen G. White, *1888 Materials*, p.552, para.1
4. Ellen G. White, *The Desire of Ages*, p.483, para.1
5. Ellen G. White, *The Desire of Ages*, p.687, para.3
6. Ellen G. White, *The Desire of Ages*, p.690, para.1, 2
7. Ellen G. White, *Manuscript Releases*, Vol.13, p.369, para.3
8. Ellen G. White, *Testimonies*, Vol.2, p.205, para.3

Teil 4 – Bereit, wenn du es bist
1. Ellen G. White, *Steps to Christ*, p.62, para.2
2. Ellen G. White, *The Desire of Ages*, p.667, para.5
3. Ellen G. White, *Christ's Object Lessons*, p.311, para.4

Teil 6 – Geheiligt durch den Glauben
1. Alonzo T. Jones, General Conference Bulletins, April, 1895, p.492, para.6 to p.270, para.3 [GCB1895 267.4]
2. Ellen G. White, Bible Commentary, Vol.6, p.1073, para.1
3. Ellen G. White, *The Review & Herald*, October 18, 1898, para.7
4. Alonzo T. Jones, *Advent Review & Sabbath Herald*, December 6, 1898, p.782, para.3
5. Alonzo T. Jones, *Advent Review & Sabbath Herald*, December 27, 1898, p.832, para.1
6. Ellen G. White, *Christ's Object Lessons*, p.60, para.4 to p.61, para.2
7. Ellen G. White, *The Desire of Ages*, p.120, para.1
8. Ellen G. White, *The Desire of Ages*, p.19, para.2
9. Ellen G. White, *The Desire of Ages*, p.753, para.1, 2
10. Ellen G. White, *The Desire of Ages*, p.756, para.2
11. Ellen G. White, *The Desire of Ages*, p.73, para.1

Warum der Heiligtumsdienst den Israeliten gegeben worden war

Teil 1
1. Ellen G. White, *Selected Messages*, Vol.1, p.337, para.1

Teil 2
1. Ellen G. White, *The Desire of Ages*, p.224, para.5

Die Verwirrung des Evangeliums auslöschen
1. Ellen G. White, *God's Amazing Grace*, p.259, para.4
2. Alonzo T. Jones, *General Conference Bulletins*, February 23, 1893, p.361, para.3 to para.4 [GCB1893 214.3-4]
3. Ellen G. White, *Steps to Christ*, p.62, para.2
4. Ellen G. White, *Patriarchs & Prophets*, p.46, para.2

5. Ellen G. White, *The Desire of Ages*, p.710, para.1
6. Ellen G. White, *The Desire of Ages*, p.805, para.3
7. Ellen G. White, *The Desire of Ages*, p.668, para.3

Gott nachempfinden
1. Ellen G. White, *Signs of the Times*, September 10, 1896, para.3,4
2. Ellen G. White, *The Desire of Ages*, p.794, para.4
3. Ellen G. White, *Testimonies*, Vol.5, p.651, para.2 to 652, para.1
4. Ellen G. White, *The Faith I Live By*, p.123, para.5
5. Ellen G. White, *Manuscript Releases*, Vol.8, p.221, para.1
6. Ellen G. White, *In Heavenly Places*, p.104, para.2
7. Ellen G. White, *The Upward Look*, p.72, para.4
8. Ellen G. White, *Child Guidance*, p52, para.1
9. Ellen G. White, *Child Guidance*, p.46, para.3 to p.47, para.1
10. Ellen G. White, *Sermons & Talks*, Vol.1, p.132, para.1

Sind meine Sünden vergeben?
1. Ellen G. White, *Steps to Christ*, p.62, para.2
2. Ellen G. White, *Our High Calling*, p.52, para.3
3. Ellen G. White, *Christ's Object Lessons*, p.251, para.1, 2
4. Ellet J. Waggoner, *Present Truth*, UK Edition, August 16, 1894, p.513, para.7
5. Ellen G. White, *In Heavenly Places*, p.23, para.3
6. Ellen G. White, *The Adventist Home*, p.47, para.2

<u>Rückblick auf das Jahr 1888</u>

Part 1 – Zunahme an Licht
1. Alonzo T. Jones, *General Conference Bulletins*, February 23, 1893 p.361, para 3,4 [GCB1893 214.3-4]
2. Ellen G. White, *Manuscript Releases*, Vol.16, p.104, para.3
3. Ellen G. White, *Manuscript Releases*, Vol.16, p.107, para.2
4. Ellen G. White, *Manuscript Releases*, Vol.16, p.105, para.2 to p.105, para.2
5. Ellen G. White, *Manuscript Releases*, Vol.11, p.257, para.2
6. Ellen G. White, *Manuscript Releases*, Vol.11, p.283, para.3
7. Ellen G. White, *1888 Materials*, p.1814, para.4
8. Ellen G. White, *1888 Materials*, p.608, para.2
9. Ellen G. White, *1888 Materials*, p.954, para.3
10. Ellen G. White, *Manuscript Releases*, Vol.5, p.219, para.1
11. Ellen G. White, *Selected Messages*, Vol.3, p.172, para.1
12. Ellen G. White, *Selected Messages*, Vol.1, p.19, para.1
13. Ellen G. White, *Selected Messages*, Vol.1 p.21, para.3 to p.22, para.2
14. Ellen G. White, *1888 Materials*, p.281, para.1
15. Ellen G. White, *1888 Materials*, p.1689, para.1
16. Ellen G. White, *Selected Messages*, Vol.1, p.19, para.1

17. Ellen G. White, *Patriarchs and Prophets*, p.364, para.2
18. Ellen G. White, *Testimonies*, Vol.5, p.664, para.3 to p.665, para.2
19. Ellen G. White, *Testimonies to Ministers*, p.91, para.2
20. Ellen G. White, *1888 Materials*, p.133, para.2
21. Ellen G. White, *1888 Materials*, p.1814, para.4
22. Ellen G. White, *Signs of the Times*, April 18, 1900, para.9
23. Ellen G. White, *1888 Materials*, p.1689, para.1
24. Ellen G. White, *Christ's Object Lessons*, p.127, para.4

Part 2 – Das Gesetz
1. Ellen G. White, *Testimonies to Ministers*, p.91, para.2
2. Ellen G. White, *Testimonies to Ministers*, p.92, para.2
3. Ellen G. White, *1888 Materials*, p.560, para.4
4. Ellen G. White, *Selected Messages*, Vol.1, p.388, para.1
5. Ellen G. White, *Selected Messages*, Vol.3, p.168, para.2
6. Ellen G. White, *Manuscript Releases*, Vol.5, p.219, para.1
7. Ellen G. White, *Patriarchs and Prophets*, p.364, para.2
8. Ellen G. White, *Manuscript Releases*, Vol.17, p.217, para.1
9. Ellet J. Waggoner, *The Everlasting Covenant*, p.330, para.3
10. Ellet J. Waggoner, *The Everlasting Covenant*, p.330, para.4
11. Ellet J. Waggoner, *The Everlasting Covenant*, p.331, para.2
12. Ellet J. Waggoner, *The Everlasting Covenant*, p.332, para.1
13. Ellet J. Waggoner, *The Everlasting Covenant*, p.291, para.2
14. Ellet J. Waggoner, *The Everlasting Covenant*, p.332, para.2
15. Ellet J. Waggoner, *The Everlasting Covenant*, p.333, para.1
16. Ellet J. Waggoner, *The Everlasting Covenant*, p.333, para.2
17. Alonzo T. Jones, *General Conference Bulletins*, February 23, 1893, p.361, para.3-5 [GCB1893 214.3-5]
18. Ellet J. Waggoner, *The Everlasting Covenant*, p.303, para.2
19. Alonzo T. Jones, *General Conference Bulletins*, February 27, 1893, p.411, para.6 to p.413, para.1 [GCB1893 246.3-248.6]
20. Alonzo T. Jones, *General Conference Bulletins*, February 27, 1893, p416, para.5 to p.417, para.3 [GCB1893 254.4-256.1]

Part 3 – Gerechtigkeit aus Glauben
1. Stephen Haskell zitierte dieses Zeugnis im Jahr 1899. Es ist vollständig auf Seite 188 dieses Buches wiedergegeben. Er bezog sich aus dem Gedächtnis auf eine Aussage von Ellen White, die im Bulletin der Generalkonferenz von 1892 veröffentlicht wurde. Im Jahr 1892 fand jedoch keine Generalkonferenz statt. Dieses Zitat muss noch vom White Estate verifiziert werden. Der Autor dieses Buches hat dieses Zitat verwendet, weil er glaubt, dass es eine echte Aussage aus der Feder von Ellen G. White ist, da der Schreibstil und der Geist des Denkens mit allen ihren anderen Schriften übereinstimmen. Es gibt eine Reihe ähnlicher Zitate von Ellen White, die ebenfalls besagen, dass die Zeit kurz gewesen wäre, wenn die Gemeinde die Botschaft von der Gerechtigkeit durch Glauben 1888 angenommen hätte. In Anbetracht der Schnelligkeit, mit der

die erste und die zweite Engelsbotschaft in den 1840er Jahren in alle Ecken der Welt gelangten, der technischen Entwicklungen in der Kommunikation, die seither in der Welt stattgefunden hatten, und des Blair-Gesetzes, das 1888 dem Senat vorlag, sind zwei Jahre keine unangemessene Zeit für die Verkündigung des Evangeliums und die Wiederkunft Christi. Auch unter Berücksichtigung der Tatsache, dass die reine Botschaft von der Gerechtigkeit durch den Glauben eine unmittelbare Wirkung im Leben hat, können wir sehen, dass Gott in der Tat durchaus in der Lage ist, Seine Verheißung zu erfüllen: „Denn Er wird das Werk vollenden und es abschließen in Gerechtigkeit; denn ein kurzes Werk wird der Herr auf Erden machen." Römer 9:28.

2. Alonzo T. Jones, *General Conference Bulletins*, February 27, 1893, p.411, para.6 [GCB1893 246.3]
3. Alonzo T. Jones, *General Conference Bulletins*, April, 1895, p.492, para.6 [GCB1895 267.4]
4. Ellen G. White, *Faith & Works*, p.18, para.1
5. Alonzo T. Jones, *General Conference Bulletins*, February 27, 1893, p.413, para.1 [GCB1893 248.6]
6. Alonzo T. Jones, *General Conference Bulletins*, February 23, 1893, p.361, para.4 [GCB1893 214.4]
7. Alonzo T. Jones, *General Conference Bulletins*, February 23, 1893, p.363. para.4, 5 [GCB1893 218.2-3]
8. Alonzo T. Jones, *General Conference Bulletins*, February 23, 1893, p.363, para.3 [GCB1893 221.9]
9. Alonzo T. Jones, *General Conference Bulletins*, February 24, 1893, p.378, para.5 [GCB1893 221.9]
10. Alonzo T. Jones, *General Conference Bulletins*, February 24, 1893, p.378, para.6 to p.379, para.1 [GCB1893 222.1-223.1]
11. Ellen G. White, *Bible Commentary*, Vol.6, p.1073, para.1, 2
12. Ellen G. White, *1888 Materials*, p.1165, para.1-5
13. Ellen G. White, *Faith & Works*, p.18, para.1, 2
14. Alonzo T. Jones, *The Advent Review & Sabbath Herald*, January 24, 1899, p.56, para.2-6
15. Ellen G. White, *Steps to Christ*, p.62, para.2
16. Ellen G. White, *Steps to Christ*, p.50, para.1 to p.52, para.2
17. Ellen G. White, *Christ's Object Lessons*, p.61, para.2
18. Ellen G. White, *Bible Training School*, June 1, 1915, para.1
19. Ellen G. White, *The Review & Herald*, October 18, 1898, para.7
20. Ellen G. White, *Selected Messages*, Vol.3, p.145, para.1
21. Ellen G. White, *1888 Materials*, p.281, para.1

Part 4 – Licht für unsere Generation
1. Alonzo T. Jones, *General Conference Bulletins*, February 23, 1893, p.361, para.4 [GCB1893 214.4]
2. Ellen G. White, *Early Writings*, p.67, para.2
3. Ellen G. White, *The Great Controversy*, p.612, para.2

4. Ellen G. White, *Christ's Object Lessons*, p.127, para.4
5. Ellen G. White, *Faith & Works*, p.18, para.1
6. Ellen G. White, *The Review & Herald*, October 18, 1898, para.7
7. Alonzo T. Jones, *General Conference Bulletins*, February 27, 1893, p.412, para.3 [GCB1893 247.3]
8. Ellen G. White, *Steps to Christ*, p.62, para.1
9. Alonzo T. Jones, *General Conference Bulletins*, February 22, 1893, p.344, para.17, 18 [GCB1893 203.9-10]
10. Ellen G. White, *Steps to Christ*, p.62, para.2
11. Ellen G. White, *Bible Training School*, June 1, 1915, para.1
12. Ellen G. White, *The Desire of Ages*, p.390, para.5
13. Alonzo T. Jones, *General Conference Bulletins*, February 19, 1895, p.233, para.8 to p.234, para.1 [GCB1895 133.4-134.1]
14. Alonzo T. Jones, *General Conference Bulletins*, February 21, 1895, p.269, para.6-8 [GCB1895 144.3-5]
15. Alonzo T. Jones, *General Conference Bulletins*, February 22, 1895, p.299, para.1 to p.301, para.9 [GCB1895 146.2, 150.7-151.3]
16. Ellen G. White, *Christ's Object Lessons*, p.311, para.4
17. Ellen G. White, *The Desire of Ages*, p.668, para.3
18. Ellen G. White, *Testimonies*, Vol.5, p.267, para.2
19. Ellen G. White, *Selected Messages*, Vol.2, p.57, para.1, 2
20. Alonzo T. Jones, *General Conference Bulletins*, February 27, 1893, p.417, para.4 [GCB1893 256.2]

Christus Mein Richtiges Handeln
1. Ellen G. White, *Christ's Object Lessons*, p.61, para.2
2. Ellen G. White, *The Desire of Ages*, p.123, para.4
3. Ellen G. White, *The Desire of Ages*, p.123, para.3, 4
4. Ellen G. White, *Christ's Object Lessons*, p.311, para.3, 4
5. Ellen G. White, *Steps to Christ*, p.62, para.2
6. Ellen G. White, *Faith & Works*, p.100, para.1
7. Ellen G. White, *Spirit of Prophecy*, Vol.4, p.299, para.2
8. Alonzo T. Jones, *General Conference Bulletins*, February 22, 1895, p.298, para.1 to p.299, para.1 [GCB1895 146.1-2]
9. Alonzo T. Jones, *Advent Review & Sabbath Herald*, October 24, 1899, p.684, para.19 to p.685, para.2
10. Ellen G. White, *Mind, Character and Personality*, Vol.2, p.691, para.3
11. Ellen G. White, *Steps to Christ*, p.51, para.1
12. Ellen G. White, *Selected Messages*, Vol.1, p.337, para.1
13. Alonzo T. Jones, *General Conference Bulletins*, February 21, 1895, p.270, para.1, 2 [GCB1895 145.1]

Ein Aufruf zum sofortigen Handeln
1. Ellen G. White, *Testimonies*, Vol.5, p.381, para.1
2. Ellen G. White, *Testimonies*, Vol.5, p.393, para.2
3. Ellen G. White, *The Great Controversy*, p.606, para.1

4. Ellen G. White, *Testimonies*, Vol.5, p.393, para.2
5. Ellen G. White, *Testimonies*, Vol.5, p.393, para.2, 3
6. Ellen G. White, *Testimonies*, Vol.5, p.464, para.1
7. Ellen G. White, *Testimonies*, Vol.5, p.465, para.1
8. Ellen G. White, *Christ's Object Lessons*, p.415, para.5
9. Ellen G. White, *Christ's Object Lessons*, p.419, para.2
10. Ellen G. White, *Testimonies*, Vol.5, p.380, para.2
11. Ellen G. White, *Daughters of God*, p.19, para.1
12. Ellen G. White, *Testimonies*, Vol.5, p.383, para.3
13. Alonzo T. Jones, *General Conference Bulletins*, February 7, 1893, p.181, para.12-14 [GCB1893 137.7-138.1]
14. Alonzo T. Jones, *General Conference Bulletins*, February 23, 1893, p.361, para.3, 4 [GCB1893 214.3-4]
15. Ellen G. White, *The Great Controversy*, p.609, para.1
16. Ellen G. White, *The Great Controversy*, p.612, para.1, 2
17. Alonzo T. Jones, *General Conference Bulletins*, February 22, 1895, p.298, para.1 to p.299, para.1 [GCB1895 146.1]
18. Alonzo T. Jones, *General Conference Bulletins*, February 22, 1895, p.302, para.11 to p.303, para.8 [GCB1895 153.2-155.1]

www.ingramcontent.com/pod-product-compliance
Lightning Source LLC
Chambersburg PA
CBHW030429010526
44118CB00011B/562